Na Cinelândia Paulistana

Coleção Debates
Dirigida por J. Guinsburg

Equipe de Realização – Revisão: Sandra Martha Dolinsky; Produção: Ricardo W. Neves, Heda Maria Lopes e Eloisa Graziela Franco de Oliveira.

anatol rosenfeld
NA CINELÂNDIA PAULISTANA

Organização, introdução e notas
Nanci Fernandes

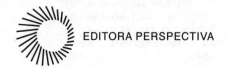

Direitos reservados à
EDITORA PERSPECTIVA S.A.
Av. Brigadeiro Luís Antônio, 3025
01401-000 – São Paulo – SP – Brasil
Telefax: (0--11) 3885-8388
www.editoraperspectiva.com.br
2002

SUMÁRIO

Nota de Edição 9

Introdução 11

Parte I: Cinema

1. *Flash Back* 23

   A Seção "Flash Back do Mês" 23

   Começando na Iris 25

   Um grande ano para o cinema 44

   "Tudo azul" para o cinema nacional 125

   Algumas grandes obras 176

2. *No Mundo do Cinema* 217

   Reflexões sobre cinema 217

   Ouvindo e participando (reportagens e
   considerações) 230

Novidades das filmotecas e cinema em casa 257

No mundo do cinema 266

Coisas da Cinelândia 291

Bibliografia e revista das revistas 298

3. *Reflexões de um Cinéfilo* 307

   Blow-Up visto e revisto 307

   Os macacos de Stanley Kubrick 314

PARTE II: FOTOGRAFIA

1. *Alguns Enquadramentos* 323

   O nu artístico é indecente? 323

   A fotografia e as classes médias em França durante
   o século XIX 330

   Salões de fotografia 334

   Bibliografia e revista das revistas 345

   A situação dos fotógrafos profissionais 359

ÍNDICE REMISSIVO 361

NOTA DE EDIÇÃO

A preparação deste volume sobre cinema e fotografia segue a trilha do trabalho de resgate póstumo dos escritos de Anatol Rosenfeld (1912-1973), encetado pela Editora Perspectiva em 1977. A série de publicações subseqüentes resultou de uma longa pesquisa nos papéis deixados pelo notável crítico e, por iniciativa de um grupo de amigos do extinto, reunidos em arquivo por Nanci Fernandes. Este material permitiu a edição dos seguintes títulos: *Estruturas e Problemas da Obra Literária* (1976), *Teatro Moderno* (1977), *O Mito e o Herói no Moderno Teatro Brasileiro* (1982), *O Pensamento Psicológico* (1984), *Prismas do Teatro* (1993), *Letras Germânicas* (1993), *Negro, Macumba e Futebol* (1993), *História da Literatura e do Teatro Alemães* (1993), *Letras e Leituras* (1994), *Thomas Mann* (1994).

Trata-se, como se depreende, de um largo espectro temático que diz respeito a diferentes domínios da cultura e do conhecimento, e que se amplia com esta nova racolta, início de uma incursão em áreas ainda não abordadas ou não reunidas num só livro. Com isso, o público leitor poderá ter melhor acesso à extensa e diversificada contribuição de Anatol Rosenfeld à cultura do País, e à sua valiosa e pertinente intervenção no debate intelectual e artístico em nosso meio, que se fez notar através de um sem-número de ensaios, artigos e preleções estampados na imprensa e/ou editados em livro, os quais trazem as observações de um espírito penetrante e suas interpretações, por vezes surpreendentes, de aspectos e problemas não só do modo de ser e pensar da sociedade brasileira, como do mundo contemporâneo e de suas manifestações mais expressivas.

J. Guinsburg

INTRODUÇÃO

O crítico Anatol Rosenfeld (1912-1973) é sobejamente conhecido dos meios culturais brasileiros. Suas obras publicadas abrangem desde as Ciências Humanas em geral até aprofundamentos sistemáticos nas áreas mais específicas do Teatro, Letras Alemãs, Filosofia, Literatura Brasileira, temas judaicos etc. Rosenfeld trouxe, com seu trabalho ensaístico, uma contribuição inestimável para a nossa cultura, podendo-se afirmar, enfaticamente, que muitos de seus textos são básicos nas áreas que abordam. Para citar alguns, basta lembrar, na área teatral, por exemplo, *O Teatro Épico* ou *Teatro Moderno* – livros únicos na bibliografia teatral brasileira – ou, na área estética, a obra *Texto/Contexto*, igualmente fundamental, tendo-se editado postumamente *Texto/Contexto II*, organizado com base no acervo do autor.

Em suma, trata-se de uma contribuição crítica e ensaística que se revela a cada dia mais prestimosa e enriquecedora. Não obstante, o conhecimento do acervo por ele acumulado ainda permanece incompleto. Seu perfil de incansável trabalhador intelectual vai-se complementando na medida em que as pesquisas avançam.

Ao aportar no Brasil, em 1936, fugindo do nazismo, vinha da condição de graduado em Filosofia pela Universidade de Berlim, estando na ocasião em trabalhos de efetivação do doutorado. Aqui se fixando, optou pelo trabalho de caixeiro-viajante por todo o território nacional – que deve ter-se-lhe afigurado o meio mais eficaz para, paralelamente a ganhar a sobrevivência, assimilar a língua e os costumes do novo país, apossando-se assim, através dessa forma objetiva, da nova cultura.

Após os anos de assimilação lingüística e cultural, vamos encontrar, em 1945, os seus primeiros trabalhos como jornalista e tradutor publicados em São Paulo. O que resta desse primeiro período (l936-1944) no seu acervo (que nos chegou algo depredado) apresenta um escasso material em português e/ou alemão, sendo composto basicamente por crônicas, poesias ou contos publicados em jornais interioranos. Nesse material é flagrante a curiosidade e a disponibilidade intelectuais: há um corajoso enfrentamento dos novos desafios culturais e lingüísticos por parte desse alemão que, ao que se saiba, afora o idioma pátrio, aprendera correntemente o francês e o inglês – sendo que este último, ao ser falado com um estrangeiro, causou-lhe o início da perseguição nazista que provocou a sua fuga da Alemanha. Diga-se de passagem, sobre o conteúdo dos trabalhos dessa fase de assimilação, que os textos sugerem uma intensa atividade intelectual e criativa[1].

Rosenfeld Jornalista

No início de 1945, ainda com um pé no ramo da representação comercial, ele começou a publicar, em jornais paulistanos, traduções e/ou resumos de publicações internacionais (revistas, livros e jornais) para uma agência de notícias – a *Press*

---

1. Cf. "Schwarze Hetaere" (Hetera Negra), poema do período transcrito e traduzido por Haroldo de Campos em "Uma Convergência Textual", em J. Guinsburg & Plinio Martins Filho (orgs.), *Sobre Anatol Rosenfeld*, S. Paulo, Com-Arte, 1995, p. 92.

International, fundada por Hugo Schlesinger. Esse trabalho vai ser o começo da prática efetiva da língua à luz das necessidades concretas do jornalismo. Da fase, o acervo inicia-se em l.l.1945 com "O Método Kenny", de Marjorie Bell (de Londres para a *Press International*), publicado em *A Noite*, jornal para o qual, na seqüência, fornecerá uma série de artigos de 1 a 3.1.1945. Esta data marca o início de uma produção fecunda que aparecerá igualmente em outros órgãos de imprensa de São Paulo: *Folha da Noite, Folha da Manhã, Folha de S. Paulo, O Estado de S. Paulo* e *Jornal de S. Paulo*.

A partir de 1947, Anatol atuará regularmente na *Crônica Israelita*, quinzenário para o qual escreverá artigos e reportagens em geral e no qual terá a coluna fixa "Resenha Quinzenal do Cinema Paulistano" – cujo levantamento ainda está por ser feito. Escreveu ainda artigos eventuais para outras publicações – *Brasil-Israel, O Estado de S. Paulo, Staden-Jahrbuch* etc.

Fato importante a ser lembrado no contexto é que, de 1956 até o término da publicação, em 1964, foi colaborador permanente do *Suplemento Literário de O Estado de S. Paulo* – tendo a seu cargo a seção de Letras Germânicas e escrevendo eventualmente sobre outros temas, dentre os quais teatro, antropologia etc.

Conforme o exposto, depreende-se que Rosenfeld assumiu definitivamente, a partir de 1945, seu papel de intelectual atuante, passando a trabalhar ativamente como jornalista – função que marca sua atuação em quase todas as áreas das ciências humanas. Como colaborador da revista *Iris*, em outubro de 1950, ele escreverá especificamente sobre cinema, juntamente com fotografia.

Aqui deve-se abrir parênteses para lembrar que Anatol, chegado ao Brasil com 24 anos, viveu sua formação e juventude numa das épocas mais fecundas e produtivas da cultura alemã, que no ramo do cinema, por exemplo, nos legou grandes filmes, como os da fase expressionista. Essa era produziu obras marcantes não só na área do cinema, mas também nas letras, filosofia, artes plásticas e no teatro. A riqueza dessa participação vivencial e intelectual na Berlim dos anos 30 se entretece, evidentemente, de maneira muito especial nas crônicas cinematográficas contidas neste livro. Nos textos mais ligados a essa fase percebe-se a impregnação e o conhecimento tanto do teatro, quanto das artes fotográfica e cinematográfica, a marcar indelevelmente a excelente qualidade de sua trajetória pela revista *Iris*.

Anatol como Colaborador da Iris

A revista *Iris* começou em São Paulo em 1947, voltada no princípio apenas para a área fotográfica. A expansão industrial e tecnológica propiciada pela industrialização paulista de começos do século sem dúvida provocou o interesse das camadas ascendentes, econômica e culturalmente, pela incipiente indústria cultural, mormente pela arte fotográfica. Esse estrato social sentia-se defasado em relação à Europa – o centro paradigmático da nossa cultura na época –, sendo que a nova revista veio ao encontro de sua preocupação com a expressão dos seus anseios culturais.

A trajetória de outra revista paulistana – a *Clima* (1941-1944) – tinha vincado fortemente, com sua repercussão, o contexto cultural paulista, tendo demonstrado o interesse da nova burguesia pelo alargamento e expansão da indústria cultural de massas no Brasil, principalmente no campo das artes plásticas em geral e no teatro e no cinema em particular. Soam antológicas, hoje, as batalhas críticas dessa revista na área cinematográfica – por exemplo, sobre o cinema mudo e o sonoro, ou sobre o uso da cor e da música, refletindo-se na repercussão avassaladora da projeção do filme *Fantasia*, de Walt Disney. Essa agitação cultural deve ser atribuída à importância que o cinema havia adquirido, nos nossos meios culturais, enquanto arte mecânica e industrial, factível de implantação e expansão no país.

A *Iris* introduziu uma seção sobre cinema profissional a partir do seu nº 4, em abril de 1947. Após a passagem pela revista da figura de Carlos Ortiz – cuja atuação no cinema foi de muito destaque na época –, como Diretor-Técnico de Cinema, após sua saída inicia-se o trabalho de Anatol Rosenfeld (outubro de 1950). O perfil do novo colaborador apresenta-se diferenciado, sendo a característica mais marcante do seu trabalho a grande versatilidade: escreverá não somente seções específicas – "*Flash Back* do Mês", "No Mundo do Cinema", "Coisas da Cinelândia" – como também fará artigos mais aprofundados sobre estética cinematográfica[2] e reportagens tanto sobre cinema quanto sobre fotografia, escrevendo, ainda, condensações ou elaborando matérias técnicas nas quais transparece uma clara autonomia auferida pela competência e, de resto, por alguma prática pretérita.

Vamos encontrar Rosenfeld, em 1953, incumbindo-se de uma grande parte da matéria redacional de *Iris*. Nos exemplares desse ano, porém, a julgar pelos editoriais – alguns elaborados pelo próprio Anatol Rosenfeld[3] – nota-se que o fim de sua aventura foto-cinematográfica estava prestes a findar. A última aparição da seção "*Flash Back* do Mês" dar-se-á no n° 54 (jan./fev. de 1954) e, somente após um intervalo de cinco anos, aparecerá nos n°s 89 a 93 (agosto de 1959) o seu extenso trabalho: "A Pré-História do Cinema"[4] – que marca o final de sua colaboração para a *Iris*.

O Cinema Visto por Rosenfeld

Na Parte I deste livro, dedicada ao cinema, os objetivos de Anatol Rosenfeld em relação à crítica cinematográfica encontram-se claramente definidos na "Apresentação" (pp. 12-13), quando deixa claro que em sua seção ele "não tem a veleidade de orientar os leitores na escolha de fitas" – isto depois de ter afirmado que essa função era muito bem desempenhada pelos jornais diários em todo o Brasil. Esclarece a seguir que,

o redator cinematográfico escolhe determinadas fitas que lhe parecem, por qualquer motivo, dignas de um comentário, quer seja por serem excelentes,

---

2. Sugerimos a leitura do outro livro do autor por nós organizado: *Cinema: Arte & Indústria*, que será publicado pela Perspectiva.

3. Cf. este propósito, o editorial "Crise na Foto e na Cinematografia?" (obra supracitada), em que o autor comenta o contexto dificultoso em que se encontravam, em março de 1953, a fotografia e o cinema.

4. Inserido no livro indicado na nota 2 acima.

quer seja por serem péssimas ou por apresentarem algum aspecto original. Esse intuito visa, evidentemente, efeitos pedagógicos, já que logo adiante diz que o leitor que tiver assistido a um ou outro filme comentado, terá portanto a oportunidade de relembrá-lo, podendo assim comparar a sua opinião com a do comentarista. Eventualmente corrigirá a própria opinião ou considerará a do nosso redator errada (e, neste caso, ficaríamos gratos se lha comunicassem por intermédio da *Iris* ou diretamente a ele por sua caixa postal).

Ocorrem-nos, a propósito, dois aspectos: o primeiro configura o objetivo explícito de, além de proporcionar informações, considerar os leitores no seu aspecto mais interessado e utilitarista, qual seja o das pessoas que buscavam nas suas crônicas uma orientação ou um aprofundamento dos conhecimentos cinematográficos. Em segundo lugar (e neste caso observamos que essa atitude foi uma característica admirável de sua personalidade), ficamos admirados com a sua disponibilidade para o diálogo sempre aberto aliado a sua humildade intelectual – com a qual, enquanto alunos, sempre fomos contemplados.

Por outro lado, ele visa ainda os leitores que porventura não tenham assistido às fitas comentadas:

> O leitor que ainda não assistiu aos filmes comentados haverá de conhecer o enredo antecipadamente pelo resumo que antecede o comentário, e assim poderá apreciar o filme melhor no tocante aos seus aspectos mais profundos, sem concentrar toda a sua atenção nos momentos superficiais da intriga, cujo desenrolar muitas vezes impede a análise dos momentos *estéticos*. (grifo nosso)

Desejamos aqui sublinhar outro aspecto das crônicas de Rosenfeld: a sua competência crítica em conjugar, em todas as crônicas, não só uma análise ligeira ou meramente orientativa, mas também, como dirá a seguir:

> A leitura dos comentários aumentará, em um ou outro caso, o interesse do leitor em analisar os filmes segundo variados aspectos, quer sejam técnicos, estéticos ou no que tange ao valor do argumento.

Rosenfeld considera "que o cinema não é somente distração ou repouso, embora essa seja a sua função primordial", representando, além disso, *nos dias que correm, uma indústria cultural*, razão pela qual ele encara uma seção cinematográfica (como tendo) uma verdadeira função educacional, da qual se beneficia também o próprio comentarista. Por isso, a seu ver, a verdadeira função do seu trabalho seria:

cultivar o senso de crítica – tão importante em todos os ramos da vida acentuar o uso de critérios estéticos, sem que seja esquecida a "mensagem" da obra de arte, e aumentar a sensibilidade e a receptividade para os raros filmes de verdadeiro valor.

Toda a reflexão de Anatol Rosenfeld aborda em profundidade os seus objetos de análise e muito haveria que dizer sobre o conteúdo desta organização, que acreditamos ser de grande significação para os estudiosos e os amantes da Sétima Arte. São antológicas as suas abordagens da obra de Charlie Chaplin, seja na crônica de *Luzes da Cidade* – em que aborda magistralmente a exegese do vagabundo, fazendo-a remontar ao romantismo e a seguir aplicando essa análise ao próprio Carlitos –, seja na magnífica crônica sobre *Luzes da Ribalta*, em que, após observações gerais, Rosenfeld vai enfrentando, um a um, os argumentos levantados pelos detratores da obra de Chaplin, rebatendo-os com competência estética e filosófica.

Dignas de menção igualmente nos parecem as observações e as críticas ao *american way of life* veiculado pelos filmes de Hollywood, ou ao sério problema do racismo e/ou preconceito racial, de maneira geral mistificados, camuflados ou erroneamente postulados pela produção fílmica do período (1950-1953). Uma crítica lúcida às produções banalizantes da Meca do Cinema pode ser vista em muitas crônicas, bem como em comentários nas seções "Mundo do Cinema" ou "Coisas do Cinema" – Anatol Rosenfeld mostrando-se sempre "antenado" com a produção cinematográfica do período, sobressaindo sua figura de conhecedor de informações muito acima das de um simples "espectador interessado". Tal conhecimento embasa, em muitos casos, sérias e contundentes análises de famosos diretores – como por exemplo Fritz Lang (na sua fase norte-americana), Billy Wilder, Hitchcock e outros, particularmente irônica e depreciativa no caso de Cecil B. de Mille.

Importante ressaltar, no contexto mais amplo da imagem que hoje temos do intelectual Anatol Rosenfeld, suas várias críticas aos erros, em maior número do que os acertos, com relação à transposição do teatro para o cinema. Em nenhum momento o crítico cinematográfico se confunde ou põe de través o crítico de teatro: quando compara, por exemplo, o filme brasileiro *Terra É Sempre Terra* com a representação da peça que lhe deu origem (por ele assistida no TBC), afirma modestamente que "a impressão deixada pela peça foi poderosa, e que por isso torna-se difícil criticar em termos objetivos o filme".

Em todo caso, a crítica mais contundente com relação ao "teatro filmado" será para *Henrique V*, dirigido e interpretado por Lawrence Olivier, que a seu ver conseguiu transformar-se apenas num produto híbrido – nem cinema, nem teatro.

Nestas rápidas considerações, finalmente, parece-nos interessante frisar que, ao longo de suas críticas, Anatol Rosenfeld sempre encarou a focalização dos filmes brasileiros exibidos no período como uma excelente oportunidade para incentivar e estimular a auspiciosa fase inaugurada pela criação da Vera Cruz: ao mesmo tempo em que analisa as obras com a seriedade e competência que lhe são costumeiras, transparece nos textos um intuito permanente de procurar, em meio a eventuais desacertos, os aspectos mais promissores das fitas comentadas.

Anatol e a Fotografia

Na Parte II do livro figuram os ensaios, reportagens e resenhas sobre fotografia feitas para a *Iris*. Partindo da conceituação estética do "nu artístico" e da elucidação de uma certa confusão sobre o emprego do corpo humano na arte, vamos encontrar Rosenfeld falando sobre as origens sociológicas da fotografia (especificamente o retrato), passando para as boas reportagens sobre os Salões de Arte Fotográfica realizadas pelo Foto-Cine Clube Bandeirante no período e, finalmente, reproduzindo suas excelentes resenhas de livros e/ou revistas fotográficas do Brasil e do exterior.

Critérios de Organização

Os artigos e ensaios sobre cinema e fotografia selecionados para esta edição originam-se, na quase totalidade, da *Iris*.

Incluíram-se as seções: "Bibliografia", "Fotografia em Marcha", *"Flash Back* do Mês", "No Mundo do Cinema", "Novidades das Filmotecas", "Cinema em Casa", "Fala o Editor" (no caso de editorais escritos por Anatol Rosenfeld), "Revista das Revistas" e "Coisas da Cinelândia". Deve-se frisar, no entanto, que muitas vezes os artigos de Rosenfeld, embora se encaixando numa dessas seções, saíram isolados, com títulos próprios – que mantivemos no original mesmo quando o reagrupamos e subtitulamos por razões temáticas ou de organização. Outras vezes, embora não havendo a assinatura do autor (ou ocorrendo o uso de pseudônimos, como por exemplo, A. Campos, H. R., Anatol H. Rosenfeld, A. H. Campos etc.), a autoria nos foi indicada pelo encontro dos originais em seus arquivos. Por fim, noutros casos ainda, embora certos da autoria de Anatol Rosenfeld – resenhas, divulgação, resumos de trabalhos técnicos etc. –, alguns artigos não foram incluídos por não os considerarmos relevantes.

Nanci Fernandes

Parte I: CINEMA

1. *FLASH BACK*

A Seção "Flash Back do Mês"

A revista *Iris* recebeu cartas do Rio de Janeiro e de outras cidades do país lamentando que a seção *"Flash Back* do Mês" seja uma seção inteiramente paulistana, uma vez que não está coordenada com os lançamentos de filmes em outras partes do Brasil. Reconhecemos este fato, que decorre da circunstância de o nosso comentarista residir em São Paulo e não ter o dom da ubiqüidade.

No entanto, achamos que o mal não é muito grave. A *Iris* é um mensário que circula em todo o Brasil, e já que a sua matéria redacional não é de atualidade imediata, como a dos diários – que por isso mesmo só podem ter circulação regional, limitada a um ou dois Estados, sempre no raio de determinadas linhas ferroviárias, devido à grande extensão do território nacional –, tal circunstância torna impossível a chegada rápida de assuntos atuais a todos os pontos do nosso país. De acordo com isso, também a nossa seção cinematográfica não visa atualidade imediata, como deve visar a de um diário. A crítica cinematográfica dos diários deve, antes de tudo, orientar os leitores na seleção dos filmes a que queiram assistir. Por isso, têm de acompanhar os lançamentos em determinadas capitais para ajudar o máximo número de leitores na escolha. Mesmo nestes casos, porém, o público do interior fica sem orientação, pois os filmes costumam demorar muito em penetrar pela hinterlândia, e os jornais das pequenas cidades geralmente só trazem matéria de propaganda sobre os filmes.

Ora, a nossa seção cinematográfica não tem a veleidade de orientar os leitores na escolha de fitas. Tal tarefa é muito bem cumprida pelos respectivos críticos dos diários que circulam em zonas limitadas. O nosso redator cinematográfico escolhe determinadas fitas que lhe parecem, por qualquer motivo, dignas de um comentário, quer seja por serem excelentes, quer seja por serem péssimas ou por apresentarem algum aspecto original. O leitor que já tiver assistido a um ou outro filme comentado, terá portanto a oportunidade de relembrá-lo, podendo assim comparar a sua opinião com a do comentarista. Eventualmente, corrigirá a própria opinião ou considerará a do nosso redator errada (e, neste caso, ficaríamos gratos se lha comunicasse, por intermédio da *Iris* ou diretamente a ele por sua caixa postal). O leitor que ainda não assistiu aos filmes comentados haverá de conhecer o enredo antecipadamente pelo resumo que antecede o comentário, e assim poderá apreciar o filme melhor no tocante aos seus aspectos mais profundos, sem concentrar toda a sua atenção nos momentos superficiais da intriga, cujo desenrolar muitas vezes impede a análise dos momentos estéticos.

De qualquer maneira, esperamos que a leitura dos comentários aumentará, em um ou outro caso, o interesse do leitor em analisar os filmes segundo variados aspectos, quer sejam técnicos, estéticos ou no que tange ao valor do argumento.

Talvez sejam assim estimulados o diálogo interior, a discussão íntima dos apreciadores do cinema, pelo atrito da sua própria opinião com a do nosso comentarista. Pois acreditamos que o cinema não é somente distração e repouso, embora essa seja a sua função primordial. Acreditamos que o cinema representa, além disso, nos dias que correm, uma indústria cultural (nos seus bons e maus aspectos) e, em alguns casos, uma arte. Conseguintemente, uma seção cinematográfica tem uma verdadeira função educacional, da qual se beneficia também o próprio comentarista.

Esta função é: cultivar o senso de crítica – tão importante em todos os ramos da vida –; acentuar o uso de critérios estéticos, sem que seja esquecida a "mensagem" da obra de arte, e aumentar a sensibilidade e a receptividade para os raros filmes de verdadeiro valor, filmes que dignificam a Sétima Arte e que geralmente se perdem, despercebidos, na enxurrada das "superproduções monumentais" de ínfimo valor artístico.

Começando na Iris

1. Crônicas de 1950

A Filha de Satanáz; *A Grande Ilusão*; *Boulevard do Crime*; *Caiçara* e *Painel*; *Fúria Sanguinolenta*; *Ladrões de Bicicleta*; *Meu Amor Maior*; *Na Solidão do Inferno*; *Na Teia do Destino*; *Sétimo Véu* e *Vingança do Destino*.

A Filha de Satanáz ("Beyond the Forest")

Warner Bros. Produção: Henry Blanke. Diretor: King Vidor. Protagonistas: Bette Davis, Joseph Cotten, David Brian.

Conta a história da esposa de um médico tipo Babbit, a qual, espécie de Madame Bovary norte-americana, anseia por sair da sua pequena cidade para levar em Chicago, ao lado do seu amante milionário, uma vida de luxo e esplendor. Para realizar os seus planos, torna-se assassina e morre, vítima da sua própria maldade.

King Vidor é, neste filme, mais feliz do que em *The Fountainhead*. O argumento é batido e não oferece grandes oportunidades para aprofundamento. Mas o tratamento estético do grande diretor fez do filme uma pequena obra-prima. Fotográfica e cinematograficamente, é uma realização excelente. O tratamento fotográfico e sonoro do forno da serraria, que domina com o seu clarão a cidade, lançando reflexos sinistros sobre Bette Davis entediada, cria uma atmosfera de angústia de extraordinária intensidade.

Cenas como a fuga de Chicago, com fortes deformações fotográficas e sonoras, refletindo o estado de sobressalto e de pânico de Bette Davis, podem figurar numa antologia cinematográfica. Uma das fusões mais violentas e surpreendentes jamais vistas num filme, liga uma cena em que Bette Davis discute com o homem que ela assassinará, à cena seguinte em que as árvores de uma floresta são marcadas para a derrubada. O machado dá uma tremenda pancada nos dois personagens que se confundem com a árvore da próxima cena: eles estão "marcados" como a árvore.

As cenas finais, com Bette em plena agonia, correndo para alcançar o trem – o trem que parte para Chicago –, cambaleando debaixo do clarão da serraria, são elaboradas com infinito cuidado. A montagem justapõe, em cortes rápidos, o rosto desfeito e tragicamente corrompido da doente e a locomotiva parada, esguichando vapor por entre as rodas. Uma seqüência perfeita. Repentinamente, a câmera se desloca para o outro lado da locomotiva; e o trem, começando a marcha, interpõe-se entre a objetiva e a mulher. O espectador fica durante vários segundos em estado de suspense. Ela alcançou o trem? O filme terá começado à maneira de Bovary e irá terminar à maneira de Ana Karenina, com a adúltera estraçalhada pelas rodas do trem? King Vidor parece sorrir. Nada disso, amigo espectador. Quando o trem sai de diante da objetiva, vê-se que Bette caiu morta, antes de alcançá-lo. Pode-se discutir, no caso, se esse recurso para criar suspense foi feliz.

O espectador torna-se demasiadamente consciente da existência da câmera devido à sua surpreendente mobilidade, que a desloca repentinamente de um lado do trem para o outro. Essa "consciência da câmera" interrompe a "identificação" com os acontecimentos, mas cria, por outro lado, um grande prazer estético. Tem-se a impressão de ler uma frase perfeita, com todas as partes vigorosamente encaixadas. Admira-se a maestria do autor – mas isso é conveniente numa cena de alta dramaticidade?

Bette Davis demonstra de novo, neste filme, o seu extraordinário talento. Evidentemente, é um pouco velha para o papel. Mas a sua máscara trágica antes de morrer – o rosto empapado de suor, inchado, a maquilagem a escorrer-lhe pelas faces – é digna de uma grande atriz que sabe compor um caráter, um temperamento, e que consegue, como ninguém, criar uma atmosfera de angústia, tédio e exaltação perversa. Ao lado dela, os outros atores não passam de elementos corretos e esforçados. A música de Max Steiner é vigorosa e boa.

Os defeitos do filme acumulam-se no início: um texto de introdução absurdo que procura justificar a apresentação de uma mulher malvada e que fala tolices sobre os escorpiões que se destróem com a própria peçonha. Da mesma forma, o locutor que apresenta o ambiente da pequena cidade e que é perfeitamente supérfluo.

> *A Grande Ilusão* ("All the King's Men")
>
> Columbia. Produtor e Diretor: Robert Rossen.
> Protagonistas: Broderick Crawford ("Oscar"), John Ireland, Mercedes McCambridge ("Oscar" de melhor atriz coadjuvante), Joanne Dru.

O filme conta a história de Willie Stark, político "populista", evidentemente pautada pela carreira de Huey Long, figura da política estadunidense que morreu assassinado no início da quarta década deste século. O "populismo", antigamente tido como a expressão mais pura da democracia – hoje porém atacado por alguns círculos como suspeito de tendências totalitárias –, tem uma grande tradição na literatura norte-americana. Lembramos, neste nexo, a novela de Sherwood Anderson, *Marching Men* – obra em que a figura central, McGregor, distribui folhetos com estes dizeres:

> *They ask us what we mean*
> *Well, here is our answer.*
> *We mean to go on marching...*
> *We will not talk nor listen to talk...*[1]

1. "Eles perguntam o que vamos fazer./ Bem, aqui vai a nossa resposta./ Nós vamos continuar a marchar.../ Não vamos conversar nem ouvir tagarelar..." (trad. da org.)

Ação, não palavras – eis também a máxima de Willie Stark. O premiado romance de Robert Penn Warren (*All the King's Men*), que desconhecemos, parece pertencer à corrente de literatura que aborda este problema. Vamos nos referir, em seguida, somente ao filme, nunca à novela que, segundo nos informam, foi totalmente transformada na realização cinematográfica.

Não se trata de um filme-tese (embora no fim se desvie da sua linha), pois não oferece nenhuma solução: trata-se de um filme-problema – o problema do poder que corrompe os homens, bem como o problema da dialética existente entre fins e meios.

Willie Stark é um homem "simples", de físico poderoso, astucioso como um camponês, brutal, mas capaz de arroubos sentimentais, dotado de grande magia pessoal. Vencendo à custa de tremendos esforços a adversidade da pobreza e da ascendência de camadas populares, consegue adquirir uma instrução regular, tornando-se advogado. Lutando com obstinação contra a desonestidade dominante, triunfa após vários fracassos, sendo eleito governador do seu Estado pelas camadas rurais e pequeno-burguesas, às quais promete hospitais, estradas, campos de esporte e um governo limpo e honesto, obediente à vontade do povo. Mesmo antes de assumir o elevado cargo, cai no campo de gravidade do poder e escorrega, aparentemente sem resistência, pelo mesmo plano inclinado da corrupção que engolira as "forças conservadoras" mais tarde derrotadas por ele. Para levar adiante os seus propósitos, para realizar os seus fins populares, é forçado a recorrer a meios cada vez mais "sujos". E, aos poucos, o ideal e a chantagem, o plano honesto e o conluio escuso, a realização grandiosa e os fundamentos corroídos formam uma unidade lamacenta, viscosa, em que já não é possível discernir os elementos puros e os conspurcados.

Willie Stark parece transformar-se, finalmente, num tirano brutal e sem escrúpulos, cercado de capangas que matam sob suas ordens.

Evidentemente, é um dos filmes mais pessimistas já saídos da linha de montagem de Hollywood. Diante do problema milenar dos perigos inerentes à democracia, já analisados por Platão e Aristóteles, Hollywood mantém-se aparentemente neutra, apresentando apenas a "aporia" – o beco sem saída, o dilema lógico e humano: para fazer o bem em escala politicamente relevante, é preciso conquistar o poder; mas o poder corrompe as intenções mais puras. O homem é um ser condenado pelo pecado original (diz uma das figuras do filme). Com efeito, nenhuma das figuras centrais do filme se salva: Jack, o repórter idealista e ajudante de Stark, reconhecendo embora o elemento demoníaco na atividade do seu chefão, segue-o lealmente porque "sem o mal não se pode fazer o bem; para se preparar uma omelete, é preciso quebrar os ovos"; mas:

> *Humpty Dumpty had a big fall;*
> *all the king's horses and ALL THE KING'S MEN*
> *could'nt put Humpty Dumpty together with again...*[2]

O juiz, adversário de Stark, figura de honestidade absoluta, no início de sua carreira cometeu uma chantagem; o médico, sobrinho do juiz, vacila em aceitar ou não a direção de um hospital construído por Stark: o hospital é fruto do pecado, mas de utilidade extrema para os pobres. Finalmente, mata o governador – mas não por motivos políticos ou morais, mas simplesmente porque Stark seduziu a sua irmã, uma moça final de contas não tão pura como se pensou no início.

Quanto ao povo – a *vox populi* –, o filme não mostra grande fé em que seja a *vox Dei*. Grave sintoma num país que prega a democracia!

O que dá ao filme um forte sentido humano, fato estreitamente ligado à própria forma em que é narrado, é a ambigüidade de todos os caracteres: nenhuma figura parece salvar-se, porém nenhuma é condenada. Tal resultado é atingido pela técnica behaviorista (psicologia que analisa somente o comportamento exterior) com que a ação e as figuras são apresentadas. Não há nenhuma espécie de introspecção, nada ou pouco sabemos realmente das motivações profundas, da psicologia íntima dos protagonistas. O filme apresenta apenas o comportamento exterior, os fatos, de modo que o próprio Stark continua, até o fim, um enigma, um homem de quem não sa-

---

2. "O anãozinho levou um grande tombo;/ nem todos os cavalos do rei/ e nem TODOS OS HOMENS DO REI/ puderam levantar novamente o anãozinho..." (trad. da org.)

bemos se é, afinal, um idealista ou um reles oportunista. Não sabemos se essa técnica "objetiva", de grande efeito estético e humano, é inspirada pelo livro de Robert Penn ou pela própria técnica cinematográfica que, em virtude da imposição da "objetiva fotográfica", favorece o mero registro do comportamento exterior, podendo sugerir implicitamente os estados de alma. O próprio diálogo abstém-se de revelar os impulsos mais íntimos das figuras, ou seja, isso se dá pelo simples fato de que um diálogo geralmente só indica a superfície e as racionalizações a que podem corresponder atitudes profundas desconhecidas.

A câmera naturalmente teria meios de nos contar os processos íntimos de Stark, por exemplo, colocando-se na sua mente por meio de um *flash back*; ao invés disso, ela usa o meio legítimo de nos apresentar a figura central geralmente do ângulo de Jack: vemô-lo quase sempre com os olhos do seu ajudante. Conhecemos o seu verdadeiro caráter apenas até o ponto em que Jack (ou a secretária e amante de Stark) o conhece – nunca passamos desse ponto e, raramente, passamos além disso na vida. Conhecemos as pessoas "de fora", pelos seus atos, comportamentos e palavras; dificilmente ou nunca lhes penetramos o íntimo.

Afora essa sobriedade e reticência – essa técnica de "entrelinhas" que valoriza o filme –, não se pode dizer que se trate de uma obra cinematograficamente perfeita. Longe disso. Grave defeito é a introdução de uma voz narradora, supérflua, ao lado da câmera – narradora muito mais poderosa e expressiva. Trata-se, aliás, de um locutor, cuja posição é inteiramente obscura; não sabemos como se intromete no filme: não é o autor, não é nenhuma das figuras; não é a voz do coletivo – espécie de coro. Fica perfeitamente no ar e perturba a unidade, ainda mais por se expressar em língua portuguesa.

Outro defeito é a elipse total precisamente na época em que se inicia a corrupção de Stark – falta precisamente o eixo em torno do qual tudo gira: a dissolução moral de Stark, ao iniciar a sua ascensão ao poder. A elipse, aliás, se explica pela ausência de Jack, através de quem tomamos contato com a figura principal.

A estrutura "objetiva" de toda a obra é subvertida por uma rápida cena no fim do filme: quando Jack assegura à irmã do assassino que é preciso mostrar ao povo a imagem real de Stark – apresentando-o tal como o assassino sempre o concebera: como um demônio. Mas Jack é má testemunha: seguiu o demônio lealmente até o fim. E o assassino (morto por um capanga) cometeu o crime por motivos inteiramente particulares, que nada têm a ver com ideais políticos ou éticos.

A narração é geralmente boa e conduzida em ritmo cinematográfico razoável; mas a fotografia é demasiadamente seca e perde belas oportunidades de imprimir mais vigor e intensidade a numerosos trechos. A cena da morte de Stark é convencional e pouco expressiva. O fim é um malogro total.

Broderick Crawford, como Stark, consegue apresentar com maestria a figura ao mesmo tempo simples e complexa do "demagogo". Mercedes McCambridge, como secretária "eficiente" e masculinizada, bastante boa, embora se trate de um tipo um tanto caricato. John Ireland, no papel de Jack, sóbrio e adequado. Joanne Dru e o resto do elenco: corretos. A música: discreta.

Entre as numerosas reprises de filmes fracos e medíocres, um dos poucos lançamentos dignos de um comentário mais amplo.

Boulevard do Crime ("Les Enfants du Paradis")

Pathé Cinema. Direção: Marcel Carné.
Protagonistas: Jean Louis Barrault, Pierre Brasseur, Marcel Herrand, Louis Salou, Maria Casarés, Pierre Renoir, Jeanne Marken.

Filme muito elogiado e muito condenado. Uns o arrasaram, outros o consideram uma obra-prima do cinema universal. A verdade deve estar em qualquer ponto entre os dois extremos. Não tendo propriamente enredo, visando apenas sugerir uma atmosfera – a da Paris romântica por volta de 1850 e a do ambiente dos *funambules* –, o filme, embora bastante cortado, ainda assim é demasiadamente lento e cansativo.

A idéia principal parece ser a de apresentar o "teatro" através do cinema, sem dúvida um tema sedutor. Marcel Carné e Jacques Prévert (diálogos) andaram bem ao escolher o ambiente dos *funambules* e a época do romantismo, todo um tempo que ensina uma certa maneira de viver, de amar ou de morrer; o grave tabelião que vai a cavalo ver sua noiva, levando no bolso uma escada de corda; a noiva que no balcão se esforça por tossir em seu lenço de seda, onde procura em vão a mancha de sangue que a identificará como Elvira; o pequeno negociante de chita que se enforca no lampião de uma rua gótica por uma noite de gravura ou de litografia; o praticante de advocacia que adquire uma alma satânica assim que se afasta de sua velha família provincial, e o pai de família que tenta salvar uma alma de prostituta imaginando a cena doméstica que o espera de volta ao lar; toda essa vida social que copia a literatura, o teatro e a pintura[3].

Pois essa gente do teatro e do *Boulevard du Temple*, esse Baptiste, esse Lemaître, esse Lacenaire, essa Garance, gente do palco ou que gira em torno dele, leva a vida estética dos heróis da cena para a rua e vive as suas tragédias e comédias na vida real; vivem de segunda mão, realizando a "imitação mítica" dos grandes modelos. O bandido é um Bandido com letra maiúscula. Mata um conde que é, por assim dizer, a idéia platônica de todos os condes; e mata-o no banheiro, segundo o grande exemplo de Marat. E o conde sabe morrer condignamente, de acordo com a tradição, deixando uma mão molemente pendurada sobre a borda da banheira. É assim que se mata e que se morre. É assim que se ama e que se sofre romanticamente; é assim que se tem ciúme, de acordo com o grande exemplo de Otelo.

Mas apesar da ironia sutil que se desprende de tudo, bem como apesar da fina poeira dos bastidores que parece emanar de cada gesto e de cada movimento para a sala de espetáculos, envolvendo tudo no halo de um esteticismo que perverte a própria vida – apesar ou por causa dos preciosismos da linguagem de Prévert –, não se trata de uma obra cinematograficamente perfeita. Marcel Carné não conseguiu repetir produções admiráveis como *Cais de Sombras* ou *Trágico Amanhecer*, nem mesmo a beleza profunda de *Visitantes da Noite*. Há demasiado artificialismo, o ritmo é demasiadamente lento e os aspectos técnicos nem sempre satisfazem.

Todavia, mesmo que o filme tivesse sido um malogro total, as pantomimas de Jean Louis Barrault (Baptiste) teriam sido suficientes para compensar fartamente o público. Foi excelente a idéia de apresentá-las com o seu sabor de *Commedia dell'Arte*

3. Roger Bastide, *Arte e Sociedade*, S. Paulo, 1945.

e a formidável expressividade de Barrault. Os outros atores –
Arletty, Brasseur, Herrand, Maria Casarés – todos bons.

Caiçara

Cia. Cinematográfica Vera Cruz. Produtor: Alberto Cavalcanti.
Diretor: Adolfo Celi.
Protagonistas: Eliane Lage, Carlos Vergueiro, Abílio P. de
Almeida, Mário Sérgio.

O argumento de *Caiçara*: Marina é tirada de um preventório de lepra por um modesto armador que se casa com ela e a leva para a vila de Ilha Bela, no litoral de São Paulo. Marina não ama o marido e adapta-se com dificuldade ao ambiente primitivo; dois dos nativos da cidade apaixonam-se por ela: um pequeno caiçara e Manuel, sócio do marido, que é assassinado por aquele. Há um *happy end*: Marina, viúva, se casará com um marinheiro (Mário Sérgio) que passa pela vila.

Como se vê, o argumento não é grande coisa, e o tema da lepra, que ameaça a protagonista, não é explorado em toda amplitude e profundeza psicológicas, embora haja bons inícios para tal. A narração concentra-se, em essência, nos conflitos e aventuras amorosas, integrando-os de modo hábil ao ambiente primitivo de Ilha Bela. E dentro dessa intenção limitada o filme é, indubitavelmente, a melhor realização brasileira até agora conseguida, prometendo futuras obras-primas da Cia. Vera Cruz.

Nota-se segurança técnica, a fotografia é extremamente bem cuidada, atingindo em certas cenas alto nível de expressividade. A montagem é boa e o som excelente; em suma, o filme possui as qualidades básicas que se espera de uma boa produção de distribuição universal. Mas *Caiçara* ultrapassa as "condições indispensáveis" pela vigorosa apresentação da população do litoral – e não hesitamos em dizer que foi esse o aspecto – não o caso amoroso – que comoveu o autor destas linhas. O que tantas vezes admiramos em filmes italianos – a movimentação natural e perfeita do povo – vimos pela primeira vez realizado no cinema brasileiro.

A negra feiticeira, com a sua mandinga, o pequeno caiçara com seu inocente e leal amor de menino pela moça da cidade –

33

os tipos todos, os grupos, a gesticulação desajeitada dos nativos, a sua timidez, a sua passividade, as suas observações supersticiosas, toda a sua fala tosca e rude (os diálogos de Afonso Schmidt e Gustavo Nonnenberg são excelentes), os japoneses, que são verdadeiros achados – tudo isso vive e é legítimo. Magistrais como totalidade de som e imagem são as cenas que apresentam toadas populares ao violão, cenas muito bem integradas e perfeitamente funcionais no que diz respeito à narração. A seqüência da fuga do pequeno caiçara, perseguido pelo assassino Manuel, fuga entrecortada por uma congada que representa o estreitamento do círculo em torno do menino, é talvez um pouco artificial e rebuscada, mas de grande efeito estético e, reconheçamos, com forte impacto sobre os nervos do espectador. O oscilar entre o som e o quase silêncio, a congada e os cortes da fuga – a dança, logo à distância, logo próxima – são um belo exemplo de aproveitamento dos recursos acústicos do cinema moderno, da mesma forma como a cena dos sinos de pedra.

Seqüências muito bem observadas são as que apresentam os caiçaras em face da morte: o afastar-se desengonçado e apressado dos grupos depois de terem chegado diante da casa do armador assassinado – olhares cheios de medo, um torcer e virar sem jeito – e a quase fuga dos nativos que acompanharam o enterro do pequeno caiçara, detendo-se diante do portão do cemitério, apavorados em face da terra "contaminada" dos mortos.

Todos os atores são regulares, sobressaindo talvez Carlos Vergueiro. Mário Sérgio é um ator que trabalha com simplicidade e que irradia simpatia.

Muito bem a negra Felicidade e o pequeno caiçara, bem como todos os "extras". A música de Francisco Mignone boa, às vezes demasiadamente boa para manter-se ajustada.

Em suma: um filme que promete realizações melhores.

Painel

Cia. Cinematográfica Vera Cruz. Realizador: Lima Barreto.
Protagonista: o painel *Tiradentes*, de Portinari.

Quanto a este filme de curta-metragem, consideramo-lo um verdadeiro enriquecimento não só do cinema nacional, mas do cinema universal. A idéia de transformar uma obra pictórica, fundamentalmente estática, em uma obra dinâmica, com a colaboração da câmera e da música, segue sem dúvida as experiências de Emmer e Gras, que usaram os frescos de Giotto a fim de contar a história de Cristo, e o *Paradis Terrestre*, de Hieronymus Bosch, a fim de criar uma obra fílmica surrealista. Semelhantes tentativas fez também Henri Storck, com fito didático, o que igualmente se nota na obra de Lima Barreto. A impressão diante do resultado alcançado pelo realizador é de deslumbramento. Abre-se aqui um campo imenso no terreno educativo e estético. É incrível o que a câmera consegue ver e sugerir simplesmente pelo fato de recortar figuras, cabeças, fisionomias, mãos crispadas, apresentando-as sucessivamente em ritmo variado, movimentando-se em panorama ou em *travelling* diante do painel e dramatizando a narração da obra de Portinari. Vemos Tiradentes subir os degraus para o cadafalso quando a câmera se desloca lentamente escada acima, e a massa estarrecida dos espectadores despertar, agoniada, diante do corpo esquartejado, para uma vida de surda rebeldia.

Não se trata de um filme de grande valor didático, mas de uma realização que, em conjunto com a magnífica música de Mignone, transforma-se em uma nova obra-prima, tendo por argumento a obra-prima de Portinari.

Fúria Sanguinolenta ("White Heat")

Warner Bros. Direção: Raoul Walsh.
Protagonistas: James Cagney, Virginia Mayo, Edmund O'Brien.

Focaliza um gangster com nítidos sintomas de paranóia e fortes traços de infantilidade e fixação pela mãe. Psicologicamente feliz, neste quadro de um caráter, é o descaso e a frieza típicos com que trata sua bela mulher (Virginia Mayo).

O filme narra os assaltos, as perseguições, golpes e contragolpes, bem como as complicadas técnicas usadas pelos criminosos e pela política para alcançar os seus fins. James Cagney, como gangster semilouco, desenvolve uma caracterização impressionante, particularmente no momento em que, nas excelentes tomadas da sala de refeição da penitenciária, é informado da morte da mãe, irrompendo no desesperado choro de uma criança abandonada. Em várias seqüências o exagero torna-se caricato. Momentos de intensa dramaticidade apresentam as cenas finais, em que James Cagney, definitivamente louco, no topo do reservatório de gás e no "topo do mundo", morre em meio a tremenda explosão.

Música de Max Steiner: ajustada. Apesar de várias boas seqüências, um filme medíocre.

> *Ladrões de Bicicletas* ("Ladri di Biciclette")
> De Sica – MGM. Direção: Vittorio De Sica.
> Protagonistas: Lamberto Maggiorani, Enzo Staiola.

Nota-se ultimamente uma certa acrimônia para com o chamado "neo-realismo" italiano – uma atitude cujas razões são perfeitamente misteriosas. Uma arte que nos deu *Roma, Cidade Aberta, Paisà, Sciucia, Viver em Paz, Ladrões de Bicicletas*, e mesmo uma fita como *O Bandido*, está justificada. Afinal, o realismo, mesmo cru, quando se ajusta ao tema e ao ambiente, pode ser tão legitimamente cinematográfico quanto uma fantasia onírica ou um conto de fadas em tecnicolor.

O cinema – isso já não se discute – é uma arte, e um filme, como obra de arte, tem de expressar alguma coisa: uma emoção, uma atmosfera, uma idéia, uma situação humana; é perfeitamente absurdo apreciar, num filme, apenas o "ritmo", a "montagem", a "bela fotografia", a "iluminação", os "ângulos", a "enquadratura", se tudo isso, todos esses poderosos meios de expressão forem malbaratados ao não expressar nada senão o clichê de uma história de *far west*, cujas situações se repetem pela milésima vez. Evidentemente, um *far west* pode ser um excelente filme quando nos apresenta um conteúdo humano valorizado pelo domínio dos meios de expressão (*Consciências Mortas*) ou quando consegue sugerir-nos certa atmosfera em função de um enredo valioso (*No Tempo das Diligências*). Mas um fogo de artifício puramente formal em torno de um vácuo resulta, afinal, em mera natureza morta, por mais que as figuras se agitem, por melhor que tudo seja montado; e a natureza morta não se coaduna com uma obra cinematográfica que, afinal de contas, não se pendura na parede da sala de estar.

De outro lado, um argumento profundo, sem os meios de expressão adequados, é opaco e inexpressivo: não tem aquela transparência estética que os meios formais lhe emprestam, não se transforma em símbolo e paradigma, não aponta para a essência profunda das coisas – que a obra de arte sugere indiretamente. Ora, tudo isso resulta na velha fórmula de que, na verdadeira obra de arte, forma e conteúdo são inseparáveis, são realmente uma só coisa: a intuição transformada em expressão, a forma prenhe de sentido e significado. Numa verdadeira obra de arte não "sobra" conteúdo sem forma, nem forma sem conteúdo.

Estas considerações banais e mil vezes repisadas ocorreram-nos enquanto assistíamos a *Ladrões de Bicicletas*. Este filme é um exemplo magistral de como um pobre argumento se transforma em conteúdo rico através da forma adequada. Um desempregado encontra finalmente um serviço que, todavia, depende da posse de uma bicicleta. Empenha a roupa de cama para tirar a sua bicicleta da casa de penhores – e roubam-lhe a bicicleta. O filme narra as andanças do desolado pai pelas ruas de Roma enquanto, acompanhado pelo pequeno filho, procura o ladrão e o objeto roubado.

A marcha pelas ruas desconhecidas de uma Roma despida do seu fundo histórico e transformada em presente cruel, essa marcha dos dois andarilhos exaustos atrás de um produto indispensável da sua civilização, transfigura-se na epopéia dos desapropriados, aos quais foi roubado o último "instrumento de produção". Não pensamos em Marx, ao escrevermos isto, pensamos apenas numa situação humana, pois não há a mínima sugestão política no filme. No entanto, como os objetos falam! Por exemplo: os fardos de roupas de cama na seção da casa de penhores, fardos empilhados aos milhares; parece que toda a população de Roma empenhou as suas roupas de cama, ainda com a forma dos seus corpos impressa no tecido. E que maldosa abundância de bicicletas e peças sobressalentes no mercado!

Trata-se de uma odisséia, desde a partida na madrugada brumosa, com a limpeza em funcionamento, até a volta à noite, em meio à multidão anônima – um retorno que não é uma chegada, mas apenas um hiato na andança que continuará. E essa odisséia desesperada sob o peso da *moira*, de uma fatalidade inexorável, atrás de uma bicicleta já mitológica, é pontilhada por cenas que são como cantos de uma epopéia – "A Chuva", "O Mercado", "A Igreja", "O Afogado", "O Repasto" – e sempre o espectro da bicicleta pairando, sinistro, sobre todos os movimentos e palavras de pai e filho.

A relação pai-filho é desenvolvida com uma força de sugestão que deve desanimar outros diretores a tentar semelhante proeza. Há tal acúmulo de observação e simpatia humana atrás de cada gesto que as imagens transbordam em comunicação imediata. Quanta ternura há no humor com que a câmera capta docemente o *homo sapiens* em todos os planos e em todas as situações: os padres alemães saltitando debaixo da chuva e agitando-se aos gritinhos como meninas de colégio; as seqüências na igreja; a tremenda mussarela com o queijo quente esticado como um chiclé; e o menino grã-fino, de olhar enviezado para a pobre criança proletária; a reação do menino após a bofetada ou o seu comportamento ao sentir uma necessidade fisiológica...

Vittorio De Sica criou duas figuras inesquecíveis e encontrou um homem e uma criança do povo que conseguiram encarná-las de uma maneira insuperável: Lamberto Maggiorani e Enzo Staiola (o filho). Ambos notabilíssimos, possivelmente por nunca terem enfrentado uma câmera. Ambos se integram humildemente na fluência e na simplicidade da linguagem cinematográfica – um homem que consegue chorar sem se tornar ridículo e uma criança separada por um oceano, e mais alguns milhares de milhas, dos palhacinhos que Hollywood de vez em quando costuma soltar contra uma humanidade desarmada.

Há pequenos senões de ordem técnica – e temos mesmo a impressão de que De Sica evitou, de propósito, uma composição mais cuidadosa das imagens e uma ourivesaria estilística para não roubar às seqüências o "toque humano" e a singeleza. Há certo receio, talvez exagerado, de recorrer a meios legítimos de iluminação e angulação para, às vezes, criar uma atmosfera mais intensa e dramática. Evidentemente, o diretor, com o denso material ao seu dispor, achou por bem dispensar todos os recursos capazes de suscitar a impressão de artificialismo. E mantendo sempre a linguagem realista, criou uma obra que, de longe, transcende a realidade das aparências. Penetrou fundo e inventou um mito.

Causa sensação quando se vê, ao sair da sala de espetáculos, as duas bicicletas esplêndidas no *hall* do Cine Metro. Se Antonio ficou sem a sua bicicleta, nós também temos um pouco de culpa. Todos nós participamos do roubo. Todos nós somos ladrões de bicicletas.

> *Meu Maior Amor* ("My Foolish Heart")
> Produção: Samuel Goldwyn. Direção: Mark Robson.
> Protagonistas: Susan Hayward, Dana Andrews.
> Distribuição: RKO.

O filme conta em *flash back* a história de u'a moça que, pouco antes de os Estados Unidos entrarem na guerra, apaixona-se por um rapaz, a quem se entrega, quando ele já está em vias de partir para os campos de batalha. Grávida, e abalada pela notícia de que o amado faleceu em conseqüência de um desastre, ao levantar vôo, ela se casa com um velho namorado de quem se separa no fim da fita, ficando com a filha, fruto de seu "maior amor".

Mark Robson conduziu a narração com sobriedade, em termos cinematográficos harmoniosos e limpos. Com exceção de várias seqüências, particularmente pelo fim da película, conseguiu evitar concessões demasiadas ao melodramático. Característica saliente do filme é uma naturalidade singela e um certo realismo na descrição das figuras e da paixão, cujos arroubos sentimentais são equilibrados por uma certa dose de humor melancólico e mesmo amargo. A figura do protagonista masculino, representada de modo excelente por Dana Andrews, é atípica em filmes americanos: um homem fatalista, sem ambições materiais e de "êxito", um "mocinho" longe de ser bonitão, que seduz a "mocinha" sem espalhafato e sem que haja, por parte dos realizadores, a mínima intenção de condená-lo por isso.

A câmera comporta-se com discreção e produz um trabalho limpo e decente, sem pretensões exageradas, realçando com plasticidade o magnífico trabalho de Susan Hayward. Em determinada cena, focalizando com insistência demagógica a

Susan Hayward em *Correio do Inferno*.

chapa de identificação no peito do homem amado, transforma um ente humano em simples número sem valor: a câmera torna-se juiz e crítico de uma sociedade cruel e absurda, que corrompe os fatos básicos da vida. E ao mesmo tempo sugere que o coitado se transformará muito em breve em "baixa" nas relações do exército.

A música: integrada. Um filme cuja realização corresponde às intenções visivelmente modestas dos produtores.

Na Solidão do Inferno ("The Capture")

RKO. Produtor: Niven Bush. Diretor: Preston Sturges.
Protagonistas: Lew Ayres, Teresa Wright.

O enredo deste filme desenrola-se no México, parecendo inicialmente tratar-se de uma das obras comuns em que predominam perseguições, gatilhos rápidos e o mocinho de músculos de aço. No entanto, os nomes do produtor e do diretor garantem um trabalho acima da média. Verifica-se que o filme narra, em *flash back*, um caso de consciência que se transforma em verdadeira neurose com graves inibições. Lew Ayres, capataz de uma empresa de petróleo, mata um homem que aparentemente roubou uma elevada soma daquela companhia, porque, intimidado, o homem levantara um só braço. Verifica-se depois que não poderia ter levantado o outro braço devido a um ferimento. Nasce em Lew Ayres um complexo de culpa, cujo desenvolvimento é muito bem sugerido precisamente por não ser explicado da maneira comum, com longas análises psicológicas, mas por se revelar no decorrer da própria ação, que não sofre solução de continuidade.

A viagem do capataz ao lugar de residência do morto, acompanhando "casualmente" o caixão do suposto ladrão, a chegada noturna, com o caixão em primeiro plano e a esposa, de luto, recebendo a sinistra encomenda – eis algumas cenas que lembram, na sua absurda e burlesca tragicidade, um conto de Kafka. Durante momento algum do filme se fala de "complexo de culpa" ou de psicanálise, mas a maneira como o herói se envolve em complicações, se fere no braço, é perseguido e receia não poder levantar o braço no momento em que a polícia lhe dá voz de prisão, eis algumas das coisas mais profundamente "freudianas" já realizadas em matéria cinematográfica.

Poderíamos falar de uma excelente produção se não houvesse concessões deploráveis ao Codex Cinematográfico e uma direção às vezes desequilibrada e sem orientação segura, para não falar do medíocre trabalho de Lew Ayres, que chega a comprometer a qualidade do filme. A fotografia atinge, em várias cenas – particularmente nos momentos agudos da perseguição –, altíssimo nível, criando, apoiada por cortes rápidos, uma atmosfera densa e angustiante.

Teresa Wright apresenta-se com toda a força do seu talento incomum. A música, realçando por vezes com intensidade certas cenas, é freqüentemente redundante com relação à imagem: repete-se ao invés de aprofundá-la.

Em suma, os produtores não parecem ter tido grande confiança na sua própria obra, daí se explicando, quem sabe, certo desleixo no feitio do filme. Talvez, porém, seja precisamente por isso, por não terem planejado uma superprodução, que o filme lhes saiu como uma obra de considerável valor.

Na Teia do Destino ("The Reckless Moment")

Produção: Columbia-Walter Wanger. Direção: Max Ophuls.
Protagonistas: James Mason, Joan Bennett.

Em meio a uma tremenda metralha de cortes confusos e de um corre-corre de Joan Bennett, vítima de chantagistas que ameaçam destruir a paz do seu lar burguês, surge James Mason como sócio da dita firma de chantagistas. Apaixona-se por Joan Bennett, fica enternecido ao respirar a atmosfera do "lar, doce lar", não consegue – apesar de fazer força – dominar os bons instintos adormecidos – *eu também tinha uma mãe!* – e morre nobremente para salvar o bom nome da família da amada. Salvam-se algumas excelentes tomadas do *camera-man* Burnett Guffrey e a intenção, embora malograda, de apresentar a vida doméstica de uma família americana, com a naturalidade do vai-e-vem e das cenas caseiras, como contraponto à invasão do crime que ameaça destruir aquela paz de família.

James Mason, num dos seus piores papéis, não resistindo ao seu próprio clichê, parece estar em plena decadência. Abusa das peculiaridades da sua voz de timbre metálico, manipulada de maneira extremamente infeliz pelos técnicos de som, que se esforçam por lhe acentuar os vícios e tiques conhecidos.

A decadência de Mason ressalta ainda mais quando se assiste à reprise de:

O Sétimo Véu ("The Seventh Veil")

Produção inglesa de Sidney Box. Diretor: Compton Bennett (1945).
Protagonistas: James Mason, Ann Todd.

Filme com enredo de psicanálise não muito ortodoxa, mas de feitio bem razoável, em que Mason apresenta um belo desempenho ao lado de Ann Todd, a pianista cuja alma está coberta por sete véus. O filme alcança o seu ponto alto nas excelentes tomadas dos concertos, traduzidos em linguagem cinematográfica por uma correta montagem e perfeita angulação da pianista, fotografada em vários planos com quadraturas assimétricas e aproveitamento inteligente do jogo de luz e sombra. É preciso destacar que não se trata, neste caso, de um virtuosismo técnico, mas de um emprego funcional da câmera, que acentua estados de alma, dramatiza, coloca-se no ângulo distante de James Mason que, dos bastidores, observa a interpretação da pupila, enquanto a montagem adapta o ritmo das imagens ao da música executada pela pianista.

Vingança do Destino ("Under my Skin")

20th Century Fox. Diretor: Jean Negulescu.
Protagonistas: John Garfield, Micheline Presle.

Por curiosa coincidência, este filme foi exibido ao mesmo tempo que *Ladrões de Bicicleta*, que também gira em torno do tema pai-filho. Um jóquei emaranhado em negócios e apostas escusas que sóem ser parte integrante do prado, resolve apresentar ao filho a imagem de um pai limpo e puro, e morre heroicamente para criar no dito filho um "super-ego" decente.

43

O argumento é extraído de um conto de Hemingway; é interessante verificar que esse autor, que tanto aprendeu da técnica cinematográfica, não tem sorte no cinema. Uma das suas melhores *short stories*, por exemplo, foi estragada no filme *Covardia*. Nos contos de Hemingway tudo é subentendido, ficando nas entrelinhas. Tanto naquele, quanto neste filme, tudo é verbosamente espalhado, perdendo-se toda a sedução do estilo desse escritor – a discreção, as alusões, a secura, as reticências.

J. Negulescu, que é um diretor de qualidade, apesar de todo o aparato e da bela composição de certas tomadas, não conseguiu imprimir à relação pai-filho aquele *human touch* de Vittorio De Sica. A cena da bofetada – pois também neste filme há uma – é puro clichê, como as demais. É um filme cansado. Salvam-se as excelentes cenas da corrida e o valor pictórico das tomadas em que aparece a bela cabeça de Micheline Presle, cantando diante de fundos cuidadosamente arrumados, em planos visivelmente estudados e habilmente calculados segundo seu valor estético.

Vingança do Destino é exemplo típico de um filme em que há um argumento razoável e meios de expressão corretos, sem que exista unidade: o argumento não se torna conteúdo e os meios de expressão não se tornam forma. Ambos continuam soltos, paralelos, e não se amalgamam.

John Garfield, como sempre, um ator decente. Micheline Presle, a excelente atriz de *Le Diable au Corps*, tem apenas função decorativa neste filme.

Um Grande Ano para o Cinema

2. Crônicas de 1951

A Besta Humana, A Glória de Amar, À Margem da Vida, A Rua, A Verdade não se Diz, Algemas de Cristal, Arroz Amargo, Azar de um Valente, Caravana de Bravos, Crepúsculo dos Deuses, Duelo ao Sol, Êxigo Fugaz, Êxtase, Flechas de Fogo, Flor de Pedra, Fronteiras Perdidas, Fúria Cigana, Henrique V, Horizonte em Chamas, Luzes da Cidade, Mais Forte que o Amor, Maldição, Mórbido Despeito, No Tempo do Pastelão, O Bandido, O Comprador de Fazendas, O Homem de Outubro, O Invencível,

O Papai da Noiva, O Preço de uma Vida, O que a Carne Herda, Presença de Anita, Sansão e Dalila, Sem Novidades no Fronte, Sem Piedade, Sombras do Mal, Terra é Sempre Terra, Três Dias de Amor, Um Punhado de Bravos, Vive-se uma só Vez.

A Besta Humana ("La Bête Humaine")

Paris Film Production. Produtor: M.M. Hakim. Diretor: Jean Renoir.
Elenco: Jean Gabin, Simone Simon, Ledoux, Carette.

Reprise da famosa adaptação cinematográfica do romance de E. Zola, realizada em 1938. História do maquinista de um trem que, num acesso de loucura, mata a sua amante, esposa de outro ferroviário.

Como em todas as obras de Jean Renoir, na *Besta Humana* nota-se a absoluta seriedade (às vezes um tanto pesadona) com que o famoso diretor se esforça por criar uma obra adulta, sem concessões, digna do grave tema literário que lhe serve de esqueleto. Assim, uma das maiores preocupações do cineasta foi criar a atmosfera ferroviária nos seus mínimos detalhes, e isso a tal ponto que o ambiente dos trilhos, trens, sinais, pontes, locomotivas, postes telegráficos e dos horários rigorosos torna-se quase uma obsessão. Logo de início, a longa seqüência inicial – com a câmera viajando no trem, captando a distância que se entrega ritmicamente à velocidade da máquina, com os trilhos se alongando, bifurcando, cruzando, com a variação musical das pontes metálicas e cantantes e com a fermata das estações – é, em tratamento sonoro e fotográfico e no aproveitamento hábil dos cortes, uma das mais belas coisas já criadas no cinema. Neste ambiente tumultuoso da estrada de ferro o diretor integra cuidadosamente os seus personagens: o maquinista, degenerado hereditário, com a sua ternura pela locomotiva; a mulher, fácil, sem consciência, coquete e com a inocência da completa amoralidade de fêmea bonita; o marido ciumento e sombrio, funcionário duma estação; o foguista baixote, com o seu dom de *savoir vivre* e de aproveitar o suco das ausências do lar.

Apoiado num cenário vigoroso, que dá aos clímax o devido destaque, sem nunca perder o senso de proporção e que, através de uma narração direta e densa, imprime ao todo uma admirável unidade, o diretor revela, neste filme, a sua grande capacidade de caracterizar e movimentar as figuras, de insuflar-lhes vida humana e de dar-lhes a verdade da arte.

A sua tarefa foi-lhe facilitada pelo excelente trabalho de Jean Gabin, neste filme em pleno apogeu, e de Simone Simon que, com a graça do seu corpo e a expressividade do seu jogo fisionômico, cria uma figura inesquecível de mulher sedutora, muito mais uma força natural do que um ser moral.

A Glória de Amar ("That Forsyte Woman")

Metro Goldwyn Mayer. Direção: Compton Bennett.
Protagonistas: Greer Garson, Walter Pidgeon, Robert Young, Errol Flynn.

Conta um episódio do *roman-fleuve* de Galsworthy, que durante a época ameaçava (o romance) romper os diques e inundar a paisagem pacífica da literatura universal. O propósito do autor foi retratar a burguesia média inglesa da sua era e as transformações surgidas em conseqüência da Primeira Guerra Mundial, narrando minuciosamente a história de várias gerações de uma família, a saber, dos Forsyte. O que Thomas Mann, influenciado por Émile Zola, conseguiu nos seus *Buddenbrooks* em profundidade, Galsworthy realizou em extensão e largura, de modo que o leitor estrangeiro, após ter lido todos os volumes e estudado cuidadosamente a árvore genealógica anexa, sente-se perfeitamente integrado na família, sofrendo um tremendo acréscimo de tios, tias, sogras e sobrinhos insuportáveis. Evidentemente, ao tirar um episódio de tal estrutura gigantesca, a Metro violentou o sentido principal da obra, que quer ser história de uma classe.

O episódio escolhido é do tipo "romântico" – uma mulher (Greer Garson) casa com um Forsyte "típico", um *bourgeois* (Errol Flynn), que adquire uma esposa como peça valiosa que acrescenta à sua vasta propriedade. A mulher, porém, que se casou apenas por interesse (sem amor), certamente andou lendo romances franceses de segunda categoria e, embora já madurona, fica convencida de que o matrimônio é uma instituição inventada especialmente para a realização de todos os sonhos de mocinhas adolescentes. Portanto, apaixona-se pelo gentil Robert Young, meio boêmio e nada burguês. Mas este morre atropelado. Resta apenas Walter Pidgeon, que além de paternal é pintor e que, afora tudo isso, também é um Forsyte, embora uma espécie de filho pródigo, que pertence à classe desprezada dos artistas. Casando-se com ele, ela dá um ótimo golpe: fica na família mas ao lado do único membro capaz de respeitar e entender a sua "personalidade" (que ninguém sabe em que consiste).

Não somos "moralistas" e achamos que, em crítica de arte, não se devem intrometer conceitos morais. Mas como de arte o filme nada tem – a não ser o pintor Walter Pidgeon –, só resta a franca glorificação de uma mulher insuportável (papel de rara adequação para Greer Garson), que transforma o casamento em campo de experiências "românticas" e "sentimentais" – no pior sentido das palavras.

O filme se passa na "classe média" e os realizadores parecem querer homenagear essa infeliz classe, fazendo o celulóide exsudar mediocridade por todos os poros. As cores são tremendas. Há certos verdes capazes de envenenar batalhões inteiros de soldados. De resto, nenhuma espécie de filme costuma "fazer" mais dinheiro do que aqueles que pregam, pela milésima vez, que não é o dinheiro que traz a felicidade, mas somente a "glória de amar", aquele amor que consiste em enganar os maridos.

À *Margem da Vida* ("Caged")

Warner Bros. Diretor: John Cromwell.
Protagonistas: Eleanor Parker, Hope Emerson, Agnes Moorehead.

Narra a história de uma mulher decente que, por causa de um delito sem gravidade, dá entrada numa penitenciária feminina, onde é corrompida e preparada para uma futura vida criminosa.

Com este filme, a Warner Brothers acrescenta mais uma obra de tipo semidocumentário, com forte teor de crítica a instituições americanas, à já longa série de semelhantes produções que realizou desde que Darryl Zanuck, em 1930, anunciou que o seu estúdio iria dedicar-se de preferência a temas extraídos da realidade e atualidade americanas.

Entre os muitos filmes em torno do problema penitenciário – e John Cromwell é especialista neste terreno – *À Margem da Vida* é um dos mais honestos e mais avessos a qualquer espécie de embelezamento e otimismo barato, longe daquele tipo fácil que tanto parece agradar ao público e, conseguintemente, os estúdios de Hollywood (*Vou ao cinema para me distrair... de aborrecimentos basta a minha vida cotidiana...*). Sem abalançar-se a uma análise mais aprofundada, o filme sugere o suficiente para situar o ambiente social – falta de verbas, pistolões, politicagem –, que é a base condicionante do microcosmo penitenciário. E nota-se, constantemente, qual advertência encoberta, que a corrupção dominante na prisão nada é senão o reflexo duma corrupção maior, "lá fora", que corrói o corpo social.

Evidentemente, a Warner não poderia deixar de exemplificar a sua crítica, segundo os moldes convencionais, por meio de um caso individual – a moça Maria, que se torna vítima do sistema (Eleanor Parker) e da sádica funcionária Harper (Hope Emerson). A vida da penitenciária é reproduzida por meio de vigorosas imagens, que comunicam poderosamente a sordidez do ambiente e das personagens, fazendo emanar para o público um clima deprimente que viciaria mesmo um padre de pedra.

Em meio a tudo isso, a bem intencionada diretora (Agnes Moorehead) é impotente em face dos conluios de fora e de dentro. Com fatalismo quase asiático, observa a transformação moral da nova presidiária, sabendo desde o início que nesta atmosfera os excelentes intuitos de Maria serão frustrados e que ela será mais uma das vítimas do sistema, tornando-se uma *habituée* do presídio.

Não faltam ao filme os momentos convencionais dos suicídios, dos espancamentos, da revolta etc. – mas a realidade das penitenciárias não costuma oferecer assunto para variações brilhantes e originais. Uma ou outra seqüência lírica ou de acento mais humano – as cenas do gatinho, do parto – ventilam, por assim dizer, o ar sufocante, criam um intervalo para a respiração. Tais cenas, ao lado da sua importante função na econômica estética da obra, representam ao mesmo tempo momentos essenciais da "história" que, inexoravelmente, condiciona a destruição moral de Maria. O equilíbrio geral assim conseguido certamente pode ser atribuído ao excelente cenário de Virginia Kellogg, devendo-se acrescentar que John Cromwell foi apoiado pela hábil câmera de Carl Guthrie e pelo bom trabalho do elenco.

Não se trata propriamente de um grande filme, mas de uma obra honesta e corajosa que honra a empresa produtora e o país que admitiu se revelassem tão graves chagas da sua configuração social; uma revelação que desta vez despreza o recurso do *happy end*. Impregnado de profundo pessimismo, o filme nem sequer procura sugerir que se trata de um caso excepcional, mas que de resto *Deus está no céu e tudo corre às mil maravilhas*.

A Rua ("Gatan")

Kungsfilm. Suécia. Diretor: Gosta Werner.
Elenco: Maj Britt Nilsson, Peter Lindgren, Stig Jarrel, Naenni Briese etc.

Narra a vida de u'a moça que, escravizada pela paixão por um malandro, se torna prostituta. Mesmo depois de casada, deixa-se explorar pelo sinistro amante. Transformada em rameira de rua, morre atropelada.

É difícil julgar este filme na forma em que foi apresentado. Não se pode atribuir a falta completa de continuidade somente a cortes posteriores; deve-se supor que ela já provenha do cenário, visando criar a atmosfera de um pesadelo da moça atropelada, na mesa de operação.

O mais grave defeito do filme reside no próprio argumento, que coloca no centro um caso bastante especial e nada típico. O fim, a morte por atropelamento, é meramente casual, não decorre de qualquer espécie de necessidade superior e é despido de significado humano.

Há, todavia, momentos de grande interesse no que se refere ao aspecto documentário do filme. Obra que evidentemente visa abordar situações e ambientes reais, a fita revela concepções e costumes sexuais completamente estranhos à mentalidade latina. Nota-se, em todo o filme, no tocante aos seus aspectos sociológicos, a tremenda influência do fato de que a Suécia é um país no qual, devido à grande superioridade numérica da população feminina, com muitas moças condenadas a viverem como solteironas, desenvolveu-se uma mentalidade sexual chocante para um público latino-americano. Não sem interesse, para o público brasileiro, é o fato de que, mesmo sem política de boa vizinhança, o samba parece agradar naquele longínquo país do norte, ainda que não saibam tocá-lo e nem dançá-lo com o ritmo e a graça meridionais.

Cinematograficamente, a obra de Gosta Werner é inferior àquela excelente *Tortura de um Desejo*, de Alf Sjoberg. Há, contudo, seqüências bem desenvolvidas, como por exemplo a do porto quase invisível na bruma, com a polícia caçando as moças que freqüentam os navios estrangeiros. Há uma procura carinhosa do detalhe significativo e um jogo muitas vezes sutil da câmera móvel que, recuando, integra o pormenor simbólico no ambiente. Fotograficamente, as cenas do porto brumoso são excelentes, revelando grande cuidado na composição das imagens.

A interpretação dos atores é regular, devendo destacar-se a figura interessante da protagonista, Maj Britt Nilsson.

A Verdade Não se Diz ("The Great Hangover")

Metro Goldwyn Mayer. Produzido, escrito e dirigido por Norman Krasna.
Protagonistas: Van Johnson, Elizabeth Taylor.

O herói, que na comédia de John Ford (*Azar de um Valente* – ver crítica a seguir) se embriaga só na segunda parte do filme e não sai mais da carraspana, no filme de Krasna é vítima do álcool do começo ao fim, mas em compensação com intervalos. Temos aqui mais uma sátira, e uma sátira excelentemente concebida, mas tão medíocre na execução quanto a de Ford. Um jovem volta da guerra em estado melindroso: durante um bombardeio aéreo, encontrando-se na adega dum convento, torna-se vítima de um impacto nos tonéis de vinho – quase se afoga no nobre produto de Baco –, e, desde então, não pode cheirar álcool. Tomando uma gotinha, começa a conversar com o seu cão, que lhe responde gravemente, de sombrancelhas franzidas. E começa a dizer todas as verdades, pois *in vino veritas*. Aprendiz de advogado, tendo a impertinência de levar a justiça a sério, depois de ter saboreado uma sobremesa com rum durante um banquete, diz todas as verdades aos seus chefões que, como administradores de uma série de prédios, conseguiram expulsar um médico chinês de um dos apartamentos democraticamente limitados à "raça branca". Mas a verdade não se diz. O efeito é que o pobre veterano tem de transferir-se para o serviço público – primeiro passo para a miséria.

Perceberam? Somente um indivíduo anormal, que volta da guerra em estado de desorganização psíquica, é capaz de dizer a verdade. Gente sadia não a diz e faz carreira no *big business*. Reconheçamos que Norman Krasna diz todas as verdades em estado perfeitamente sóbrio. O libelo chega a ser contundente em meio a uma série de cenas de excelente humor. E novamente o acaso! Uma sobremesa com uma ligeira dose de rum tem de soltar a língua do herói: um homem normal não diria aos seus chefes que um chinês tem tanto direito de residir num apartamento quanto um espécime de epiderme esbranquiçada. O protagonista de John Ford é consagrado pela pátria estremecida porque, embriagado, se transforma em joguete sem consciência; o protagonista de Krasna deixa de fazer carreira porque, embriagado, se transforma num homem de consciência alerta.

Agora, se Krasna tivesse estado um pouco menos sóbrio e tivesse tido uma das alucinaçõezinhas do seu herói – possivelmente ele teria realizado um grande filme!

De qualquer maneira, deve-se aplaudir tanto os dois diretores – que, não sem graça, souberam satirizar a sociedade americana – quanto a sociedade americana – que, não sem graça, sabe digerir a pílula amarga. Afinal, ambas as obras, embora divertidas, são, no seu valor fílmico, suficientemente medíocres para evitar melindres. Nenhuma das duas fitas tem peso como obra cinematográfica. Não se trata de golpes que ferem: trata-se de beliscões que fazem cócegas. E como a censura aprovou tudo de antemão, não há perigo de que alguém veja a sua carreira ameaçada e tenha que se transferir para o serviço público.

Algemas de Cristal ("The Glass Menagerie")

Warner Brothers. Produtor: Jerry Wald e Charles Feldmann. Diretor: Irving Rapper.
Elenco: Jane Wyman, Kirk Douglas, Gertrude Lawrence, Arthur Kennedey.

O argumento do dramaturgo Tennessee Williams (cenarizado pelo mesmo e por Peter Berneis), à semelhança da peça *Anjo de Pedra*, do mesmo autor (ambas as peças foram levadas à cena no Teatro Brasileiro de Comédia), coloca no centro de interesse u'a moça problemática, marginal, incapaz de viver a vida normal dos outros. Em ambas as peças é essencial a excelente descrição de ambientes específicos do Sul dos Estados Unidos, com suas famílias em desagregação, memórias dos velhos esplendores ao lado da pobreza atual, a decadência social e muitas vezes também biológica. Ambientes que foram evocados igualmente pela deformação da poderosa pena de William Faulkner.

No filme focalizado, a marginalidade da moça não aparece apenas como decorrência quase natural de ambientes em plena desagregação, mas ela deflui também de um defeito físico (o que amesquinha o argumento original, introduzindo um fator puramente casual). Não há, propriamente, enredo. Há só o penetrante estudo de caracteres: a mãe, ansiosa por casar a filha; a filha, tímida, inadaptada, vivendo no seu mundo artificial, simbolizado pela coleção de bichinhos de cristal; o irmão, ansioso por se libertar do ambiente sufocante (torna-se marinheiro e é através dele que o filme é narrado em *flash back*); e, finalmente, o supereficiente amigo do irmão, secreto amor da moça, tipo do sujeito perfeitamente adaptado à vida ordinária.

O clímax é a visita do amigo à casa da moça, visita marcada pelas violentas esperanças da mãe que já pensa nos pormenores do casamento – esperanças que se desfazem, pois o jovem dinâmico já tem noiva.

Evidentemente, trata-se de um cenário adulto, não muito adequado àquilo que se presume ser essencial para um filme de êxito: que tenha começo, clímax e fim.

O filme não tem propriamente começo e tampouco fim, pois nada é senão um recorte da vida de uma família empobrecida de St. Louis. E se chamamos de clímax uma visita, cuja essência é que não acontece nada de essencial, empregamos esse termo por falta de expressão melhor.

Nem o diretor, nem os cenaristas conseguiram traduzir o inteligente argumento em uma obra cinematograficamente realizada, embora a câmera se movimente a valer. A agilidade da câmera, por si só, não apoiada por um cenário adequado, é insuficiente para transformar uma peça teatral em filme autêntico. Apesar disso, assiste-se a esta espécie de "música de câmara" com interesse e proveito. O diálogo é intenso e expressivo (embora excessivamente teatral); a caracterização dos personagens, excelente; e a direção concentrou, obviamente, todos os seus esforços no jogo dos atores – um quarteto que se desincumbe magistralmente da sua difícil tarefa. Jane Wyman, desta vez não cega, mas aleijadinha; Kirk Douglas, o sujeito "integrado"; a magnífica Gertrude Lawrence, que representou o papel na Broadway, como mãe, e Arthur Kennedey, o irmão – todos são soberbos e deliciosos.

É graças ao trabalho do elenco que se sente emanar uma vida autêntica daquela pobre família, ainda que seja a vida daqueles que não vivem. E sente-se o drama pungente da coitadinha, ao ver o seu mundo de cristal invadido pelo traquejado visitante; ao ser arrancada, por um momento ao menos, dos espaços artificiais criados pelos seus sonhos, enfrenta de chofre a vida comum e ordinária dos namoros e salões de dança. É, afinal, um clímax, embora totalmente psicológico. Todo o drama está no fato de que não acontece nada.

Arroz Amargo ("Riso Amaro")

Lux-Art. Diretor: Giuseppe De Santis.
Protagonistas: Silvana Mangano, Doris Dowling, Vittorio Gassmann.

Ao realizar este filme, De Santis aceitou, indubitavelmente, o conselho de Goethe aos homens de teatro: *Quem muito oferece, a todos satisfará.* Longe de preparar um magro prato de arroz, botou toneladas de carne feminina, muito espaguete lírico, ravioli à grande ópera, tudo temperado com creme de amor romântico e servido com molho sangrento de carnificina humana. Ah! se fosse só "arroz com coxinhas", como dizia lá o outro! Aí teríamos um prato delicioso.

Mais de perto: De Santis mandou duas mulheres para um arrozal no norte da Itália onde, ano após ano, reúnem-se as mondadeiras para ganhar um pouco de dinheiro por ocasião da colheita de quarenta dias: uma fugindo da polícia com um colar de brilhantes (falsos, infelizmente); outra, uma pequena com belas formas plásticas, dentes soberbos, transpirando *sex appeal* por todos os poros – moça da qual não se sabe o que foi fazer num arrozal, pois ganharia muito mais dinheiro em qualquer outro lugar, já que não revela possuir concepções muito rigorosas a respeito da virtude feminina.

A primeira é seguida pelo tipo que roubou o colar, a segunda encontra o seu par no arrozal mesmo. E temos aí, reunido, todo o prato acima especificado. Seria grave erro supor que De Santis não conheça o seu metiê. Conhece-o muito e obtém cenas realmente belas. Mas, extraviou-se à cata de efeitos sem causa, na tentativa de oferecer a todos os gostos alguma coisa saborosa. Em vez de expressar algo, quis impressionar o público, e querendo satisfazer a este não conseguiu satisfazer as exigências intrínsecas do *sujet*. Assim, à tremenda mistura de temas corresponde igual confusão de estilos. Há cenas de rigoroso documentarismo em belíssimos planos remotos, mostrando o arrozal e o trabalho das mondadeiras – mas o leigo nunca chega a entender nada do processo de trabalho. Há cenas de canções a modo de desafio entre as trabalhadoras rebeldes – em si, sem dúvida interessantes – mas indequadas devido à estilização que não se coaduna com o realismo inicial. E que dizer das seqüências da trabalhadora grávida, com os colegas em torno dela formando "padrões" quase litúrgicos de dança religiosa? Que dizer da geométrica distribuição de chapéus de palha formando um ornamento móvel no fundo? Que dizer do cadáver do criminoso balouçando no gancho de açougue como uma posta de carne? Que dizer, finalmente, dos vários tipos com jeito de Corcunda de Notre Dame, figuras que parecem ter saído de um romance de Hugo ou de Dickens para se reincarnar no arrozal do imaginoso diretor? Tudo isso, por si só, é excelente; mas reunido numa obra apenas é como peixe com chocolate.

Raramente se viu uma obra de tal maneira salpicada de cenas aproveitáveis, as quais no fim resultam em puro desperdício.

O que se salva é a ótima caracterização sociológica e psicológica da figura principal (Silvana Mangano) – uma moça confusa que não sabe o que quer, impelida como está pelo seu primitivismo congênito, pelos seus instintos originalmente sadios e pelo seu impulso de solidariedade com as colegas: e que, de outro lado, sofre a influência de uma cultura superficialmente superposta – cultura transmitida pelos soldados de ocupação com as suas danças epiléticas e pela leitura de revistas baratas embebidas em romantismo imbecil.

Na interpretação desse difícil papel, Silvana Mangano não se sai mal, mostrando qualidades que podem ser desenvolvidas, mesmo sem exibição das coxas e de outros encantos. Inexplicável, porém, é a presença desse esplêndido espécime num mísero arrozal. A única explicação só pode ser o fato de que ela é a esposa do diretor.

Doris Dowling desempenha bem o seu papel e Vittorio Gassmann é regular. A música de G. Puccini (que anacronismo!) é interessante.

Azar de um Valente ("When Willie comes marching Home")

20th Century Fox. Diretor: John Ford.
Elenco: Dan Dailey, Corinne Calvet, Colleen Towsend, William Demarest.

John Ford passou-se para a comédia e conseguiu fazer, de um argumento excelente, um filme razoavelmente medíocre. Trata-se, no que se refere à idéia, de uma espirituosa sátira ao heroísmo oficial: um rapaz que passa, contra a sua vontade, grande parte da guerra como instrutor num campo de treinamento perto da "sua" cidadezinha, e que por isso é considerado covarde conquanto arrisque constantemente a sua vida, casualmente é enviado para o campo de batalha e, dentro de poucos dias, se transforma em herói oficial, publicamente aclamado, carimbado e condecorado. Tudo isso graças a uma tremenda bebedeira, durante a qual se torna portador de uma mensagem secreta dos *maquis*. O herói conquista a sua glória em estado de completa inconsciência, sem mover um dedo sequer.

Há tremendas implicações neste tema, em parte talvez nem suspeitados pelos realizadores. Além da sátira ao herói oficial que nada fez, enquanto o herói anônimo, que se sacrifica na faina diária, é tido como covarde, há nisso algo muito mais profundo: uma sátira encoberta, visando toda uma concepção expressa em centenas de filmes americanos, segundo a qual já não é o homem de capacidade, o homem perseverante quem vence na vida, mas aquele que tira a sorte grande. O seu dia chegará. A "religião" americana do êxito, há muito tempo em crise, encontra-se diante de um tribunal de sarcasmo devastador. Perceberam? O caminho *per aspera ad astra*, pressupondo esforço, sangue, suor e lágrimas, pressupondo inteligência, visão e imaginação – este caminho está fechado há muito: já não adianta. Ao invés disso, temos a esperança do prêmio pela nossa mediocridade e pelo nosso comportamento bonzinho. Temos de confiar no acaso. Substituiu-se o mito do vendedor de jornais, que através do trabalho chega a ser milionário, pelo mito do cálculo de probabilidade.

Tudo isso é revelado com cínica franqueza; mas John Ford, o diretor de tantos filmes de trágica beleza e ênfase pictórica, não tem a agilidade, não tem o toque levíssimo para tratar de tal assunto e tampouco soube manejar o chicote. Da linha de produção sai mais um produto feito com eficiente competência, mas completamente medíocre; e nenhum milagroso acaso transformará a "hilariante comédia" em *best seller* cinematográfico.

Caravana de Bravos ("Wagon Master")

Argosy Pictures. Diretor: John Ford.
Protagonistas: Ward Bond, Harry Carey Jr., Ben Johnson, Joanne Dru.

Não se compreende bem por que John Ford, um dos mais famosos diretores do cinema universal, sem dúvida um cineasta de enorme talento, venha realizando ultimamente filmes como aquele triste *Three Good Fathers* (O Céu Mandou Alguém), *Fort Apache* (Sangue de Heróis) e, agora, este *Wagon Master* que, aliás, não é de todo mau. O homem que criou obras como *The Informer* (O Delator), *The Last Patrol* (A Patrulha Perdida) – filmes demasiadamente ávidos de efeitos pictóricos e simbólicos – ou como o excelente *Stagecoat* (No Tempo das Diligências), filme este superado ainda por *My Darling Clementine* (Paixão dos Fortes) e, principalmente esse grande *The Grapes of Wrath* (Vinhas da Ira), decaindo depois com *The Fugitive* (No Domínio dos Bárbaros) – mas ainda mantendo um certo nível – esse homem não deveria rebaixar-se ao ponto de realizar um filme como esta caravana de decepções.

Como na maioria de suas obras, trata-se também, nesta, de um argumento religioso, no ambiente do *far west* preferido por John Ford, grande amigo que é de paisagens solenes e fundos soberbos de acentuado valor pictórico. Já em *O Delator* (1935) John Ford forçava a nota religiosa, o motivo de Judas – aliás, com certa violência, com toque de Dostoiévski – por exemplo, quando a prostituta, por obra da câmera, é transformada em Madona. Quase em todos os seus filmes surgem figuras da estirpe dos profetas ou dos grandes pecadores que, como tais, pertencem também à categoria religiosa, da mesma forma como o diabo é um complemento indispensável de toda verdadeira teologia.

Não resta a menor dúvida: John Ford soube imprimir muitas vezes uma beleza inenarrável a este tema, enchendo os seus filmes, graças à seriedade com que geralmente o aborda, de profundeza e de raros valores emocionais. Mas já em *O Domínio dos Bárbaros* escorregou para uma certa mania religiosa, pervertendo o sentido da complexa novela de Graham Greene (*The Power and the Glory*), simplificando-a de uma maneira indigna do seu talento. Observe-se ainda que, em *O Céu Mandou Alguém*, ele derrapou para o ridículo, em prejuízo dos verdadeiros sentimentos religiosos, tanto do público quanto provavelmente do próprio autor.

No filme em foco, finalmente, ele narra a longa caminhada de uma caravana composta por elementos de uma seita religiosa (mórmones), através de zonas infestadas de índios, à procura de determinada terra prometida. Oportunidade excelente para apresentar fundos bem fotografados e descrever os costumes dos mórmones. Todavia, o que interessou ao diretor particularmente, ao produzir este filme, foram os bandidos, quatro ou cinco tipos totalmente corrompidos (aliás, um termo errado: eles nunca se desenvolveram suficientemente para poderem ser corrompidos); são verdadeiros animais, cínicos, assassinos que matam com uma volúpia sem par. Um pessoal afundado em tamanha depravação que a sua atitude, totalmente "imaculada" de consciência moral, chega a ser de candura e inocência. Esse bando se mistura à caravana dos santos, dos quais cada qual vive em constante conflito com o seu demônio íntimo, profundamente impregnado do sentimento de pecar. Resulta daí o fato paradoxal de que os bandidos, que logo se transformam em donos absolutos da caravana, parecem puros e simples como crianças comparados com os mórmones, representantes de uma consciência religiosa evoluída, ansiosos pela terra prometida e vivendo em discórdia com os seus instintos violentos, que constantemente têm quer ser dominados pela invocação dos mandamentos divinos.

A câmera encarregou-se de acentuar essa situação paradoxal envolvendo os assassinos numa aura de ternura e de poesia que elucida o pensamento de John Ford. É preciso destacar que raramente o trabalho de uma câmera conseguiu sugerir com tal força um clima religioso. Com efeito, as cenas mais belas do filme são aquelas em que as tremendas fisionomias dos assassinos são retratadas, em tomadas demoradas, contra o fundo noturno de um céu lírico e solene que parece perdoarlhes as sangrentas façanhas: eles não sabem o que estão fazendo. Evidentemente, eles morrem no fim, sem exceção, e sendo criminosos impenitentes, provavelmente irão para o "Terceiro Céu", para onde São Paulo fez a sua famosa excursão e onde, segundo São Lucas, se encontra o inferno – aliás, ao lado do paraíso.

Como se vê, John Ford não deixa de ser John Ford. Porém, umas belas tomadas, entre um amontoado de mediocridade, e uma idéia religiosa não fazem um bom filme. Seria desejável que o grande diretor futuramente se esforçasse não só por ser profundo, mas também por expressar as suas idéias em linguagem cinematograficamente adequada. Ninguém mais do que ele seria capaz disso. Neste filme, ele deixou a impressão de um gago que, quase rebentando de vontade de comunicar alguma coisa muito importante, emaranha-se de tal modo nas primeiras consoantes que, finalmente, desiste, com o gesto fatalista de quem parece dizer: não adianta.

Crepúsculo dos Deuses ("Sunset Boulevard")

Paramount. Produção: de Charles Brackett. Direção: Billy Wilder.
Cenário: Brackett-Wiler.
Elenco: Gloria Swanson, William Holden, Erich von Stroheim, Nancy Olson, Cecil B. de Mille etc.

Através da tragédia de uma velha e decadente estrela do filme mudo, que em vão tenta voltar aos estúdios, interpretando a protagonista da tragédia de um jovem autor de argumentos que em vão tenta vender os seus argumentos, e através da tragédia de um velho diretor de filmes que já não tenta coisa alguma, *Crepúsculo dos Deuses* focaliza a tragédia das peças humanas que mantêm em funcionamento a fábrica de sonhos chamada Hollywood. A estrela de outrora – símbolo do mito caduco do estrelismo e de tudo que é corroído em Hollywood – vive solitária e esquecida numa esplêndida mansão tumular no Sunset Boulevard, Los Angeles, tendo como criado o seu "descobridor", primeiro diretor e primeiro (de três) marido. O jovem autor, fugindo dos agentes da prestação, encontra um "encosto" no macabro solar, "gabinete de cera" em que o tempo parou, mumificando os seus habitantes. Transforma-se em gigolô da múmia-mor, que acaba por assassiná-lo, louca de ciúme, solidão e mofo.

Com este filme, a dupla Charles Brackett-Billy Wilder – dupla que reúne as funções de produtor, diretor e cenarista – alcançou por ora o apogeu de sua carreira, cujos pontos mais altos, anteriormente, foram *Double Indemnity*, *Farrapo Humano* e o cenário do filme de Lubitsch, *Ninotchka*. O diretor Billy Wilder é, como Erich von Stroheim, austríaco e realizou há muito em Berlim o excelente filme *Menschen am Sonntag* (título em inglês: *People on Sunday*).

O filme é um auto-retrato de Hollywood, nas tonalidades escuras de um Rembrandt. Os elementos que o dignificam são uma rara vontade de apresentar a verdade, através de uma auto-análise aguda (embora limitada pelas conveniências) e uma feliz combinação de sátira sutil e intensidade dramática, magnificamente traduzidas em imagens e símbolos de grande beleza e expressividade.

São três vidas que se entrelaçam para formar um dos enredos mais inteligentes que Hollywood já teve a coragem de filmar: a história (tremendamente real) do argumentista (William Holden), que se prostitui em todos os sentidos, como homem e como autor, para sobreviver numa cidade em que os autores pululam, reduzidos à categoria de macacos, cujo produto é adaptado e ajustado até encaixar-se com perfeição à engrenagem da fábrica; a história do diretor ultrapassado pelo *big business* (e Erich von Stroheim, o intérprete deste papel, foi um dos maiores diretores que jamais filmaram em Hollywood); e a história da estrela do cinema mudo (Gloria Swanson), inutilizada pelo advento do cinema falado, rica mas miserável no seu mórbido saudosismo e incapaz de enfrentar a realidade do seu abandono e de sua decadência. O diretor, exteriormente e para o público o seu lacaio, continua a dirigir-lhe a vida, mantendo-a na ilusão da sua celebridade há muito passada; e o argumentista, que lhe substituiu o mono recém-falecido e tetricamente enterrado no jardim, perto da piscina, trai a sua consciência de escritor ao adaptar-lhe e burilar-lhe uma história por ela escrita – enredo que ela pretende apresentar ao grande amigo Cecil B. de Mille a fim de abrir caminho para uma triunfal volta à tela, como estrela do próprio abacaxi.

Aconteceu o milagre de que Hollywood conseguiu desmascarar Hollywood, a cidade-*moloch* que devora diretores, argumentistas e estrelas, e cujo clima tem uma suspeita semelhança com o ar parado do solar da estrela. Mas o milagre é ainda maior: ao desnudar-se sem piedade, Hollywood cobre-se de glórias como raramente; sente-se, apesar de todo o mofo, rajadas de ventos puros. Ao abrir brechas no mito do estrelismo, Hollywood deixa entrever o vácuo do seu próprio mito. E esse mito da estrela, poderosamente visualizado pela câmera ao captar a cabeça da Swanson, aureolada pelo clarão do projetor e envolta por nuvens (que são apenas fumaça de cigarro) – esse mito é desfeito pela própria objetiva que o criou (ou melhor: pela própria empresa, a Paramount, que o criou ao lançar a primeira estrela mundialmente famosa: Mary Pickford).

Crepúsculo dos Deuses.

Ao inteligente *decor*, que salienta sabiamente a atmosfera de "gabinete de cera" e de estagnação e bolor, associa-se um magistral cenário, pontilhado de pormenores sutis e cuidadosamente elaborados: o cadáver do mono que sai, quando o autor se torna hóspede da mansão; a piscina sem água ao lado do túmulo do macaco, no fundo da qual há ratos roendo destroços e que, quando enchida de água parada, abrigará o cadáver do autor assassinado, suspenso debaixo do nível d'água como um boneco grotesco e envolto em luz feérica. As cenas do estúdio de Cecil B. de Mille, onde a estrela entregou o manuscrito e onde durante um minuto é focalizada pelo refletor, atraindo os velhos colegas que a cercam por um momento, e que se dispersam quando o refletor a deixa na penumbra; o microfone do "falado" que, deslocando-se por trás dela, se mofa da estrela "muda", beliscando a pena do seu chapéu. O filme chega a ironizar a sua própria verbosidade pela diatribe que a protagonista dirige contra o cinema falado (*Palavras! Palavras! Palavras!*).

A tudo isso se acrescenta uma câmera ágil, movimentada e comovente – e todavia discreta –, uma câmera cruel ao revelar a decomposição e putrefação, mas cheia de compaixão ao registrar a dor e a angústia. A direção de Billy Wilder, excetuando-se em algumas fusões mal-feitas e um aparente erro no cálculo do tempo cinematográfico, é perfeita. O ritmo lento adapta-se ao clima do solar. E o diretor obtém o máximo da cena final, quando a assassina, enlouquecida, pensando tratar-se da cena de um filme, desce para o carro da polícia e para as câmeras das "Atualidades Paramount", que lhe concedem um último *close up*.

Nietzsche referiu-se certa vez ao hediondo retrato do conto, que é capaz de virar os olhos contemplando-se a si mesmo. Foi o que Hollywood fez neste filme, com a sinceridade possível e quase sem ilusões, revelando o esplendor e a glória, mas também a crueldade, a solidão, a miséria e a engrenagem impiedosa da cidade que se tornou a maior produtora de sonhos no mundo. Um privilégio pago com o maior número de pesadelos em proporção ao número de habitantes.

Não devem ficar sem comentário algumas curiosidades de *Crepúsculo*. O filme, além de valiosa obra, é ao mesmo tempo um excelente *trailer* para o longamente anunciado e propagado filme *Sansão e Dalila*, realização de Cecil B. de Mille, que aparece dirigindo uma cena dessa fita bíblica. Não hesitamos em dizer que o famoso craque é muito mais interessante como ator do que como diretor. Entre as muitas ironias do filme, destaca-se esta: que um grande diretor como Erich von Stroheim seja reduzido a lacaio de uma estrela, ao passo que durante toda a fita cantam-se as glórias de um dos mais ultrapassados e bolorentos diretores de Hollywood. (O caso de Stroheim assemelha-se ao de Orson Welles: ambos foram encostados como diretores, somente lhes sendo concedida a função de atores.)

Outro ponto curioso é a narração geral do filme (aliás, demasiadamente falada): é o próprio autor assassinado que, depois de morto, conta a sua história em *flash back*. É uma voz d'além túmulo ou d'além piscina, por cujo intermédio somos iniciados nos segredos de Hollywood.

No que diz respeito ao elenco, deve-se elogiar em primeiro lugar o magnífico trabalho de Gloria Swanson que, muito bem dirigida, consegue interpretar com certa discreção a pantomima exagerada da heroína do "mudo", que continua desempenhando na vida o papel de estrela. Erich von Stroheim, impressionante no seu papel de diretor-lacaio; e William Holden se impõe como ator de grandes méritos na trágica figura do autor. Nancy Olson, a jovem pivô do crime, é encantadora e interessante.

A música de Franz Waxmann é digna da qualidade do filme. Contraponteando habilmente as seqüências, contribui muito para o êxito de *Crepúsculo dos Deuses*.

Duelo ao Sol ("Duel in the Sun")

Produtor: David O. Selznik. Diretor: King Vidor.
Protagonistas: Jennifer Jones, Gregory Peck, Joseph Cotten.

Narra, em essência, a paixão mórbida existente entre um tipo pouco conveniente, que se torna bandido, e uma mestiça, descendente de índios e brancos. Que ódio e amor são sentimentos afins e não se excluem, é coisa repisadíssima desde que Freud começou a falar de "ambivalência"; e que *quem ama, mata*, tornou-se coisa corriqueira desde que Oscar Wilde cantou a sua famosa *Balada do Presídio de Reading*. E tamanho é o ódio dos dois apaixonados que se liquidam, em pleno sol, a tiros de fuzil, sendo que após o fato, agonizando, unem-se num último abraço.

Este tema é entrecruzado por vários outros que nada têm que ver com o *sujet* principal. Nota-se o esforço dos realizadores de criar qualquer coisa de monumental e épico, de integrar esta história de uma paixão numa trama mais ampla, fazendo ressurgir o ambiente e a atmosfera do *far west*, com forte uso de cores e de paisagens solenes, à maneira de *E o Vento Levou...* De início, como sugere o prólogo, parecem querer contar uma lenda, a lenda de uma indiazinha misteriosamente desaparecida e transformada em flor. Mas entre tantos temas, esqueceram-se completamente deste, o da lenda, de modo que nunca mais voltam a referir-se a ela. Esquecidos da introdução, narram a longa epopéia realisticamente, deixando, no fim, os dois cadáveres no deserto, expostos ao sol. Daí ao misterioso desaparecimento e à transformação em flor é um abismo que só a fantasia dos cenaristas de Hollywood poderia transpor.

É pena que um diretor vigoroso e às vezes extraordinário como King Vidor tenha de malbaratar o seu talento com tão medíocre cenário. Embora se note de quando em quando a mão do criador de *A Grande Parada* e de tantos outros filmes de alta qualidade – como na excelente cena da domesticação do cavalo selvagem e, em alguns momentos da seqüência inicial da festa e da seqüência final do duelo, bem como nas rápidas tomadas da cadeira de balanço vazia, tangida pelo vento – deve-se dizer que ele fracassou lamentavelmente frente ao cenário espichado e frouxo, do qual se deveria ter cortado quase a metade para criar uma cinta tensa e vibrante.

Durante duas horas intermináveis de um vai-e-vem constante, todo o vasto aparelho de Hollywood não conseguiu dar aos dois protagonistas substância humana. E como se trata de duas figuras vazias, sem vida humana, é evidente que o violento fim não comove, pois não são seres humanos que se amam, se odeiam e se matam, mas dois clichês, duas sombras magnificamente coloridas. O malogro torna-se particularmente visível na seqüência final, que poderia ter sido um verdadeiro momento cinematográfico, mercê do impressionante ritmo que King Vigor conseguiu imprimir-lhe. Há mesmo alguns metros de grande cinema, no tocante a corte, música e fotografia, devendo-se destacar o belíssimo jogo de *long shots* e *close ups*. Todavia, tudo se desmorona, não só por causa da superficialidade anterior, que rouba aos últimos momentos todo o peso, mas também devido às infelizes tomadas da moça mortalmente ferida que se arrasta qual minhoca através do rochedo para morrer nos braços do mal amado. King Vidor não conseguiu evocar, nestas cenas, o clima místico da morte amorosa, de agonia, redenção e doce nirvana – clima que lhe teria permitido voltar ao prólogo lendário, dando ao todo um desfecho artisticamente mais feliz. Ao invés disso, mantém-se num realismo superficial e insignificante, fazendo até força para motivar, por "a" mais "b", os tiros da apaixonada indiazinha. Como se fosse necessário motivar o fato de que dois apaixonados se amam!

O trabalho dos dois protagonistas, Gregory Peck e Jennifer Jones, é desigual e inseguro. Particularmente a última tem, na seqüência final, momentos de grande vigor, ao lado de outros fraquíssimos e quase ridículos. Joseph Cotten é apenas discreto e Lionel Barrymore e Lilian Gish, os pais do herói, apresentam um trabalho bem medíocre na cena da morte de Lilian.

Êxito Fugaz ("Young Man with a Horn")

Warner Bros. Produtor: Jerry Wald. Direção: Michel Curtiz. Protagonistas: Kirk Douglas, Lauren Bacall, Doris Day, Hoggy Carmichel.

Abstraímos do fato – só conhecido dos iniciados – de que o filme se baseia, em parte, na biografia de Bix Beiderbecke, famoso pistonista falecido em 1931; já que os produtores só a usam como ponto de partida, sem segui-la com rigor.

O argumento: um jovem, desde criança, sente uma irresistível atração pela música e particularmente pelo pistão. É através dele que se exprime e vive. Não se deixa desencorajar pelas pequenas possibilidades econômicas que esse instrumento oferece; e mesmo depois de ter encontrado colocação em boas bandas de jazz, pouco se importa com a disciplina exigida, aceitando todas as conseqüências daí decorrentes: procura apenas a perfeição absoluta através do *hot*, o jazz improvisado, o qual a equipe não toca para um público que quer dançar – por meio dele, o que se procura encontrar é a auto-expressão e uma beatitude quase mística na inefável criação musical do momento.

Portanto, temos aqui um pistonista com um demônio na alma: o demônio da perfeição inatingível, um demônio estético e mórbido que destrói a vida normal entre gente honesta e pacata. Como sóe acontecer, o jovem artista vive entre duas mulheres: um anjo (Doris Day) e um demônio (Lauren Bacall). Dois demônios são muita coisa para um só homem. Lauren Bacall provoca a crise que se manifesta como doença grave. Tivesse o jovem varão morrido ou enlouquecido e teríamos o caso levado ao extremo (na realidade, o biografado enlouqueceu). Tal não é a intenção dos produtores, que não são tão extremistas como a vida. Ao contrário, o pistonista se casa e a doença, de ótimo efeito purgativo, ao desaparecer levou consigo ambos os demônios, o da perfeição e o da neurótica Lauren Bacall. Evidentemente, o jovem prefere finalmente um compromisso: uma vida pacata ao lado do anjo e menos perfeição mórbida. O filme é, portanto, mais realista do que a realidade: não mostra a vida de Bix Beiderbecke, mas a da maioria dos artistas que se encontram em semelhante estado de "cisão", e que chegam à "de-cisão" em favor da mediocridade, a decisão dos Iturbi e dos Harry James. O filme, portanto, não é a biografia de Bix Beiderbecke, mas a de Harry James – que, por ironia do destino, faz a dublagem do pistão.

Pois bem, apesar do assunto muito batido, temos aqui um grande tema, e o filme explora-o com correção, sugerindo, através da coordenação de todos os recursos, as implicações profundas contidas nesse tema. Evidentemente, o antagonismo entre arte e vida existe e não é só uma invenção romântica. E o filme consegue torná-lo convincente através desse caso simples, graças particularmente à intensidade da fotografia que capta, não digamos com perfeição, mas com suficiente expressividade, os êxtases musicais do pistonista, totalmente devorado e obcecado pela idéia *duma nota perfeita e até agora não alcançada*. É preciso destacar a habilidade e o bom gosto com que o elemento sonoro contribui para o clima de exaltação, particularmente por meio do *leitmotiv* do pistão, exprimindo o anseio transcendente da perfeição que o músico, por ironia do destino, encontra realizada pelo som da sirene produzido pela ambulância pública que o levará ao hospital. O filme mantém sempre um nível correto e honesto, evita efeitos sem causas, é razoavelmente montado e atinge expressividade mesmo em cenas muitas vezes repisadas, como as que mostram o músico em estado de indigência, percorrendo sem rumo e totalmente desnorteado as ruas da "cidade-polvo".

Kirk Douglas desincumbe-se da sua difícil tarefa com felicidade, imprimindo à figura do músico a paixão intensa e a exaltação febril que a caracterizam. Doris Day – o anjo – é discreta e simpática e boa como cantora; Lauren Bacall – o demônio – regular; Hoggy Carmichel, o pianista, o pianista boêmio e narrador da história, econômico como de costume.

Êxtase

Produção tchecoslovaca de 1933. Diretor: Gustav Machaty.
Protagonista: Heddy Lamar.

Reprise louvável deste clássico filme de Gustav Machaty, que após dezoioto anos ainda conserva o seu vigor e a sua expressividade. O tema, um tanto escabroso, foi muitas vezes tratado na literatura universal – ocorrem-nos, no momento, só a peça teatral de Ernst Toller (*Hinckemann*) e os romances de Ernest Hemingway *(The Sun also rises)*, de Knut Hamsun (*As Mulheres do Paço*) e de D. H. Lawrence (*O Amante de Lady Chatterley*). Os protagonistas do drama são um marido platônico e a esposa plena de vida, que encontra em outro homem, cheio de vigor, a correspondência biológica que procura ansiosamente.

A tragédia do marido, cuja caracterização visual através do comportamento na noite de núpcias é perfeita, é apresentada com um humor discreto e cheio de piedade. Os momentos mais fortes do filme são aqueles em que a câmera consegue expressar a solidão do homem abandonado, incapaz da comunhão carnal, captando a sua figura solitária no quarto do albergue, estendida numa cadeira, em sucessivas tomadas "de cima", quase verticais, focalizando o infeliz, por assim dizer, no abismo da sua desgraça; e as cenas de contraponto do cio selvagem, simbolizado de maneira admirável pelos cavalos arfantes, empinados contra um fundo branco; ou aquelas tomadas extremamente aproximadas, quase encostadas, mostrando as narinas infladas, as grossas veias, o suor vigoroso dos animais; ou finalmente as cenas dedicadas à visualização do lado mais brando e terno do instinto pela abelha que esvoaça em torno da corola da flor, como mediadora alada que vai levar o pólen ao pistilo que aguarda, ansioso, a fecundação.

De grande expressividade, em virtude do magnífico uso do corte, é a cena que sugere o desejo da fêmea através da rápida sucessão de objetos de valor simbólico. Todo o filme, aliás, joga com grande felicidade com símbolos freudianos – sem jamais escorregar para a banalidade ou para a interpretação forçada desta escola psicológica. Somente imagens de extraordinária intensidade. Deve-se acentuar, ainda, que seria difícil tratar o instinto sexual com mais pureza e dignidade, embora a reprise certamente deva ser atribuída não a esta pureza, mas sim ao mau gosto de determinada parcela do público que projeta a sua obscenidade até dentro do cálice duma flor.

É evidente que se trata de uma cópia estragada e muito falha. Contudo, mesmo esse torso mutilado do filme impressiona profundamente e nos impõe o respeito que devemos mostrar tanto em face das eternas manifestações da natureza, como das obras de arte que sabem comunicar a sua beleza e majestade.

Digno de nota é o fato de que, durante todo o filme, proferem-se no máximo umas dez frases sem que se sinta a quase ausência da palavra.

Adendo[4]

É perfeitamente justificável a atitude generalizada do público que, ao assistir a um filme, quer divertir-se e distrair-

---

4. Estes comentários foram originalmente feitos na coluna "Resenha Quinzenal", porém a organizadora decidiu colocá-los após a crônica do filme devido à sua pertinência para a compreensão do pensamento crítico de Anatol Rosenfeld.

se. Todos nós temos necessidade – para equilibrar a nossa "economia psíquica" – de dar aos nossos nervos a injeção de um divertimento excitante quando levamos uma vida monótona, ou o banho morno de uma distração acalmadora quando levamos uma vida agitada. No entanto, isso não deveria induzir o público a tomar atitudes de completo desrespeito e de má vontade quando se encontra diante de um filme que não é distração, simplesmente, mas que é arte. Afinal de contas, arte também é "distração", não porém num sentido banal e quotidiano, mas sim num sentido mais elevado e essencial: ela "distrai" as nuvens de nossa existência materialmente interessada para nos concentrar, "desinteressadamente", sobre os aspectos fundamentais da vida.

Para entender um filme como arte é preciso prestar atenção não só ao enredo e ao trabalho dos atores, mas principalmente à realização cinematográfica – isto é, à linguagem da fotografia móvel, ao ritmo das imagens, à atmosfera criada e à movimentação das cenas. O filme é o produto de uma arte específica que tem os seus próprios meios de expressão, diferentes dos do teatro ou de qualquer outra arte. O som no filme artístico, embora de grande importância como música acompanhante para criar a atmosfera necessária, é, não obstante, secundário. Essencial é o trabalho da câmera, que capta o segredo das coisas, transmitindo através desta sua linguagem original o sentido, o *Sinngehalt* dos fenômenos.

Uma boa parte das revistas e operetas fotografadas com as quais Hollywood inunda os mercados é um bom divertimento e, como tal, indispensável – mas é nula como arte cinematográfica. Assim, *Sedução*, com a linda música de Rímski Kórsakov, *Vale por um Bom Espetáculo*; da mesma forma, *Aconteceu Assim*, *Amor de Duas Vidas*, *Miragem Dourada* e tantos outros, nos proporcionam alguns momentos agradáveis, sem que seja possível dizer além disso algo de específico. Para os que gostam do gênero excitante, *Brutalidade* é uma obra digna de ser vista, com caracterizações em parte excelentes e cenas fortes de verdadeiro bom cinema. Em nenhum desses casos, porém, pode-se falar de arte cinematográfica no sentido mais puro.

Todo este prólogo só serve para dar maior realce ao filme tchecoslovaco *Êxtase*, de Machaty, que tão deploráveis comentários suscitou em meio a uma assistência que nem ao menos se esforçou por entender o sentido estético da obra.

É óbvio que este velho filme, na forma despedaçada em que foi apresentado, está longe de ser perfeito. Todavia, o diretor, nas poucas cenas em que seu trabalho pode ser integralmente apreciado, demonstrou uma seriedade absoluta, uma vontade inflexível de produzir arte cinematográfica, conseguindo assim sugerir poderosamente estados de alma, relações secretas e processos profundos da paixão carnal.

O tema, até certo ponto escabroso, tantas vezes tratado na literatura universal, desdobra-se na tragédia do marido platônico e da mulher plena de vida que encontra outro homem, de "correspondência biológica". Os momentos mais fortes do filme são aqueles em que a câmera consegue simbolizar a solidão do homem abandonado, incapaz da comunhão carnal, e as cenas de contraponto, do cio selvagem simbolizado de maneira magistral pelos cavalos arfantes, ou aquelas tomadas extremamente aproximadas, quase encostadas, mostrando as narinas infladas, as grossas veias e o suor vigoroso, ou ainda as cenas dedicadas à transposição em imagens do lado mais brando e terno do instinto simbolizado pela abelha esvoaçante. Não é possível analisar aqui as sutilezas e a audácia da câmera nas descobertas e nas explorações freudianas do simbolismo do inconsciente. Gostaríamos apenas de sugerir, modestamente, ao eventual leitor desta crônica, se ainda tiver oportunidade de ver este filme num dos cinemas de bairro, que o faça com a concentração que mesmo o torso mutilado de uma obra de arte tem o direito de exigir – e com o respeito que devemos mostrar em face das eternas manifestações da natureza.

Flechas de Fogo ("Broken Arrow")

20th Century Fox. Diretor: Delmer Daves.
Protagonistas: James Stewart, Jeff Chandler, Debra Paget.

Conta em tecnicolor as lutas entre brancos e apaches que terminam, segundo o filme, com uma paz eterna (realmente, graças à falta de índios para continuarem a luta); graças, porém, à intervenção de James Stewart e Jeff Chandler, este como o chefe apache Cochise – que sem dúvida alguma estudou Direito Internacional e é um exemplo modelar de selvagem, sem ter passado por Oxford ou Cambridge e sem nunca ter participado de uma sessão da ONU, e que indubitavelmente poderia ensinar virtude a Sócrates e moderação a Mao Tse-Tung e a Mac Arthur. Além disso, ele tem a vantagem de ser altamente fotogênico e usar trajes especialmente selecionados para deixar uma impressão insuperável em tecnicolor.

Quanto a James Stewart, ele sela a paz casando com uma indiazinha alencarizada (Debra Paget), sem se incomodar com preconceitos raciais, já que não pretende passar a lua-de-mel em nenhum hotel exclusivo. O grande chefe branco de Washington ratifica tudo e os peles-vermelhas poderão viver pacificamente, daqui para diante, nos territórios a eles reservados. Criando gado, plantando batatas e enviando de vez em quando um descendente estudioso de Cochise para Harvard a fim de que possa pôr-se a par dos últimos progressos da física nuclear.

Todavia, não se discute: o filme apresenta algumas belas cenas de danças índias, salientando-se os bonitos efeitos conseguidos pela fotografia carinhosa dos apetrechos e trajes multicores dos índios, ornados de lindos desenhos (tanto os índios como os apetrechos). Supomos e esperamos que os interessantes *mores* e costumes descritos pertençam realmente ao folclore dos índios, esperança fortalecida pelo fato de que, durante as cenas, nenhum índio come sanduíche de presunto – embora não se possa deixar de sentir certa suspeita de que, após cada ensaio, a maioria dos selvagens tenha se atirado em direção ao bufê para tomar uma coca-cola ou um chope duplo.

A música, de Hugh Friedhofer, excelente.

Flor de Pedra

Filme russo realizado nos estúdios tchecos de Barrandow.
Diretor: Alexander Ptushk.
Protagonistas: Vladimir Druzhnikov, Elena Derevschikova. Realizado em agfacolor. (Reprise)

Foi, sem dúvida, uma medida acertada a de autorizar novamente (setembro de 1951) a distribuição de filmes russos no Brasil, entre os quais há alguns de tremenda influência sobre o desenvolvimento da Sétima Arte.

Viram-se assim, depois da liberação, alguns filmes nos clubes de cinema, devendo ser mencionado particularmente *Ivã, o Terrível*, a primeira parte da grande obra de Eisenstein, além de outros filmes de menor importância – por exemplo, a fita histórica *1812*, a epopéia da derrota de Napoleão na Rússia, obra, aliás, francamente fraca.

A primeira produção a ser levada à tela em sessões públicas foi a reprise de *Flor de Pedra* (1946), fita que narra em agfacolor um conto de fadas: a história do pobre escultor que sonha com uma flor de pedra, de uma beleza inimaginável. Devorado pelo anseio da perfeição absoluta, o artista deixa a noiva e a companhia dos outros; perde-se num mórbido isolamento: desaparece na montanha de cobre onde reina a bela fada entre pedras e jóias rutilantes; é lá que o artista começa a esculpir a flor perfeita. Mas seu amor pela noiva não morre; permanece leal à vida e reconhece que de nada serve fazer uma flor perfeita que ninguém verá. É preciso fazer arte para os outros. E ele volta para os braços da noiva, não corrompido pela torre de marfim (que neste caso é uma montanha de cobre).

Este belo conto, cujo tema é a arte e a vida, é traduzido em imagens de grande beleza e narrado com delicadeza, em ritmo lento e solene, às vezes um tanto pesado. Emana do filme uma atmosfera indizível de pureza e inocência, efeito para o qual muito concorre a música. A paisagem é inteiramente obra de estúdio, pois o filme evidentemente não visa realismo, mas o encanto mágico de um mundo irreal. Para intensificar esse encanto, recorreu-se à cor como recurso expressivo e não "impressionista" – aliás, com a colaboração de dois pintores, Pogdanoff e Miasnikoff. Assim, a paisagem, romântica e enfeitiçada, respira em cores esmaecidas e suaves, cheias de meios-tons, verdes pálidos, amarelos e marrons. As cores produzidas pelo processo alemão parecem de qualidade muito superior ao processo usado pelos americanos que, por enquanto, não conseguiram reproduzir nuanças tão delicadas como as que se vêem em *Flor de Pedra*.

Deve-se criticar no filme um ritmo às vezes demasiadamente lento, havendo tomadas de mais de um minuto de duração, sem que a câmera se mova do lugar (uma tomada de vinte segundos geralmente já é tida como excessivamente demorada).

Em compensação, há seqüências de beleza extraordinária; mencionamos a felicíssima maneira pela qual é solucionado o problema de transformar em imagens o passar do tempo, enquanto a moça, solitária, espera que o amado, absorvido nas suas agonias artísticas, volte para a vida: a cena à margem do riacho, com a árvore em flor de um lado da tela e a jovem solitária do outro lado. Refletidas na água vêem-se as figuras das amiguinhas que dançam na outra margem do regato; enquanto as folhas começam a cair, a moça solitária, passando pela árvore, sai da tela, chuvas começam a cair, o colorido geral modifica-se insensivelmente, as tintas esfriam, por assim dizer; logo a árvore se ergue desfolhada, açoitada pelos ventos, e o reflexo da moça saudosa aparece na água, pois agora ela caminha do outro lado do riacho, de onde "há muito" desapareceram as amiguinhas. Finalmente, ela surge de novo deste lado, sozinha, de roupa de inverno, toda contraída pelo frio. Senta-se numa pedra e espera. Nesta seqüência, essencialmente sem ação e sem "ocorrências", que exprime apenas a espera e o passar do tempo, a função da música é de suprema importância e o resultado obtido é ótimo, intensificado ainda pela contribuição expressiva da variação das cores que acompanham o passar do tempo.

Igualmente perfeita é a seqüência do casamento que, além dos lindos momentos de folclore, é bem realizada no que se refere ao ritmo, animação de danças e coordenação dos grupos, não faltando pequenas observações de uma ironia terna, como por exemplo o chiar dos sapatos novos, etc. O clímax é, naturalmente, a seqüência na montanha de cobre em que os dois pintores desencadeiam uma verdadeira orgia de cores, sem caírem em excessos de mau gosto.

O desempenho dos atores, particularmente o do jovem par, é excelente e o mesmo vale para os outros elementos do elenco. Trata-se, em suma, de uma obra muito feliz no gênero dos contos de fadas, apesar das pequenas deficiências mencionadas.

Fronteiras Perdidas ("Lost Boundaries")

Produção: Louis de Rochemont. Diretor: Alfred L. Werker.
Elenco: Mel Ferrer, Beatrice Pearsons, Richard Hklton, Susan
Douglas etc.

É princípio desta seção destacar, entre a enxurrada de filmezinhos ocos e infantis, aqueles que contam com um assunto adulto, mesmo se a sua realização for medíocre. Assim, elogiamos a intenção do filme *Pinky* (O que a Carne Herda), apesar da sua realização medíocre e apesar do tratamento demagógico e insatisfatório de um tema de alta importância: o preconceito racial. Louvável, como intenção, é também este filme do famoso documentarista Rochemont, embora, bem se vê, a intenção em arte pouco ou nada valha. Seria, porém, mais justo apreciar tais filmes como obras educativas, e não seria correto exigir de toda produção com tais fins elevados um alto nível estético, conquanto se deva dizer que o tratamento artístico aumenta em muito o valor educativo.

Como *Pinky*, *Fronteiras Perdidas* é um filme contra o preconceito racial. Narra a história de um médico e da sua família, todos de cor branca, mas de ascendência negra, que "passam" por "verdadeiros brancos". O negro branco torna-se médico duma pequena cidade tradicional da Nova Inglaterra, onde é muito apreciado em virtude da sua capacidade profissional e das suas qualidades humanas irreprocháveis. A crise surge quando, querendo alistar-se na Marinha durante a guerra, não é aceito devido à sua ascendência. Agora, o segredo "vergonhoso" já não pode ser mantido, nem diante dos filhos desesperados nem diante dos habitantes da cidade. Um negro salvando as vidas de cidadãos brancos – caso inédito! Todavia, graças ao bom senso e ao sentimento cristão dos cidadãos, sentimento religioso ao qual apela também o sacerdote protestante, tudo se resolve em paz. Os filhos continuam aceitos (após um interlúdio desagradável) nos seus círculos e o médico continua exercendo a sua profissão – até hoje, pois o filme é um documentário e narra um caso verdadeiro. Os homens da cidade e dos envolvidos são reais.

Já indicamos que o filme é medíocre como realização cinematográfica. O cenário é deficiente, a expressão visual fraca, o trabalho dos atores apenas sofrível. Infelizmente, deve-se supor que também seu valor de propaganda esclarecedora é ínfimo. O filme salienta em tudo os momentos casuais deste "caso único", contando a glória dos brancos que se dignam de considerar um branco de ascendência negra como seu igual (grande coisa!). Somente a superfície do problema é arranhada, as causas profundas do preconceito não são analisadas, apresenta-se apenas uma ocorrência individual, embora não faltem as tentativas louváveis, mas fracassadas, de ressaltar os aspectos típicos. A vantagem deste método é que se evita qualquer exposição inspirada em doutrinas e teorias; mas a arte de tais filmes consistiria precisamente em expor doutrinas transformadas em imagens e ação. No filme *Rancor*, de Dmytrik, isso foi conseguido até certo ponto.

O que sobressai de tudo parece ser o fato de que é extremamente difícil fazer uma boa propaganda neste terreno (boa propaganda só se faz quando se trata de sabonetes ou perfumes; quem é que lucraria com uma ampla propaganda de esclarecimentos neste terreno, no qual a antropologia verificou, sem sombra de dúvida, a estupidez do preconceito?). Ademais, é preciso considerar que o preconceito racial na América do Norte é um fenômeno histórico, profundamente arraigado; combatê-lo é tarefa dificílima e os progressos forçosamente têm de ser lentos. Argumentos racionais pouco adiantam. É preciso abalar, aos poucos, verdadeiras camadas geológicas de uma ideologia irracional, baseada em uma sedimentação histórica e social. Possivelmente, este filme representa, nos Estados Unidos, uma pequena carga de dinamite. Para nós outros, não chega a ter nem o efeito de um buscapé.

Considerando o caso *sub especie aeternitatis* – abstraindo-se o momento histórico –, o filme revela, pela sua simples existência, a absurda situação do nosso mundo: o comportamento dos honrados cidadãos daquela cidade da Nova Inglaterra é apresentado como qualquer coisa de fenomenal, milagroso: o filme inteiro é um hino àquela ótima gente que chegou a tal altura que "perdoa" ao seu médico a sua ascendência. Na realidade, contudo, reagem como qualquer pessoa normal deveria reagir numa sociedade normal. O fato de que o comportamento apenas normal de uma pequena cidade se torne motivo de um filme, sendo apresentado como coisa inédita e quase incrível – tal fato revela o fantástico, o absurdo, o estonteante primitivismo da nossa época e da nossa sociedade.

Fúria Cigana ("Singoalla")

Produtores: Lorenz Marmstedt e Alf Jorgensen. Diretor: Christian Jaque.
Protagonistas: Viveca Lindfors, Christopher Kent.

Este filme, produto da colaboração sueco-francesa, foi editado em três versões: sueca, francesa e inglesa, sendo esta última a apresentada no Brasil.

Quem se dirigiu esperançoso ao cinema, pensando que da união nasce a força, deve ter ficado cruelmente decepcionado. Parece que se conjugaram apenas os defeitos cinematográficos de ambos os países e o resultado foi uma coisa hermafrodita, nem carne nem peixe. Nada se nota daquele cinema escandinavo, cheio de vigor e lirismo, que produziu obras como *A Lenda de Goesta Berling* e *A Tortura de um Desejo*, e nada da finura e do espírito do cinema francês.

Possivelmente, a saga nórdica reconstituída por Victor Rydberg tenha originalmente algum encanto. Não deixa de ser interessante o amor de um loiro viking – príncipe amaldiçoado pelas "nornas" – por uma morena cigana, numa paisagem nórdica cheia de poesia e de neve. Mas os realizadores aproveitaram apenas os chavões que cabem ordinariamente em tais ambientes e os ciganos são horrorosos clichês, incluindo-se a talentosa Viveca Lindfors – que nos apresenta as costumeiras danças, que freme violentamente as narinas, lança a juba morena para todos os lados e abala com uma metralhadora de sorrisos sensuais o príncipe da floresta virgem que, em atitudes hieráticas, esforça-se por manter a clássica melancolia nórdica.

O filho, produto desse encontro arranjado nos céus mitológicos da Escandinávia, é a pior coisa já apresentada em cinemas do Novo e do Velho Mundo, um serzinho desgraçado e gemebundo que se arrasta diante de uma câmera impiedosa, incapaz de fechar, misericordiosa, ao menos um olho diante de tanta falta de jeito. Para cúmulo de tudo, em dado momento o príncipe vira sonâmbulo – o que, aliás, era de se esperar. Lá no Norte costuma haver dessas coisas.

Em meio a tanta vulgaridade, salva-se apenas a paisagem nórdica, inocente como a neve que a cobre obrigatoriamente. Mas isto já vimos melhor em documentários, menos conspurcados pelo elemento humano.

Henrique V

Two Cities (1944), distribuído pela Universal International. Produtor e diretor: Laurence Olivier. Enredo: William Shakespeare.
Protagonistas: Laurence Olivier, Robert Newton, Renée Askerton, Harcourt Williams etc.

O filme apresenta-nos uma das obras relativamente mais fracas de William Shakespeare. Produzido em 1944, em meio à Segunda Guerra Mundial, mostra a louvável intenção de estreitar as relações franco-britânicas através da narração de uma fase histórica em que o rei inglês, após ter invadido a terra da *douce France*, acaba casando com a princesa Catarina, da real casa francesa.

Pois bem. Quem vai ao cinema para ver fita deve ter ficado decepcionado. Laurence Olivier utilizou o cinema como mero instrumento de comunicação, com o intuito de apresentar ao público uma peça teatral. Evidentemente, o cinema pode renunciar aos seus meios estéticos específicos para servir de instrumento técnico a outra arte ou a quaisquer conteúdos espirituais. Como o rádio, que pode ser arte autônoma mas que, com muita freqüência, apenas é meio de comunicação, transmitindo informações, noticiário ou servindo de rádio-escola; ou como o jornal, poderoso meio de comunicação, que tem a sua própria forma de apresentar fatos, de comentar e reportar, de fixar o dia-a-dia por meio de crônicas jornalísticas, mas que também pode servir de simples veículo de romances, novelas ou contos – que não são obras jornalísticas –; assim também o cinema, arte autônoma, pode perfeitamente servir de veículo para difundir obras de uma outra arte, transformando-se em puro meio técnico, como um disco ou como um livro, que tanto podem divulgar novelas como fórmulas químicas ou sistemas filosóficos.

Como isto é uma seção de crítica cinematográfica – e não de crítica de teatro – poderíamos fazer constar a louvável tentativa de Laurence Olivier e passar adiante. Contudo, talvez valha a pena discutir o assunto mais de perto.

Em primeiro lugar, é muito interessante a maneira como Laurence Olivier se desincumbe de sua espinhosa tarefa. Introduz o público no Teatro Globe, de Londres, onde William Shakespeare levou à cena as suas peças. Familiariza-o com um palco londrino do século XVI, reconstituído com grande fidelidade até nos mínimos detalhes, com pormenores interessantes da *mise-en-scène* do teatro daquela época. Didaticamente, trata-se de uma excelente aula sobre história do teatro e só essa parte já vale como recompensa para o espectador que tiver interesse pela arte de Talia.

Em segundo lugar, é preciso reconhecer que o *décor* estilizado do palácio francês é de grande beleza; e das paisagens francesas, especialmente pintadas para parecerem pintadas, emana um encanto puro e sutil e imensamente francês. Deve-se reconhecer, também, a lealdade com que Laurence Olivier entrega os pontos diante de Shakespeare, desistindo de fazer cinema. Não tem a ambição de Orson Welles que, com uma genialidade sem par, conseguiu, no seu *Macbeth*, traduzir Shakespeare em linguagem cinematográfica, sem trair o poeta. Foi um *tour de force* que dificilmente será repetido por outrem. Laurence Olivier apenas quer apresentar-nos o Shakespeare teatral – enquanto teatro – e nunca, nem por um momento sequer, pretende convencer-nos de que se trata de cinema. Ao contrário, recorre a todos os meios possíveis para nos lembrar que estamos no Teatro Globe, de Londres: que há bastidores pintados, cenas rigidamente teatrais e diálogos puramente shakespearianos.

Em terceiro lugar, porém, é preciso levantar a pergunta se o cinema é um veículo adequado para difundir teatro. E neste ponto achamos que Laurence Olivier peca pela base e está redondamente enganado, prejudicando tanto o teatro quanto o cinema. O teatro não pode ser enlatado, nem muito menos a novela ou o conto. Estes até que têm mais afinidades com o cinema que é, essencialmente, uma arte de narração – a narradora é a câmera. Mas não se trata, aqui, da questão da adaptabilidade de peças teatrais ou de novelas, pois Olivier não tentou adaptar Shakespeare: ele apenas desejava usar o veículo técnico do filme, como poderia ter usado o veículo da televisão etc. O que importa, aqui, não são os meios de expressão absolutamente diversos de ambas as artes, os recursos fundamentalmente incongruentes usados por elas, mas o fato básico de ordem psicológico-social. O teatro, enquanto tal, perde o seu verdadeiro sentido quando não conta com a comunicação direta entre palco e platéia, quando não se apóia no contato mútuo e imediato, através da presença múltipla do povo que, aglomerado como espectador, capta qual gigantesca concha a mensagem, aumentando-lhe a vibração e o significado e retransmitindo-a para o palco pela sua emoção, seu riso, seu aplauso e pela emanação escura do "espírito coletivo" encarnado na audiência teatral. O cinema, não contando com esse contato imediato e fecundante, mas apenas com um público abstrato e um mercado internacional, recorre a uma multiplicidade de recursos estéticos (e não estéticos) totalmente alheios ao teatro para atingir os fins visados e para criar aquela intensidade de comunicação que é essencial a toda arte.

Ora, renunciar a esses magníficos recursos para apresentar um teatro quase puro, sem contar, em compensação, com a presença de audiências concretas, eis o erro fundamental de Olivier.

Se insistimos tanto em que o teatro necessita de uma audiência concreta e presente, referimo-nos a um fato fundamental, inteiramente ligado à própria essência do teatro. Evidentemente, pode-se ler Shakespeare. Mas, neste caso, trata-se de literatura, não de teatro. É um assunto interessante que, ocasionalmente, abordaremos com mais vagar. Surpreende, porém, que Laurence Olivier, conhecedor do teatro e do cinema, tenha cometido tal erro, abalançando-se a produzir uma obra que, afinal, não é nem cinema e nem teatro.

Horizonte em Chamas ("Task Force")

Warner Bros. Diretor: Delmer Daves.
Protagonistas: Gary Cooper, Walter Brenan, Jane Wyatt.

Descreve a penosa história do desenvolvimento dos porta-aviões nos Estados Unidos a partir das primeiras experiências com o navio Langley, após a Primeira Guerra Mundial e até o ataque de Pearl Harbour e a Batalha de Midway. Tudo isso é narrado tomando como ponto de apoio a história de um oficial, interpretado por Gary Cooper, que pertence ao grupo dos aviadores que realizam as experiências para comprovar a viabilidade da aterrissagem em porta-aviões.

A história de amor e o caso do oficial são mais ou menos corriqueiros. O interesse do diretor (que também dirigiu *Flechas de Fogo*) concentra-se nas cenas da guerra marítima e aérea, realizadas indubitavelmente com vigor e – vá lá a terrível palavra – beleza.

Com efeito, todo o lento desenvolvimento do filme parece ser apenas uma introdução para o clímax do morticínio. Para dar maior ênfase a esses episódios máximos do filme, em parte de valor documental indiscutível, Delmer Daves repentinamente transformou o preto-e-branco em tecnicolor. Recurso original e chocante. É evidente que a impressão das batalhas torna-se muito mais viva – e ao mesmo tempo mais real e irreal. O pandemônio marítimo e aéreo em preto-e-branco não satisfez a Warner Bros. Portanto, de repente desabrocham explosões e a fumaça em flores cor-de-arco-íris; os aviões despedaçados riscam majestosamente, com cauda multicor, o espaço e os navios arrebentados polvilham o céu com solene esplendor em gradações cuidadosamente selecionadas de amarelo, encarnado, grená e bordô, um espetáculo opíparo para o olho do metropolitano que só raramente tem oportunidade de ver tão belos efeitos pirotécnicos. Daí em diante, até o fim, o filme não desiste mais da cor.

Não se pode negar que esses episódios, muito embora o repentino emprego da cor seja de gosto duvidoso (pois se nota em demasia o intuito de apresentar a beleza pirotécnica das batalhas), são realizações máximas do cinema neste terreno, apresentando em tomadas totais, de grande altura, a tremenda sinfonia óptica e acústica resultante de uma técnica militar que, com precisão matemática e em perfeita ordem, produz o completo caos: dificilmente se terá visto, com tamanho vigor e beleza, a destruição, bem como a morte nunca foi apresentada de modo tão vivo. Realmente, um espetáculo perfeito se morássemos num outro planeta e tivéssemos corações de pedra.

Gary Cooper e Jane Wyatt de acordo. A música de Franz Waxmann razoável. Os efeitos sonoros, magníficos.

Luzes da Cidade ("City Lights")

Produção: United Artists. Produtor, Diretor e Cenarista: Charles Chaplin.
Protagonistas: Charles Chaplin, Virginia Cherril, Harry Myers.

São raríssimos os filmes que, vinte anos após o seu lançamento, conservam toda a sua força e beleza, impressionando como por ocasião da sua estréia. Para uma obra cinematográfica, vinte anos são uma pequena imortalidade. *Luzes da Cidade* encontra-se nesta categoria de filmes extraordinários. Lançado já em plena época falada (1931), este filme, que tem música sincronizada, dispensa com vantagem a palavra falada e ninguém sente a ausência do diálogo. A pantomima de Carlitos é mais expressiva do que a palavra. Realizado com pobres recursos cinematográficos (mas sem economia de dinheiro) – uma câmera quase imóvel, iluminação medíocre, fotografia apenas limpa (mas uma precisão de corte que é inimitável) –, o filme nunca é prejudicado pela falta de virtuosismo óptico: a atuação de Carlitos substitui a atividade da câmera. O grande diretor Chaplin conhece a magia do grande ator Chaplin, transformando em vida um roteiro do grande cenarista Chaplin. Conhecedor profundo de todos os brilhantismos da câmera, usa-os raramente: é um adepto firme da câmera puramente observadora – a câmera como olho escondido – e quase não a emprega como meio expressivo. O autor e o diretor Chaplin insiste em exigir tudo do ator Chaplin, do palhaço genial, da sua inimitável pantomima e do seu insuperável jogo fisionômico.

Diante de uma câmera fria e observadora, que se mantém passiva, tudo depende do mínimo gesto, da mais ligeira transformação expressiva da face. E realmente, Chaplin alcança o máximo com o mínimo dispêndio de artifícios. Todo gesto, todo sorriso acerta o alvo com uma segurança sem par. Um ligeiro movimento do mindinho, um contorcer quase invisível dos ombros, um arquear imperceptível das sobrancelhas produzem efeito mil vezes ampliado graças à faculdade observadora da câmera chapliniana. Chaplin talvez seja o único artista do cinema que pode permitir-se esta impassibilidade cruel da objetiva e que até precisa dela, assim neutra e objetiva, para evitar que o espectador se torne consciente da existência duma máquina fotográfica, uma vez que nos seus filmes vale somente o coração – o coração humano não sufocado pela máquina da sociedade.

Que simplicidade a do enredo de *Luzes da Cidade*! O vagabundo Carlitos apaixona-se romanticamente por uma florista cega que, ao recuperar a vista, já não o reconhece, a ele que começa até a trabalhar para ajudá-la! E há no filme um grande amigo de Carlitos – um milionário embriagado que lhe dá o dinheiro para que a florista possa submeter-se à operação dos seus olhos. Mas como esta não o reconhece ao tornar a ver (só o reconhece com a mente, já não com o coração), assim também o milionário não é reconhecido ao tornar-se sóbrio. Há como que uma secreta comunhão entre os seres exilados do convívio da sociedade sóbria e diurna – entre os vagabundos, cegos e ébrios – como se vivessem uma vida pura, mais imediata, mais ligada às fontes do ser.

O vagabundo: velho tema, tema caro aos românticos, figura glorificada particularmente pelos românticos alemães; como poetas e intelectuais, sem posição social e econômica, sentiam-se em oposição à sociedade burguesa e aos valores sólidos e terrestres desta classe. Sentiam-se excluídos e faziam da fraqueza uma virtude. O poeta é o vagabundo, a eterna criança (ao menos saudoso da infância), cego e irresponsável em face dos valores da "realidade", os quais parecem importantes aos figurões; ébrio de entusiasmo, o romântico vive num mundo distante, excluído do aconchego da mediocridade e da rotina satisfeita que se compraz no vácuo do cotidiano. Irresponsável, não ligado por nenhum laço a instituições, ao lar, aos negócios, o vagabundo se romantiza ainda mais no símbolo do eterno viandante, do "peregrino" do *Schlemihl* de Chamisso (o indivíduo que não tem sombra, que vive sem pátria e sem o prestígio burguês), do *Taugenichts* (sujeito que não presta para nada) de Eichendorff. A figura volta ao nosso século, estranhamente transformada: surge como o *tramp* de Jack London, como os

Luzes da Cidade.

Knulp, Goldmund e Lobo da Estepe de Hermann Hesse, como os vagabundos de Knut Hamsun.

Mas o vagabundo – espécie de mito do nosso tempo – é uma figura ambígua. Ele representa a inocência, a liberdade absoluta, a poesia que não se compromete com nada senão consigo mesma. Ao mesmo tempo, porém, é manifestação da anormalidade extrema; a sua liberdade é a do pássaro, quase do pária e do proscrito que vive em conflito com a sociedade representada pela polícia (de cujos expoentes os filmes de Chaplin estão cheios). A pureza e a inocência do vagabundo são a de quem passa "em branca nuvem" pela vida, de quem não se encontra em contato real com a substância lamacenta das coisas (por mais esfarrapado que pareça), de quem se mantém virginal e ama só à distância – pois não aceita a responsabilidade do amor: a família, os filhos.

Dessa ambigüidade nasce o elemento tragicômico da figura chapliniana. A visão que Chaplin tem do mundo é essencialmente irônica e tragicômica. Existem dois mundos em choque, cada qual com os seus valores: o do vagabundo e o da sociedade. A função de toda ironia é a de abolir valores pelo exagero de sua importância e dignidade. O homem irônico precisa encontrar-se à margem dos valores que ele ironiza, pois se estivesse neles integrado não teria a objetividade para elevar-se acima deles. O vagabundo, que se encontra à margem da sociedade, tem essa faculdade de ver-lhe o ridículo e de lhe revelar o vácuo íntimo, o que ela tem de absurdo e de mera aparência exterior, a que não corresponde nenhuma intimidade substancial. Chaplin, porém, não é só o "vagabundo": ele o vê, ao mesmo tempo em que se identifica com ele, pondo a nu a futilidade do mundo social; ele o vê ao mesmo tempo através do prisma dessa mesma sociedade, revelando igualmente as ridicularias do vagabundo. Ambos os mundos refletem-se mutuamente no espelho da ironia chapliniana da fricção; do entrechoque dos dois mundos saem abalados os valores de ambos – já que ambos são, na sua unilateralidade, insustentáveis.

Isso com a diferença de que a ironia, ao vergastar a sociedade, transforma-se em sátira, visto que a maioria mantém todas as posições do poder, merecendo, portanto, castigo; ao passo que, visando o vagabundo, a ironia torna-se terna e quase trágica, transforma-se em puro humor, pois o pária é fraco e a sua frágil dignidade não tem nada a sustentá-la senão uma bengala e um chapeuzinho. Não admira, portanto, que a comicidade de Chaplin, visando essencialmente o abalo de valores, se concentre em golpear a dignidade, manifestação exterior de um mundo de valores subjacentes.

Muitos filmes cômicos – escreveu o próprio Chaplin – tiveram êxito imediato porque apresentaram guardas caindo em canos de esgoto, tropeçando sobre bacias cheias de água, mostrando policiais cuspidos de carros e expostos a toda sorte de aborrecimentos. Ora, trata-se de protetores da ordem que simbolizam a dignidade e o poder e que, com freqüência, se sentem profundamente imbuídos desta idéia. Colocados em situação ridícula, como objetos de riso, a sua desgraça dá ao público ensejo de rir duas vezes mais do que em face de cidadãos comuns metidos nas mesmas encrencas.

Se um sorvete cai em cima do pescoço de uma mulher, esta tem de ser rica, pois a mulher pobre *não tem nenhuma dignidade a perder.*

Todavia, o pobre vagabundo tem uma dignidade a perder: simplesmente a dignidade do ser humano, dotado de inteligência e senso moral, feito à semelhança de Deus. Mas a nossa sociedade não conhece essa dignidade autêntica, íntima: a respeitabilidade só se manifesta na solidez da situação econômica, simbolizada no apuro e na qualidade do traje. A dignidade do vagabundo, como ser humano, não encontra, na nossa sociedade, outro meio de se manifestar senão em exterioridades: uma bengala, um chapeuzinho. Do contraste entre a situação econômica (única medida real da dignidade em nossa sociedade) do vagabundo paupérrimo e a sua desesperada insistência em manter os símbolos exteriores de uma situação que não é a sua, origina-se toda a trágica comicidade da figura de Carlitos. É revelada, ao mesmo tempo, a futilidade da nossa sociedade e a fragilidade da situação do vagabundo, que pensa poder manter a sua dignidade inata sem se ajustar aos valores da sociedade, isto é, sem aceitar as imposições da respeitabilidade exterior. A figura de Carlitos surgiu, segundo o seu próprio criador,

como combinação de muitos tipos ingleses que tenho visto nos meus patrícios londrinos... via na minha fantasia todos esses pequenos ingleses que tinha encontrado, com os seus miúdos bigodes negros, seus ternos

Carlitos.

gastos, mas desesperadamente corretos e com as suas bengalas de bambu... Creio que, de início, nem percebi até que ponto, para milhões de indivíduos, uma bengala caracteriza um sujeito como grã-fino. Portanto, quando, arrastando os pés, surjo com ar gravebundo em cena, com a bengalazinha na mão, provoco a impressão de um atentado à dignidade; e precisamente esse é o meu intuito.

Este atentado estético à dignidade, aos valores exteriores, mas consagrados, da sociedade é realmente um ato de libertação: o peso morto de valores ocos é sacudido e solapado, e debaixo dessa grossa crosta inanimada surgem os valores mais altos do vagabundo, duma dignidade mais essencial e mais profunda – os valores do ser humano *tout court*. Contudo, também o vagabundo é cômico – ou aos menos tragicômico. Pois o ser humano só existe em sociedade, e a sua fuga romântica da integração social é tão absurda como a sociedade à qual deveria integrar-se.

Fugindo da sociedade, ele se transforma nesta figura triste e cômica do vagabundo. Mas toda a ternura de Carlitos pertence a esta triste figura: pois é nela que bate o coração humano; e se a sua situação é ridícula, a culpa cabe à sociedade. Necessário se torna criar uma sociedade em que é possível ser "poeta" sem perda da dignidade, sem o perigo da transformação em "triste figura".

Toda esta sutileza complexa de uma comicidade em que humor, ironia e sátira se confundem, está genialmente contida na primeira seqüência de *Luzes da Cidade* – a inauguração do monumento à "Paz e Prosperidade". Ouve-se um discurso feito de frases inarticuladas, os figurões se agitam, as damas da sociedade "ornam" o seleto grupo do "comitê de honra"; quando o monumento é desvelado, dorme no colo da "Prosperidade" o pobre vagabundo. Tremenda caricatura! Mas o vagabundo é tão cômico como as comissões e subcomissões reunidas (sem as quais, afinal, nada se realiza no mundo dos fatos); descendo, confuso, do colo da "Prosperidade", o coitado se emaranha com a sua calça na espada da "Paz" e fica suspenso no ar. Dir-se-ia, com Machado de Assis, que *a confusão era geral*. Esplêndida e fecunda confusão!

Certa parte da crítica internacional nunca perdoou a Chaplin que, depois de *Luzes da Cidade*, ele se tornasse mais específico: até então, opusera o vagabundo, como tipo eterno, como ser mítico, a uma sociedade igualmente eterna – a Sociedade com S maiúsculo. Era o conflito romântico e anárquico entre indivíduo e Sociedade. A partir de *Luzes da Cidade* – em *Tempos Modernos* e em *O Grande Ditador* – o vagabundo eterno tornou-se o coitado específico do nosso tempo, esmagado por uma sociedade específica – a nossa sociedade. Isso explica o silêncio em torno de Chaplin, silêncio que se transformou em boicote ao filme *Monsieur Verdoux*, tremenda sátira em que o antigo vagabundo surge repentinamente como "cidadão respeitável". O cidadão respeitável do nosso tempo. Satirizar simplesmente a Sociedade, isso é de bomtom, tradição elegante. Criticar, porém, esta nossa sociedade de modo tão contundente – como Chaplin o fez nos seus últimos filmes – eis o pecado mortal...

Mais Forte que o Amor ("Blanche Fury")

Produção: Cineguild, J. Arthur Rank. Diretor: Marc Allegret. Elenco: Valeria Hobson, Stewart Granger, Walter Fitzgerald, Sybilla Binder etc.

Conta em *flash back* e tecnicolor a história "romântica" do rebento "natural" da nobre família dos Fury: simples empregado na mansão que, pelo "direito de sangue", parece pertencer-lhe, consegue por intermédio de Blanche – esposa de um dos atuais donos –, isto é, por intermédio do fruto ilegal de suas relações, e por meio de alguns pequenos assassinatos e acidentes mortais cronometricamente regulados – os quais eliminam os atuais patrões – consegue, dizíamos, impor o rebento do seu "sangue" como único e último "herdeiro" da dita propriedade. Como o destino cruel se encarrega de extirpar também o pai ilegal e a honrosa Blanche, resta no fim da hecatombe geral somente o inocente bebê, resultado do dramalhão e "herdeiro legal" de "tudo".

Para os amantes de genealogias complicadas e da mística do "sangue", portanto, um excelente filme. Arthur Rank, a cujo capital já devemos alguns filmes razoáveis, superou nesta produção os mais audazes sonhos de Hollywood, fornecendo uma fita em que a imbecilidade, o triunfo de amores ilícitos e a glorificação de personagens bestiais apresentam-se tão elegantemente acondicionados que o morticínio se transforma em suave bombom embrulhado em papel celofane multicor.

Do acondicionamento encarregou-se o jovem diretor francês Marc Allegret, sobre quem já se leram boas críticas. Evidentemente, a história não está mal contada, mas dificilmente se verá um uso tão convencional e pouco adequado do *flash back* como neste filme. No início da película encontramos Blanche, o pivô dos tétricos acontecimentos, em agonia, esperando o parto do seu filho. A câmera subjetiva, obtendo razoáveis resultados em conjunto com efeitos sonoros deformados e manchas borradas de cores, introduz-nos na mente febril de uma mulher moribunda. Pois bem. O *flash back* conta-nos toda a história acima descrita como sendo o seu sonho ou o delírio da doente – em seqüências cristalinas, logicamente entrosadas, com uma lucidez invejável mesmo para um matemático que calculasse o trajeto elíptico de um planeta recém descoberto. Isso é levar a convenção ao extremo. O fim nos reconduz ao leito da parturiente, entrementes transformada em mãe de um pimpolho vigoroso. E participamos, pelo recurso da câmera subjetiva, da sua morte, morrendo com ela, vendo os objetos se dissolverem e esvanecerem, em manchas de cores borradas, até que tudo se apague na escuridão do fim.

Valery Hobson, como Blanche, mostra as suas grandes qualidades de atriz, devendo-se reconhecer que o diretor aproveita com certa habilidade a cor para destacar-lhe a mortal palidez na última parte da fita – efeito impossível em filmes em branco e preto. Granger, como o "filho natural", perfeitamente adequado ao ridículo papel.

Maldição ("The House by the River")

Republic Pictures. Diretor: Fritz Lang.
Protagonistas: Louis Hayward, Lee Bowman, Jane Wyatt.

História de um autor que se torna casualmente assassino, fato que o livra de vez de todos os "complexos morais", abrindo-lhe largas perspectivas, não só no que se refere ao seu futuro de criminoso, mas também no tocante à sua carreira literária. A morte, todavia, intervém no momento exato, cortando-lhe a ascensão em ambos os sentidos e restabelecendo o "equilíbrio moral" do universo.

Sabe-se que Fritz Lang, o glorioso diretor de *Nibelungen*, de *Metropolis*, *Dr. Mabuse* e *Fúria*, é um grande trabalhador, incansavelmente à procura de argumentos qualitativamente adequados ao seu talento incontestável. Deve-se supor que o argumento acima é mais uma imposição de circunstâncias exteriores do que resultado da própria escolha do diretor de *Retrato de Mulher*, embora sempre tenha mostrado grande predileção pelo *thriller*. Todavia, mesmo um argumento como o acima resumido poder-lhe-ia ter proporcionado certas possibilidades de aprofundar os caracteres principais – o criminoso e o seu boníssimo irmão. O assassino, particularmente, mostra sinais de uma personalidade extremamente complexa e seu irmão, fisicamente inferiorizado, daria oportunidade para uma interessante análise caracterológica. Todavia, a psicologia nunca foi o forte de Lang e ele se satisfaz com uma justaposição superficial de dois irmãos, dos quais o primeiro é um demônio e o outro um anjo.

Apesar de tais falhas fundamentais, agravadas além disso por um cenário irregular, Lang nunca nega as suas qualidades de sólido artesão e de conhecedor profundo do seu metiê. Mantendo-se embora plenamente na superfície e nas exterioridades, consegue narrar o "caso" com fluência, obtendo efeitos razoáveis e garantindo sempre um nível fílmico condizente. Transforma o rio, a cuja margem se encontra a casa do autor maldito e onde o mesmo lança o corpo da criada assassinada, em figura principal, dando ao elemento líquido belas ocasiões "atmosféricas" de protagonista – objeto perfeito que é para a câmera e para os efeitos sonoros. Mas o rio é apenas o rio – não se transforma em metáfora de qualquer coisa mais profunda –, é só água que, com as marés vazantes e montantes do mar, traz e leva carcaças de animais e de gente assassinada. A carcaça do boi, logo no início, sugere coisas macabras e não deixa de ser um "belo achado" pela analogia posterior com o cadáver da mulher. O aproveitamento de tais analogias sugestivas é corretamente manejado por Fritz Lang. Excelente, por exemplo, e integrada com perfeição ao "clima aquático", logo no início, a seqüência muito bem elaborada, tanto no terreno visual como no sonoro, da criada-vítima no banheiro, com cortes cruzados do autor-assassino, à margem do rio, da janela iluminada do banheiro e do autor, aproximando-se da casa e ouvindo a água da banheira jorrar ruidosamente pelo cano de escoamento. Bem preparada também a morte do escritor pela cortina que lhe envolve o pescoço – tendo sido sugerido anteriormente, pelo vento e pelo jogo das cortinas esvoaçantes, o importante papel vingador que lhes estava reservado.

Entre os atores, Louis Hayward não passa do seu costumeiro sorriso cínico e Lee Bowman é medíocre. O ponto alto do elenco – se excetuarmos o excelente rio – é Jane Wyatt. A música de Georg Antheil procura desesperadamente criar atmosfera.

Mórbido Despeito ("The Hidden Room")

J. Arthur Rank, produção inglesa. Diretor: Edward Dmytrik.
Protagonistas: Robert Newton, Sally Gray.

Fita policial girando em torno da tentativa de um crime perfeito: um marido enganado, querendo eliminar o rival norte-americano, prende-o num casebre escondido, aguardando as investigações da Scotland Yard sobre a figura do desaparecido; se o prenderem como assassino, soltará o preso; se, decorrido certo tempo, as investigações resultarem em fracasso, matará o preso, dissolvendo o cadáver num banho de ácidos, sem ter de recear a futura descoberta.

Em torno desse argumento, Dmytrik, o diretor de *Rancor*, *Acossado* e *Atrás do Sol Nascente*, construiu uma fita deliciosamente irônica, cheia de "humor seco" e imensamente britânica – em verdade, mais inglesa do que os filmes feitos por diretores ingleses. O valor do filme está no argumento inteligentemente concebido e no tratamento "atmosférico" que Dmytrik conseguiu imprimir às seqüências. As conversas dos *gentlemen* sobre os Estados Unidos no clube tremendamente inglês – com aquele fino ressentimento do cultivado "ateniense" que se sente superior ao poderoso "romano" –, as maneiras corretas e formalmente impecáveis com que o pretenso carrasco trata a vítima, levando-lhe martinis e galinhas assadas, bem como a elegância e a *delicatesse* com que se apalpam o criminoso e o detetive – tudo isso é precioso em virtude do irônico excesso de *understatement*, com perdão do paradoxo.

O único que se comporta decididamente mal e não faz a barba todos os dias é o americano, mas isso se perdoa, uma vez que é apenas americano e, depois, porque a sua situação – a perspectiva de um banho de ácido – não é das mais sedutoras. Evidentemente, Dmytrik, expulso de Hollywood devido à intervenção do Comitê de Atividades Anti-Americanas, deve ter sentido um secreto prazer e mesmo um "mórbido despeito" ao acorrentar o coitado do americano naquele casebre.

O tratamento cinematográfico é correto, devendo censurar-se uma certa monotonia da narração decorrente das constantes visitas do criminoso ao seu laboratório para levar, em pequenas doses, a quantidade necessária de ácidos, assim como as igualmente constantes visitas à prisão do rival – falha que poderia ser evitada por certa variação do ambiente e inserção de seqüências de contraponto. Os clímax, todavia, são bem preparados e de grande efeito – pena que a fotografia seja em parte deficiente.

Robert Newton trabalhou com exatidão; ele e os seus parceiros contribuem para criar o clima incomparavelmente britânico do filme.

Na Noite do Crime ("Woman on the Run")

Fidelity Pictures Production para a Universal-International. Produtor: Norman Foster. Diretor: idem.
Elenco: Ann Sheridan, Dennis O'Keefe, Robert Keith, Rosse Elliott.

Um pintor testemunha um assassinato em plena rua; convidado pela polícia para depor, evade-se dos detetives e da própria esposa que, aliás, mostra pouca inclinação pelo marido. Todo o filme gira em torno da procura da única testemunha que viu nitidamente a fisionomia do assassino: procura-a a polícia, procura-a a esposa acompanhada de um repórter. E procura-a provavelmente o assassino, interessado em eliminar a testemunha. A polícia, por sua vez, procura a mulher que procura o marido em companhia do repórter. Finalmente, a polícia verifica que o assassino é o próprio repórter e mata-o quando está na iminência de matar o pintor encontrado pela esposa.

Baseado num ótimo cenário, o diretor fez deste argumento um dos melhores filmes do gênero visto nos últimos tempos. Raramente se tem o prazer de assistir a um filme tão "filme", tão "cinema" quanto este; cinema na melhor acepção da palavra, manipulando todos os recursos duma câmera enriquecida pelo som. Com grande argúcia, é criado o máximo de "suspense" por meio da mera sugestão de imagens: a partir da metade do filme é sugerido ao espectador que o repórter é o assassino, por meio da insistente focalização do seu isqueiro-cigarreira de que fizera uso no momento do crime. Ao mesmo tempo, é introduzido com sutileza um outro tema, muito bem ligado à trama principal: o das péssimas relações matrimoniais do casal. Enquanto a esposa vai entrando em contato com os ambientes freqüentados pelo marido desprezado, verifica que ele lhe é estranho, que goza de grande prestígio entre os conhecidos e que a ama com ternura. Encontra a própria fisionomia reproduzida nos manequins que ele modelou para uma loja – fisionomia dura, fria, ausente, fisionomia em que reconhece, chocada, a exteriorização do seu comportamento de esposa desleal. Já no fim, a sua procura não é mais a procura indiferente de uma mulher que quer ganhar os mil dólares prometidos pelo repórter, mas a procura apaixonada do homem querido.

As seqüências finais, que se desenrolam num parque de diversões onde o pintor escondeu, modelando, figuras de areia, são de grande beleza e intensidade cinemática. As tomadas da montanha russa, com ótimo tratamento sonoro, são excelentes em angulação e corte. As tomadas feitas de dentro da própria montanha russa são de extremo vigor, traduzindo com rara perfeição, pelo rodopio tremendo e pela fuga furiosa dos objetos, o estado psíquico da mulher que sabe estar o marido nas mãos do assassino. Os cortes cruzados e a habilíssima movimentação da câmera criam um máximo de suspense quase insuportável; o impacto da "montanha" é tamanho que o estômago dos espectadores, feitos participantes das descidas vertiginosas, está a ponto de se revoltar.

Nota-se que se trata de um filme de intenções modestas, um entre os muitos do gênero policial. Mas pela qualidade estética, pelo diálogo inteligente, aprofundamento psicológico e tensão, o filme ultrapassa de longe a maioria dos filmes desse gênero, colocando-se possivelmente ao lado de uma fita rara como aquela inesquecível *Dama Fantasma*, de Robert Siodmak. Deve-se mencionar, ainda, a boa continuidade e a fluência das funções que se adaptam, cuidadosamente, à movimentação dos personagens, em seqüências que narram as andanças da esposa e do repórter pelas ruas da cidade.

No Tempo do Pastelão ("Down Memory Lane")

Eagle Lion Films. Apresentado por Mac Sennett e coordenado por Fred Allen.
Elenco: Bing Crosby, Mac Sennett, Fredd Allen, W. C. Fields etc.

Ressurge, das profundezas do tempo, Mac Sennett, o famoso diretor de tantos filmes do tipo *Slapstick* (paulada, pancadaria) produzidos para a Companhia Keystone por volta da Primeira Guerra Mundial. Dizemos "profundezas do tempo" embora se trate apenas de cerca de trinta anos. Mas há no mínimo uma guerra mundial entre eles e nós – e uma guerra deste alcance significa séculos no tempo psicológico, conquanto no tempo astronômico nada represente senão mais umas voltas do nosso planeta em torno do sol. Mac Sennett aconteceu "antes", em essência mesmo antes da Primeira Guerra Mundial, e nós vivemos "depois". E esse caráter de "antes" – não reconstruído e insuflado como em muitos filmes deliciosos de René Clair e, ainda recentemente, numa comédia de Claude Autant Lara, mas emanando esse caráter de todos os poros desses velhos rolos de celulóide –, esse caráter se comunica mesmo àqueles que não tiveram a ventura de viver naquele período despreocupado, em que não se inventara ainda a bomba atômica. E é incrível como esses recortes, essa salada composta por filmes da infância do cinema, transmite a sensação de coisa remota e muito passada, muito mais passada do que a história definitivamente histórica de séculos passados.

Nesses filmes tudo é movimento, velocidade vertiginosa, agitação mecanicamente produzida redundando em quedas, pancadarias, atropelos e perseguições: pura comicidade cinematográfica nascida da situação exterior inesperada, da *gag* muda, ingênua palhaçada desenfreada, triunfo da *blague* na sua absoluta pureza visual, que despreza a abstração da palavra e o *rallentissement* do diálogo. Vendo esse filme tem-se a impressão de que Henri Bergson, tão preocupado com o fenômeno do cinema, extraiu a sua Filosofia do Riso dos filmes de Mac Sennett.

Segundo Paul Rotha, essas fitinhas burlescas de curta metragem – e com elas Mac Sennett – foram definitivamente liquidadas pelo nascimento do desenho animado, particularmente o de Walt Disney – competição fatal para o "pastelão", cujos representantes sobreviventes, desde então, tinham de meter-se na confecção de filmes diluídos e aguados de longa metragem, como aliás também o próprio Walt Disney; pois o sistema atual de distribuição não recompensa a manutenção de um estúdio para a manufatura de tais filmes de curta metragem.

A salada de Sennett, cujo sabor de "coisa passada" é ainda aumentado pela sua apresentação fictícia por meio de um moderníssimo estúdio de televisão, é de interesse não só para quem gosta da gargalhada pura e não sofisticada, do riso espontâneo e honesto, mas também para o estudioso do cinema; pois é com este canadense – de cuja técnica de exato *timing* Charlie Chaplin tanto aprendeu – que se origina todo um grande desenvolvimento fílmico. Chaplin e René Clair têm aqui as suas mais profundas raízes cinematográficas; Mac Sennett deu-lhes a técnica para que aquele aproveitasse através de imagens a sua espantosa faculdade de observação e para que este traduzisse em termos visuais a sua deliciosa sátira da sociedade burguesa. Foi Adam Kessel quem "descobriu" Charlie Chaplin, mas foi Sennett quem o lançou no cinema, como também foi ele quem descobriu, lançou ou aproveitou Ben Turpin, "Fatty" Arbuckle (Chico Bóia), Harold Lloyd, Buster Keaton, George Summerville, Wallace Beery e tantos outros.

O filme termina com a explosão longamente esperada de uma caldeira. Explosão que se funde com uma tomada real da explosão de uma bomba atômica. Mac Sennett não poderia ter encontrado ponto final mais expressivo. Toda essa absurda agitação dos seus bonecos – enquanto a caldeira se estica como um balão prestes a rebentar –; toda essa louca correria cheia de tombos e ressurreições milagrosas num mundo em que as nossas leis físicas estão suspensas, transformam-se, repentinamente, em realidade – aquela tomada de uma explosão real aniquila o universo estético de Mac Sennett. E o que resta somos nós, pobres títeres diante da tela, movimentando-nos em absurda agitação em torno da caldeira, como se as leis estivessem suspensas. Mas, infelizmente, elas estão em pleno vigor. As quedas dóem, as balas ferem e as bombas matam.

O Bandido

> Produção italiana. Lux-Mar. Diretor: Alberto Lattuada. Protagonistas: Anna Magnani, Amadeo Nazzari, Carla del Poggio.

Foi o primeiro filme italiano apresentado no Brasil depois da guerra e nos lembramos ainda da tremenda sensação que essa obra "neo-realista" provocou entre um público um tanto cansado do cinema americano, sempre cuidadosamente esforçado para não chocar os melindres de um público de cerca de um e meio bilhão de pessoas. Ora, para não ferir as susceptibilidades de um público tão amplo, é preciso peneirar muito, mas no sentido inverso: geralmente não sobre o ouro, mas o cascalho. Desde então, o cinema americano aprendeu muito do italiano e, graças à sua flexibilidade e recursos, criou algumas obras realistas de alta qualidade sem que elas sofressem dos exageros e dos defeitos que, em muitos dos filmes italianos, limitaram o seu valor.

O filme de Lattuada narra a história de um prisioneiro de guerra que volta à Itália e encontra a sua casa destruída, a família aniquilada, a irmã prostituída; entrega-se, desiludido, ao banditismo. O filme apresenta, em termos vigorosos e sinceros, a situação italiana do após-guerra, as tremendas conseqüências sociais e psicológicas e a devastação moral produzidas pela conflagração. A reprise de filmes desse teor é sempre oportuna, mesmo independentemente do valor estético. Mas este, no filme em exame, também é suficientemente alto para justificá-la. Estonteia, como na maioria dos recentes filmes italianos, a movimentação soberba das figuras, a intensidade de comunicação que emana da tela, a legitimidade dos personagens e o máximo de expressão conseguida com um mínimo de recursos.

Os próprios defeitos do filme parecem transformar-se em efeitos positivos: da imperfeição, desta pobre imperfeição de um cinema sem recursos, parece irradiar aquela vida, aquele calor que na fria precisão, na magnífica qualidade técnica do cinema americano muitas vezes se perdem. E há grandes cenas no filme: a chegada do prisioneiro ao lugar onde, antes, encontrava-se a sua residência, arrasada por uma bomba, enquanto um disco meio arrebentado reproduz uma voz feminina cantando um mórbido *hit* americano; recurso banal, mas de uma adequação admirável. A morte da irmã, assassinada pelo explorador: realismo "chocante", u'a moça morrendo de olhos abertos, sem antes passar batom nos lábios e compor cuidadosamente os cabelos. No cinema americano, só os criminosos masculinos têm o privilégio de morrer, não de morte, mas de modo natural.

Excelente também a cena do jogador que estabeleceu o seu cassino em plena rua, baralhando com habilidade assustadora as três cartas; episódio que, além do efeito imanente da voz monótona e do movimento hipnotizante daquelas mãos, descreve de modo muito feliz o ambiente. Liga com perfeição duas cenas essenciais do filme e tem, além de tudo, caráter simbólico: a sorte do soldado, daqui a pouco, será "jogada", a sua vida será irremediavelmente baralhada com outras vidas, o que significará a sua morte.

Anna Magnani foi a atriz que maior sensação causou por ocasião da estréia do filme; e com plena razão. É certamente a maior figura do cinema universal no gênero a que se dedica. Amadeu Nazzari, correto como sempre. Carla del Poggio, a moça assassinada, morre uma das mortes mais impressionantes jamais vistas no cinema. É extraordinário o amigo da protagonista, cujo nome infelizmente nos escapou.

O Comprador de Fazendas

Cia. Cinematográfica Maristela. Produtores: Mario Civelli, Mario del Rio. Diretor: Alberto Pieralisi.
Elenco: Procópio Ferreira, Henriette Morineau, Hélio Souto, Margot Bittencourt, Jaime Barcelos, Jackson de Sousa etc.

Baseada num conto de Monteiro Lobato, esta terceira produção dos estúdios de Jaçanã narra as peripécias dum esperto casal de fazendeiros, afogados em dívidas, que resolve "maquilar" a sua miserável fazenda para vendê-la, assim, de fachada bonita, a um moço da cidade, supostamente rico.

Apoiados num cenário despretensioso, os realizadores obtiveram, graças ao bom senso com que visaram apenas um espetáculo hilariante, um resultado plenamente satisfatório. A exposição inicial do estado da fazenda, com a câmera focalizando em *travelling* a miséria, o diálogo do fazendeiro com o exasperado pretendente a comprador, familiarizam o espectador sem delongas com o ambiente. Em todo o decorrer do filme, a narração mantém-se neste nível limpo e correto, nunca se perdendo na pura anedota e piada. A comicidade deflui com naturalidade do próprio argumento e dos personagens, galeria preciosa integrada pelo sr. Moreira, digno fazendeiro (Procópio Ferreira), a sua esposa, antiga cantora de *chansons* francesa (Henriette Morineau), o filho lerdo e os credores, entre os quais se destacam o gago, o sírio com o trator de bolsa e o japonês com a sua pereira portátil. Tipo excelente também o moço da cidade, pintor moderno fascinado pela geometria do triângulo.

Com a fotografia límpida e bem composta, a sincronização razoável, a música de fundo boazinha – às vezes um tanto insistente –, trata-se realmente de uma produção que não hesitamos em considerar uma das melhores comédias já realizadas em estúdios brasileiros, resultado obtido sem o recurso da pornografia e sem queda na farsa grosseira.

Procópio Ferreira sente-se à vontade diante da câmera e, embora revele alguns tiques teatrais, deve-se atribuir grande parte do êxito a ele, cujo talento de comediante conserva a graça também diante da objetiva. Ao seu lado, Henriette Morineau, embora um tanto forçada, graças à sua *verve* saiu-se bem. Os credores e o "pintor" são todos bons e apenas Margot Bittencourt, conquanto simpática, parece ainda embaraçada e sem espontaneidade.

O Homem de Outubro ("The October Man")

Arthur Rank – Eagle Lion Films. Direção: Roy Baker. Elenco: John Mills, Joan Greenwood, Edward Chapman, Kay Walsh.

História de um homem que, tendo fraturado o crânio durante um acidente de ônibus em que morre também uma criança acompanhada por ele, sai do hospital em estado de completo desequilíbrio mental. Uma moça, residente na pensão em que se hospeda, é assassinada e a suspeita recai sobre o protagonista, devido a vários indícios, principalmente devido ao seu estado psíquico averiguado pela polícia. Encurralado pelos detetives e perturbado pelos comentários dos pensionistas e pela dúvida dos amigos, é quase levado a acreditar na sua própria culpa. Escapando por um fio do suicídio, salva-se através do amor de uma moça que lhe inspira a energia para lutar até encontrar a solução do crime.

É curioso notar que este excelente filme passou completamente despercebido pela crítica e pelo público. Devido à absoluta inexistência de propaganda, manteve-se apenas durante uma semana apagada na tela do confortável cinema Oasis, quando muito abacaxi anda por aí inundando os jornais com anúncios e noticiário gratuito e enchendo certos cinemas de um público que tem o hábito de preferir determinadas salas em nada superiores às demais. Tem-se, infelizmente, a impressão de que o público não escolhe os filmes pela sua qualidade, mas que vai em determinados dias a determinados cinemas, qualquer que seja o filme que passa.

Trata-se, no caso de *O Homem de Outubro* – apesar do enredo não muito original – de uma das mais intensas realizações ultimamente apresentadas em São Paulo, na qual, por meio de recursos visuais e sonoros, é criado um clima de tremenda angústia, fiel tradução do estado mental do protagonista. Um roteiro denso e vigoroso, caracterizações violentamente dramáticas, uma fotografia de extrema expressividade e uma direção segura e vibrátil fazem desse filme, dentro das suas intenções relativamente modestas, uma pequena obra-prima.

The October Man é um puro exemplo de como um argumento, que na simples narração literária parece sumamente banal e simplório, obtém profundidade e transcendência pela feliz exploração dos recursos estéticos do cinema. Nenhum desses recursos é "novo" ou "original". O diretor recorre ao máximo aos efeitos sonoros e visuais de trens em movimento, envolvendo o protagonista em fumaça e ruídos ferroviários para simbolizar o seu estado confuso e febril e para criar tensão em face da perspectiva do suicídio. Mas tais meios são usados com grande propriedade sem visar nunca efeitos de virtuosismo.

John Mills interpreta com vigor a figura do doente e Joan Greenwood, a sua namorada, é simpática e adequada.

O Invencível ("The Champion")

Screen Plays Corp. para United Artists. Produtor: Stanley Kramer. Diretor: Mark Robson.
Protagonistas: Kirk Douglas, Ruth Roman.

Narra as vicissitudes de um pobre rapaz transformado em pugilista: opondo-se às negociatas já conhecidas, vence uma luta "arranjada", em que deveria perder, e torna-se campeão. É maltratado por mulheres e as maltrata por sua vez. Sacrifica à carreira e ao dinheiro, o amor, a amizade e a família. Movido por tremenda ambição, morre após uma luta em que se consagra vencedor, depois de ter apanhado terrivelmente.

O cinema tem dedicado ao tema do pugilismo alguns bons filmes, entre os quais se distingue, sobremaneira, aquele inesquecível *Punhos de Campeão. O Invencível*, longe de ser um dos piores, não chega, no entanto, aos pés do filme de Robert Wise. O ambiente é bem descrito, particularmente a atmosfera selvagem das lutas e a balbúrdia das salas em que se aglomera uma massa fascinada pela violência do esporte dos punhos. Notável o tratamento sonoro desses ruídos ambientes.

Grande parte do filme, infelizmente, não ultrapassa os lugares-comuns mais convencionais neste gênero de fitas, devido a um cenário de poucos méritos. O que valoriza a obra até certo ponto é o fundo social, o seu íntimo sentido, que certamente deve ser atribuído ao argumento inicial: um caráter e uma vida determinados pela extrema pobreza, de onde provém o pugilista, fato que explica a sua ambição desmedida e o seu tremendo anseio de dinheiro, a sua desesperada aspiração de possuir mulheres elegantes e grã-finas, a sua volúpia em martelar sadicamente os rostos dos adversários, como se descarregasse, por meio dos punhos, todas as desgraças, todos os cansaços e todos os sofrimentos de gerações inteiras que lhe pesam nos ombros e na alma.

Trata-se de um grande tema, aliás, abordado – para dar só alguns exemplos – em *Rio Este*, de Scholem Asch, e *What Makes Sammy Run* (Por que Sammy corre Tanto), de Bud Schulberg, obra em que é descrita a ascensão de um produtor cinematográfico, vindo dos bairros pobres de Nova York, sacrificando todas as relações e a própria alma para se instalar, finalmente, numa mansão de Hollywood, semelhante à da estrela de *Crepúsculo dos Deuses*. Grande tema, portanto. Mas, no caso, é um tema que o cenário medíocre sufoca numa massa de chavões e ao qual o diretor não sabe dar o relevo fílmico que merece.

Kirk Douglas é um ator fisicamente muito bem escolhido para este papel. Musculoso, ágil, jovem, convence como boxeador de peso médio. Convence também como ator que interpreta o drama do pobre rapaz ansioso por ser chamado de "senhor". E comove durante a sua última luta, com o rosto transformado em picadinho. Em suma, um filme que se recomenda a um público de sistema nervoso não muito delicado.

O Papai da Noiva ("Father of the Bride")

Metro-Goldwyn Mayer. Direção: Vincent Minelli.
Protagonistas: Spencer Tracy, Elisabeth Taylor, Joan Bennett, Dan Taylor.

Comediazinha que descreve os altos e baixos de um casamento bem burguês, visto através da mente atordoada do papai da noiva que, logo depois das bodas, tirando os sapatos dos pés doídos, começa a relembrar as peripécias do noivado que acaba de ter o desenlace natural no enlace matrimonial.

Não resta a menor dúvida: Vincent Minelli, que é um diretor de qualidade, se desincumbe da sua tarefa com ortografia correta. Não falta nenhum pingo sobre nenhum "i", as vírgulas estão onde devem estar e mesmo a redação tem certa graça em alguns momentos. Há um pesadelo do torturado pai que é uma jóia cinematográfica de dezoito quilates, peça magnífica de montagem e técnica de câmera, e quando a angustiada imaginação do heróico patriarca, que ainda não conhece o namorado, reconstitui os vários pretendentes, temos uma cena realmente deliciosa. Há um tanto de humor, alguns quilos de ternura, toneladas de sentimentalismo e um meio grama de sátira legítima. Sempre quando se infiltra um fiozinho de sátira, o leão da Metro dá um tremendo urro e toda a equipe volta, sobressaltada, para a linha justa e contínua, a fim de aplicar massagens nas glândulas lacrimais do distinto público.

Ora, a Metro reuniu todos os elementos para produzir uma sátira excelente – não ao matrimônio, mas aos exageros engraçados e às formalidades ridículas que cercam uma das coisas mais simples e importantes do mundo. Há uma câmera ágil, um cenário adequado, uma música regular e um diretor excelente. Tivesse o envelhecido leão mostrado um pouquinho de ferocidade e teríamos uma grande comédia, ao invés de uma limonada adocicada e morna, com uma quantidade mínima de limão.

Temos o máximo respeito pelos papais de noivas, mas Spencer Tracy, ao invés de cômico, consegue ser apenas ridículo, com seus conhecidos trejeitos padronizados. Aquela desenvoltura diante da câmera, a maneira como ele se refestela frente à objetiva, exalando satisfação e auto-suficiência por todos os poros, já estão ficando demasiadamente conscientes – e as suas interpretações agora não passam mais de interpretações do próprio tipo que ele criou ou que foi criado para ele. Achamos que Spencer Tracy só poderá salvar-se se o encarregarem, no próximo filme, de um papel bem diverso – por exemplo, como cavaleiro medieval, caolho, de couraça, escudo e barbas longas. Seria uma chance para ele voltar a ser ator de verdade, ao invés de continuar decaindo de modo tão deplorável.

Joan Bennett, correta e sentimentalzinha. Elisabeth Taylor, bonita e sem talento. Dan Taylor, também.

O Preço de uma Vida (Título na Grã Bretanha: "Give us this Day"; nos Estados Unidos: "Salt in the Devil")

Produção: Eagle-Lion Films, de Rod Genger. Direção: Edward Dmytrik. Argumento extraído da novela: *Christ in Concrete*, de Pietro di Donato.
Elenco: Sam Wanamaker, Lea Padovani, Kathleen Ryan, Bonar Colleano, Philo Hauser, Charles Godner, Karel Stepanek.

O filme narra, parcialmente em *flash back*, a história de um pedreiro italiano em Nova York, que trabalha com uma turma de conterrâneos na construção de prédios, na terceira década deste século. Várias ocorrências convencem-no da inutilidade de sua vida de solteiro e ele resolve se casar. A sua amante não se mostra inclinada a se ligar a um pobre pedreiro. Mas um homem disposto a se casar, casa mesmo. Geremio descobre numa fotografia, que o colega Luigi lhe mostrara, uma moça que lhe agrada. Manda-a vir da Itália. A moça concorda, com uma condição: faz questão de viver na própria casa, por mais modesta que seja. Nos Abruzzi, onde ela vive, toda a família decente tem casa própria. O pedreiro, já apaixonado por Anunziata, escreve de volta que é proprietário de uma casa, e a noiva vem, passando com o marido três dias – a lua de mel – numa casa que o marido mentiroso arranjara precisamente para este curto espaço de tempo, mediante o pagamento duma pequena entrada que lhe garante a posse da propriedade, depois de ter sido completada a soma de 500 dólares (parte do preço total). A esposa, ao ter de abandonar, passados os três dias, a casa que ela pensou pertencer-lhe, fica desolada. O casal muda-se para uma casa de cômodos num bairro de Nova York e a mulher começa a marcar na parede da cozinha o dinheiro economizado. Bem em cima o alvo: 500 dólares, cujo pagamento lhes dará o direito de voltar definitivamente àquela casinha. Passam os anos, chegam os filhos. Vêm doenças, dificuldades. A coluna de números na parede cresce lentamente. Decresce, cresce novamente, chega perto do alvo, já quase mítico: 500 dólares, a realização do sonho, a posse da casa – *quem casa, quer casa.*

Faltam apenas cinco dólares quando a crise de 1929, o dia negro na Bolsa de Nova York, põe tudo a perder. Trabalho, só tirando a neve da rua. O pedreiro, desesperado, aceita um *job* como capataz numa construção duvidosa, sem segurança nenhuma. A sua turma concorda com o serviço por lealdade ao velho companheiro. Um dilema tremendo obseca Geremio: a lealdade à família força-o a aceitar o *job* duvidoso; a lealdade aos companheiros força-o a desistir de um serviço que põe em perigo a vida deles. Sente-se, de repente, um alheio na família e um alheio entre os companheiros. Não sabe se deve sacrificar aquela ou estes. Desnorteado, começa a freqüentar a velha amante. Voltando certa noite à casa, depois de ter estado com ela, dá a Anunziata uma bofetada e sai de novo. Todo o seu desespero se descarrega num violento golpe de punho contra uma ponta aguçada da grade diante da casa: o autocastigo como expiação; é como se, com o sangue jorrando, se purificasse do pecado de ter batido em Anunziata e da culpa por expor os colegas a um serviço perigoso. Voltando à casa da amante, que cuida da mão ferida, conta-lhe toda a sua história, como se quisesse completar espiritualmente a purificação biológica da sangria. Ainda na mesma noite se reconcilia com Anunziata e, no dia seguinte, procura introduzir medidas de segurança na construção. Tarde demais, porém. Há um desabamento e Geremio é lançado num fosso, ficando soterrado debaixo de camadas sucessivas de cimento que, pouco a pouco, caem de um grande recipiente entornado pelo desabamento. Os gritos de *Cristo no Cimento* são abafados pelo material de construção que se torna o seu túmulo. Na seqüência final, os "donos de tudo" calculam, na presença da esposa, a indenização. Chegam finalmente a uma conclusão. Pagarlhe-ão 1.000 dólares. Eis o preço de uma vida.

Este é o argumento extraído do romance de Pietro Donato. A adaptação ao cinema foi realizada por John Pent e o admirável cenário é de Ben Barzman. Apoiado em material tão valioso, Edward Dmytrik realizou um grande filme, uma dessas obras que têm um lugar definitivo assegurado na história do cinema.

A fita se inicia com a cena do retorno de Geremio a casa, onde esbofeteia Anunziata para, depois, ferir o punho na grade. Chegado ao quarto da amante, conta toda a história, que é apresentada em *flash back* até repetir, de novo, a mesma cena do início, desta vez porém resumida, em ritmo mais rápido, através de inesquecíveis fusões; finalmente, chega de novo ao quarto da amante, a quem estava contando tudo. A partir deste momento, o filme passa à narração direta, mantendo a sucessão do tempo (contando a reconciliação com a esposa e o trágico final).

No caso desta obra, o *flash back* tem uma função estética, ao contrário do emprego convencional que geralmente se costuma fazer deste recurso.

104

A primeira cena comunica logo ao espectador, de chofre, o clima do filme: a rua noturna onde Geremio mora, a sua volta arrastada e bamboleante à casa, com a figura envolvida pela fumaça dos bueiros, fumaça que parece misturar-se às nuvens baixas que, na sua corrida veloz, parecem tocar as casas; as tomadas da "cova" da rua mostrando a altura das "casernas" de cômodos, e as outras, do alto, mostrando Geremio no fundo, diante da imensa casa, como que esmagado pelo seu peso. Todo o tema do filme é sugerido na primeira cena: o construtor de casas sem casa, a crueldade esmagadora da imensa cidade, condensada por assim dizer num único prédio, a crucificação final sob o peso do cimento, o ambiente sufocante das escadas e corredores, nos quais desembocam dezenas de portas – ambiente em que a câmera nos introduz enquanto Geremio sobe para a sua residência.

Depois de apresentar na primeira cena o ambiente aniquilador, a narração recua para nos mostrar o que foi aniquilado; a câmera insere-se no passado e abre diante de nós aquelas vidas com seus anseios e sonhos: a festa de casamento, o amor do casal, narrado com humor e ternura, o encantamento dos três dias na "casinha própria" e a mudança para a casa de cômodos. Nesta cena, o diretor repete, por assim dizer, a primeira cena, mas à luz do dia, apoiando-se totalmente nos meios acústicos: agora não é o aspecto visual que esmaga, mas os ruídos, o tremendo caos de centenas de famílias reunidas em poucos metros quadrados, cada qual na aura dos seus barulhos particulares. Uma multidão de crianças brincando na rua, com gritaria infernal, o tinir de latas, uma banda de jazz ensaiando, enfim, um verdadeiro pandemônio acústico. Depois vem a luta de todos os dias, os partos se sucedendo em admiráveis fusões, que tanto sugerem o passar do tempo como mostram a reação do pai, de início quase rebentando de felicidade, depois já um tanto arrefecido no seu entusiasmo. A paixão dos primeiros dias transforma-se aos poucos numa profunda comunhão de interesses, em verdadeiro amor matrimonial baseado na mútua sinceridade; ressalta-se com calor humano o sentido da expressão "companheiros para a vida". Desabrocha a vida familiar, a mulher simbolizando o lar, a tranqüila vida doméstica, a estabilidade da família – o homem representando o elemento "dinâmico" emaranhado na luta pela vida.

Depois, a falta de trabalho. Numa cena, vemos os companheiros reunidos num frio dia invernal, à espera de serviço. Um empreiteiro oferece algumas horas de trabalho para um pedreiro e Geremio, assoberbado pelo receio de perder para sempre a casinha, magoando irremediavelmente a mulher, pela primeira vez está disposto a violar o código de camaradagem e coleguismo. Cada um dos reunidos apresenta as razões pelas quais necessita o trabalho oferecido, e um deles, em estilo de grande epopéia, falando de si mesmo na terceira pessoa, convence os colegas da sua penúria. O próprio Geremio vê-se forçado, a contragosto, a reconhecer a maior necessidade do outro; sente-se já abalado na integridade moral diante do dilema que o coloca entre a família e os colegas. Mas reconhece que o sonho de Anunziata não tem tanta força de convicção como a dura realidade da fome que ameaça o outro. Pela primeira vez, o pobre Geremio talvez sinta a tremenda verdade daquela famosa frase de G. B. Shaw: *Um pobre não pode permitir-se o luxo de ser virtuoso*. E as seqüências seguintes são o relato comovente da lenta corrupção de um homem íntegro, sob a pressão esmagadora das circunstâncias.

Quando a cena inicial se repete, com a rua noturna, os bueiros envolvendo na sua fumaça a figura do pedreiro, as nuvens baixas em louca correria, vemos tudo com outros olhos. Sabemos perfeitamente que esta rua e esta casa são apenas símbolos da gravitação impiedosa de todo um mundo que esmaga o indivíduo insignificante, que o atinge no próprio íntimo de sua integridade e lhe corrompe os sonhos e as idéias. Até mesmo o sonho da casinha se enche de fel diante do colega faminto. E no tremendo golpe de punho contra a escada pontuda da grade já não se vê descarregar a dor de um indivíduo, mas sim o desespero de toda a humanidade avassalada pela angústia e pela pobreza. O pedreiro recobra a sua inteireza moral e reconcilia-se com a mulher e com os colegas. Mas a culpa se materializou na deficiência da construção, na traição à mulher, na queda do colega Luigi, que ficou aleijado. E o frio cimento que sufoca Geremio executa apenas materialmente o processo de sufocação moral que se iniciara muito antes. Dificilmente se encontrará símbolo mais poderoso do que esse cimento que, frio e lento, esmaga impiedosamente o indivíduo preso no fundo da cova, gritando por socorro desde o abismo de sua solidão.

Seria difícil dizer, no caso deste filme, quanto se deve ao cenário, quanto ao diretor e quanto à excelente cenografia que muito concorre para o resultado final. Edward Dmytrik, que há algum tempo vem trabalhando na Inglaterra, depois de já ter realizado nos Estados Unidos filmes de valor – entre eles, *Rancor* – firma-se, com esta obra, entre os primeiros cineastas da atualidade. Fundo e forma, nesta produção, são de uma unidade absoluta. O domínio dos recursos estéticos, iluminação, movimentação de câmera, corte, ritmo, fusões etc., é absoluto – ainda que haja, às vezes, certas falhas na fotografia dos diversos planos de profundidade. Todos os recursos são aplicados com discreção, em sentido rigorosamente funcional.

O trabalho do diretor concentrou-se, sobretudo, na expressão humana – e aqui, na movimentação dos personagens, alcançou o máximo. A Anunziata e o Geremio são figuras inesquecíveis, enfileirando-se ao lado daquele pobre operário e do seu filho de *Ladrões de Bicicletas*. Como aquele filme, *O Preço de uma Vida* conseguiu comunicar a dolorosa mensagem social através de uma forma cinematográfica justa e adequada, não ficando apenas na boa intenção como tantos outros filmes. Idéia e expressão amalgamaram-se completamente. E a colaboração dos atores, todos eles pouco conhecidos ou mesmo desconhecidos, como os protagonistas daquele filme italiano – e nenhum deles com cara de astro ou de estrela –, foi magnífica e sem falha.

O que a Carne Herda ("Pinky")

20th Century Fox. Produtor: Darril F. Zanuk. Diretor: Elia Kazan. Elenco: Jeanne Crain, Ethel Waterns, Ethel Barrymore.

Narra o conflito de u'a moça descendente de negros, mas de cor branca. Enviada pela avó negra ao norte dos Estados Unidos para se formar enfermeira, encontra dificuldades ao voltar ao torrão natal, no sul, para se integrar no ambiente dos seus irmãos de raça, conflito ainda intensificado pelo fato de ela ter deixado no norte um namorado "realmente" branco. Resolve finalmente, após árdua luta íntima, renunciar ao seu amor e à sua felicidade individual para pôr os seus conhecimentos a serviço da gente de cor, "gente da sua raça". Tal resolução é precipitada pela influência de uma velha professora branca que, ao morrer, lhe deixa a sua mansão, onde, após um processo com os parentes da falecida, a protagonista instala uma espécie de escola de enfermagem. (Desculpem os leitores a descrição "colorida": parece até crítica de exposição de pintura. Tal é, porém, o problema que preocupa profundamente os norte-americanos.)

Inicialmente, é preciso reconhecer a coragem que se manifesta na simples empresa de abordar tal assunto num país que é, por assim dizer, o baluarte do preconceito racial (se excluirmos a África do Sul, que bate o recorde mundial). Esse preconceito, arraigado particularmente no sul dos Estados Unidos, a romântica pátria do falsíssimo *E o Vento Levou...*, é revelado com franqueza, em cenas brutais e chocantes. É revelado que a moça de cor é uma espécie de caça indefesa para o branco (parece, no entanto, que nunca se linchou um branco); que a mínima reação esboçada por uma pessoa de cor é passível das mais violentas reações; que a atitude dos negros, num ambiente sinistro e adverso, é geralmente de humildade e de resignação, raramente de revolta.

Tudo isso é revelado; mas o filme não passa disso. O seu valor está apenas na coragem de apresentar um quadro, embora sumamente rudimentar, dos fatos. Não os explica, não os analisa, não procura elucidar as causas. E no momento em que tenta difundir uma mensagem, torna-se falso e demagógico, escorrega pela tangente e tira o chapéu para ambos os lados.

O filme não combate o prejuízo: não há nenhuma mensagem contra a estupidez do preconceito. Os realizadores parecem tão resignados como os próprios negros. Ao contrário, a mensagem da fita é que os negros fazem bem em aceitar a situação; o filme não é, em essência, uma lição para os brancos, mas sim para os negros, aos quais transmite diretrizes de bom comportamento. Os realizadores esqueceram totalmente que o problema está do lado dos brancos, não dos homens de cor; que a chaga está na alma deformada daqueles, não destes, que são apenas vítimas. Esquecem que quem precisa de comiseração são os perseguidores, gente anormal e intimamente corroída, ao passo que as anormalidades dos perseguidos surgem só em função da doença dos "senhores".

Evidentemente, na situação atual não há, para a moça, outra solução senão a elaborada pelos cenaristas: o casamento com o branco seria uma fuga com todas as conseqüências desastrosas de uma fuga (se, por exemplo, um filho revelasse a raça). Para a moça, a solução não pode ser outra senão a integração na sua raça, de que faz parte pela ascendência e pela sua decisão, embora não pela cor. Mas isso é uma solução se a situação geral for simplesmente reconhecida como fato inabalável? O filme teria sido muito mais honesto se os seus realizadores se tivessem abstido de qualquer mensagem, narrando apenas os fatos, em si bastante expressivos. Ao difundirem a mensagem negativa deste filme, identificam-se com a situação dominante, embora reconheçam a sua indecência.

Tampouco o filme satisfaz no que se refere à sua execução. As figuras são clichês – uma negra beata e cheia de virtudes (a vovó); uma branca rude, mas de coração de ouro (a professora); um negro vilão (a única figura autêntica que revela o triste resultado caracterológico produzido pela pressão social do preconceito); e alguns sádicos, cuja caracterização fica totalmente na superfície, sem a mínima tentativa de mostrar as causas das suas atitudes.

Evidentemente, deve-se reconhecer que um filme desta espécie só pode ter sido feito com uma imensa quantidade de cuidados para não ferir ninguém, para não melindrar os brios dos cidadãos sulistas, para não provocar a reação dos diversos grupos de pressão, para satisfazer as exigências dos banqueiros que dominam Hollywood. Daí talvez a curiosa ausência de continuidade que se nota pelo fim do filme, onde obviamente faltam grandes trechos de celulóide, eliminados certamente pela tesoura. Quando *Pinky* ganha o processo e se torna dona da propriedade, espera-se uma reação popular – reação aliás sugerida pelo próprio advogado da nova proprietária. Ao invés disso, vê-se uma péssima fusão e um pálido final que mostra a mansão transformada numa espécie de enfermaria. Cinematograficamente, pouco se pode dizer. O talentoso diretor, Elia Kazan, procura tirar o máximo proveito do deficiente cenário, mas o resultado é medíocre. Nota-se que não teve fé na sua própria obra. Algumas seqüências razoáveis, um ou outro efeito dramático não compensam devido à ausência fundamental de retidão num filme que pretende ter um conteúdo e uma mensagem sociais. Nascida de um compromisso e debatendo-se numa série crescente de compromissos supervenientes até acabar em simples demagogia, a fita trai, em tudo, a resignação do diretor, dos atores e do próprio cinegrafista, que acabaram fazendo uma obra fria e pálida, cuja maior qualidade é o fato de revelar ao mundo um problema gravíssimo, transformado em beco sem saída pela grande nação norte-americana. Assim mesmo, deve-se elogiar a coragem em abordar todo esse complexo problema.

É verdade, a utilidade da propaganda de tais obras é duvidosa. Mesmo um filme muito superior – como foi *Rancor*, de Dmytrik, em que se combate o anti-semitismo – provocou dúvidas entre sociólogos e psicólogos no que se refere ao seu valor como obra didática e de combate a um flagelo social. Todavia, deve-se elogiar a coragem de todos os produtores que se arriscam a perder prestígio e dinheiro e a enfrentar críticas de grupos de pressões ao realizarem tais obras. Deve-se apoiar tais tentativas, mesmo quando malogradas, pois elas dignificam, ainda que apenas pela sua intenção, a Sétima Arte.

Presença de Anita

Cinematográfica Maristela – U.C.B. Produtor: Mario Civelli. Diretor: Ruggero Jacobbi.
Elenco: Antoinette Morineau, Orlando Villar, Vera Nunes, Ana Luz.

Extraído da obra que celebrizou Mário Donato, apresenta em essência só a estrutura fundamental do romance: um homem casado, executando um pacto de morte, mata a amante e fracassa na tentativa de suicídio. Restabelecido, aparece perante o tribunal e é considerado inocente. Assediado por uma jovem cunhada – e pela própria consciência – procura manter-se fiel à memória da *Anita Fiel, Anita Morta*. Mas fracassa de novo diante da impetuosidade da jovem e morre num acidente provocado pelo seu inconsciente, esmagado pelo complexo de culpa. É evidente que o filme não acompanha a audácia do romance e tampouco o seu fundo psicológico. Não que não pudesse, com os recursos do cinema, apresentar este segundo aspecto, já que o primeiro está necessariamente restrito à palavra. Mas os realizadores preocuparam-se apenas com a *story*, passando por cima dos momentos essenciais, psicológicos, que emprestam relevo às figuras e dão ao romance o seu valor indiscutível.

Deve-se reconhecer, no entanto, que a história é narrada com sobriedade, fluência e certo vigor. Apesar do cenário às vezes deficiente, apesar da ambição restrita do filme, Ruggero Jacobbi, que como diretor revela qualidades excelentes, imprimiu às seqüências um tratamento inteligente e cinematograficamente satisfatório, de modo a se comunicar ao espectador, até certo ponto, a essência dramática do romance. Deve-se mesmo dizer que a grande descoberta do filme é o diretor que, pelo seu gosto, conhecimento da matéria e pela sua cultura, sem dúvida tem capacidade para realizar, no futuro, obras superiores a esta.

Antoinette Morineu agrada e Vera Nunes mostra talento; Orlando Villar, sem mostrar muita coisa, mantém um nível aceitável; bem fraca Ana Luz.

Sansão e Dalila ("Samson and Delilah")
Paramount. Produtor e diretor: Cecil B. de Mille.
Elenco: Heddy Lamar, Angela Lansbury, George Sanders, Henry Wilcoxon.

Cecil B. de Mille conta hoje setenta anos e dirige filmes há mais de quarenta. Calculando-se superficialmente, deve ter feito cerca de setenta filmes, entre os quais obras monumentais como *Os Dez Mandamentos*, *O Rei dos Reis*, *O Sinal da Cruz*, *Cleópatra*, *As Cruzadas* etc. Talvez como nenhum outro cineasta, excetuando-se Chaplin, permaneceu durante toda a sua carreira leal a si mesmo, lealdade que lhe foi facilitada em virtude da sua altíssima posição na empresa Paramount, como presidente da Cecil B. de Mille Production, Inc.

Enquanto Chaplin, permanecendo sempre leal a si mesmo, criou uma grande obra artística, de teor quase sempre popular, mas ao mesmo tempo profunda e significativa – tornando-se assim uma das maiores figuras deste meio século no terreno da arte –, Cecil B. de Mille é criador de uma obra igualmente popular, mas popular num sentido inferior: produziu filmes de evasão, filmes sem significado real para a nossa época, filmes para fazer sonhar e fugir da realidade. Dirigiu-se às sensibilidades elementares, a uma camada arcaica da nossa consciência, deslumbrando pelo aparato, pelo monumental, impressionando mais pela quantidade do que pela qualidade, mais pelo espetacular do que pelo humano, esmagando o espectador ao invés de enriquecê-lo.

Chaplin criou uma arte popular no melhor sentido da palavra; a sua lealdade a si mesmo é uma conquista autêntica, que tem de ser afirmada e mantida através de uma luta cada vez mais árdua, cada vez mais tenaz, na medida em que progride na exploração do sentido de nossa época. De Mille criou uma obra popular na acepção menos elevada da palavra; a sua lealdade à própria obra e ao próprio ser é um pactuar com o irrelevante e superficial e, assim, tornar-se cada vez mais barata e fácil, na medida em que progride na exploração do lugar-comum.

De Mille é um homem de cultura e conhece o seu metiê. São raros os cineastas que, como ele, têm o instinto do espetáculo cinematográfico. Negar às suas obras certas qualidades de narração, continuidade, corte adequado, seria injusto e ridículo. Tudo isso, porém, a serviço de uma grandiloqüência superada, de um monumentalismo perfeitamente da segunda metade do século XIX. Há em tudo isso o triunfo da superfície brilhante a que não corresponde nenhuma interioridade. É o grandioso desenfreado, tornado fim em si mesmo, sem relação com um pensamento correspondente. É um wagnerianismo que aproveita apenas o pior lado de Wagner, sem as idéias profundas, subjacentes na obra do compositor. É um estilo *bourgeois* que se baseia nos aspectos mais ridículos de um "novo-riquismo" cheio de fanfarronice e pompa exterior, desconhecendo as verdadeiras qualidades da burguesia, mais sutis e muito mais sóbrias.

Neste filme, *Sansão e Dalila*, de Mille não acrescenta nada de novo à sua obra. Há algumas tentativas de interpretar "modernamente" a história bíblica, particularmente na maneira de tratar a juba do herói, em que reside a sua força sobre-humana, como símbolo da sua relação confiante com Jeová. Quanto a Jeová, anuncia-se por meio de trovões que cheiram a *soundmixer*, sincronização e aparato adrede manipulado. A melhor figura do filme é, sem dúvida, o leão – certamente emprestado pela Metro aos estúdios da Paramount. É um leão-astro, ciente da importância das suas funções e perfeitamente integrado ao tecnicolor do filme.

Não falemos das interpretações de Sansão-Mature e Dalila-Lamar. Quanto a George Sanders, apresenta-nos um chefão filisteu altamente sofisticado e grã-fino, com trejeitos de um lorde de Oscar Wilde e com atitudes elegantes à moda do *fin du siècle*.

A destruição do templo "esmaga" não só os filisteus, mas também os espectadores, deliciados ao notarem que a primeira coluna começa a se deslocar soltando lasquinhas de pedra. Isso tudo é como Joãozinho pensa que tenha sido – o Joãozinho da esquina, sabem? E como todos nós temos um Joãozinho dentro de nós, ficamos deslumbrados – como negá-lo? Ficamos esmagados como os filisteus e sentimos vergonha do Joãozinho dentro de nós. A arte de Cecil B. de Mille consiste em nos transformar a nós todos em Joãozinhos. Na noite da estréia, depois da última sessão no Ópera e no Art-Palácio, às duas horas da madrugada, a Avenida São João estava cheia de Joãozinhos, transformada em pista de enormes multidões. Uma verdadeira festa popular no meio da noite, como durante o Carnaval. Parecia como se tivesse terminado um jogo de futebol em pleno coração da Cinelândia.

> *Sem Novidade no Fronte* ("All Quiet on the Western World")
>
> Universal. Produtor: George Cukor. Diretor: Lewis Milestone. Elenco: Lew Ayres, Louis Wolhelm, Slim Summerville, John Wray etc.

A reprise deste filme produzido em 1930, que narra o destino de um grupo de soldados alemães durante a Primeira Guerra Mundial – seguindo o romance de Erich Maria Remarque – é oportuna por três razões: por se tratar de um filme de tendência pacifista; por se tratar de uma obra de relevo na história do cinema, contando-se entre os primeiros filmes a aproveitar, em termos cinematográficos, a nova dimensão acústica; e finalmente por se tratar de uma realização marcante de um dos mais destacados diretores de Hollywood, feita quinze anos antes do grande *A Walk in the Sun* (Um Passeio ao Sol).

O filme provocou uma tremenda sensação por ocasião do seu lançamento. Por insistência do cônsul alemão em Hollywood, foram efetuados cerca de vinte cortes para não melindrar a sensibilidade alemã. Assim mesmo, ao ser apresentado em Berlim, pouco tempo antes do advento de Hitler, causou escândalos no cinema lançador, no qual os adeptos de Goebbels soltaram dúzias de camundongos brancos.

Mas a sensação foi também de ordem artística. Como se sabe, no início o som matou a expressividade cinemática, visual. O cinema voltou às fases iniciais da sua história, fazendo-se de novo servo do teatro, com cenas rígidas à moda do palco. O acréscimo do aparelhamento técnico sufocou a mobilidade da câmera, e som e diálogo impuseram-se como elementos preponderantes.

Ao lado do filme *Hallelujah*, de King Vidor (1929), a obra ora apresentada conseguiu restaurar a fé nas qualidades essenciais do cinema – movimentação de câmera, corte e ritmo na conjugação das tomadas, fatores aos quais se associa o elemento sonoro como parte integrante no planejamento do filme, todavia sem se impor com excesso em detrimento dos elementos visuais. Foi o que Lewis Milestone conseguiu realizar neste filme, dando assim, na fase inicial dos *talkies*, um grande exemplo das possibilidades da nova conquista técnica, a cujo aproveitamento, durante tanto tempo, resistiram as empresas cinematográficas e os cineastas.

Mas mesmo independentemente destas considerações, trata-se de um filme que ainda hoje, após vinte anos, se impõe pelo poder da sua sinceridade e pelo tremendo apelo emocional a um mundo que parece encontrar-se à beira de uma nova deflagração. São cinema as caóticas cenas de ataques e contra-ataques, da metralhadora aniquilando vidas com a câmera seguindo-lhe o mortífero deslocamento, enquanto rápidos cortes apresentam o resultado da absurda ceifa. Memorável a seqüência das botas do jovem soldado morto, trocando várias vezes de dono; e inesquecíveis as famosas cenas iniciais: a mão do protagonista estendendo-se em *close up*, com gesto carinhoso, da trincheira em direção a uma borboleta pousada nos destroços; o tiro do soldado francês e a agonia da mão. Em fusão com o título que anuncia o "Fim", vê-se a sombra de soldados em marcha, afastando-se para o fundo; alguns dentre eles voltam o rosto e lançam um olhar para trás, fitando o público: um olhar indefinível, talvez de dor, angústia e pudor, mas também de acusação aos sobreviventes, refestelados em confortáveis poltronas de cinema.

O filme tem evidentes falhas acústicas, inevitáveis naquela fase, e se ressente de um diálogo e de uma interpretação às vezes um tanto teatrais. Nota-se o tatear hesitante do diretor, ainda não completamente dono dos novos recursos. Mas pelos três motivos acima expostos, ninguém deveria deixar de ver este filme. São raras as fitas que sobrevivem vinte anos sem provocarem as risadas do público. Raríssimas aquelas que, depois de duas décadas, provocam a mesma reação emocional como por ocasião do seu lançamento.

Sem Piedade ("Senza Pietà")

Lux-Mar. Diretor: Alberto Lattuada.
Protagonistas: Carla del Poggio, John Kitzmiller, Pierre Claude.

Na Itália, um soldado americano, negro, apaixona-se por uma italiana, envolve-se em complicações com o exército americano e com traficantes do câmbio negro e morre junto com a namorada.

Falta ao filme qualquer espécie de unidade. Há cerca de cinco temas diferentes que não chegam a se entrosar: (1º) o problema racial no exército americano; (2º) a prostituição na Italia do após-guerra; (3º) o câmbio negro na Itália; (4º) a história de amor entre um preto e uma branca; (5º) a história de amor *tout court*.

Ad (1º) O tema é abordado com certa coragem, mas em determinado momento os realizadores do filme o esquecem,

115

talvez de propósito ou por medo da própria coragem. *Ad* (2º) O tema é desenvolvido com certo vigor e segundo os moldes do neo-realismo. *Ad* (3º) Fio completamente confuso; trama (em cujo centro se encontra a curiosa figura de Pierre Claude, ator francês – o sinistro "homem de branco") que não é decifrável para pessoas alheias às maquinações dos traficantes. *Ad* (4º) Fica no ar, sem verdadeiro aprofundamento; e o tema 5º é tratado com certa beleza, mostrando que não é por acaso que Lattuada conseguiu realizar um bom filme como *O Bandido*.

É preciso reconhecer que a tragédia descrita provavelmente poderia não ter acontecido, dessa forma, a um soldado branco; assim, o fato de se tratar de um preto é essencial ao drama, e é em conseqüência desse dado que a fatalidade se abate sobre o soldado e a prostituta. Mas Lattuada não conseguiu dar unidade à multiplicidade dos temas e, dispersando-se para todos os lados, perdeu a possibilidade de concentração e diversificação estética. Algumas cenas boas, certas tomadas intensas e mesmo o demagógico emprego dos *spirituals* dos negros presos não compensam a falha fundamental na estrutura da obra. E o que talvez seja pior: nota-se certa manipulação insistente de determinados meios de expressão do neo-realismo, em si perfeitamente justificados, mas desagradáveis quando se tornam chavões. Referimo-nos, na nossa crítica, ao filme *O Bandido*[5], não poupando elogios à cena da morte de Carla del Poggio no filme. Em *Sem Piedade*, Lattuada insiste em repetir a mesma cena com a mesma artista.

Em suma: um filme que decepciona um pouco por se tratar de um diretor de reais qualidades, mas que assim mesmo apresenta aspectos de considerável interesse humano e social por reproduzir determinados ambientes e problemas de uma fase histórica recente.

Os atores razoáveis. Carla del Poggio demonstra de novo que tem um belo talento.

Sombras do Mal ("Night and the City")

20th Century Fox. Produtor: Samuel G. Engel. Diretor: Jules Dassin.
Elenco: Richard Widmark, Gene Tierney, Francis L. Sullivan, Stanislaus Szysko, Mike Mazurki.

---

5. Ver pp. 96-97.

Um jovem malandro de marca menor, integrado no *bas fond* de Londres, dado a cavações não muito limpas, "farol" de um cabaré para onde atrai os incautos, sempre cheio de idéias geniais que nunca consegue executar, mete-se no negócio das lutas livres e acaba provocando o chefão desse ramo de diversão. Perseguido através de amplos trechos de Londres, cai finalmente nas mãos de um dos lutadores, que o esgana.

De um cenário um tanto informe e difuso, Jules Dassin, o realizador do excelente filme *Cidade Nua*, consegue fazer um filme de qualidades razoáveis, cujos pontos altos são a boa caracterização da figura principal; a narração, embora esponjosa, da sua agitação para acertar o "grande golpe" da sua vida mesquinha; o seu estrebuchar desesperado na rede sinistra do submundo de Londres; a sugestiva apresentação da atmosfera desse *underworld* londrino; as magistrais tomadas da luta entre dois dos monstros profissionais, dos quais um é um defensor idealista do estilo greco-romano, que vence o adepto da luta livre; e finalmente a qualidade cinemática da perseguição que acaba com a morte do pobre "tipo" que, sem dar por isso, desencadeara forças assassinas demasiadamente violentas para a pequena maldade de um mesquinho cavador.

Notável particularmente como trabalho de câmera, corte e ritmo, a luta entre os dois gigantes (Stanislaus Szysko e Mike Mazurki), com magníficos planos próximos que não só aumentam a intensidade do entrechoque das forças, mas que acentuam, de modo estranho, a macabra poesia das tremendas fisionomias deformadas pelo esporte violento. Sob o ponto de vista propriamente fotográfico, vêem-se tomadas muito bem feitas, como os variados *close ups* dos lutadores, muito bem selecionados no tocante aos ângulos e à iluminação, sem que, por isso, a movimentação dinâmica do embate físico ficasse prejudicada. (Fotografia do inglês Max Greene.) Admirável também a perseguição, com os *long shots* noturnos e a rápida variação dos planos, em montagem exata, que bem fala da competência dos editores americanos. (Competência, no entanto, que muitas vezes transforma os cineastas americanos em meros técnicos que só em casos excepcionais conseguem captar o "bafo" de vida. O suor do perseguido nunca parece real: os realizadores parecem dizer: *É assim que se sua na angústia da morte.*)

Richard Widmark apresenta uma boa caracterização no seu difícil papel, embora se deva dizer que o diretor teria contribuído para a qualidade do desempenho se tivesse impedido certos exageros. É inegável, todavia, que Widmark consegue comunicar a agitação saltitante, a angústia, o desespero e, enfim, a resignação fatalista do coitado que tem consciência demais para ser gangster e consciência de menos para ser honesto. Gene Tierney, a amante do malandro, é discreta e sóbria, e o resto do elenco, apresentando numerosos tipos lombrosianos, é adequado.

> ### Terra É Sempre Terra
>
> Cia. Cinematográfica Vera Cruz. Produtor: Alberto Cavalcanti. Diretor: Tom Payne.
> Elenco: Abílio Pereira de Almeida, Marisa Prado, Mário Sérgio, Ruth de Souza, Salvador Laudus, Zilda Barbosa.

Narra a história de um ambicioso administrador de fazenda que, por amor à terra, rouba subrepticiamente o dono; depois da chegada do jovem patrão, pouco se importa com as relações amorosas que se desenvolvem entre este e a sua mulher; pensa apenas em desfalcar a renda do proprietário para se tornar dono da terra; para esse fim, até lhe entrega a mulher. Doente embora, consegue satisfazer a única grande ambição de sua vida: pouco antes de morrer, torna-se dono da terra. A mulher infiel sente-se de súbito transformada: renuncia ao seu amor pelo ex-dono e, grávida (do ex-amante) administrará a terra – que agora é sua – para o herdeiro.

Pessoalmente, achamos o argumento, extraído da peça de teatro *Paiol Velho* (de Abílio Pereira de Almeida), superado e pouco adequado aos problemas do nosso tempo. A solução é o que pode haver de mais ambíguo e duvidoso. Todavia, é preciso reconhecer que a apresentação teatral alcançou justo êxito, graças à excelente encenação, à intensidade da interpretação e ao dramático tratamento dos clímax. A impressão deixada pela peça foi poderosa.

Para quem viu a peça no palco, torna-se difícil criticar em termos objetivos o filme. Inicialmente, é preciso dizer que o cenário cinematográfico diluiu um tanto o tema principal, o drama do administrador. A terra, figura central, não se manifesta com vigor, mantém-se na penumbra. O medo, talvez exagerado, da teatralidade e de fazer "teatro", torna o filme demasiadamente sóbrio para o clima tropical e imprime às cenas decisivas certa frieza que não se coaduna com o clima dramático do argumento.

Parte desta impressão de falta de intensidade dramática deve ser atribuída à direção de Tom Payne, que não soube conduzir com muita felicidade todos os atores; na cena principal, o confronto dos ex-donos com o novo fazendeiro, que comemora com vasta farra a aquisição da propriedade, morrendo pouco depois, o diretor só conseguiu resultados relativamente pálidos, embora evitasse, em compensação, excessos que teriam sido muito mais nocivos.

Excetuando esta impressão geral – que talvez provenha do fato de o comentarista ter assistido à peça *Paiol Velho* –, é preciso destacar que o filme ultrapassa de longe a média da produção nacional e da enxurrada norte-americana. Tem uma narração fluente que mantém sempre o interesse e um alto nível. Nota-se a constante presença de uma viva consciência cinematográfica. E isso particularmente na condução da câmera, em cuja movimentação Tom Payne se mostra muito mais feliz do que na dos atores – fato, aliás, que também deve ser atribuído à maestria de H. C. Fowle (*cameraman*). Há cenas magníficas. Toda a seqüência inicial é de grande beleza e de elaboração perfeita. De idêntico vigor e de máxima precisão, em ângulos e cortes, é a cena em que o jovem dono, observado pela sua futura amante, monta o cavalo rebelde. E essa consciência cinematográfica se revela também na constante procura de soluções visuais, na tendência de fazer falar as imagens e os objetos mais do que as próprias figuras. Mesmo se algumas das soluções ou alguns dos símbolos visuais se ressintam de certa trivialidade, é necessário dizer que a orientação geral está certa e é digna de calorosos aplausos.

Tudo em tudo, parece que *Terra É Sempre Terra*, embora superior a *Caiçara* no que se refere à técnica e à fluência da narração, não alcança a intensidade e a expressividade do primeiro filme da Vera Cruz. Em ambos os filmes nota-se uma séria e sincera preocupação com a linguagem fílmica e é esse fato que, após realizações tão incomuns no cinema brasileiro, nos inspira fé na capacidade da Vera Cruz de criar verdadeiras obras de arte, ao lado da necessária e constante produção de bons filmes de entretenimento que, afinal, garantem a base comercial de toda empresa cinematográfica.

No tocante aos atores, destacamos Abílio Pereira de Almeida, que conseguiu imprimir à trágica figura do administrador um surpreendente cunho de verdade e humanidade. Mário Sérgio é apenas discreto; não consegue fazer viver o personagem de dono de uma tradicional família, fato que se deve atribuir a uma deficiência na condução do diretor que, por enquanto, parece revelar mais capacidade na direção geral do que na do elemento humano. Marisa Prado só mostra possibilidades: reconhecemos, grandes possibilidades. Ruth de Souza e Salvador Laudus, em papéis menores, salientam-se como valores reais.

A música de Guerra Peixe concorre como elemento de grande importância para a boa qualidade geral do filme.

Três Dias de Amor ("La Mura di Malapaga" – "Au delà des Grilles")

> Produzido por Alfredo Guarini. Distri. Art Film. Diretor: René Clément.
> Protagonistas: Jean Gabin, Isa Miranda, Vera Talchi.
> (Colaboração franco-italiana)

O passageiro clandestino de um navio, um francês fugitivo da justiça que assassinou a sua jovem amante, chega a Gênova com uma forte dor de dentes. Encontra uma garçonete igualmente desiludida, que tem uma filha mocinha. Ambos, já madurões, tentam amar-se; a filhinha, enamorando-se do homem, tem uma crise de ciúme e o homem é preso sem esboçar sequer um gesto de resistência ou de fuga. Não acredita em mais nada e já não tem fé na possibilidade do amor. Sente-se velho.

Trata-se de um filme para pessoas mentalmente adultas; uma obra pessimista, cuja história pobre é narrada com sutileza e grande riqueza de nuances, decorrendo tudo em meios-tons e em surdina. O título em português está totalmente errado. Não se trata de "amor" ou paixão, mas de uma tentativa, desde o início resignada, de duas pessoas maduras, ansiosas por vencer a sua solidão através da relação amorosa. Tentativa que fracassa. Clément – o diretor de *Batailles des Rails* – consegue dignificar o tema, dando às cenas um cunho de autenticidade e grande veracidade psicológica – o ambiente pobre, o desabrochar da esperança no coração da mulher que compra para o homem um "colete de luxo", entrevisto numa mísera vitrina e tirado pela mão do comerciante: um intervalo – talvez demasiadamente breve – e a mão aparece de novo para tirar um "vidro de cheiro": sugestão visual de um complexo processo psicológico.

O tratamento fotográfico, angulação, composição e iluminação, em geral, são excelentes e muitas vezes originais, sem serem rebuscados; infelizmente, a infame cópia exibida mais sugere do que apresenta tais qualidades. A perseguição do fugitivo diante das grades do porto é uma seqüência magistral, do mais puro cinema; e o episódio da galinha é uma preciosidade cinematográfica rica de sugestões. Todo o fundo social e citadino, do qual se destaca em relevo o drama dos dois protagonistas que debalde procuram o amor, é traduzido em imagens plásticas e densas. A menina, com o amor despertando, e sua galinha de andar orgulhoso, como um pequeno soar de clarineta na atmosfera soturna e na economia estética do filme, produzem o equilíbrio em face do par envelhecido, que se despede do amor e da esperança.

Muito boas as interpretações de Jean Gabin, Isa Miranda e da pequena Vera Talchi. Em suma, um excelente filme em surdina, que passou quase despercebido pela tela do cinema lançador.

Um Punhado de Bravos ("Objective Burma")

Warner Bros. Diretor: Raoul Walsh.
Protagonistas: Errol Flynn, William Price, James Brown, Mark Stevens.

Conta a história de um grupo de para-quedistas americanos que, durante a Segunda Guerra Mundial, são lançados em plena mata da Birmânia para destruir uma estação de radar japonesa, preparando assim a célebre invasão que Stilwell estava preparando.

Embora uma reprise, trata-se, graças à excelente fotografia de James Wong Howe e à boa direção de Raoul Walsh, de um filme digno de ser assistido mais de uma vez. Cinematograficamente, é abordado com perfeição o problema de criar suspense, drama e variedade em torno de uma tremenda marcha através das selvas tropicais da Birmânia, em si um tema monótomo. Com grande domínio da expressão fílmica, sucessão fluida de cortes, fusões e *fades*, a marcha do "punhado de bravos" é ritmicamente acompanhada pelo movimento das imagens e pelo movimento interior da câmera. Os clímax – a dinamitação da estação de radar, a penetração na aldeia abandonada e o ataque noturno dos japoneses – são magistralmente preparados e muito bem solucionados. A monotonia é evitada por cortes habilmente inseridos, mostrando os esforços da base aérea para manter contato com os paraquedistas – cortes estritamente funcionais que aumentam a tensão e condensam a atmosfera pelo contraste dos oficiais da base que "tomam cafezinho", enquanto os companheiros lutam pela vida.

A colaboração dos ruídos, essencial em filmes desse gênero, é explorada sem demagogia e contribui muito para criar, pelos gritos da fauna tropical, o clima do filme. E a música de Franz Waxmann é primorosa, colocando o espectador, desde o início, mesmo a partir do passar dos títulos, dentro da atmosfera dos acontecimentos.

Os realizadores parecem ter renunciado conscientemente à tentativa de elaborar as figuras individuais do grupo. Tratam-nas mais ou menos como um coletivo, destacando-se só a figura do jornalista meio idoso, que se arrisca a acompanhá-los para dar *a todas as mães notícias dos seus filhos*. Devido a essa renúncia, talvez imposta para evitar diminuição de intensidade e ritmo, o filme perde uma dimensão importante – a dimensão humana, o plano de fundo do tempo, do passado, diante do qual o presente adquire plasticidade. Só o diálogo – tão povoado de mulheres quanto a imagem é isenta delas – tenta introduzir esse plano de fundo, mas não o consegue. Assim, as figuras continuam lineares, apenas nomes, sem sombra, e não comovem.

Em compensação, evitou-se qualquer desvio para sentimentalismos baratos, que tão facilmente invadem um filme que procura dar aquela perspectiva que aqui falta. Mas com a dimensão individual assim evitada, o filme perdeu toda a transparência para o substancial. Deixando de ter fundo, deixou de ser profundo – profundo como o foi aquela obra de Milestone, *Um Passeio ao Sol* (que passou apenas no Cine Paratodos) – e o filme não é mais do que a excelente narração da terrível aventura de um grupo de soldados, narração muito bem realizada, numa linguagem cinematográfica ao mesmo tempo intensa e sombria.

A reprise desse filme sugere mais algumas idéias de teor geral que não pertencem propriamente ao domínio de uma coluna cinematográfica, mas que talvez não sejam sem interesse. Reprises de filmes de uma guerra passada, quando o mundo está ameaçado de uma nova guerra com aliados trocados, são sempre uma coisa extremamente ambígua. Os estereótipos sobre nações estrangeiras, lançados e divulgados por Hollywood, são traçados em função de determinada situação internacional e de dados interesses econômicos. O autor destas linhas assistiu casualmente, durante a guerra passada, por ocasião de uma estada em Corumbá (Mato Grosso), a um filme anti-russo, feito antes da guerra, precisamente quando os russos estavam sendo festejados como heróis e quando, em São Paulo, passava o filme *Canção da Rússia*, em que os soviets são verdadeiros amores. No caso presente de *Um Punhado de Bravos*, o jornalista, em determinada cena, sai-se com um grito contra a "raça dos pigmeus" a que pertenceriam os japoneses. Ora, isso é SEMPRE, em todas as situações internacionais, de uma estupidez tremenda, acentuada ainda mais na situação atual. Evidentemente, tais exclamações racistas podem ser corriqueiras entre os soldados de todos os exércitos – e particularmente entre os anglo-saxônicos, tão imbuídos do senso de superioridade racial – mas, por que esse grito partiu justamente do expoente intelectual do filme, o jornalista? E gostaríamos de saber também: por qual mão de mestre infiltrou-se imediatamente após esse grito idiota um corte, mostrando um dos guias nativos – que entende inglês – e que pertence igualmente a uma "raça inferior"?

Vive-se uma Só Vez ("You only live Once")

Produção: Walter Wanger (United Artists). Diretor: Fritz Lang.
Protagonistas: Henry Fonda, Silvia Sidney; e mais: Jean Dixon,
Barton Mc Lane.

Reprise de uma obra clássica (1937) do grande diretor austríaco, ao lado do filme *Fúria* certamente a sua melhor realização da fase americana. Narra, em essência, o destino de um homem que, tendo sido presidiário, não consegue, apesar de todos os esforços, reabilitar-se. A irresponsabilidade dos homens e um destino cruel, enfim, todo o "sistema", levam-no, a ele e a sua mulher, inexoravelmente à destruição. Semelhante tema foi em seguida muitas vezes explorado e tornou-se um produto em série.

É evidente que o filme *Fúria*, em que Lang narrou as circunstâncias de um linchamento, é superior à obra agora exibida, que se ressente de certos momentos melodramáticos e de gosto duvidoso. Mas da magistral narração se desprende, com vigor raramente visto no cinema, a fatalidade do processo com que a sociedade aniquila, sem dó nem piedade, os criminosos de boas intenções. Há realmente um clima de tragédia grega quando o protagonista, descrente da justiça, mata o reverendo que lhe traz a mensagem da sua liberdade. Torna-se assassino precisamente no instante em que a justiça, tardiamente, começa a funcionar.

Há cenas de grande beleza e ternura humana que por si só dariam dignidade a qualquer obra artística: como a do infeliz casal, sentado de noite à beira do chafariz, em que um casal de sapos declara-se amor – em cuja cena a montagem, o uso do plano próximo, o tratamento fotográfico da luz rebrilhando no líquido cristalino, são uma verdadeira jóia cinematográfica, muito típica de Lang, que tanto gosta de trabalhar com efeitos de luz, aproveitando ao máximo os reflexos em superfícies espelhantes. Igualmente boa é toda a seqüência da fuga dos dois *outlaws*.

O fim, quando, perto da fronteira, carregando a mulher ferida, o fugitivo é alcançado por um tiro mortal, é discutível: ouve-se uma voz, exclamando: *Você está livre!* (Isso até lembra Fausto, quando uma voz das alturas comunica a Margarida que ela está salva.)

Esse *Você está livre!* – voz que parece vir dos espaços – pode ser interpretado de diversas maneiras e também pode ser entendido, de acordo com essa interpretação, como um efeito final de mau gosto ou como legítima alusão estética. Se se tratasse de uma voz dos espaços – o céu dando absolvição ao criminoso, já que a humanidade é recalcitrante –, teríamos um recurso duvidoso, adequado no caso de Fausto, que se passa na Alemanha medieval, mas não no caso do nosso filme, cuja ação se passa no país de Henry Ford e da Standard Oil. Evidentemente, porém, não se trata disso. Participamos da alucinação de um moribundo, que ouve a voz do reverendo por ele assassinado, precisamente quando lhe comunicava: *Você está livre!*. E esse *Você está livre!* tem uma ambigüidade perfeitamente estética: em primeiro lugar, porque o agonizante se encontra a alguns passos da fronteira, que significa a liberdade; e em segundo lugar, por assim dizer, como comentário amargamente irônico do diretor: só mesmo morrendo está livre quem foi condenado pela sociedade. Nem o céu tem misericórdia: a morte é definitiva, pois "vive-se uma só vez".

Tudo Azul para o Cinema Nacional

3. Crônicas de 1952

A Favorita do Barba Azul, A Montanha dos Sete Abutres, Clube das Moças, Conflitos de Amor, Cortiço da Vida, Ecos do Pecado, Eterna Ilusão, Eugenia Grandet, Evidência Trágica, Horas Intermináveis, Maclovia, Nascida Ontem, O Direito de Matar, O Terceiro Homem, Os Contos de Hoffmann, Pacto Sinistro, Pandora, Por ser Mãe e Elegia de Enoshima, Quatro num Jipe, Rebento Selvagem, Rica, Moça e Bonita, Sinfonia em Paris, Sinfonia de uma Cidade, Tudo Azul, Um Lugar ao Sol, Uma Aventura na África, Uma Rua Chamada Pecado.

A Favorita do Barba-Azul ("Barbe-Bleue")

Produção francesa realizada por: Christian Jaque.
Protagonistas: Pierre Brasseur, Cécile Aubry, Jacques Sernas.

É a velha história do Barba-Azul, mas modernizada e tratada com ironia e malícia bem francesas. O Barba-Azul é apenas um fanfarrão, de duvidosa virilidade, que cuida zelosamente de sua fama de mulherengo e matador de mulheres por atacado. Não há vergonha maior para ele do que confessar que não matou esposa alguma.

O roteiro de André-Paul Antoine é delicioso e Christian Jaque, embora não mostrando talento especial, dedica-se com volúpia à desmoralização da velha lenda amoral, apoiado em dois artistas excelentes – Pierre Brasseur, como Conde de Salvère, o Barba-Azul, e Cécile Aubry, como a sua favorita e, se não nos enganamos, sua sétima mulher. Esses dois, então, interpretam prazerosamente os seus papéis, integrados na narração que, apesar de alguns solavancos, desenvolve-se fluente e com humor.

O filme é sumamente agradável à vista graças ao belo colorido do processo Gevacolor, ao que consta um aperfeiçoamento do processo Agfacolor, com o qual foi realizado aquele magnífico filme russo *Flor de Pedra* – processo, ao que nos parece, muito superior ao tecnicolor usado na maioria dos filmes americanos, pois apresenta uma escala mais matizada de tonalidades, é mais suave e delicado na composição das cores e decididamente mais poético e sutil em comparação ao colorido geralmente duro, de tipo "cartão postal", da técnica americana.

Acresce em favor dessa produção francesa – aliás, longe de ser uma obra-prima – a elegância do diálogo de Henri Jeanson, verdadeiro fogo de artifício de ironia e inteligência, bem como os belos *décors*, que se devem à direção artística de Georges Wakhevitch.

Trata-se, em suma, de uma paródia saborosa e, no que se refere ao herói nada heróico, de uma caricatura do barão feudal que cai como pato pela primeira burguezinha "ingênua" do seu próprio condado.

Essa burguezinha "ingênua" é Cécile Aubry, a famosa intérprete de *Manon*. Encantadora, como se devia esperar, compõe de novo a figura de u'a mocinha ao mesmo tempo sabida e inocente, astuciosa e bobinha, pura e depravada. Ninguém superior a ela para interpretar com tamanha graça o papel da mulher enquanto simplesmente mulher – na sua essência ambígua de "ser anfíbio". Assim mesmo, não atinge a sua performance em *Manon*. No que se refere a Pierre Brasseur, dá-nos um Barba-Azul talvez demasiadamente caricato, mas de esplêndida verve e completamente irresistível – não como homem, mas como figura cômica. Ao lado dessas duas figuras centrais, Jacques Sernas, o "mocinho", é apenas uma pálida sombra.

> *A Montanha dos Sete Abutres* ("Big Carnival" – título anterior: "Ace in the Hole")
>
> Paramount. Produtor, diretor e argumentista: Billy Wilder. Protagonistas: Kirk Douglas, Jan Sterling.

Um repórter moralmente desclassificado, cuja carreira nas metrópoles se torna impossível, anda pela província à procura de reabilitação. Finalmente encontra a sua grande oportunidade: um homem sozinho, sepultado na gruta de uma montanha indígena, a grande profundidade. O repórter consegue estabelecer contato com o infeliz e transforma a situação do homem em furo de reportagem. Prolonga habilmente o processo de salvação para explorar a notícia sensacional. Aproveita a mulher do soterrado para dar à história o *human touch*, segundo ensinam os tratados de jornalismo. Encontra ângulos fascinantes – a vingança da divindade indígena –, encena um gigantesco carnaval, enquanto o homem agoniza nas profundezas da Montanha dos Sete Abutres.

Billy Wilder, o consagrado diretor de *Farrapo Humano* e *Crepúsculo dos Deuses*, soube aproveitar este argumento – baseado em fatos – para lançar uma das mais contundentes críticas à imprensa amarela, à reportagem sensacionalista, que acaba não só relatando acontecimentos, mas procura desencadeá-los, seguindo os exemplos famosos de Bennett e Hearst, para assim, pela própria criação de fatos sensacionais, obter proveitos ainda maiores. Ao mesmo tempo, na sua nova obra o grande diretor austríaco critica de um modo seco, duro e impiedoso, certo *way of life* de uma parcela do povo americano, que se presta como "mercado" a tal exploração sem escrúpulos – parcela ávida de sensações, que goza o sofrimento de um ser humano e transforma sua agonia em ocasião para se divertir a valer no parque de diversões montado, por assim dizer, sobre o túmulo do infeliz.

De um modo geral, o novo filme de Wilder não encontrou boa recepção por parte da imprensa americana – o que se entende. Da mesma forma como *Crepúsculo dos Deuses*, não agradou aos círculos de Hollywood – o que também se entende. Contudo, trata-se de um filme de narração vigorosa, direta, concisa, num ritmo tenso, implacável, "obstinado". Fato segue fato, nenhum desvio episódico, tudo servindo para caracterizar o repórter, a massa faminta por sensações, o "xerife corrupto", que admite as manobras do "homem de imprensa" para melhorar o seu cartaz político, a esposa egoísta, os pais desolados do soterrado, cheios de fé na ação do repórter; e para pintar o ambiente de feira em torno do desastre de um homem, impressionantes e brutais cortes paralelos, que levam o espectador da gruta, na escuridão da montanha, em efeito de choque, à superfície, onde gira a roda gigante à luz do sol ou de lâmpadas de néon, onde funciona a rádio difusora com canções especialmente compostas e onde se diverte a turba, mórbida, sádica e voluptuosa. Esplêndida e violenta aquela larga "panorâmica" que nos leva da mão desconsolada, rezando diante do crucifixo, ao turbilhão dos palermas.

Há aspectos de um humor sinistro e de uma mordacidade arrasadora raramente vistos em filmes. A câmera, com um trabalho nítido, sem virtuosismos desnecessários e rebuscados, intensifica o impacto da narração. Note-se que Wilder – o qual em *Sunset Boulevard* (Crepúsculo dos Deuses) se revelou mestre do simbolismo da imagem, realizando maravilhas como condutor da câmera – neste filme se abstém de todos os artifícios em favor da narração concisa e robusta.

O fim, infelizmente, escorrega um pouco para o clichê da "maldade punida". O repórter, cínico até às entranhas, repentinamente se arrepende, como aquele inspetor de polícia em *Os Miseráveis* – o que ainda se desculpa numa fita extraída de um romance de Victor Hugo. Porém, apesar desse deslize, estamos diante de um filme corajoso, obra de um homem sincero, inteligente e humano.

A arte de Wilder na condução do material humano mostra-se à altura do tema. Kirk Douglas, embora um pouco forçado em algumas cenas, compõe um caráter convincente na sua implacável vontade de se reabilitar.

Clube das Moças ("Take Care of My Little Girl")

Fox. Direção: Jean Negulesco.
Elenco: Jeanne Crain, Jane Peters, Dale Robertson, Jeffrey
Hunter, Betty Lynn etc.

Por surpreendente que pareça: temos aí uma sátira em tecnicolor! Uma sátira às "irmandades" (*sororities*) exclusivistas das universidades estadunidenses. O filme pressupõe certas noções a respeito da vida universitária dos Estados Unidos, mas mesmo quem não as tenha é introduzido naquele labirinto de letras gregas que designam as várias agremiações sociais femininas (e masculinas) numa universidade do leste dos Estados Unidos. Uma caloura, cuja mãe já fazia parte da finíssima irmandade "YYY" (Três Y), é admitida, enquanto duas outras não o são, uma por ser desajeitada, outra por não pertencer à melhor sociedade (isto é, por não ser bastante rica). A caloura admitida, através de várias experiências – por exemplo, os seus namoros com um estudante "independente" e com outro filiado a uma "fraternidade" –, descobre a vacuidade e a falsidade daquele "clube" e se retira espontaneamente.

Só quem conhece "bem" o prestígio tradicional de tais irmandades pode avaliar a coragem dos realizadores desse filme (o excelente roteiro é dos Irmãos Epstein), que revela sem dó todas as ridicularias dos trotes, das cerimônias de iniciação e das estúpidas cançõezinhas. Castigando duramente essa instituição, ferreteia ao mesmo tempo o espírito antidemocrático daqueles jovens que, sem ser ainda gente, já começam a imitar os preconceitos sociais, a soberba e as discriminações dos adultos. A verdade é que, particularmente as irmandades masculinas (*fraternities*) – também visadas nesse filme –, através da admissão dos elementos – segundo a posição social, os recursos financeiros dos pais e, naturalmente, a raça –, estabelecem desde logo uma seleção daqueles que, no futuro, formarão uma espécie de "ordem secreta dos pistolões"; a admissão passa a ser, portanto, extremamente importante para aqueles que queiram fazer carreira.

Ora, satirizar tais instituições é uma façanha, e isso confere ao filme um valor muito acima das suas possibilidades artísticas. Jean Negulesco conseguiu traduzir o roteiro inteligente em termos cinematográficos corretos e fluentes, acentuando com habilidade e discreção a nota satírica. Percebe-se que não houve pretensão de fazer um grande filme. Trata-se de uma obra "menor", mas visceralmente sensata, verdadeiro primor de polêmica sem preparação, de ensinamento sem retórica. Uma multiplicidade de figuras bem caracterizadas agita-se com vivacidade em situações divertidas, todas muito bem conduzidas pela mão segura do diretor, que soube dosar com sabedoria os ingredientes.

O tecnicolor, é verdade, não se coaduna muito bem com a intenção satírica. De certo modo, perturba a unidade da obra, introduzindo um "quê" de conformismo e compromisso ao embelezar o ambiente e ao revesti-lo com o brilho falso das suas tonalidades. Contudo, visto de uma perspectiva superior, talvez se trate de um golpe de mestre: aquele esplendor colorido da fachada brilhante realça ainda mais o vácuo espiritual daquela vida universitária (o que naturalmente não se refere a muitas excelentes universidades dos Estados Unidos). Isso seria uma idéia quase genial; mas não acreditamos que os realizadores tenham tido intenções tão sutis. Parece que levaram o tecnicolor a sério.

Conflitos do Amor ("La Ronde")

Produção francesa de Ralph Baum e Sacha Gordine. Diretor: Max Ophuls.
Elenco: Anton Walbrook, Simone Signoret, Serge Reggiani, Simone Simon, Danielle Darrieux, Isa Miranda, Jean-Louis Barrault.

O argumento do filme foi fornecido por um livro de Arthur Schnitzler (*Reigen – A Ronda*), contendo dez diálogos que o famoso autor vienense escreveu nos fins do século passado. Trata-se de pequenos *sketches* de frivolidade um tanto forçada, concebidos num estilo elegante, tipicante *fin du siècle*, que revelam a influência de Oscar Wilde. A intenção principal do autor parece ter sido a de captar a atmosfera da Viena daquela época, em plena dissolução dos costumes, hipnotizada pela preocupação sexual – atmosfera que certamente contribuiu para as concepções fundamentais de Freud, então um jovem médico vienense, como Schnitzler, também médico de profissão. Os personagens das pequenas cenas – a rameira, o soldado, a empregada doméstica, o jovem senhor, a jovem esposa, o marido, o "brotinho", o poeta, a atriz, o conde –, todos eles só vivem em função do instinto que movimenta os bonecos na ronda dos amores fáceis e cínicos.

Os cenaristas – Jacques Natanson e Max Ophuls, este também o diretor do filme – só tiveram o trabalho de ligar as cenas, introduzindo, como narrador e encarnação do "espírito cínico" da época e do ambiente, a figura de Anton Walbrook, quase não modificando os diálogos, que em diversas cenas são aproveitados mais ou menos sem corte. Tudo isso, integrado na cenografia completamente estilizada, deveras deliciosa, de Jean D'Eaubonne, dá um prato picante e saboroso em que a leveza do espírito vienense e o charme do espírito francês casam-se com perfeição. Mas Ophuls, austríaco também, conseguiu imprimir ao todo um ritmo gracioso, movimentando os bonecos com *nonchalance* elegante e acertando com segurança o ar *passé* duma época tremendamente ultrapassada – remotíssima, na sua despreocupação burguesa tão distante da nossa, flagelada por duas guerras e ameaçada por outra, chegando a nos dar a impressão de se tratar de uma fita que descreve coisas do velho Egito.

Apesar da câmera móvel, Max Ophuls não conseguiu evitar uma certa monotonia que decorre dos diálogos prolixos; com efeito, parte do filme nada é senão um diálogo ilustrado. A palavra, no filme, deve subordinar-se ao ritmo visual, ao passado, sendo que neste filme a imagem, muitas vezes, submete-se ao ritmo verbal – efeito teatral em parte visado pelos realizadores e sugerido pelo próprio cenógrafo, que introduziu nos elementos dos *décors* um palco com a sua ribalta.

O elenco comporta-se com adequação, devendo-se destacar a boa performance de Anton Walbrook e de Simone Simon, que é uma empregada doméstica deliciosa.

Cortiço da Vida ("Tva Trappor Over Garden")

Filme sueco da Mundial Kungafilm. Diretor: Gosta Werner.
Protagonistas: Gertrud Fridh, Bengt Eklund, Stig Jarrel.

131

Um psicopata foge do sanatório – perseguido pela polícia – e se reúne a sua amante. Os dois planejam retirar-se para uma ilha solitária, mas uma coincidência os separa e boa parte do filme narra as suas tentativas de se reencontrarem para executar o plano. O psicopata, perseguido pela polícia, desesperado por não achar a amante, suicida-se por engano, pensando ter sido descoberto por dois guardas.

Fita sombria e irregular, corresponde exatamente ao que se imagina ser o "caráter nórdico": pesadão, ritmo duro e inseguro, desenvolvimento lento, atmosfera acabrunhadora, teor pessimista, apresentação um pouco desengonçada.

Há trechos decididamente fracassados, cheios de um diálogo longo e irritante, com a câmera criando raízes. Referimo-nos às introduções aos *flash backs*, os quais apresentam a história da moça até encontrar o seu namorado, um pintor mentalmente desequilibrado. Os *flash backs*, embora mal introduzidos, são em parte belíssimos e narram a vida da menina no cortiço de um modo singularmente autêntico e com grande poder comunicativo. Bela a idéia do caleidoscópio, cujos desenhos ornamentais facilitam as transições de uma seqüência a outra, além de se revelarem ricos em expressividade.

Enquanto a parte média do filme se desenrola lentamente, com um ritmo nem sempre bem controlado (esse descontrole já se revelou no filme *A Rua*, também de Gosta Werner), o início, como boa parte do fim, tem um ritmo rápido e intenso. Toda a última parte, que narra os desencontros dos dois namorados, a corrida de ambos pela cidade – dele para se esconder da polícia, dela para achá-lo – é grande cinema da mais pura qualidade. Aí, Gosta Werner dá a medida das suas possibilidades. Consegue criar, ajudado por uma magnífica câmera e por um corte magistral, um clima de tal modo sufocante e carregado de tamanha angústia que a tela parece transformar-se em cortina que se abre sobre uma paisagem humana de desolação, desmoronamento e ruína, com vidas destroçadas e almas em pedaços.

No seu todo inseguro e desequilibrado, com cenas francamente ruins e com acentos de uma morbidez quase selvagem, o filme se impõe em virtude da veemência comunicativa de numerosas seqüências e da beleza inegável da fotografia.

Ecos do Pecado ("Pickup")

Produtor e diretor: Hugo Haas.
Elenco: Hugo Haas, Beverly Michaels, Howard Chamberlain.

Um viúvo tcheco já idoso, funcionário de uma estrada de ferro norte-americana, perde o querido cão pela morte. Vai à próxima cidadezinha para procurar um novo cachorro. Em vez do cãozinho, encontra uma jovem mulher que não presta. Ingênuo, casa-se com ela. Pouco tempo depois, o ferroviário fica surdo. Um jovem funcionário vem ajudá-lo e, quando o velho recupera, repentinamente, a audição, ouve pelas conversas que a esposa e o ajudante o enganam e planejam assassiná-lo para se apoderar das suas economias. A mulher é posta no olho da rua e um amigo surpreende o tcheco com um presente: um cãozinho. *Por que não fiquei logo com um cão?*, exclama o velho, no fim do filme.

Hugo Haas, produtor, diretor e protagonista, que é realmente um tcheco, tornou-se famoso em virtude deste filme. Merecidamente. Não só por se tratar de um filme de qualidade, mas porque esse singular cineasta mostrou aos *parvenus* de Hollywood como se pode fazer uma boa fita com pouco dinheiro: gastou apenas 83.000 dólares, que arranjou com muita dificuldade. Se gastou tão pouco é porque não fez questão de monumentalidade e de qualquer exagero destinado a deslumbrar os ingênuos; porque não fez questão de astros e estrelas; porque planejou o trabalho com tamanho rigor que pôde realizar a filmagem em dez dias; e porque fez quase todo o filme sozinho. Portanto, podem-se fazer filmes baratos em Hollywood. Agora, fazer um filme barato quer dizer realizar uma obra que não precisa agradar ao gosto dos esquimós, alunos de grupo-escolar, leitores de histórias em quadrinhos e débeis mentais. Não precisa porque, sendo barato, recupera facilmente o capital empatado e dá juros suficientes com relação ao que se investiu. Vê-se, a partir daí, que é mais fácil fazer uma boa fita com pouco dinheiro do que com muito.

O filme de Haas é narrado com grande simplicidade, recorrendo a quatro ou cinco *décors* e a três ou quatro figuras centrais. Cada uma dessas figuras, porém, vive – como vive o próprio ambiente. O roteiro, sobre uma obra de Joseph Kopta, é elaborado com segurança e firmeza, com planos diretos e concisos. O conflito mental que causa a surdez ao ferroviário é apenas sugerido, sem longas explanações psicanalíticas: a mulher quer abandonar o mato para residir na cidade e o tcheco, colocado no dilema de escolher entre a sua profissão e o amor à mulher egoísta, encontra a solução na fuga inconsciente para a doença, que lhe permitirá transferir-se com boa consciência para a cidade. Nada disso é explicado no filme. Quem entende, tanto melhor. Qualquer explanação teria diminuído o ritmo da narração, porém Haas não precisava sujeitar-se a imposições externas, graças à sua autonomia na realização do filme.

A direção de Haas é boa, sem ser excepcional. A imagem é manipulada de um modo correto e discreto, vivendo inteiramente em função dos seres humanos que povoam o ambiente singelo. Assim, nada distrai o espectador dos elementos substanciais do filme: u'a mulher estranha, moralmente deformada por determinada civilização e pela necessidade, invadindo a vida pacífica de um homem íntegro e ingênuo. Ao mesmo tempo – e sugerido apenas de leve –, esboça-se outro drama: o choque de duas personalidades educadas em culturas diversas e com concepções de vida diferentes. Assim, a narração se abre, por assim dizer, para planos mais profundos e se torna transparente para aspectos importantes da vida americana.

O drama da surdez é habilmente explorado pelo uso do microfone subjetivo que, no caso, substitui a câmera subjetiva. Ao que nos consta, esta é a primeira vez que o cinema usa esta possibilidade peculiar do som em tal nexo: a acentuação do silêncio pelo som. O restabelecimento, após um atropelamento, é uma seqüência de grande beleza e profunda compreensão, perfeitamente traduzido pelos meios audiovisuais do cinema sonoro. O esplendor dos sons e a ternura familiar da simples palavra humana tornam-se pungentes.

Que dizer então das seqüências em que o tcheco, refeito, continua no papel de surdo para ouvir as conversas adúlteras e criminosas do jovem substituto e da esposa? Só mesmo um diretor de grandes dons poderia ter essa capacidade de apresentar, com tamanha dignidade, essas cenas amargas, obscenas, cínicas, violentas, cujo escândalo moral toca na raiz do ser humano e dá ao filme um *pathos* quase dostoievskiano.

O maior mérito de Haas reside na condução do elemento humano. O próprio diretor se revela um ator de alto valor. Beverly Michaels, ao que parece uma novata, vive plenamente a esposa – uma das melhores figuras de *vamp declassée* que já vimos. Esse caráter é tremendamente típico no seu comportamento, nos gestos, atitudes e concepções. Típico para determinada espécie de rapariga americana e como produto de uma época e de uma cultura. A sátira feroz e o humor sombrio manifestados na caracterização dessa mulher contribuem para o considerável valor desse filme "diferente".

Eterna Ilusão ("Rendez-vous de Juillet")

Produção: RGC-SNEG. Distribuição: França-Filme. Diretor: Jacques Becker.
Elenco: Brigitte Auber, Daniel Gélin, Nicole Courcel.

Eis um filme que não tem "enredo" e que, contudo, prende o espectador. A bem dizer, essa realização de Jacques Becker, que dirigiu aquele delicioso filme *Antoine Antoinette*, não pretende narrar um "romance", com começo, clímax e fim. O seu intuito é, antes de tudo, transmitir uma atmosfera, apresentar um ambiente, descrever a idade que não é a idade da razão.

Há, todavia, um núcleo: um adolescente "decide-se" (para usarmos o termo dos existencialistas) a fazer uma viagem de exploração à África Equatorial, levando consigo um grupo de companheiros, para realizar um documentário cinematográfico. Jacques Becker, que também escreveu o cenário e os diálogos, narra as manobras do jovem para obter dinheiro e as passagens de avião. Isso é o esqueleto da fita. Em torno disso, a boêmia das *caves* existencialistas de Paris, namoros, ciúme e paixões juvenis, a turbulenta vida dos jovens alunos de uma escola de arte dramática, as hesitações, tentações, o entusiasmo, o *élan* de certa juventude parisiense. As cenas iniciais, que nos introduzem nesse ambiente – opondo a apatia cansada dos pais burgueses ao impulso e à agitação dos filhos – são, em ritmo, concisão, fluência e no jogo propositalmente confuso e rápido dos cortes, de excelente teor cinemático. Tudo respira juventude, esperança, anseio e inquietação.

As cavernas "existencialistas", apinhadas de jovens que descarregam o seu superávit de energia por meio de danças estrepitosas, Paris com a sua luminosidade, os bastidores dos teatros, tudo vive – e de tudo emana um aroma de autenticidade inenarrável. E o *élan* da juventude se traduz de modo maravilhoso no ritmo saltitante dos cortes, cujo movimento corresponde quase musicalmente à movimentação interna das figuras. O diretor apresenta-nos aquela idade das ilusões com profunda compreensão, com ternura, saudade e um toque sutil de ironia cheia de amor por aqueles que ainda têm ideais e que, arrancando-se do marasmo da vida assentada, sabem decidir-se pela incerteza e pelo risco da aventura *là bas*, onde tudo pode acontecer.

O filme termina com a partida do grupo de exploradores e técnicos cinematográficos; o avião sobe, deixando os que ficam, num magnífico *long shot*, lá embaixo, muito pequenos e insignificantes.

Uma fita que é, em essência, um poema; com versos às vezes claudicantes e imperfeitos; versos porém de uma encantadora frescura e impregnados da autenticidade, da agitação esbaforida e trepidante da adolescência.

Eugenia Grandet

Excelsa Filmes, Itália. Diretor: Mario Soldati.
Protagonistas: Gualtiero Tumita, Alida Valli, Giorgio De Lullo.

Tendo por base o romance de Honoré de Balzac, o filme narra a história do rico e avaro pai Grandet e do trágico destino de sua filha, leal ao namorado que em países longínquos quer fazer fortuna e que, ao voltar após muitos anos, pouco liga àquela moça provinciana.

Não vem ao caso analisar até que ponto o filme conseguiu traduzir o romance para a língua fílmica. O fato é que se trata de uma fita de méritos indiscutíveis. O ambiente da pequena cidade francesa é muito bem reconstituído e impressiona pela autenticidade da cenografia e dos pormenores. Mario Soldati obteve um resultado excelente não propriamente na condução da narração, eivada de falhas e de muitos tropeços, mas sim na modelação dos dois personagens principais: Felix Grandet, o pai avaro, e Eugenia, a filha infeliz. A figura do avarento, na extraordinária interpretação de Gualtiero Tumiati, torna-se tremendamente impressionante. Não se trata somente de um dos melhores retratos de avarento já apresentados no cinema, mas de uma das mais bem caracterizadas figuras jamais vistas na tela. Ao lado disso, o diretor conseguiu materializar também, pelos poderosos meios cinematográficos, a doentia paixão pelas moedas sonantes, na apresentação dos objetos inanimados, vistos pela câmera subjetiva, que se mantém como que ofuscada pelo brilho do ouro sedutor. A própria avareza se corporifica na tela.

Em favor de Alida Valli – Eugenia –, é preciso apenas ressaltar que ela consegue manter-se ao lado de Tumiati para se avaliar a excelência do seu desempenho. Com a sua fisionomia linda e estranha, ela interpreta, com grande vigor, a obstinada e surda paixão da provinciana pelo elegante parisiense a quem jurou lealdade eterna, fazendo viver um tipo de moça que, na sua absurda fixação pelo objeto querido, se revela afinal tão doentia como o pai, embora a concepção romântica do amor costume glorificar essa lealdade levada a um extremo mórbido. Talvez resida nesse fato o motivo do enorme êxito popular do filme: em todos nós há algo do adolescente romântico que só admite um único grande amor na vida.

Giorgio De Lullo, no papel de Charles, o longínquo amado, não está à altura dos mencionados. Por sorte, está quase ausente também da tela.

No que se refere a Soldati, não evitou erros e falhas de direção. Há certos exageros, demasiadas insistências, um sentimentalismo às vezes piegas – deficiências que prejudicam a obra. Ademais, não aproveitou todas as possibilidades do material à sua disposição. Resulta, contudo, uma obra bastante acima da mediocridade comum dos filmes que ocupam as telas brasileiras, mas ainda assim bastante longe da perfeição. Seu valor inconfundível está no desempenho e na direção magistrais dos dois Grandets, figuras que transcendem as duas dimensões da tela e das sombras, invadindo o mundo tridimensional deste vale de lágrimas.

Evidência Trágica ("The Scarf")

Produção: J. Goldsmith (para a United Artists). Diretor: A. E. Dupont.
Elenco: John Ireland, Mercedes McCambridge, Frank Jenks, James Barton etc.

O argumento, do próprio produtor, narra a fuga de um aparente criminoso, tido como louco, que procura reabilitar-se através da descoberta do verdadeiro assassino.

O simples nome de A. E. Dupont basta para atrair o maior interesse por esse filme. A. E. Dupont é o nome do diretor que, sob a supervisão de Erich Pommer, realizou um dos grandes filmes da época "clássica" da Alemanha ("clássica" no sentido de grande, perfeita; evitamos o termo "época expressionista", tão mal aplicado e usado sem discriminação), a saber, *Variety* (Vaudeville), obra que lhe proporcionou, a ele e a Emil Jannings, ator principal do filme, um contrato em Hollywood. A verdade é que Dupont nunca conseguiu realizar, nos Estados Unidos, qualquer coisa que se comparasse àquela obra e, somente mais tarde, na Inglaterra, obteve grande êxito com outra obra de alto valor, *Picadilly*.

A volta de Dupont aos estúdios de Hollywood, com esse *The Scarf*, não é uma "volta" em todos os sentidos. Apesar de responsável não só pela direção, mas também pelo belo cenário e pelos diálogos, ele não conseguiu realizar uma obra plenamente convincente, conquanto de tal modo acima da média que se pode levá-la suficientemente a sério para criticá-la com rigor.

De início, Dupont não elaborou um cenário que evitasse os "clichês", fato que em parte decorre do argumento. Também os personagens são mais ou menos estereotipados: o velho criador de perus – em cuja casa, em pleno deserto, se refugia o suposto criminoso e louco –, é, com toda a sua sabedoria de filosofia barata, com o seu rude comportamento que esconde um coração de ouro, um clichê de vetusta tradição cinematográfica e mesmo literária. Puros clichês são também o verdadeiro criminoso – da linha antilambrosiana, tipo de *gentleman* delicado e sofisticado – e a cantora de bar que não denuncia o herói – embora o saiba procurado pela polícia –, preferindo

138

os dez dólares que este lhe empresta em contrapartida aos 5.000 dólares da polícia. No que se refere ao personagem principal, é uma figura interessante, mas sem caracterização profunda.

Deve-se atribuir ao bom trabalho do diretor Dupont (e não do cenarista Dupont) o fato de que o cenário meio magro se torne aceitável e as figuras às vezes fascinantes. Obteve Dupont um ótimo rendimento dos atores e conseguiu inseri-los numa atmosfera densa e humana, criada graças aos recursos da câmera habilmente aproveitados, aos bons *décors*, à excelente iluminação e ao ritmo geralmente convincente, embora se perceba, neste terreno, graves tropeços. Em algumas cenas, Dupont prefere um lento panoramizar ou *travellings*, ou mesmo simplesmente a câmera fixa e longamente imóvel, aos cortes incisivos e rápidos, muito mais adequados, ao que parece, ao ritmo do filme e, particularmente, ao sentido das respectivas cenas. Há também, pelo menos uma vez, o recurso grosseiro à criação de tensão através de meios ilícitos: o herói aperta, em pleno deserto, o *scarf* (lenço de seda) em torno do pescoço da cantora do bar; Dupont corta e mostra-a na tomada seguinte estirada no solo. Todo mundo pensa que o suposto criminoso assassinou a segunda vítima. Mas ela está apenas dormindo. Isso é barato.

Apesar de todas as limitações, trata-se de um filme digno de ser visto. Há ângulos surpreendentes, de grande beleza, cenas de intensidade extraordinária, como a da luta íntima da cantora, quase resolvida a ir à delegacia para ganhar os 5.000 dólares (vê-se o luminoso da delegacia, com as letras transformadas em algarismos: 5.000 dólares), cena digna de figurar numa antologia cinematográfica. Há uma boa continuidade e um toque de magia humano impregnando tudo. O filme demonstra bem a capacidade do velho diretor e deve-se esperar que Hollywood lhe dê, num futuro próximo, mais possibilidades.

John Ireland – hoje um dos maiores atores de Hollywood – está excelente como sempre; Mercedes McCambridge, sob a mão segura de Dupont, igualmente de alta classe. Bom também o resto do elenco. A música de Gilbert é um dos momentos positivos do filme.

Horas Intermináveis ("Fourteen Hours")

Twenty-Century Fox. Direção: Henry Hathaway.
Elenco: Richard Basehart, Paul Douglas, Agnes Moorehead,
Robert Keith, Debra Paget etc.

Um jovem hóspede de um hotel novaiorquino põe em polvorosa a metrópole: depois de ter chamado o garçom, desaparece e é descoberto, primeiramente pelo empregado, depois por uma inquilina da casa fronteiriça e, finalmente, por transeuntes. Encontra-se ele numa estreita saliência, no 15º andar do prédio, colado à janela do seu quarto de hotel, encostado ao muro do edifício. Evidentemente, está na iminência de se lançar do 15º andar ao abismo, mas parece ainda indeciso.

Esta é a situação central de todo o filme: um moço em posição perigosa, numa beirada do 15º andar de um prédio, durante quatorze horas (reduzidas a cerca de uma hora e meia no filme). Pareceria impossível sustentar uma fita toda, com o protagonista imobilizado, ali em cima, incapaz de se locomover; impossível a não ser que se usasse o recurso do *flash back* para, retrocedendo ao passado, libertar a imagem daquela imobilidade angustiosa de pesadelo. No entanto, os realizadores evitaram o recurso já tornado barato e irritante de qualquer *flash back* mal feito e, assim mesmo, produziram um excelente filme graças ao hábil cenário, à perfeita fotografia e à ótima direção de Henry Hathaway, que realizou fitas como *Os Lanceiros da Índia, 13, rue Madelaine, A Casa da Rua 42, O Beijo da Morte*.

O cenarista consegue obter esse resultado lançando mão de várias personagens – um guarda, a mãe, o pai, a namorada, o psiquiatra – que se aproximam do "tresloucado" o mais possível para, falando através da janela, demovê-lo do seu mórbido intuito. Através das conversas com o provável suicida, imobilizado no seu estreito beiral, é sugerido o motivo da sua atitude – um drama psicológico causado pelos conflitos entre a mãe egoísta e o pai, que vive separado dela. Ao mesmo tempo, são mostradas as tentativas da polícia para salvar o jovem por meio de recursos técnicos; é focalizada a multidão dos curiosos na rua, que interrompe todo o tráfego na artéria central. Finalmente, são introduzidos vários episódios para

140

contrapontear o drama da figura principal, presa na rede dos seus conflitos íntimos, vacilante entre a sua vontade de viver e a sua amargura, transformando a sua estreita saliência em tribunal, perante o qual os seus pais respondem à muda acusação do filho desesperado: o episódio dos motoristas, apostando a hora da morte do suícida; o episódio do escritório de advogados, onde um casal trata do seu divórcio; e o episódio de dois jovens em meio à multidão, que se enamoram enquanto aguardam o decorrer dos acontecimentos.

Hathaway conseguiu coordenar todos esses elementos aparentemente dispersos, criando um quadro coeso e impressionante de angústia, agitação e pesadelo. Magistrais as tomadas da multidão faminta por sensações, a qual acredita ter adquirido, com o passar do tempo, uma espécie de direito sobre a vida do jovem que, por sua vez, já quase resolvido a sobreviver, acaba receando decepcionar a massa que durante tanto tempo esperou o salto mortal. Magnífica a montagem, o jogo dos cortes aliados a uma câmera das melhores vistas ultimamente em filmes de qualquer proveniência. Fabulosa a variação dos planos – *close ups* do jovem, planos médios, integrando-o na sua posição instável e perigosa, planos remotos entremostrando-o como manchinha quase invisível na massa enorme do arranha-céu. Há tomadas de choque com a câmera vertical focalizando, da posição do suícida, a rua formigante, tomadas de tal modo violentas que provocam uma vertigem física demasiadamente real para serem consideradas como de efeito estético. Um cigarro, atirado pelo jovem e caindo frouxo na rua torna-se motivo de tomadas admiráveis, da mesma forma que a seqüência que se inicia com o impacto dos faróis sobre a câmera subjetiva que representa os olhos do jovem.

Enfim, um filme virtuoso – e que não deixa de ter os defeitos do virtuosismo. O tema fundamental – o desespero do jovem devido ao péssimo matrimônio dos pais e o comovente esforço do guarda para salvá-lo, falando com ele através da janela – perde em intensidade a sua humanidade por causa, sim, por causa de um acúmulo de "tomadas antológicas" – que de tal modo se sobrepõem pela sua beleza individual, e mais ainda pela sua violência chocante – que o espectador, por assim dizer fisicamente golpeado, não tem mais capacidade para sentir as implicações mais sutis do drama psicológico e humano. A brilhante filmagem dos momentos sensacionais, a magnífica reportagem fílmica do "tresloucado" no 15º andar sufoca, até certo ponto, o tema profundo.

No elenco destacam-se Paul Douglas (o guarda), Agnes Moorehead (a mãe) e Richard Basehart (o jovem), ator que sempre nos parecia possuir um belo talento, mas que geralmente tem sido vítima de má direção. Seu desempenho, como o de Paul Douglas, é perfeito. Agnes Moorehead, embora o seu papel exija um comportamento histérico, parece-nos ter exagerado um pouco.

Maclovia

Produção mexicana. Diretor: Emílio Fernández. Fotografia: Gabriel Figuerôa.
Protagonistas: Maria Felix, Pedro Armendariz.

História de uma índia, num povoado longínquo de índios, cujo pai – o cacique da aldeia – se opõe ao seu casamento com outro índio, por este não possuir o seu próprio barco de pesca, e das complicações provocadas por um soldado branco que persegue a bela indígena.

Como na maioria dos filmes de Emílio Fernández, certamente um dos significativos diretores do cinema universal de hoje, impressiona também nesta obra a seriedade com que cria uma arte *engagée*, comprometida, evidentemente não no sentido da política partidária, mas no sentido nacional. Eis um diretor dedicado, até a raiz, ao progresso do seu povo e profundamente imbuído de amor aos humildes e analfabetos.

Como *Rio Escondido*, também este filme é, em essência, apelo, crítica, veículo de um programa ideológico e, principalmente, acusação contra o preconceito racial e contra as condições sociais que permitem haja analfabetismo, com o funesto séquito de atraso, sofrimento, opressão e humilhação. À elevada idéia junta-se, também nesta fita, bem como em muitas outras do mesmo diretor – um dos poucos que se preocupam com a realidade do seu povo – uma imensa ternura, ternura quase russa, no sentido de Dostoiévski, pelos "humilhados e ofendidos", pelos simples de espírito e puros de coração; isso ligado, simultaneamente, a uma grande sensibilidade pelo conteúdo folclórico e pelas antigas tradições da raça índia, de cuja beleza é um apaixonado arauto. Tudo isso traduzido pela inexcedível câmera de Gabriel Figerôa, é impossível que resulte uma fita medíocre. A mediocridade, aliás, não é a esfera dos dois cineastas. Assim, *Maclovia* é uma obra de cenas inolvidáveis, de uma beleza que, por si só, redime todas as falhas – e as há gravíssimas – da fita. As imagens – os pescadores, os barcos, a lagoa, as redes, os chapéus de palha, tudo focalizado com um senso máximo de composição e lirismo da luz e do ângulo – são insuperável beleza e perfeição.

Ao lado disso, as graves falhas de sempre: a imagem estática se superpõe à continuidade dinâmica da narração, o discurso enfático e a eloqüência prolongada (na figura do mestre-escola e do juiz "deitando moral"), se intrometem com uma insistência quase insuportável. Contudo, que é que se pode fazer? Fernández quer fazer pregação através dos seus filmes, transformando-os em tribuna e cátedra, ainda que assim destrua o valor artístico do seu trabalho. Não podemos condená-lo por não confiar na expressividade implícita da imagem, apoiando-se na oração explícita, como intérprete das suas idéias, certamente as mais nobres que se possa imaginar. Há fases em que uma nação necessita de artistas dispostos a sacrificar a arte ao apelo. Se, além disso, conseguem dar-nos beleza a mancheias, embora dispersa e muitas vezes anticinematográfica no sentido da construção e estrutural total da obra, temos de nos contentar com o resultado, pois mesmo isso é raríssimo na produção cinematográfica – e preferimos um filme de tendência nobre, de belíssimas cenas sem unidade perfeita, às bobagens bem construídas e sem beleza nenhuma. O que não exclui que se desejasse, para o diretor, roteiros mais perfeitos e a capacidade de conter, na medida do possível, os seus arroubos de retórica prejudicial.

Pedro Armendariz, como índio analfabeto, dá-nos uma grande interpretação, comovendo no seu desamparo e na sua humildade. Maria Felix, embora um tanto dura e inexpressiva como sempre, sabe transformar-se em elemento da paisagem e em ornamento da composição fotográfica do mestre Figerôa.

Nascida Ontem ("Born Yesterday")

Columbia. Produtor: S. Sylvan Simon. Diretor: George Cukor.
Argumento: Garson Kanin (peça teatral).
Elenco: Judy Holliday, William Holden, Broderick Crawford,
Howard St. John.

Narra a história de um milionário de ferro-velho que, chegando a Washington com a sua amante, procura corromper um deputado para impor leis que facilitem as suas negociatas escusas. Inculto, grosseiro, da mesma forma que a sua amante, uma ex-corista, convida um jornalista para dar a esta traquejo e finura sociais. A idéia principal do filme é a transformação duma mulher ordinária em personalidade autônoma e de formato humano, graças à influência de um homem culto – à semelhança do tema de Pigmalião (já tratado num filme extraído da famosa peça de Shaw). Transformada assim, a ex-corista deixa de ser mero instrumento do negociante de ferro-velho e se rebela contra a imoralidade dos seus intuitos, acabando por se tornar entusiástica defensora dos mais elevados princípios da democracia.

Trata-se de uma caricatura social hilariante, cujo valor, decorrente por inteiro da peça de Garson Kanin, reside na violenta polêmica contra certos aspectos imorais de um capitalismo desenfreado. O cenário de Albert Mannheimer conseguiu, pelo menos em parte, transmitir a "mensagem" da peça, embora não faltem passagens de extrema ingenuidade. A direção de George Cukor, conquanto sem grandes méritos cinematográficos, destaca o essencial, imprimindo às seqüências desenvoltura e vitalidade vigorosa, e movimenta as figuras com humor caricatural e expressividade.

Para obter os resultados ao mesmo tempo cômicos e sérios visados na peça, Cukor apoia-se inteiramente na interpretação magnífica de William Holden (o jornalista), Judy Holliday (a ex-corista, Oscar de interpretação de 1950) e Broderick Crawford (o milionário). William Holden é o mais sóbrio e o mais cinematográfico dos três: Crawford, um tanto exagerado, cria, no entanto, uma excelente caricatura (caricatura de que a própria realidade anda cheia) de um milionário sem escrúpulos; e Judy Holliday, usando voz de falsete e apesar dos seus tiques teatrais, está simplesmente estupenda. Uma cena como a do jogo de baralho compensa, graças à sua incrível comicidade e mercê do trabalho fabuloso de Crawford e Holliday, certos deslizes cinematográficos de que o filme não está isento. Excelente a fotografia de Joseph Walker, embora nem sempre apresente a figura de Judy Holliday nos ângulos mais vantajosos. Interessante o ambiente do filme, rodado em Washington, com aproveitamento máximo da atmosfera dos seus edifícios históricos e dos seus monumentos. Obtiveram os realizadores, assim, um contraponto grave e substancial, muito bem aproveitado pela fotografia, para dar um "fundo" mais sério às situações cômicas, exploradas ao máximo para provocar risadas. Não escaparam os realizadores, porém, à tentação de darem a esse fundo aspectos de monumentalidade barata e de propaganda excessiva do *american way of life*.

O Direito de Matar ("Justice est faite")

Produção francesa. Distribuição: França-Film do Brasil.
Direção: André Cayatte.
Elenco: Valentine Tissier, Dita Pardo, Michel Auclair etc.

Uma moça, ciente de que o seu amante sofre de uma doença incurável, aplica-lhe, com autorização do moribundo, uma injeção mortal para aliviar-lhe a agonia. O filme narra o julgamento, complicado pelo fato de que a acusada, de acordo com o testamento do amante, se torna herdeira de uma grande fortuna; além de tudo, verifica-se que mantinha relações com outro homem.

O filme de Cayatte – o inteligente diretor de *Os Amantes de Verona* – não aborda, como se poderia pensar, o problema da eutanásia, mas o do juri, composto de sete cidadãos, segundo a lei francesa. Baseada num cenário adulto, de nível intelectual elevado, a fita apresenta-nos sete jurados típicos, uma espécie de amostra sociológica das camadas francesas: um militar aposentado, reacionário e boçal, um aristocrata leviano e cínico, um tipógrafo católico praticante, um comerciante, uma solteirona abastada, um garçom e um camponês. Dos sete jurados depende o destino da acusada e – momento ainda mais transcendental – a validade de uma idéia absoluta –

a idéia da justiça – no mundo das relatividades, quando aplicada a um caso concreto. O filme se incumbe de introduzir o público nas vidas dos jurados, revelhando-lhe as suas idéias e concepções, os seus preconceitos e a sua educação, os seus sentimentos e emoções, as suas vaidades e preocupações, os seus lares e ambientes. Todos esses elementos exercerão uma poderosa influência sobre a mentalidade de cada um dos jurados e determinarão, em última análise, o "culpado" ou "não culpado" na sessão final e, conseguintemente, a glória ou a mutilação da idéia de justiça.

Raramente a Sétima Arte teve oportunidade, de modo tão concludente, de ver posta à prova a sua faculdade de abordar um tema e um pensamento a tal ponto profundos e sutis e de penetrar no âmago de um problema extremamente complexo. A Sétima Arte não se saiu mal deste teste, embora Cayatte não tenha sabido obter o máximo rendimento dos recursos cinematográficos. É verdade: conseguiu propor o problema com honestidade e sem a demagogia e a infantilidade sobejamente conhecidas das fitecas que deitam mensagem para um público entre dez e quinze anos. Mas não conseguiu dominar o tema completamente em termos visuais, exprimi-lo na sua essência, através da imagem. Contudo, evidencia-se, de modo sóbrio, a capacidade fílmica da transposição visual de uma multiplicidade de seres humanos, vigorosamente caracterizados através do seu comportamento e da sua integração aos respectivos ambientes familiares ou profissionais, tudo isso apresentado de modo convincente, graças à ubiqüidade da câmera que se infiltra em lares, sítios, palácios e restaurantes; e que, apoiada num cenário hábil e num *puzzle* de cortes cruzados e paralelos, compondo aos poucos o mosaico de figuras e vidas, acaba revelando-nos o dinamismo psíquico dos sete jurados e o precário estado terreno da justiça – justiça que, na sua aplicação concreta, depende dos acasos de uma maioria de votos dependentes, por sua vez, da disposição mais ou menos incidental de seres humanos, os quais por sua vez são dependentes de um sem-número de fatores alheios ao caso em julgamento.

Cayatte, indubitavelmente um dos mais marcantes cineastas franceses, conquanto não pareça estar ainda na plena posse dos meios expressivos da sua arte, aproveitou, todavia, recursos bem cinematográficos, como a reticência e a sugestão indireta; esboçou, com grande habilidade, a figura da acusada, imobilizada no tribunal – por assim dizer o centro fixo em torno do qual gira a agitação dos jurados –, personagem enigmática, cuja vida e cujo sofrimento adquirem uma estranha continuidade através de quatro ou cinco *close ups* intensos e expressivos que, apesar de espaçados entre si, parecem compor e condensar todo o fluxo e *élan* de uma biografia.

Nota-se que o filme é feito com uma visão aguda da totalidade a que se subordina cada detalhe. Daí talvez a extrema economia dos meios e uma sobriedade que realça com vigor ainda mais enérgico os clímax. Desejar-se-ia que o essencial não se revelasse através de diálogos; mas estes são tão inteligentes que seria crueldade condená-los à ausência.

Talvez o maior mérito do filme seja o fato de que os seus realizadores levaram o público sério. Não partiram da firme convicção de que o público dos cinemas é uma assembléia de cretinos, pacóvios, menores e namorados à procura de escuridão.

O Terceiro Homem ("The Third Man")

Produtores: David Selznik e Alexander Korda. Diretor: Carol Reed.
Elenco: Joseph Cotten, Orson Welles, Trevor Howard, Anton Hoerbiger, Alida Valli etc.

O argumento do famoso romancista inglês Graham Greene, seguindo a novela do mesmo nome e do mesmo autor, introduz-nos na Viena do após-guerra, a Viena dos traficantes do mercado negro. Um autor de novelas de aventuras chamado por um velho amigo, chega à capital da Áustria para se inteirar, no próprio dia da chegada, de que o amigo acabara de falecer, atropelado por um caminhão. Ouvindo que o amigo é considerado um traficante sem consciência, procura limpar o nome do seu ídolo, envolvendo-se assim na rede dos acontecimentos. Três homens levaram o cadáver do atropelado para a calçada; falta, porém, o testemunho do terceiro homem. Quem terá sido? Inteirado de que o amigo era realmente uma figura sinistra e de que nem ao menos pensou em cuidar da sua linda amante (por quem o autor de novelas se apaixona), participa da perseguição ao seu ídolo: pois este é o "terceiro homem", o qual mandou atropelar outra pessoa para se fazer passar por morto.

Narrando o enredo assim por cima, parece tratar-se de um mero *thriller*, de uma corriqueira história de crimes. Não é este o caso e, por isso, pode-se contar a "solução" do enigma sem se tornar amigo da onça. Graham Greene é um dos raríssimos autores que conseguem prender o leitor através da narração externa, da "trama" e dos acontecimentos, sugerindo ao mesmo tempo, através do plano superficial, relações, idéias e emoções mais profundas. Católico – o que, num país protestante geralmente significa ser católico de verdade (da mesma forma que, nos países católicos, os protestantes costumam ser protestantes de verdade) – é ao mesmo tempo um novelista de fibra narrativa excepcional, resultando isso numa síntese apaixonante de profundeza e tensão de *thriller*.

É verdade que isso se aplica só em pequena parte a *O Terceiro Homem*, obra menor do autor – que aliás ironiza a si mesmo, até certo ponto, na figura do autor de novelas de aventuras. Mas mesmo assim, ele nos apresenta, por assim dizer, o modelo metafísico de uma novela criminal: o caos e o demônio em luta com a ordem "cósmica", representada pelos funcionários da polícia (funcionários que levam a sério a sua tarefa). Da mesma forma, deixa entrever a terrível sedução exercida pelo "demônio" (Orson Welles) – a amante permanece leal a ele até o fim e o amigo-autor, entre o caos e a ordem, quase que se decide por aquele.

Graças aos seus dons admiráveis e à colaboração do próprio Graham Greene, o grande diretor inglês Carol Reed (*Condenado*, *Sob a Luz das Estrelas*, *Desencanto*) conseguiu transpor para a tela, quase que por inteiro, tanto o plano superficial quanto as implicações profundas. Essa tarefa é-lhe facilitada pelo fato de que a novela é, intrinsecamente, uma forma mais adequada à tela do que o teatro. É preciso ponderar que o filme é, essencialmente, uma forma épica, narrativa, e por isso as adaptações de novelas geralmente são mais bem sucedidas do que as de peças teatrais.

O Terceiro Homem.

É admirável a maneira como Carol Reed conseguiu transpor, em termos cinematográficos, o ambiente e a atmosfera da Viena do após-guerra – plano de fundo da máxima importância, visto ser precisamente esse mundo caótico, cheio de destroços e ruínas materiais e morais, que serve de símbolo para as implicações por assim dizer metafísicas. O diretor consegue, com mão de mestre, sugerir, por meio de cortes dinâmicos e chocantes – corte que muitas vezes destróem a continuidade pela angulação violenta e por enquadramentos audaciosos – o caos e a desordem moral.

A iluminação e o jogo de luzes e sombras, bem como todos os recursos da fotografia (Robert Krasker), são mobilizados para introduzir a figura demoníaca do protagonista, cuja aparição sonora e óptica reveste-se de imediato, por meio de recursos meramente sensoriais, de aspectos que transcendem, de longe, o plano exterior da apresentação de um criminoso num filme policial. Assim também, as seqüências de perseguição no mundo subterrâneo de Viena, no mundo dos esgotos – seqüências de um virtuosismo sem par, já clássicas e muitas vezes imitadas em filmes americanos – tomam imediatamente o aspecto de símbolo. As tomadas em plano próximo das mãos do criminoso acossado e mortalmente ferido, ao surgirem por entre as grades do bueiro, ao nível da rua, têm uma misteriosa força plástica, quase surrealista, desencadeando na imaginação do espectador todo um complexo de associações religiosas ou, melhor, teológicas. Também revelador do espantoso ímpeto sugestivo e comunicativo dos meios fílmicos na mão de um diretor capaz é o recurso sonoro do eco, quando o criminoso, encurralado nos canais, vê-se cercado de vozes que ressoam de todos os lados e saindo das múltiplas ramificações do sistema de canalização.

Fato importante na criação do clima é a música de Anton Karas que, com a monotonia do único instrumento acompanhante – a cítara por ele tocada – acentua a nota lúgubre e sinistra do filme.

Joseph Cotten, no papel do autor de novelas, dá-nos com perfeição a figura hesitante de um homem indeciso entre as forças que lhe disputam a alma. Alida Valli, a amante do "terceiro homem", interpreta muito bem a mulher inteiramente dominada pela irradiação mágica do monstro – mulher cuja piedade infinita e paixão quase humanizam, em reflexo, o criminoso. A sua atitude inflexível, a sua determinação irracional de lealdade, acabam transformando o autor de novelas, que lhe confessou o seu amor e é desprezado por ela, em um Judas paradoxalmente invertido: o Judas que trai o demônio. A Alida pertence a cena final, uma das melhores da fita, audaz e de belíssima composição: surgindo do plano remoto, aproxima-se lentamente da câmera, passando, sem lhe dar atenção, pelo autor de novelas postado à margem do caminho até tomar, em grande *close up*, a tela, com o rosto imóvel, marcado pela rigidez de quem já se decidiu. Trevor Howard ótimo como o detetive e excelente o *cast* do plano de fundo – Paul Hoerbiger, o porteiro, a grande Hedwig Bleibtreu, velha atriz do Burgtheater de Viena, constantemente às voltas com os soldados das forças de ocupação, e Ernest Deutsch, o barão transformado em traficante do mercado negro.

Os Contos de Hoffmann ("Tales of Hoffmann")

Produção de "The Archers" para a London Films. Realização de Michael Powell e Emeric Pressburger. Regência musical: Sir Thomas Beecham. Cenografia: Hein Heckroth.
Elenco: Robert Rousevile, Moira Shearer, Leonide Massine, Robert Helpman, Ludmilla Tcherina, Edmond Autran.

O filme de Powell e Pressburger é uma tentativa de adaptar a ópera ao filme sonoro, por meio da introdução do balé: pela fusão, portanto, de elementos musicais e visuais, estes últimos ainda intensificados pela cor. Nota-se, assim, a pretensão da "obra de arte total", da síntese das artes, tão peculiar a Richard Wagner e ao romantismo alemão, do qual faz parte o novelista, músico, escritor e desenhista E. T. A. Hoffmann. Os contos deste escritor inspiraram ao compositor Jacques Offenbach a famosa ópera, cujo libreto é o *sujet* do filme de Powell e Pressburger.

Pode-se indagar se a idéia da "arte total" e sua aplicação ao cinema encontra justificativas estéticas. Quer nos parecer que não. Cada arte tem os seus próprios recursos; não se cria uma obra de arte maior pela adição dos recursos de várias artes. Contudo, a experiência dos dois ingleses – tão dados a

151

pesquisas no terreno da cor e tão afeitos ao enriquecimento da Sétima Arte – é interessante, embora este último filme não nos pareça atingir a qualidade de *Narciso Negro* (*Black Narcissus*), para nós a melhor obra deles, superior a *Neste Mundo e no Outro* e a *Sapatinhos Vermelhos*.

Infelizmente, não nos foi dado ver a obra inteira porque a fita que está sendo apresentada no Brasil é uma versão mutilada a fim de caber dentro do horário da sessão comum. Falta todo o conto de Antonia, a moça tuberculosa que, apesar da proibição, não pode deixar de cantar, morrendo em conseqüência. O que resta são os contos de Olímpia e Giuletta, além do prólogo e do epílogo, com a figura de Stella, última paixão do poeta Hoffmann (como figura do libreto, evidentemente). Nos contos de Olímpia e Giuletta são narradas as paixões do poeta por uma boneca, que no fim é destruída pelo seu inventor, Coppelius, e por uma cortesã da Veneza dos Doges, que foge com o "espírito mau" do enredo, o qual em várias transformações desempenha o papel de inimigo implacável de Hoffmann (Dappertutto, Lindorf, Coppelius). O epílogo, no qual o filme volta à cena inicial, narra a renúncia do poeta à sua última paixão, Stella – que desta vez segue Lindorf (dizemos "desta vez" porque Stella é apenas uma nova encarnação de amantes anteriores).

Temos razões de sobra para supor que também o conto de Giuletta tenha sofrido cortes rudes, pois se apresenta com péssima continuidade, com transições bruscas e curiosas modificações na indumentária da cortesã que não se justificam pelas seqüências exibidas. A cortesã, embora representada por uma grande bailarina (Ludmilla Tcherina), quase não dança, o que nos parece surpreendente num filme que força a nota do balé. Deve-se supor, pois, que tenha havido mais cortes, nesta parte pelo menos.

O espírito romântico de Hoffmann parece-nos capturado, com certa felicidade, na apresentação, embora puramente operística, dos estudantes nos trajes da sua corporação estudantil; no belíssimo balé da libélula (Moira Shearer, Edmond Autran); no conto de Olímpia – através das ótimas caracterizações de Coppelius e Spalanzani e da bela cenografia de Hein Heckroth, que recorre a desenhos surrealistas (idéia que corresponde perfeitamente ao espírito "onírico" da obra hoffmanniana); e, finalmente, no clima macabro e fantástico, acentuado pelas cores negras, no conto de Giuletta, que demonstra, no entanto, pormenores que perturbam: a atração pelo "lado noturno" do romantismo. A cor amarela, dominante no conto de Olímpia, não se coaduna com o espírito "azul-claro" do romantismo e é, esteticamente, de efeito duvidoso; em compensação, é perfeito, neste mesmo conto, o aproveitamento do tema das marionetes e da sua imitação pelo corpo de balé.

Um múltiplo jogo de cortinas esvoaçantes e transparentes e uma câmera em movimento ágil dão às seqüências na loja de Spalanzani uma graça e fluidez em plena correspondência com o tema da boneca dançante e com a predileção dos românticos pela superação da gravidade física. O tema dos fantoches, muito caro aos românticos (Heinrich von Kleist escreveu magnífico ensaio a respeito), introduz um elemento de humor bizarro e grotesco e de autêntica ironia romântica pela analogia entre as figuras humanas e os títeres. Parece-nos também feliz a cenografia no conto de Giuletta pelo violento contraste com a cena anterior, essencialmente clara e luminosa; esse "ato", o da famosa barcarola, é, no seu ritmo e nos seus acentos e tonalidades, pesado, sombrio e lento, contraponteando de um modo marcante as seqüências anteriores em *prestissimo*. Hein Heckroth trabalhou aqui com fortes estilizações e um despojamento total, no que se refere à paisagem veneziana, chegando a uma composição quase abstrata de linhas envolvidas por brumas místicas. Tudo, até os movimentos e o andar dos personagens, acentua a solenidade fúnebre e a atmosfera macabra do conto, todo debruçado sobre o esplendor majestoso da cortesã italiana, cuja beleza morena desencadeia uma paixão mórbida no poeta nórdico.

Os balés são em geral belíssimos e Moira Shearer confirma a sua fama de exímia bailarina. O seu encanto sustenta quase todo o filme. Ludmilla Tcherina, a cortesã Giuletta, impressiona pela sua formosura (mas infelizmente não dança), e de Leonide Massine (Spalanzani) nem é preciso destacar os méritos de bailarino. Edmond Autran, parceiro de Moira Shearer na "Dança da Libélula", é excelente e Robert Helpman é magistral em todas as suas encarnações de "espírito mau".

No que se refere à direção geral, deve-se salientar que ela se apoia, para criar o clima fantástico dos contos, quase que inteiramente na cenografia de Hein Heckroth, o que, por si só, naturalmente não basta. Assim, o filme se apresenta cinematograficamente ralo e não corresponde à tremenda pretensão dos dois realizadores, que evidentemente visaram a criação de uma obra máxima. Não escaparam a excessos de duração em determinadas cenas e tomadas, o que, em parte, se deve atribuir à influência da música, que naturalmente impõe o ritmo operístico à imagem – grave defeito que os diretores não conseguiram evitar.

O filme enquanto tal, assim, é defeituoso. Defeituoso particularmente na tentativa de obter uma fusão de cinema, ópera e balé. Mas, graças à bela qualidade coreográfica, às boas vozes, à música de Offenbach e à cenografia (quase sempre boa), o filme vale como meio de reprodução e comunicação de outras artes. Ainda que o filme, enquanto tal, não atinja, no caso em questão, o *status* de arte autônoma (esmagado como está por outras artes), comunica-nos a beleza dessas outras artes, embora misturadas e em fusão nem sempre aceitável. Tanto assim que, apesar dos pesares, acaba sendo um deslumbramento para aqueles que se entregam simplesmente ao influxo de sua magia.

Pacto Sinistro ("Strangers on a Train")

Warner Brothers. Produção e direção de Alfred Hitchcock.
Protagonistas: Robert Walker, Farley Granger, Ruth Roman.

Um psicopata que sofre – em grau extremo – do tal complexo de Édipo e que quer, portanto, liquidar o pai, propõe num trem, a um campeão de tênis que ama uma excelente moça, mas cuja mulher não quer se divorciar, uma troca de assassinatos: ele liquidará a esposa recalcitrante do campeão; em troca, este dará cabo do pai dele, inspirador do pacto sinistro. Não havendo para nenhum dos assassinos qualquer motivo para matar o(a) desafeto do outro, a polícia, evidentemente, não encontrará vestígios, uma vez que o verdadeiro criminoso – aquele com um motivo – estará em lugar afastado durante a hora do "seu" crime, matando um(a) desconhecido(a). O campeão, rapaz normal, naturalmente toma tudo como brincadeira. Mas o psicopata executa o plano na parte que lhe toca, e daí surgem as complicações para o inocente campeão.

Eis o argumento original que fornece o roteiro da nova fita de Hitchcock; argumento rico de possibilidades de suspense, mas pobre de conteúdo humano diante do construído das situações, que mais se prestam para um cálculo matemático do que para a obra inspirada de um artista. Teria havido uma possibilidade em levar o argumento para um plano de irrealidade e fantasia capaz de dar ao todo um cunho de verdadeira arte – no estilo deformado de um "Caligari", por exemplo, tudo visto através da mente ao mesmo tempo lúcida e confusa do psicopata. Hitchcock, contudo, preferiu um plano mais ou menos realista, com alguns trechos apenas destinados a dar a nota estranha da doença psíquica. Resulta daí o curioso fato de que as cenas realistas parecem irreais e sem verossimilhança, ao passo que precisamente as cenas fantásticas e absurdas se revestem de forte cunho de realidade. Falta à obra, de qualquer modo, a unidade que Hitchcock poderia ter alcançado se tivesse se lançado resolutamente à aventura de criar o estilo adequado a um argumento estranho.

Abstraindo esses defeitos – falta de conteúdo humano e de unidade – Hitchcock soube, como só sabem os ingleses, *to make the best of it*. Trata-se de um dos mais virtuosos filmes ultimamente vistos, no que se refere à linguagem cinematográfica exterior. A câmera parece, durante todo o filme, cantar uma ária em estilo de ópera italiana, com todos os trejeitos de uma *prima donna* que alcança os agudos mais incríveis e se demora longamente em coloraturas e trinados acrobáticos. O assassinato da esposa que não quer se divorciar, visto todo no reflexo de seus óculos caídos, é, como obra de câmera, qualquer coisa de deslumbrante. Mas torna o espectador consciente da elaboração calculada de um mestre que BRINCA com os poderosos recursos do cinema. Contudo, trata-se de um recurso legítimo, uma vez que os óculos desempenharão posteriormente papel de importância. O ângulo original tem, portanto, uma função na continuidade do filme. Magníficos também os cortes cruzados entre o isqueiro caído num bueiro e o jogo de tênis. Aqui Hitchcock conseguiu o máximo de tensão; mas através dos cortes cruzados, o diretor obteve um suspense duplicado.

E naturalmente as seqüências no parque de diversões – particularmente do *carroussel* com os cavalinhos de pau se balançando. Que eldorado para um diretor como Hitchcock! A câmera enlouquece de volúpia e as lentes se desdobram na ânsia de tirar o máximo do magnífico material, provocando uma chuva artificial de planos "antológicos".

Evidentemente, um filme que é preciso ver. Mesmo porque Hitchcock, que como de costume aparece pessoalmente numa das cenas (o gorducho que sobe com o rabecão no trem), realmente está presente em todas as cenas, com todos os defeitos e qualidades de sua arte. Embora se note essa presença em demasia, não se pode negar que se trata de uma presença arrebatadora. Como esse diretor sabe aproveitar um dos elementos principais do cinema – o objeto inanimado – para com ele compor planos magníficos e sugestivos! Lembramos apenas o isqueiro e os óculos, que se poderiam chamar os personagens principais do filme.

Pandora ("Pandora and the Flying Dutchman")

Produção: Dorkay Production. Distribuição: Metro. Produção, direção e cenário de Albert Lewin.
Elenco: James Mason, Ava Gardner, Nigel Patrick, Mario Cobre etc.

Filmagem da velha lenda, narrada por Henrique Heine e musicada por Richard Wagner, segundo a qual um "capitão errante" sumamente pecaminoso é condenado a percorrer, num "navio fantasma", sem descanso, os mares, só encontrando o eterno repouso mercê do sacrifício de u'a mulher apaixonada.

Wagner escreveu a respeito:

Particularmente, o tratamento deveras dramático, inventado por Heine, da redenção do Ahasvero dos mares, ofereceu-me tudo para usar essa lenda como *sujet* de uma ópera. Comuniquei-me a respeito com Heine, esbocei o plano etc...

Heine tratou o assunto com ironia e irreverência:

[...] todos os sete anos o maldito capitão pôde ir uma vez à terra a fim de se casar e arranjar, nessa oportunidade, a salvação da sua alma. Geralmente, porém, não há maior alegria para ele do que tirar o corpo do matrimônio, de salvar-se da sua salvadora e, assim, voltar de novo ao navio....

Finalmente, ele encontra u'a mulher que, para lhe salvar a alma, lança-se ao mar e então o "navio fantasma" afunda no abismo das ondas. *A moral da peça*, conta Heine, *é que as mulheres devem cuidar de não se casar com holandeses errantes; quanto a nós, homens, vemos daí como, no melhor dos casos, afundamos devido às mulheres....*

A Metro (pois a influência dela como distribuidora deve ter sido decisiva) tomou essa velha lenda da redenção amorosa e teve a pavorosa idéia de transferi-la para a plena atualidade dos nossos dias (o que só se poderia fazer como uma paródia). Em seguida, transformou a mulher apaixonada em norte-americana grã-fina e um tanto devassa, e fez do capitão um sujeito elegantíssimo, de alta cultura, que pinta nas horas de recreio no seu iate maravilhosamente mobiliado. Depois, acrescentou um recordista automobilístico, um toureiro no melhor estilo de Hemingway, um arqueólogo que faz comentários de uma sabedoria insondável e misturou a tudo isso um pouco de mitologia grega e de meditação oriental. E criou um monumento ao mau gosto, pretensão barata, o cúmulo do comercialismo. Qualquer coisa de hediondo, o suprassumo da imbecilidade.

Tudo isso com um malbarato deplorável de beleza, de técnica e, às vezes, de verdadeiro senso cinematográfico. As cenas iniciais, por exemplo, do sino badalando em plano próximo e da multidão popular na praia, em plano remoto, acorrendo de todos os lados para ver os cadáveres dos náufragos, são uma bela realização cinematográfica e valem como seqüência em si. O efeito da cor é, às vezes, empregado com grande habilidade e senso artístico para realçar a beleza e a elegância extraordinárias de Ava Gardner, principalmente quando a apresentam colorida pela luz alaranjada de certa lâmpada. Há enquadramentos perfeitos. Veja-se, por exemplo, o uso de estátuas, com Ava Gardner ao lado, para dar a certas tomadas a beleza de uma fotografia de exposição, que se penduraria de bom grado numa parede (a fotografia de Jack Cardiff, geralmente muito boa).

Mas um filme não é uma coleção de fotografias. Alguns momentos de beleza primorosa são afogados na enxurrada de tolices com que se estraga uma lenda, afinal aproveitável, para dela fazer um filme de qualidade insuportável, particularmente no caso do tom doutoral e pela imensa satisfação com que se citam alguns aforismos, para imprimir ao todo um ar de profundeza e de filosofia de divulgação da pior espécie, nem se chegando a falar do intragável narrador brasileiro, que impinge ao público "alta literatura" com os maneirismos de quem enuncia, através do rádio, o delicado croma de um sabonete.

Ava Gardner: bela e decorativa; James Mason, cada vez mais canastrão.

Este filme é um exemplo da terrível devastação que as "indústrias culturais" – com as suas histórias de desenhos estandardizadas, radionovelas infantis e discos de submúsica – podem causar, abrindo um abismo cada vez maior entre o povo e a verdadeira arte, através da destruição total de todos os critérios estéticos e pelo total embotamento da sensibilidade artística e do bom gosto.

Por Ser Mãe ("Fafa Chukiyo")
Produção: Daiki-Kaisha, Tóquio. Diretor: Kioshi Saheki.
Elenco: Susumo Okubo, Aiko Mimassu.

Elegia de Enoshima ("Enoshima Elegi")
Produção: idem. Diretor: E.T. Koishi.
Elenco: Jun Iussami, Yoshiko Kuga.

O interesse pelo cinema japonês cresceu no mundo inteiro repentinamente graças ao sensacional êxito obtido pelo filme *Rasho Mon* (No Bosque) em Veneza, onde a película mencionada conquistou o Prêmio Leão de São Marcos. Em virtude desse fato, certamente de grande interesse, já que a obra japonesa venceu a competição frente a excelentes fitas de proveniência americana, francesa, italiana e inglesa, nota-se, na imprensa em geral, uma valorização exagerada mesmo de obras nipônicas visivelmente inferiores ao alto nível que a indústria cinematográfica japonesa atingiu e que, indubitavelmente, se equipara aos mais altos padrões da Sétima Arte.

Os dois argumentos dos filmes acima indicados são extremamente sentimentais e visam o êxito comercial, notando-se, além de tudo, forte influência americana nos aspectos menos artísticos das películas. Os roteiros são relativamente monótonos, não evitando freqüentes repetições de seqüências e situações. Talvez seja injusto criticar filmes de proveniência asiática segundo os padrões ocidentais, já que o desconhecimento dos costumes japoneses pode conduzir o crítico a graves erros de apreciação, devendo-se ainda acentuar que os dois filmes não têm legendas portuguesas, de modo que não nos foi possível avaliar todos os aspectos das duas fitas em questão.

Todavia, para dar um exemplo, parece que em qualquer circunstância se deve considerar uma falha a tendência de prolongar em demasia tomadas que focalizam as mútuas reverências dos personagens (no filme *Por ser Mãe*, que narra a história chorosa de u'a mãe lutando para não perder a filha). Mesmo reconhecendo que se queira salientar os costumes tradicionais, e supondo que as múltiplas mesuras tenham, no Japão, um sentido mais profundo do que o aperto de mãos nos países ocidentais, e mesmo o abraço brasileiro, trata-se, obviamente, de u'a mera cerimônica cotidiana (embora, talvez, hoje em vias de desaparecer), cuja apresentação constante, em tomadas de vários segundos, parece exagerada. Da mesma forma, surpreende a constante focalização de pessoas ao abrirem ou ao fecharem portas, com todo o ritual solene que acompanha esse processo comum, e até com carinhosos planos da própria porta. Parece corresponder mais à estética do filme e de toda arte – que sempre deve selecionar o essencial – o uso de cortes e fusões para evitar prolongadas seqüências que nada apresentam senão comportamentos cotidianos.

Esta crítica, naturalmente, não se dirige contra a beleza e a dignidade dos próprios costumes, mas contra a sua reprodução monótona através de todo um filme. Todavia, certamente nos escapou o sentido dessa insistência.

De resto, deve-se aplaudir principalmente o primeiro filme (o segundo narra a história sentimental de um veterano que, de volta à pátria, após longa procura, encontra a sua esposa agonizando. A sua nova companheira será uma enfermeira que conheceu durante a guerra) pelo apurado gosto das composições pictóricas, a extraordinária beleza dos *décors* e a boa fotografia, pelo menos no que se refere à sua concepção estética. Seria difícil ver um filme europeu ou americano que, através de toda a sua metragem, mantivesse um nível tão elevado de magia fotográfica. O ritmo – apesar da lentidão – revela sensibilidade cinematográfica.

O aspecto mais fascinante, principalmente do primeiro filme, é a enorme acuidade do diretor em guiar os atores e em movimentá-los com nobreza e discreção extraordinárias. O próprio material humano é magnífico e de uma capacidade artística raramente vista.

A música do próprio enredo (executada pelos figurantes), geralmente tocada em instrumentos de corda (chamisen), é atraente, e a música de fundo, aliás fortemente ocidentalizada, de qualidade muito boa.

> ### Quatro num Jipe
> Produção Suíça. Produtor: Lazar Wechsler. Diretor: Leopold Lindtberg.
> Elenco: Viveca Lindfors, Hans Putz, Ralph Mecker, Yosef Yadin etc.

Espécie de semidocumentário, a fita descreve a situação da cidade de Viena através das peripécias de uma austríaca que espera ansiosamente o marido, fugitivo de um campo de prisioneiros russo. *Quatro num Jipe* são os guardas-volantes das forças de ocupação – americano, inglês, francês e russo – que inspecionam os vários bairros da cidade para fins de policiamento. O russo, encarregado de prender a esposa do fugitivo, vive o conflito íntimo do "homem bom" que tem de obedecer cegamente às ordens do regime totalitário. Surge daí também o conflito externo, visto que o *american boy* timbra em salvar a mulher (pela qual, naturalmente, se apaixonou).

A propaganda que precedeu o filme – particularmente na imprensa americana – foi de tal modo supermonumental que o espectador, depois disso, só pode ficar decepcionado, embora se trate de um filme razoavelmente bem-feito. Trata-se, com efeito, de uma obra que revela ainda as qualidades do diretor, que realizou *A Última Porta*. Linguagem cinematográfica expressiva, aspectos interessantes da vida de Viena, algumas boas cenas de massa, bela fotografia, com seqüências noturnas de alta qualidade.

Surpreende, porém, num filme europeu, a maneira desmedida e deslavada com que é lisonjeado o expoente americano, frente aos seus camaradas inglês e francês. Estes dois últimos são figuras apagadas – o inglês meio abobalhado, o francês um personagem cômico. O herói sem jaça, o herói 100% é o americano – será porque o mercado norte-americano é maior? A figura do russo é, no que se refere à caracterização humana e psicológica, fraca, apesar do trabalho regular de Yosef Yadin. O conflito entre o dever de ser humano e o dever de soldado que recebe ordens é, em si, suscetível de excelente rendimento. Mas ele é apresentado em moldes de clichê, sem a mínima tentativa de aprofundamento humano e intelectual. Embora o filme resulte em *happy ending* – com o casal austríaco reunido, com o russo e o americano de pleno acordo –, uma vez que o soldado de Stalin acaba obedecendo ao seu coração, apesar de tudo isso, o efeito do filme é mostrar que, por mais que os indivíduos se entendam, os sistemas não podem encontrar uma base comum de conciliação. Assim, talvez contra a vontade dos realizadores, a nota final do filme é sombria e pessimista. E sobressai o teor de propaganda em favor do sistema americano – propaganda que arruína o filme; não por causa da sua tendência, que pode ser muito boa, mas por causa da simplificação grosseira que tal propaganda geralmente implica, venha ela do Ocidente ou do Oriente.

O desempenho dos atores é regular, destacando-se Viveca Lindfors, conquanto passe metade do filme desacordada, desmaiada e inconsciente.

Rebento Selavagem ("Le Garçon Sauvage")

Produção francesa. Diretor: Jean Delannoy.
Protagonistas: Madeleine Robinson, Pierre-Michel Beck, Frank Villard.

Um menino, educado longe da mãe, nas montanhas, volta a viver com a progenitora em Marselha. A mãe é uma mulher "de vida desregrada" e o menino, de oito anos, num acesso de ciúme quase mata o seu explorador. Conhecendo um capitão, foge no barco dele, deixando para trás o ambiente corrompido e desolador da mãe.

Jean Dellannoy, apoiado no excelente roteiro da própria autoria e da de Henri Jeanson – extraído do romance de Eduard Peisson –, apresenta com grande sabedoria psicológica, tanto nas linhas amplas como nos pormenores, o caso do menino ciumento que compara, no início, a fotografia da mãe longínqüa com a Virgem. O ambiente de Marselha, a vida devassa da mãe, as reações do rapazinho – tudo está tão adequado como se um atirador atingisse o alvo em cheio. Ao contrário do filme sueco *Cortiço da Vida*[6], que descreve um ambiente semelhante, a miséria moral dessas vidas é temperada pelo humor e pela malícia tipicamente franceses. O humor pressupõe sempre uma relação subjetiva do autor com o seu material, sendo que o efeito amenizante da malícia resulta, de certo modo, do fato de o diretor, por assim dizer, pactuar com a devassidão. No filme sueco, ao contrário, a miséria social e moral é apresentada com uma objetividade apaixonada – com perdão do paradoxo: não há o mínimo pactuar com a lama e, daí, resulta a impressão de que o filme, com todos os seus horríveis pormenores, emana de um foco essencialmente puro.

No filme francês, aliás muito mais suportável do que o sueco, precisamente por causa desse *esprit* conciliador, não se nota esse foco de pureza, apesar de o próprio tema lançar a inocência do menino contra a corrupção dos adultos. A justaposição, por exemplo, do menino, com a Bíblia na mão, sentado na rua, e da mãe fechando a janela no quarto ou quinto andar do prédio em frente, onde ela mora e precisamente quando está recebendo a visita de um "amigo", é violenta e chocante. Tudo, porém, é tratado com tal "charme" e com tamanho encanto e compreensão humanos que não se pode duvidar da legitimidade desse tratamento artístico.

6. Ver crônica nas pp. 131-132.

Sem ser uma obra cinematográfica de valor notável, o filme seduz pela simplicidade dos recursos, todos eles usados em função da narração, da análise dos caracteres e da descrição inimitável do ambiente. Não há nenhuma seqüência que se possa comparar, em poder expressivo, às melhores partes de *Cortiço da Vida*. Contudo, o filme como um todo é superior àquela obra sueca.

O ponto mais alto da película é a interpretação dos três protagonistas – o menino, a mãe e seu explorador. Este último dá ao cinema um tipo que dificilmente será esquecido: tipo autêntico de gigolô, até no mínimo movimento do dedinho, quando vai tirar um resto de comida de entre os dentes. À mesma altura de Frank Villard, o menino (Pierre-Michel Beck) e a mãe (Madeleine Robinson).

Rica, Moça e Bonita ("Rich, Young and Pretty")

Metro. Produtor: Joe Pasternack. Diretor: Norman Taurog.
Elenco: Jane Powell, Danielle Darrieux, Wendell Corey, Vic Damone, Marcel Dalio etc.

Pouco se poderia dizer deste filmezinho da Metro, que nada visa senão uma diversão ligeira e superficial, objetivo que aliás atinge sem apresentar nada de especial. Não valeria a pena, portanto, gastar tinta de impressão e espaço precioso com tal produto se não houvesse nele um aspecto que não pode ser silenciado: a ação passa-se em Paris; não se exigiria, evidentemente, de uma fita desse gênero ligeiro, que nos apresentasse uma Paris autêntica e verdadeira. Mas a leviandade na apresentação de uma grande e querida cidade toma aqui aspectos grotescos.

Uma Paris estereotipada, puro clichê do tipo mais barato – isso, todavia, não é o pior. Estamos acostumados a essa Paris de opereta, que não existe e nunca existiu. Insuportável, porém, e expressão de um tremendo mau gosto, é o modo benevolente e "generoso" de como a "GRANDE AMÉRICA" trata, neste filme, a "pequena França", só porque é mais poderosa e rica. Durante todo o filme, os Estados Unidos parecem estar dando batidelas magnânimas no ombro da coitadinha da França, berço de um povinho que, evidentemente, não se pode levar a sério. Não nos parece ser esta a melhor maneira para ganhar a amizade de um grande e altivo povo. E temos a certeza de que os próprios americanos de cultura serão os primeiros a condenar esta forma humilhante e desrespeitosa de tratar, mesmo que só filmicamente, o país de cuja civilização os maiores norte-americanos tanta inspiração hauriram.

Sinfonia de Paris ("An American in Paris")

Metro Goldwyn. Produtor: Arthur Freed. Diretor: Vincent Minelli.
Elenco: Gene Kelly, Leslie Caron, Oscar Levante etc.

Baseado num cenário um tanto fraco, este filme, que obteve uma série de Oscars, narra a vida e as aventuras amorosas de um pintor americano em Paris. Todavia, em se tratando de uma revista, a qualidade do cenário não tem importância essencial. O que importa é a música, é a coreografia, é a cenografia e o tratamento da cor – e tudo isso é excelente.

Estamos de novo na Paris convencional das revistas – uma Paris que se assemelha um tanto aos clichês que a convenção operística estabeleceu para os países *là bas*, nos países balcânicos. Mas essa Paris convencional é só o ponto de partida para uma orgia de cor, movimento e som; e o "clima" de uma Paris passada torna-se, de algum modo, autêntico pelo recurso a famosos pintores franceses – como Matisse, Utrillo, Dufy, Toulouse-Lautrec; pela esplêndida música que Gershwin escreveu, inspirado pela atmosfera *moussée* da capital da França; e pela criação de uma coreografia que, por sua vez, se inspirou ao mesmo tempo na música de Gershwin e no estilo daqueles grandes artistas do pincel.

Trata-se de uma revista em que a Metro, por incrível que pareça, não apela ao gosto multitudinário – estragado pela maioria dos seus próprios filmes bem como os das outras empresas de Hollywood – mas sim a um paladar mais exigente e culto, capaz de saborear os refinamentos da estilização estética, obtida pela equipe Freed-Minelli-Kelly.

É ocioso querer discutir se Freed conseguiu atingir com esta sua última produção o alto nível de algumas obras anteriores, como por exemplo *O Pirata*, igualmente com Gene Kelly. De qualquer modo, não resta a menor dúvida de que estamos diante de um filme de consideráveis qualidades, pelo menos nos momentos culminantes, particularmente durante o longo devaneio do pintor no Baile dos Artistas. A equipe da Metro obteve aqui uma síntese de rara felicidade em que dança, cor e música, em unidade completa, produzem uma totalidade de inebriante beleza, ao mesmo tempo espetacular, sutil, impetuosa e delicada.

Um ritmo fílmico em perfeita harmonia com o ritmo da movimentação dos figurantes e com o espírito que deflui da cenografia, pautada pelos grandes mestres da pintura francesa, uma maravilhosa composição, enquadramentos magistrais, uma variação perfeita entre cenas de alegria saltitante e chistosa, agitação colorida, *prestos* selvagens e cenas em *andante* cheias do encantamento solene e ardente da paixão – tudo vigorosamente coordenado pelo diretor – criam uma seqüência que é uma explosão de beleza e uma farra para os sentidos, sem que os realizadores escorreguem para o campo do mau gosto e da pompa boçal do novo-riquismo.

Gene Kelly como dançarino e criador da coreografia: excelente, verdadeiramente impressionante. Leslie Caron, embora longe de ser bonita, é o charme e a graça encarnados num miúdo corpo feminino. Kelly e a Caron formam um par extraordinário e é um prazer vê-los andar, simplesmente andar. Também Oscar Levante tem o seu devaneio musical e se desincumbe da sua tarefa com humor e felicidade. O resto do elenco: integrado. Deve-se mencionar os lindos trajes e fantasias que aparecem durante o Baile dos Artistas e a divagação sonhadora do pintor, assim como a boa direção musical que dá o necessário realce à musica de Gershwin.

Sinfonia de uma Cidade ("Sous le Ciel de Paris")

Produção francesa. Diretor: Julien Duvivier.
Protagonistas: Raymond Hermentier, Brigitte Auber, Christiane Lénier.

A fita apresenta, em suma, a vida da metrópole francesa através de cinco ou seis personagens (ou casais), cujos destinos, independentes uns dos outros, no clímax da narração se entrelaçam estranhamente: duas crianças, em busca de aventuras exóticas no Sena, uma velha à procura de alimentos para os seus gatos, um escultor angustiado por tremenda tara, um médico tentando ser aprovado pela terceira vez como interno de um hospital, sua noiva e a amiga dela, Denise, chegada a Paris precisamente para tentar a sua sorte e que, no decorrer das 24 horas do filme, sofre decepções amorosas, tira a sorte grande na loteria e morre nas mãos do escultor tarado. E, finalmente, um grevista no dia das bodas de prata.

Com esse material, Duvivier segue, em parte, a sua predileção pelos roteiros que contam vários destinos (*Seis Destinos* e outros semelhantes), porém neste filme as histórias não se sucedem ligadas por um fio tênue, mas são baralhadas no decorrer da narração para resultarem no tremendo desfecho que lança, por assim dizer, uma biografia contra a outra e as entrança de um modo indissolúvel como o padrão de um tapete, cujos fios, confluindo de várias direções, se reúnem num ponto para formarem o desenho central. Naturalmente, pode-se objetar que há muita coincidência na história: um escultor é apresentado apenas paralelamente a uma moça porque, no clímax, irá assassiná-la, e o grevista surge no início para se tornar, no fim, vítima de um tiro acidental desfechado na perseguição do assassino e para, depois, ser operado magistralmente pelo médico que fracassou pela terceira vez no concurso. Tal crítica, porém, não procede. Todo o filme joga de propósito com coincidências: o estranho do acaso, numa grande metrópole como Paris, é precisamente o seu tema.

E os destinos são reconstituídos a partir do desfecho que os entrelaça, isto é, os motivos da "sinfonia" são escolhidos a partir e por causa do grande final, em que todos os elementos se fundem.

Sous le Ciel de Paris é, indubitavelmente, um dos momentos mais altos na carreira de Duvivier. As figuras vivem e têm um "quê" profundamente humano, que Duvivier certamente aprendeu com os italianos modernos. Sem ser sentimental e piegas, o filme comove pela sua ternura e pela atmosfera poética que tudo impregna. O absurdo da nossa existência torna-se tão corriqueiro como na obra de Kafka. A narração – somente perturbada pelo péssimo narrador e pelo ritmo às vezes frouxo – é, em geral, fluente e rica de encantamento. As nuances são colocadas com delicadeza, os planos se seguem numa coordenação sábia e discreta para se acelerar, de modo impressionante, quando o filme se aproxima do clímax. Um véu transparente de lirismo despretensioso e sem a mínima queda em clichês cobre, inclusive, as cenas brutais e toda a *sagesse* um pouco triste do filme. Até o escultor tarado é humanizado e transformado em vítima das circunstâncias e da sua solidão.

Duvivier não se perde em detalhes, embora esse perigo se apresente constantemente na trama da história. Apesar disso, todo pormenor, na sua colocação justa, é elaborado com amor e finura, às vezes com grande intensidade dramática. A operação do grevista baleado é inolvidável. Assim também é a cena das modelos cercadas pelos jogos de chafarizes – qualquer coisa de deslumbrante na sua concepção estética. Magníficas as seqüências das duas crianças na sua viagem pelo Sena. É uma história em si, a velha em busca dos 64 francos para alimentar os seus gatos – história narrada à altura de um De Sicca.

No que se refere aos atores, nenhum elemento que destoe. Tudo se integra com perfeição na *Sinfonia de uma Cidade*.

Tudo Azul

Produção: Flama, de Mário Delrio. Direção: Moacyr Fenelon. Elenco: Luiz Delfino, Marlene, Laura Suarez, Milton Carneiro etc.

Um pequeno funcionário de uma grande empresa carioca tem, além de mulher e quatro filhos, o vício de compor músicas carnavalescas, que ninguém quer editar. Daí as complicações no lar e no escritório. O homenzinho chega a tal estado de desespero que quase se suicida. Felizmente, para os pobres existe o sonho. No sonho se realizam todas as irrealidades – êxito, felicidade, amor. Quanto à realidade – essa abençoará o coitado com o quinto filho.

Esta realização de Moacyr Fenelon é um dos mais curiosos filmes de Carnaval já vistos – um filme de Carnaval amargo; amargo e irônico e, contudo, não derrotista. Enfim, um filme de Carnaval inteligente, o que não deixa de ser uma façanha extraordinária. É um filme que, mesmo na sua parte central – nas seqüências carnavalescas do sonho –, é mais realista e verdadeiro do que a maioria dos filmes de todas as proveniências, anunciados como "realistas". Além de ser inteligente na sua estrutura, de contar com um ótimo diálogo (certamente graças a Henrique Pongetti), de apresentar figuras bem caracterizadas, de ter um conteúdo legitimamente brasileiro e de respirar em tudo autenticidade; além de sugerir, sem a mínima demagogia, todo um drama social cotidiano, suspenso numa solução saborosa de paródia, malícia e verdadeiro humor (não nos referimos à piada barata e obscena, tão comum em filmes do gênero) – além de tudo isso, esse filme tem, sem dúvida alguma, também qualidades cinematográficas. É narrado com fluência e graça, baseado num cenário bem cozido, tem uma continuidade razoável e tem ritmo fílmico.

A fotografia de Mário Pagés é limpa e em muitas seqüências, excelente. Há bons *close ups*, aos quais não faltam expressividade e funcionalidade. E se há falhas – nem todas as seqüências carnavalescas satisfazem sob o ponto de vista coreográfico e cenográfico, havendo mesmo algumas bastante fracas –, deve-se, no entanto, dizer que raramente nós vimos uma seqüência tão bela e humana, e cinematograficamente tão bem composta, com jogo de corte e câmera tão acertado, como a do morro das favelas ("Lata d'água na cabeça"), lá indo a Maria com a lata e, na lata, vendo-se a marca "Santa". O diretor que criou essa cena sabe fazer cinema.

Outro fator que muito fala em favor do filme é a segurança com que Moacyr Fenelon soube dirigir os atores que apresentam, quase sem exceção, um trabalho no mínimo correto, devendo-se destacar toda a equipe da primeira plana, que se distingue pelo temperamento e pela verve do desempenho.

Uma das mais agradáveis surpresas do cinema nacional.

Um Lugar ao Sol ("A Place in the Sun")

Paramount. Produtor e diretor: George Stevens.
Elenco: Montgomery Clift, Elisabeth Taylor, Shelley Winters, Raymond Burr etc.

Baseado no famoso romance de Theodor Dreiser, *Uma Tragédia Americana*, o filme narra o destino de um moço, George Eastman, parente pobre de uma família rica, que provoca, ou não impede, a morte de sua amante grávida, de condição social humilde (Alice Tripp), para poder realizar a sua ambição máxima e o seu grande sonho: casar-se com uma moça de família rica e de elevada posição social (Angela Vickers), moça que é não somente o seu grande amor, mas o último fim da sua ambição: ser aceito na elite social e conquistar a posição a que parece ter direito, como parente, embora insignificante, de um clã poderoso. O tribunal o condena à morte, devido aos indícios, conquanto juridicamente não seja propriamente um assassinato.

O defeito mais grave do filme, comparado com o livro de Dreiser, é a quase total escamoteação do fundo de crítica social, tão poderosa na obra do grande romancista – crítica em profundidade a todo um sistema de vida. As implicações da crítica social só se conservam no filme como tênue sugestão, enquanto que todo o peso da elaboração estética recai sobre o drama psicológico, isto é, individual, dos três personagens principais – a amante pobre, o rapaz modesto e a namorada rica.

Caracterizadas as limitações do filme, não se pode deixar de lhe reconhecer considerável valor, quer no tocante à sutilidade de narração do drama psicológico, com as suas implicações jurídicas, morais e religiosas, quer no que diz respeito à apresentação formal do *sujet*. A continuidade da narração é perfeita, a fotografia excelente, jogando com uma iluminação bem empregada, criadora poderosa de "atmosfera". Efeitos interessantes são obtidos pela câmera ao panoramizar lentamente, como se hesitasse, receiosa, de um lugar a outro distante, para criar a impressão de simultaneidade, método que dá à narração uma fluência extraordinária, sem o recurso do corte, demasiadamente rápido e violento nas cenas em questão. A duração excessiva de algumas tomadas, com as personagens fitando-se sem proferir qualquer palavra, é explorada com habilidade para sugerir o estado de inquietação, desconforto, angústia e mesmo de uma fatalidade sinistra de pesadelo. Há fusões magistrais, de uma duração descomunal, mas perfeitamente funcionais no clima geral da fita, além de

169

conterem sugestões antecipadoras do desfecho e um jogo de símbolos muito cinematográfico.

Note-se, por exemplo, a tomada longa do tribunal vazio (antes da morte de Alice), invadindo em prolongada fusão o próximo plano e antecipando, assim, o terrível destino do jovem protagonista da tragédia. O tribunal, devido à mera insistência de duração da tomada, começa a se revestir de feições não apenas jurídicas, mas se transforma no tribunal da consciência, o que, no tecido rico do filme, dá-lhe um valor religioso. Pois a condenação é um erro da justiça terrena, mas sob o aspecto religioso, certamente é justa, já que George pecou no seu íntimo, desejando e planejando a morte da amante. Ainda que ao fim lhe falte a coragem para executar o crime, este é consumado quando ele deixa de salvar a amante do afogamento.

A direção de George Stevens (*Serenata Prateada*, *Gunga Din* etc.) é segura e alcança em algumas cenas alto nível (note-se a cena da canção religiosa na rua, com George detendo-se e fitando o rosto puro do menino que canta, enquanto a futura amante prossegue no seu caminho). Deve-se atribuir a Stevens a surpreendente performance de Montgomery Clift, até agora um ator inferior, mas bastante expressivo nesta fita. O mesmo vale para Elisabeth Taylor, atriz fraca que, neste filme, se comporta com discreção e se enquadra plenamente no drama, tendo mesmo ótimos momentos. Shelley Winters, a melhor do triângulo, cria uma figura impressionante no papel de Alice Tripp. Raymond Burr, como promotor público, apresenta uma caracterização vigorosa e convincente.

Uma palavra à parte merece a música de Franz Waxmann e, em geral, o uso dos ruídos. Através do filme, a música não só cria atmosfera como também interpreta, comenta, esclarece, dando à imagem um realce e uma profundidade que, por si só, talvez lhe faltariam caso não tivesse o nível apresentado. Pode-se discutir, de um modo geral, a felicidade do uso do *leitmotiv* no acompanhamento musical cinematográfico, mas não resta dúvida de que Waxmann obteve excelentes resultados ao utilizá-lo. O ambiente rico, a ambição, a paixão por Ângela, a fome de posição social são caracterizados por um expressivo "motivo de saudades", executado por violinos e instrumentos de sopro em registros altos. O plano do assassinato e a tremenda aflição mental de George são caracterizados por uma simples sucessão rítmica, em crescendo e decrescendo, de sons em registros baixos, executados por timbales e contrabaixos, imitando o latejar do coração e sugerindo como que a voz da consciência. Boa parte da intensidade das cenas culminantes, no bote, decorre do grito do mergulhão (também no presídio se ouve o piar de um pássaro) e da música, que esclarecem minuciosamente o estado psíquico do assassino potencial. Numa das cenas finais, o sacerdote pergunta ao condenado em quem pensou no momento em que, depois do naufrágio, deixou de salvar a amante: nela, Alice, que se debatia perto dele e, talvez, pudesse ser salva por ele, ou em Ângela, a namorada distante? O condenado não responde, revolvendo o seu íntimo para encontrar uma resposta perante a sua própria consciência. Quem responde é a música, inserindo delicadamente o motivo da saudade: George pensou na namorada distante, em Ângela, e está condenado – condenado em todos os sentidos.

Uma Aventura na África ("The African Queen")

Produtora: Horizon. Produtores: S. P. Eagle e John Huston.
Diretor: John Huston.
Protagonistas: Humphrey Bogart, Katherine Hepburn.

A ação se desenrola no início da Primeira Guerra Mundial, na África, tendo como protagonistas a irmã de um missionário inglês e o dono de um primitivo barco fluvial. Morto o missionário, a irmã induz o dono do barco a descer o rio até uma imensa lagoa, patrulhada por um cruzador alemão, a fim de aniquilar o mesmo com o barco transformado em torpedo suicida.

Tecnicamente bem-feito, o filme não pode superar as deficiências do argumento, extremamente monótono e eivado de inverossimilhanças e ocorrências absurdas. A verossimilhança, em si, não é um momento muito importante em obras sem intenção realista. Num filme, porém, que apesar do tecnicolor berrante acentua o realismo, particularmente na figura de Humphrey Bogart – o dono do barco –, e que pretende narrar uma história com aspectos de veracidade, exige-se um mínimo de lógica e nexo. As duas garrafas de oxigênio transformadas em torpedo são qualquer coisa de fenomenal. Felizmente, o barco afunda antes de se chocar com o cruzador. Mas o cérebro doentio do argumentista (C. S. Forrester) fez, depois, o barco flutuar e deu à luz a arrepiante idéia de levar o cruzador precisamente de encontro às duas garrafas de oxigênio. Numa área de centenas de milhares de quilômetros quadrados, o cruzador não teve espaço suficiente para escapar aos destroços flutuantes. Isso só poderia ocorrer mesmo na realidade, mas nunca deveria acontecer numa fita! Afinal, da realidade não se exige verossimilhança; a um filme realista, contudo, não se perdoa a sua ausência.

John Huston, de quem tanto se esperava depois de *O Tesouro de Serra Madre*, decepciona, embora se note, em certas cenas, a presença de um diretor de talento. Se o filme ao menos fosse uma paródia – idéia que se impõe durante várias seqüências! Isso porém não pode ser o caso, pois os produtores não iriam à África para realizar, *in loco*, uma paródia. Da África, aliás, pouco se nota, a não ser umas margens fluviais que poderiam ter sido filmadas com o mesmo efeito na Califórnia.

Humphrey Bogart, que ganhou com este papel o Oscar, trabalha bem como "pau d'água" inveterado e "capitão" barbudo, transformado pela irmã do missionário em herói de guerra, noivo delicadíssimo e alma cheia dos arroubos líricos de um mastodonte. Katherine Hepburn, como missionária puritana, é um tanto teatral, mas de qualquer modo é uma atriz invulgar. Infelizmente, ambas as figuras, como personagens de ficção, são completamente lineares, sem passado, sem dimensão e sem plástica. Concepções essencialmente primárias de um autor sem capacidade de dar vida às suas personagens. Elas surgem do nada e somem – naturalmente casadas – no vácuo a que pertencem.

O que resta é um astro que se agita em situações artificialmente forjadas para desempenhar o papel de sempre, que a mitologia de Hollywood definitivamente conferiu a Humphrey Bogart. Assim, Mr. Bogart não interpreta a figura de um dono de barco – o qual realmente não existe – mas a figura de Mr. Bogart, personagem do romance de Hollywood. E diga-se a verdade: Mr. Bogart trabalha bem como Mr. Bogart.

Uma Rua Chamada Pecado ("A Streetcar Named Desire")

Warner Brothers. Produção: Charles K. Feldman. Diretor: Elia Kazan.
Elenco: Vivian Leigh, Marlon Brando, Kim Hunter, Karl Malden.

Uma professora do sul dos Estados Unidos chega a New Orleans e hospeda-se na casa de sua irmã, casada com um brutamontes de ascendência polonesa. A professora, balzaquiana culta, de atitudes exageradamente refinadas e recatadas – "cheia de nove horas", dir-se-ia na fala popular –, entra imediatamente em choque com o ambiente sórdido e a brutalidade do marido da irmã, o qual, no entanto, ama a sua mulher e é apaixonadamente amado por ela. Aos poucos, é revelado que a professora, de uma sensibilidade histérica e de comportamento tão casto, tem na verdade um passado bastante movimentado. O marido, ao se inteirar disso, impede o casamento de um amigo dele com a cunhada, que assim perde a última esperança de uma vida normal. Totalmente desequilibrada, vivendo mais no mundo da sua fantasia mórbida do que na realidade, ela é encaminhada, pela irmã e seu esposo, a um hospício.

A respeito deste filme não se pode falar de uma transposição da famosa peça de Tennessee Williams para a tela. Elia Kazan, que também dirigiu a representação teatral na Broadway, levou-a à tela inteirinha, com quase todos os diálogos, seguindo mesmo as minuciosas indicações cênicas do dramaturgo no que se refere à movimentação dos atores, à sua gesticulação e ao seu jogo fisionômico. Com uma única exceção, há desvios apenas sem importância, logo no início, bem como a supressão de uma ou outra piada. A única supressão importante, bastante característica, imposta talvez pela censura, refere-se à cena da violentação da personagem principal (a professora Blanche DuBois) por Stanley Kowalski, marido da irmã de Blanche. No filme, isso é apenas sugerido, porém de um modo tão ambíguo que a importância psicológica e moral dessa ocorrência, na economia estética da peça teatral, perde-se no filme por inteiro, já que o espectador é deixado na dúvida e não pode julgar o caráter de Stanley, cuja esposa, na mesma noite daquela ocorrência, está no hospital à espera de um bebê.

Muito já se escreveu, também nas colunas da *Iris*, sobre o duvidoso costume de se adaptar peças teatrais à tela. No caso em questão, não se trata nem mesmo de uma adaptação, mas sim essencialmente de teatro filmado, teatro em lata – apesar da movimentação da câmera, dos *close ups* e do uso variado de ângulos. Essa aplicação dos recursos cinematográficos apenas acentua o efeito híbrido do empreendimento. No fundo, apenas exteriormente o filme é construído segundo um roteiro de tomadas e seqüências: sua estrutura interna é composta, realmente, de cenas teatrais. O ritmo é imposto pelos diálogos extensos, isto é, pela palavra – e não pela imagem –, que se subordina, quase que por inteiro, ao verbo – aliás, poderoso e expressivo – de Tennessee Williams. Durante as quase duas horas da fita, a câmera fica presa nos dois quartos sórdidos, saindo só três ou quatro vezes, por breves momentos, para a rua e outros lugares. Reconhece-se que o sentimento de sufocamento assim produzido no ofegante espectador torna-se tão violento que quase adquire a intensidade de um sufocamento moral, realmente sugerido pela peça. Contudo, no palco dois quartos exercem efeito distinto àquele de dois quartos na bidimensionalidade esmagadora da tela. Também Eisenstein, no *Ivã*, jogou longamente com interiores sufocantes para caracterizar um clima moral; porém soube dosá-los e aumentar-lhes o poder artístico pela sucessão de magníficos planos remotos, plenos de ar livre e de paisagens abertas.

Deve-se notar ainda o malogro de Kazan e dos adaptadores em transformar o tempo teatral em tempo cinematográfico. A passagem do tempo, marcado no teatro por intervalos, é sugerida no cinema apenas pelo progresso da gravidez da irmã, mas mesmo isso de um modo tão exterior e irrelevante que não se tem a impressão de terem passado muitos meses desde a chegada de Blanche. É calculando, por assim dizer, que o espectador se inteira do tempo decorrido.

Pondo de lado essa crítica fundamental, deve-se reconhecer que a lealdade de Kazan à peça tem pelo menos a vantagem de apresentar a um público internacional uma admirável peça, que apesar da comunicação não muito adequada, ainda assim tem suficiente alento para se impor pela sua magnífica densidade e pelo trabalho notável dos atores, muito bem conduzidos pelo diretor. Não havendo propriamente uma "trama" ou uma ação realmente dramática, a peça é, no entanto, uma esplêndida apresentação de situações, ambientes e personagens. A sutileza psicológica é o traço marcante de Williams, principalmente no que se refere a determinada figura de mulher "marginal", fruto e vítima de determinada sociedade – figura que aparece em todas as suas peças (por exemplo, *The Glass Managerie*, título do filme *Algemas de Cristal*; *Anjo de Pedra* etc.). Essa sutileza se externa, na peça em questão, em pormenores – por exemplo, na "neurose de tomar banhos" da protagonista, anseio de limpeza física de profundas raízes psíquicas e morais, com sugestões de ablução religiosa.

De particular interesse é o fato de que o próprio Tennessee Williams evidentemente demonstra ser influenciado pelos recursos fílmicos, aos quais a sua peça deve alguns dos seus mais impressionantes momentos. Assim, usa o que se poderia chamar de "microfone subjetivo", análogo à "câmera subjetiva". Referimo-nos à distorção das vozes como se se refletissem na mente conturbada da protagonista, recurso legítimo do cinema sonoro (e do rádio). Lêem-se, na peça, indicações cênicas como esta:

A "Varsoviana" (que é tocada distantemente como alucinação acústica) é filtrada numa fantástica deformação, acompanhada pelos gritos e ruídos do jângal. A deformação óptica também é usada: Lúgubres reflexos aparecem nas paredes em formas excêntricas e sinuosas. Ou então, uma indicação cênica do autor, seguindo a saudação: Alô, Blanche! – A saudação é ecoada e reecoada por outras vozes misteriosas por trás das paredes, como se fosse reverberada pelo *canyon* de um precipício.

E mais tarde: "O eco ressoa como sussurros ameaçadores"[7]. Nestes casos, Elia Kazan, diretor do filme, só precisou repetir, com os recursos mais completos do cinema, o trabalho de Elia Kazan, diretor de teatro, para obter efeitos legitimamente fílmicos.

O comentário de *Uma Rua Chamada Pecado* é, de resto, muito mais do domínio de um crítico teatral – que a revista *Iris* não possui – do que de um crítico cinematográfico. Se

7. Tradução original do autor.

continuarmos neste caminho, os periódicos cinematográficos não poderão, no futuro, dispensar críticos teatrais.

Deve ser destacado o excelente trabalho de Vivian Leigh e de Marlon Brando – o marido –, bem como a interpretação discreta de Kim Hunter, como esposa e irmã, sendo que os últimos dois interpretam os mesmos papéis na apresentação teatral em Nova York, enquanto Vivian Leigh distinguiu-se neste mesmo papel – o melhor de sua carreira – na apresentação da peça em Londres, sob a direção de seu marido, Sir Laurence Olivier.

Algumas Grandes Obras

4. Crônicas de 1953

A Morte do Caixeiro-Viajante, *A Mulher e a Tentação*, *A P... Respeitosa*, *Alemanha Ano Zero*, *Androcles e o Leão*, *Cidade da Ilusão*, *Fronteira do Crime*, *Luzes da Ribalta*, *O Cangaceiro*, *O Rio Sagrado*, *Sinhá Moça*, *Rasho-Mon*, *Uma Aventura na Índia*.

A Morte do Caixeiro-Viajante ("Death of a Salesman")

Columbia. Produção: Stanley Kramer. Diretor: Leslo Benedek. Elenco: Frederic March, Cameron Mitchell, Mildred Dunnock, Don Keefer, Howard Smith.

Seguindo de perto o desenvolvimento da famosa peça do mesmo nome, de Arthur Miller, o filme narra o destino de um caixeiro-viajante envelhecido no exercício de sua profissão. Incapaz de produzir um movimento satisfatório, é demitido pela empresa que representa. Com esse drama social cruza-se, no enredo, o drama psicológico do homem fracassado não só como vendedor, mas também como educador e pai; nenhum dos filhos obtém o êxito material com o qual o pai sonha e para cuja consecução tentou encaminhá-los. O resultado de uma vida em ruínas é o desequilíbrio mental; com efeito, boa parte da peça e do filme se compõe de alucinações do viajante, alucinações que evocam cenas do passado e que o levam finalmente ao suicídio.

Trata-se de um drama complexo que retrata aspectos importantes da vida norte-americana; os realizadores merecem aplausos por terem levado à tela, sem compromissos, essa peça sombria e pessimista que contém uma crítica às vezes exagerada e nem sempre exata do *american way of life*. Stanley Kramer (*O Invencível*, *Clamor Humano*, *Cyrano de Bergerac*, *Matar ou Morrer* – um dos melhores *far-west* já filmados), levou a lealdade à peça a tal ponto que, logo em seguida, teve de rodar um filme curta-metragem no qual, para satisfazer as associações de viajantes, naturalmente ressentidas, mostrou que viajar como representante é uma belíssima carreira. Boa ou má carreira, o que agrada no filme é, por mais curioso que pareça, o fato de ele ser refrescantemente pessimista, depois de tantas fitas morbidamente otimistas – otimistas até à melancolia. Não importa que o pessimismo, por sua vez, seja levado a um extremo exagerado e se revista de aspectos demasiadamente ideológicos; não importa que a figura de Willy Loman se transforme numa abstração. O seu valor de símbolo resiste a todas as limitações da peça e mesmo à sua falha básica de estrutura: a intromissão de um drama psicológico (o querido primogênito despreza o pai por tê-lo surpreendido com a amante) resiste inclusive a esse drama psicológico, inserido para criar movimento dramático e que quase acaba destruindo o tema principal, isto é, o fracasso e a frustração do *salesman*.

A essência da crítica social se dirige, evidentemente, contra a ideologia do êxito, tão típica da cultura americana. Vidas construídas em torno de nenhum valor substancial, mas com base na areia movediça do sucesso exterior, só podem redundar em fracasso humano, pois são em si sem consistência. Quando ocorre, ainda por cima, o fracasso material, então se revela o hediondo vácuo dessas vidas. Essa ideologia do êxito provém do século passado: é o espírito do pioneirismo num país de possibilidades ilimitadas. Hoje, essas possibilidades se restringiram bastante e a "massa solitária" (*The Lonely Crowd*, como a chamou David Riesman no seu famoso livro) vive numa angústia tremenda do "fracasso", pois a divinização do êxito oriunda do século passado sobrevive num século em que a conquista desse êxito tornou-se sumamente difícil. Daí o fato de o americano típico viver preocupado, de uma maneira quase anormal, com a sua aparência exterior (traço característico da peça): não só porque na competição feroz o homem idoso é posto de lado, mas porque, num país sem estrutura social estratificada – em que cada indivíduo teria o seu lugar certo –, toda pessoa espera conseguir esse lugar graças à aparência exterior (haja vista a propaganda de pastas de dentes, sabonetes e águas-de-colônia, que aproveita ao máximo o medo que o americano tem de não agradar, assim como pululam naquele país livros do tipo: *Como Fazer Amigos e Agradar* e *Como Ter Sucesso*). É que numa sociedade transformada num cipoal de enormes empresas, o pequeno indivíduo, perdido nessa engrenagem gigantesca, não mais espera conseguir o êxito pelo espírito ousado do pioneiro, mas sim pelo sorriso para todos os lados – e particularmente para cima: *Keep smiling!* Como disse Roberto Warshow: "o americano é um vendedor com nada para vender a não ser a sua própria personalidade". Acrescentamos nós: Ele vende *a aparência* da sua própria personalidade.

Nisto reside o valor simbólico desse vendedor de não se sabe exatamente o quê. Através dessa figura mais triste do que trágica – figura que, para a sua freguesia, é uma fachada sorridente (isto é, para todos, pois até aos próprios filhos ele vende a sua personalidade) e que intimamente nada é a não ser vácuo e frustração –, através desse vendedor abre-se em sombria perspectiva toda a tristeza da "massa solitária" de angustiados, fracassados e triturados pela máquina de uma civilização na qual o número dos mentalmente desequilibrados é o mais alto do mundo inteiro. E não admira que Willy Loman viva num mundo de alucinações, já que vive num mundo de aparências e ilusões há muito ultrapassado pela realidade. É nesse ponto que o drama psicológico se entrosa, até certo ponto, com o drama social: o filho, ao ver o pai com a amante, descobre que o pai nada é senão fachada e fraude *(fake)*. E toda a frustração de pai e filho manifesta-se no fato de que, no fundo, ambos não querem êxito algum; essa ambição lhes veio pela educação e pelos padrões sociais; o que o pai quer, na verdade, é apenas cuidar da sua plantazinha no jardim, e o filho sonha com o seu sítio ou com qualquer trabalho manual em que possa ser ele mesmo – um rapaz simples, sem mania de grandeza e sem a angústia da ambição desmedida.

A dificuldade de adaptar esse drama complexo a uma arte de imagens é naturalmente imensa. Não se abalançaram a tal os realizadores. Da mesma forma que os produtores de *Uma Rua Chamada Pecado*, os deste filme demonstraram um respeito exagerado pela peça teatral, embora essa lealdade à literatura não deixe de ter também as suas compensações. Em essência, o filme quase não aproveita os recursos cinematográficos. Apoia-se inteiramente no diálogo da peça e não faz uso das suas possibilidades de apresentar realmente o plano de fundo da vida de Willy Loman: a sua "zona" de viajante e o seu trabalho concreto de vendedor na região da Nova Inglaterra, o seu Brooklyn, a sua Nova York, toda a sua vida dentro de uma América real. A apresentação destes aspectos teria dado ao filme a veracidade sociológica que falta à peça, a qual paira em alturas ideológicas abstratas sem nos mostrar, nunca, o vendedor envelhecido em ação, os seus fracassos concretos nas lojas dos fregueses. Visto, porém, que os realizadores seguiram a peça cena por cena, ter-lhes-iam faltado os diálogos para filmar tais cenas, uma vez que eles não existem na peça. Nota-se também com desagrado, através do filme, a marcação teatral típica, as entradas e saídas características do palco e a concepção espacial e temporal correspondente, que não se coaduna com a arte fílmica.

Naturalmente, as alucinações com a evocação do passado, as quais não são propriamente *flash backs*, já que ultrapassam o sentido de um mero recurso de narração e convertem o passado em plena realidade para a mente do vendedor, essas alucinações ocorrem no filme com maior fluência do que no teatro, de modo que se estabelece uma simultaneidade magnífica entre passado e presente, havendo uma perfeita fusão entre ilusão, fantasia e realidade. A direção de Leslo Benedek, pouco distinguida no todo, tem pontos altos nos momentos em que o doente se comunica ao mesmo tempo com o passado – o fantástico tio enriquecido, o ídolo de sua vida – e com o presente, na pessoa do seu vizinho Charley; ou com a longínqua amante das suas viagens e a própria esposa presente.

A mobilidade da câmera foi pouco aproveitada, a não ser para insistir em numerosos *close ups*, às vezes excelentes. Em essência, o roteiro não toma em consideração essa mobilidade, a não ser nas seqüências inicial e final, quando o vendedor é mostrado no seu carro. A primeira seqüência é ótima: focalizando do fundo do carro, em plano próximo, as malas de amostras e, um pouco mais afastado, as costas curvas do viajante, a câmera nos transmite de imediato a visão de um homem liquidado. Tirando a cena do metrô, essas são as únicas seqüências em que a câmera realmente sai da casa e se arrisca a abandonar, por um momento, a estrutura da peça.

Tratando-se, evidentemente, de teatro filmado, os realizadores cuidaram em particular da interpretação dos atores, essencial quando o cinema renuncia aos seus próprios recursos. Neste terreno, os realizadores obtiveram bom rendimento da maioria do elenco. Frederic March tem um grande desempenho e na cena em que pergunta a Bernard, o filho bem sucedido do vizinho: *Bernard... what's the secret? (Bernard... qual é o segredo?* – o segredo do êxito), ele alcança uma altura de expressividade que nos reconcilia com todos os defeitos do filme e, até mesmo, com a epidemia americana de aplicar a Sétima Arte ao teatro.

A Mulher e a Tentação ("Eva")

Filme sueco produzido pela Mundial Filmes. Diretor: Gustaf Molander.
Protagonistas: Birger Malmsten, Eva Dahlbeck, Eva Stiberg.

Obra que faz parte de um gênero pouco freqüentado pelos realizadores cinematográficos: não narra propriamente um episódio da vida de um personagem e muito menos se apoia numa trama ou intriga ou qualquer enredo novelístico; nem reproduz – o que é o caso mais freqüente – uma daquelas histórias de amor que terminam com o matrimônio. Caso raríssimo: o filme narra a evolução íntima, psíquica e espiritual, de um homem, desde a sua infância até a sua maturidade. O protagonista volta – após vários anos de ausência – à casa do pai, chefe de uma pequena estação perdida no interior da Suécia. Ao ver deslizando, no trem, as paisagens conhecidas, relembra a infância. O longo *flash back*, de rara autenticidade estética, que abre o passado em toda a sua profundeza e poesia, resulta organicamente da situação, não

180

sendo apenas um recurso superficial, usado para explicar a trama e os acontecimentos do presente. E embora mostrando o choque mental sofrido pelo menino ao causar a morte de uma menina cega de que se enamorara, não se trata tampouco daquele tipo comum de *"flash back* psicanalítico" destinado a "explicar" o corriqueiro sentimento de culpa que costuma, em tais casos, corroer a alma do herói adulto. Não há nada de "inconsciente" ou "subconsciente" que precisasse ser descoberto com a ajuda de um médico. O protagonista se lembra sozinho de tudo. O incidente terrível, entrelaçado com o ambiente e a reação do pai autoritário, não tem sentido psicanalítico; apenas sugere, em conjunto com toda a paisagem do passado, o desenvolvimento de uma alma angustiada, em cujo sentimento de vida o amor e a morte formam uma unidade associativa indissolúvel. É através da experiência do desespero, levada quase ao niilismo, que surge a "conversão" do protagonista, a atitude positiva em face das coisas simples e eternas – vida, amor, família, natureza – que, de súbito, revelam-se plenos de sentido e valor.

Filme essencialmente religioso, sem que se faça o mínimo alarde disso, sem nenhuma sugestão de confissão específica, apesar da leitura ocasional de trechos do Velho Testamento, segundo a tradição protestante; religioso na gravidade com que são abordados problemas como o amor, a morte, a culpa e o "sentido da vida"; religioso na constante transcendência da imagem exterior para planos profundos; religioso no sentimento cósmico que emana da captação da natureza, bem como na maneira como as figuras, mesmo no desvario e na orgia sensuais, movem-se em função de algo que as ultrapassa.

Filmicamente, é de rara beleza a montagem paralela da união amorosa dos dois protagonistas, de um lado, e da morte do avô de "Eva", de outro lado; as seqüências da agonia do velho, assistido nas suas últimas horas pela esposa, são das mais perfeitas, quer sob o ponto de vista puramente fílmico, quer no tocante à sua densidade humana e à sua "mensagem" profunda.

É magistral a arte do diretor em conduzir os atores, todos eles de primeiríssima ordem, salientando-se entre eles, ainda assim, a intérprete da avó.

A P... *Respeitosa* ("La P... Respectuese")

Produção francesa dirigida por Marcello Pagliero.
Protagonistas: Barbara Laage, Marcel Herrand.

Filme que, sendo baseado na famosa peça de Jean P. Sartre e contando com a colaboração do próprio autor na elaboração do roteiro, não poderia se tratar de uma obra medíocre. Um jovem "patrício" norte-americano (do sul dos Estados Unidos), sobrinho de um senador, mata no compartimento de um trem, reservado aos negros, um moço preto, sem motivo nenhum. Testemunham o ato uma prostituta branca e outro moço de cor. Este foge da polícia por medo de ser acusado do assassinato, uma vez que a polícia, tendo de escolher entre um branco e um negro, forçosamente haveria de acusar este último. Tudo depende do testemunho da prostituta, que é assediada com tentativas de suborno pela família do assassino e pelo próprio senador, a fim de que preste um testemunho falso. Contudo, apesar de suas hesitações, a "mulher de vida fácil" não se deixa corromper. Enojada pela corrupção daquela cidade sulista, dá uma tremenda lição a uma sociedade prostituída e venal que a chama de prostituta.

O significado do filme reside inteiramente na mensagem e na tremenda acusação contidas na peça original. É um dos libelos mais profundos e inteligentes já dirigidos contra o preconceito racial. A psicologia dos "brancos" daquela cidade (é bom dizer que não se deve generalizar os fatos narrados, mas na sua essência eles dão um quadro correto de certa parte da sociedade sulista frente a determinadas situações), bem como a psicologia dos homens de cor, intimamente deformados pelo peso do preconceito sob o qual vivem, são reveladas com uma penetração espantosa. A idéia genial de Sartre foi a de colocar no centro da peça uma prostituta branca – que enquanto prostituta é um ser à margem da sociedade, à semelhança dos negros do sul dos Estados Unidos, mas que como branca faz parte da casta dominante. Explicam-se a partir daí as suas hesitações frente aos negros e, ao mesmo tempo, a sua capacidade de se distanciar da sociedade branca, solidarizando-se com os "marginais". Mantendo-se incorruptível até o fim, ela faz recair a pecha da prostituição e da corrupção sobre a sociedade hipócrita que a condena, numa violenta inversão de valores.

Não se pode dizer que a mensagem tenha sido comunicada em termos cinematográficos perfeitos. Há vacilações e a linguagem fílmica parece, por vezes, claudicante. A intensidade da peça teatral não alcança a fita. No todo, porém, o filme é uma obra honesta que dignifica a Sétima Arte e que demonstra, mais uma vez, quantas possibilidades Hollywood deixa de aproveitar por não levar a sério o seu público e a sua própria missão. Indubitavelmente, Hollywood poderia ter realizado uma obra formalmente muito superior a esta produção. Nunca, porém, teria sido capaz de apresentar semelhante obra com tamanha seriedade e honestidade, sem deformações essenciais que teriam traído o próprio sentido da mensagem (mesmo se não houvesse inúmeros outros empecilhos representados pela censura e pela delicada situação política da Meca cinematográfica).

Apesar dos defeitos formais e de uma certa incapacidade dos atores franceses de representarem convincentemente o "jeito americano", trata-se, não obstante, de uma obra de valor. Há mesmo grandes seqüências – a do linchamento, por exemplo, ou a do senador procurando convencer a prostituta de que o próprio Washington teria preferido a salvação de um americano branco, de boa família, à de um simples negro sem nenhuma tradição aristocrática.

A prostituta, uma grande figura que honra o teatro de todos os tempos, é magistralmente interpretada por Barbara Laage. Há também ótimos elementos entre os atores de segunda plana e entre os atores de cor, todos eles conduzidos com correção pelo diretor Marcello Pagliero.

Alemanha Ano Zero
Um filme de Roberto Rossellini.

Este filme, de 1947, confirma o alto conceito em que deve ser tido o diretor italiano, apesar da sua produção não muito regular. Este filme comprova, ao mesmo tempo, que se deve ao neo-realismo do cinema italiano grandes momentos, não se justificando a acerba crítica feita a este estilo, a qual tornou-se, atualmente, "chique". O neo-realismo influenciou poderosamente as melhores obras fílmicas da atualidade (como aliás também a fotografia) e se tornou uma fonte de renovação em face de um cinema transformado em clichê. O perigo do neo-realismo está em se tornar, por sua vez, chapa, como tem acontecido algumas vezes.

Alemanha Ano Zero tem todo o vigor desse estilo e poucas das suas falhas. Introduz o espectador na Berlim do após-guerra, fazendo-o participar da vida de uma família em meio à desolação geral, em meio às ruínas, com a fome rondando os míseros habitantes de uma *Mietskaserne* – de uma das "casernas residenciais" daquela metrópole. E embora não julgando, não condenando, mas apenas documentando e registrando, com uma agudeza sem par, o filme ilustra o que Kant já dizia da guerra, causa de *fome, motins, deslealdade e como se queira chamar a ladainha de todos os males que oprimem a humanidade.* Todo o horror das conseqüências da guerra manifesta-se na figura do rapazinho de doze ou treze anos, o caçula da família focalizada. Menino realmente sem infância, sobrecarregado de responsabilidades, à procura de alimentos e negócios duvidosos a fim de ajudar a manter a família – cujo chefe, doente, é incapaz de trabalhar –, enquanto o irmão mais velho não se arrisca a sair da casa por medo de ser "desnazificado", e a irmã vacila entre a prostituição e o amor ao noivo aprisionado. O pavoroso caos moral é ilustrado pelo menino que, induzido por um nazista "nietzscheano", através de argumentos de Rascolnikov, assassina o pai "inútil", suicidando-se em seguida, esmagado pelo peso da sua vida e da sua culpa.

Duas seqüências do filme são inesquecíveis: a do disco com a voz de Hitler, anunciando os esplendores do *Reich* de mil anos, enquanto a câmera, cruelmente, com ironia feroz, focaliza em panorama as ruínas da *Reichskanzlei*, onde Hitler morreu; e a seqüência final, com o menino perambulando, solitário, soturno e desesperado, por entre as ruínas, apavorado pelo crime cometido. Repentinamente, levado pelos seus impulsos infantis, cai numa atitude lúdica, começando a pular numa perna só, a empurrar com o pé uma lata velha e a deslizar por sobre vigas inclinadas. É uma seqüência longa, sem diálogo, composição de imagens em que a fealdade da cidade bom-

184

Alemanha Ano Zero.

bardeada se transfigura para se revestir da estranha beleza de uma lamentação profundamente humana. De súbito, o menino se lança no espaço, do alto de um prédio destroçado, impelido pelo desespero e, talvez, pelo impulso infantil de brincar.

O filme é prejudicado pelo fato de que Rossellini não conseguiu conduzir todos os elementos humanos satisfatoriamente, fato que talvez se deva atribuir, em parte, ao possível desconhecimento da língua alemã, falada pela maioria das figuras como se declamassem artigos de fundo escritos por maus jornalistas.

De qualquer modo, um filme cheio de robusta beleza, sagaz, verdadeiro, brutal e tão pleno de vivência humana que seria mesquinho enumerar os defeitos, sem dúvida múltiplos, mas todos eles marginais.

Androcles e o Leão ("Androcles and the Lion")

R. K. O. Produção: Gabriel Pascal. Direção: Chester Erskine. Elenco: Jean Simmons, Victor Mature, Alan Young, Maurice Evans, Allan Mawberry, Robert Newton etc.

Gabriel Pascal, o produtor desta fita, é também responsável por outras adaptações de peças de Shaw, tais como *Pygmalion* e *César e Cleópatra*. Como naqueles filmes, o produtor encontrou também, desta vez, meios para se sair com certa elegância da tarefa de adaptar o terrível irlandês. Se não escapou à gravitação teatral, tampouco deixou de se esforçar por fazer cinema, e de qualquer modo conseguiu captar, até certo ponto, o espírito irreverente e chistoso da peça, uma das mais deliciosas de Shaw.

Todo mundo conhece a história do cordato cristão Androcles, que tira o espinho da pata do leão e que, depois, lançado na arena de Roma para morrer a morte de mártir, é tratado com extremo carinho por "seu" leão, que casualmente foi escolhido para devorar o pobre cristão. O humor da paródia reside na inadequação entre o conteúdo tradicional, de solene gravidade, e a forma jocosa em que esse assunto é narrado. Não falta à peça profundeza e penetração psicológicas, sendo que essas qualidades, bem como o jogo irônico da paródia, são transpostas com sabor e leveza para a tela.

O excelente diálogo da peça, embora perdendo-se em parte, conservou ainda assim boa dose de sua pimenta e mordacidade. A cenografia, tratada com certa *nonchalance*, enquadra-se bem no espírito da peça. Há também bonitos momentos cinematográficos, devendo-se destacar o belo jogo de câmera e cortes, de planos remotos e próximos, na seqüência em que Androcles, ajoelhado na arena à espera do leão, reconhece o seu velho amigo – que não é amigo urso – e é reconhecido por ele.

O diretor Chester Erskine, de quem as referências não são as melhores, conseguiu, no entanto, imprimir à fita a graça de Shaw, fazendo com que as personagens, de um modo geral, se subordinassem às intenções do autor. Jean Simmons, lindíssima, cria uma figura deliciosa e cheia de charme, e até Victor Mature, seu galã, comporta-se com discreção e dignidade, apresentando um dos seus melhores trabalhos. A esplêndida figura de Ferrovius, o cristão violento que converte os pagãos à força, com seus punhos, e depois se entrega ao desespero cômico do seu arrependimento, é muito bem interpretada por Robert Newton, o mesmo valendo para o intérprete de Androcles.

Cidade da Ilusão ("Die Goldene Stadt")

Produção alemã de 1942. Diretor: Veit Harlan.
Protagonistas: Christina Soederbaum e Eugen Kloepfer.

É deplorável, de um modo geral, que da Alemanha nada nos venha da produção atual, somente se apresentando, de quando em vez, produções antigas, da época nazista. Em particular, é deplorável que, entre tantos bons diretores alemães, se escolha precisamente um filme de Veit Harlan – diretor boicotado até na Alemanha, hoje em dia, devido às suas destacadas atividades a serviço da propaganda nazista. A apresentação, ultimamente, de um filme seu provocou violentos distúrbios e protestos na Alemanha Ocidental.

Reconheça-se, porém, que Veit Harlan, antigo ator do Teatro Estadual de Berlim, é um diretor cinematográfico de valor. Alguns dos seus êxitos foram: *Der Herrscher* (O Líder), de 1937; *Die Reise nach Tilsit* (A Viagem a Tilsit) e *Der Angeklagte von Nuernberg* (O Acusado de Nurembergue).

Die Goldene Stadt (traduzido ao pé da letra: A Cidade do Ouro) focaliza a tragédia de uma rapariga da roça, filha de um camponês alemão da região dos Sudetos, na Tchecoslováquia, a qual anseia por conhecer "a cidade do ouro", a metrópole: Praga. Durante uma breve ausência do pai e do noivo, ela dá uma escapada a Praga, onde é seduzida e "se perde". Voltando à fazenda do pai, tipo de patriarca autoritário, é expulsa e se suicida nos pântanos próximos, onde já se suicidara antes a sua mãe, vítima também dos seus anseios metropolitanos e da inflexibilidade do "velho". Apoteose: o pai conservador não mais se opõe ao saneamento do pantanal, promovido pelos engenheiros "modernistas" – no local onde se ergue a lápide com os nomes de mãe e filha, estender-se-á futuramente o trigal dourado, mais dourado do que a cidade do ouro.

Como se vê, um argumento um tanto ingênuo e batido. O tratamento fílmico, contudo, é vigoroso e a realização é distinta. A cor (pelo processo Agfa) é usada com inteligência, embora nem sempre satisfaça pelo aspecto técnico. Veit Harlan soube aproveitar a cor em função da idéia do filme – para exprimir a atração mágica da metrópole, tingida de ouro nas divagações da moça, na face sonhadora reflete-se um fulgor esplendoroso, como se a magnificência das suas fantasias oníricas se transmitisse ao seu semblante.

A obra não revela, de maneira explícita, aspectos ideológicos, e no esboço forte e quase polêmico do pai patriarcal e dominador (Eugen Kloepfer), em parte culpado pela morte da esposa e da filha, poder-se-ia até notar, com alguma boa vontade, certa crítica às concepções totalitárias. O fato, porém, é que o pai tem razão, pois ambas as suicidas se perdem por não lhe obedecerem. De forma subjacente, encontra-se toda a teoria fascista de "sangue e solo" e da influência perversa da grande cidade – uma concepção que levou Knut Hamsun, um dos maiores romancistas do nosso tempo, direitinho ao nazismo.

Fronteira do Crime ("Suendige Grenze")

Produção alemã. Distribuição: França Filmes. Diretor: R. A. Stemmle. Protagonistas: Dieter Borsche, Jan Hendricks, Inge Egger.

Este filme de 1951, ao que parece o primeiro produzido na Alemanha depois da guerra a ser apresentado nas telas paulistanas, narra a corrupção moral em determinada região fronteiriça da Alemanha – o chamado *Dreilaendereck* (Canto dos Três Países, isto é, Alemanha, Holanda e Bélgica) –, devido à intensa atividade contrabandista ali desenvolvida, em especial com o auxílio de grandes bandos de crianças que atravessam a fronteira particularmente para "importar" café.

Este aspecto é interessante e ocupa a primeira parte do filme. Daí em diante, porém, uma história de amor entre uma moça contrabandista e um professor em viagem de estudos avança cada vez mais para o primeiro plano e estraga o caráter semidocumentário do início. É pena que os autores do roteiro não se tenham esforçado por estabelecer maior equilíbrio num filme em que o "romance" tinha que ser necessariamente mantido em lugar secundário.

A direção de Stemmle, nome internacionalmente conhecido, é segura e imprime à atuação do elenco grande espontaneidade (se é que se pode "imprimir" espontaneidade). Inge Egger é um tipo delicioso e uma boa atriz. Nota-se na condução do elemento infantil a influência do cinema italiano. Fotografia e som são límpidos e tecnicamente bem cuidados, devendo-se destacar o excelente diálogo – aliás, geralmente mal traduzido.

Aspecto sociologicamente interessante é a forte influência americana – tanto na maneira como o filme descamba para o "romance" e para o puro *thriller*, quanto nas danças histéricas a que se entrega a juventude alemã daquela região e, certamente também, de outras regiões. É de se esperar valores mais positivos da cultura norte-americana exerçam igualmente influência semelhante naquele país.

Luzes da Ribalta ("Limelight")

Produção de Charles Chaplin, 1951. Distribuição: United Artists. Direção, argumento, diálogos, música e coreografia de Charles Chaplin.
Elenco: Charles Chaplin, Claire Bloom, Nigel Bruce, Sidney Chaplin, Charles Chaplin Jr., Buster Keaton, Marjorie Bennett, Norman Lloyd e os bailarinos Melissa Hayden e André Eglevsky.

Calvero, velho e decadente comediante de *vaudeville* na Londres de 1914, salva uma jovem bailarina depois de uma tentativa de suicídio. Inspira-lhe coragem e a vontade de viver e prosseguir na sua profissão, ajudando-a a vencer uma paralisia imaginária, causada por traumas psíquicos. Enquanto a jovem se torna cada vez mais famosa, o velho artista, doente e dado à bebida, decai cada vez mais. A bailarina sente-se apaixonada por Calvero e quer casar-se com ele. Este, todavia, após mais um fracasso, abandona a jovem amiga e desaparece, convencido de que sua inclinação é apenas piedade e que ela, realmente, ama um jovem compositor. Finalmente reencontrado, como musicante de rua, aceita participar de um grande programa beneficente. Apresenta os seus números com retumbante êxito. Mas, exausto pelo esforço, sofre um colapso cardíaco e morre, enquanto a sua jovem amiga entra em cena e começa a dançar o balé da ressurreição.

Eis o esboço resumido de uma obra extraordinária. A crítica internacional e o público dividiram-se em dois campos violentamente opostos: de um lado, fervorosos entusiastas, de outro veementes e por vezes maliciosos detratores do filme. É verdade que o êxito popular é imenso. Mas mesmo esse fato serve de base a muitos ataques. *Após o fracasso de bilheteria de* Mr. Verdoux, *Chaplin submeteuse ao gosto do grande público*, dizem muitos adversários do filme. E prosseguem: *O próprio Calvero exclama: todos nós nos rebaixamos para ganhar a vida*. Os adversários consideram a obra não somente convencional, melodramática ao extremo, sentimental, chorosa, grosseira, mas chegam a chamá-la até de obscena por causa da seqüência das "pulgas".

As críticas de peso que realmente se poderiam dirigir contra o filme seriam: l) convencionalismo; 2) dialogação excessiva até a verbosidade; 3) sentimentalismo piegas; 4) a filosofia otimista de Chaplin, em vez de emanar do próprio drama e do enredo, em vez de ser transformada em imagem, é exposta em longas tiradas retóricas por Calvero, as quais estão, além disso, em contradição com o desenrolar essencialmente melancólico do entrecho. Assim, a filosofia, enunciada na abstração da palavra, mantém-se dissociada do conteúdo dramático.

190

Convencionalismo

No que se refere ao convencionalismo, trata-se de uma crítica dirigida, em particular, contra o argumento, muitas vezes repisado – o argumento do palhaço trágico. Há, indubitavelmente, elementos convencionais na obra e a sua linha fundamental integra-se numa grande tradição, na qual o próprio artista se torna objeto da arte. Desde os românticos, o convencionalismo é considerado, geralmente, um grave defeito numa obra de arte, assim como é considerado um grande valor a originalidade. A partir de Nerval, repete-se: "O primeiro a comparar a mulher a uma rosa foi um poeta; o segundo, um imbecil". Opinião muito duvidosa, essa. Roger Caillaux disse, com acerto: "O importante não é inaugurar, mas exceder, ou seja, o importante é exceder". São, continua ele, "precisamente os artistas medíocres os que procuram o inédito, fugindo de todos os modelos. O gênio tem muito mais audácia: pinta uma milésima 'Descida da Cruz', plasma mais uma 'Vênus' e escolhe, para a sua tragédia longamente sonhada, o tema mais gasto". O escritor seguro de si não teme a banalidade. "Provoca a comparação, precisamente, porque se sente ou se sabe incomparável. Mesmo o plágio lhe é permitido, pois "o leão é feito de carneiros".

Em *Luzes da Cidade*, Chaplin inspirou-se largamente num filme de René Clair, mas este nunca se ofendeu por isso e continua um admirador irrestrito do grande colega. Em *Luzes da Ribalta*, Chaplin chega a plagiar-se a si mesmo, quando Calvero recorre a *gags* do Carlitos dos tempos mudos – procedimento, aliás, justificado numa obra de aspectos autobiográficos. Trata-se, bem entendido, muito menos de plágios do que de autocitações de *gags* entre aspas – o que lhes empresta um forte teor de paródia. Quando Calvero arranca uma flor, temperando-a com sal para em seguida comê-la, há duas camadas de comicidade: a primeira, direta, decorrente do inesperado da situação e da pantomima do vagabundo, a se deliciar com o estranho prato. Em segundo lugar, ocorre o efeito de paródia, para quem sabe que essa idéia é do Carlitos mudo.

No que se refere à convenção, cabe destacar que Thomas Mann, outro amigo e admirador de Chaplin, salienta no seu

Fausto o extremo convencionalismo do *velho* Beethoven das últimas cinco sonatas para piano: com indiferença magnífica e soberba displicência, ele se entrega a lugares comuns musicais, dando-lhes nova vida e vibração no conjunto da obra.

Um fenômeno freqüente que ocorre é que o grande artista, quando velho, procura o típico e o suprapessoal, superando o individualismo extremo da juventude. Na convenção manifesta-se o coletivo e o típico, elaborado pelos séculos. É um sinal de grande tato estético o fato de que Chaplin tenha equilibrado uma obra, amplamente autobiográfica, através da integração do intimamente pessoal com padrões típicos e convencionais. *Luzes da Ribalta* marca o encontro festivo de um grande artista com uma grande convenção. Assim, o elemento autobiográfico, comungando com o mito, transcende a anedota e se eleva ao válido.

Diálogo excessivo

A crítica ao diálogo excessivo é, pelo menos em parte, correta. O artista que dissera: "Eu detesto o cinema falado porque veio corromper a mais antiga arte do mundo: a pantomima [...], aniquilando a grandiosa beleza do silêncio (citado em *Anhembi* nº 340, p. 191)", entrega-se, neste filme, com verdadeira volúpia, à palavra. Ela domina quase que por inteiro a primeira parte do filme (até o texto "Seis meses depois"), tornando-a lenta e desproporcional em relação à segunda parte. Mas a palavra, embora prolixa, revela-nos um poeta e um ator na plena posse de todos os recursos de dicção. Há, ao lado de diálogos banais, outros de pungente lirismo, frases de aguda inteligência, de amarga ironia e de uma poesia de grande beleza. *A elegante melancolia do crepúsculo* – essa frase proferida por Calvero e que poderia servir de título ao filme e à fase atual da vida de Chaplin, é ao mesmo tempo pura poesia. E as odes à sardinha ou à minhoca – *Oh worm – why do you turn – into the earth – from me?*[8] – são de uma ternura franciscana e de um humor grotesco de rara felicidade.

---

8. "Oh, minhoca – por que você se esconde – dentro da terra – por minha causa?" (trad. da org.).

Contudo, apesar da frequente beleza do diálogo, é preciso reconhecer que ele prejudica a estrutura e o movimento rítmico do filme. Se não o prejudica gravemente é porque quem o sustenta é o próprio Chaplin, que consegue dar-lhe encanto e movimento interno.

Sentimentalismo excessivo

Outra crítica é a do sentimentalismo excessivo. *Luzes da Ribalta*, sem dúvida, tem forte cunho melodramático, não negando a influência de Dickens (melodrama). Contudo, o sentimentalismo nas fitas de Chaplin nada mais é senão a sua ironia às avessas. Ambos são os dois lados da mesma moeda e se neutralizam mutuamente, a ironia temperando o sentimento e este humanizando a ironia. Não cabe aqui analisar as raízes sociológicas dessa ironia e desse sentimentalismo. Basta sugerir que Chaplin é o que, em sociologia, se chama um marginal, tanto como inglês que durante muitos anos viveu nos Estados Unidos, quanto como homem de ascendência judaica numa sociedade cristã. É sabido que os marginais, como elementos não inteiramente integrados a determinada sociedade, desenvolvem facilmente, devido à sua distância frente aos valores da maioria, uma atitude de ironia e, ao mesmo tempo, de sentimentalismo, no sentido de anseio pela integração por quem sente a melancolia do isolado.

Nas suas preleções sobre a Estética, Hegel refere-se à ironia como a um dos perigos que ameaçam o artista, precisamente por causa da sua distância da "vida":

> Só há seriedade quando tenho um interesse essencial, quando há para mim algo substancial que se liga intimamente ao meu ser... Os valores morais são tais conteúdos... Mas no ponto em que o "Eu" é artista, no ponto da ironia, não há tais verdadeiros interesses, tudo é só aparência.

A Hegel não escapou o reverso da medalha: a estreita ligação dessa ironia, nascida de uma vida artística dissolvida nas aparências, com a sede de realidade substancial, de integração. Daí a magnífica análise do que Hegel chama o "saudosimo" do artista, a aspiração sentimental à verdade e à coisa mesma, em vez de à aparência dela.

Luzes da Ribalta.

Em outro artigo sobre Chaplin[9], analisamos a figura do vagabundo e os traços que a ligam ao tipo do poeta e do artista – ambos caracterizados pela sua distância da sociedade e da "realidade". Analisamos também, naquela ocasião, o sentido ambíguo da "dignidade", noção tão essencial ao entendimento de Chaplin.

Ora, o Calvero de *Luzes da Ribalta* nada é senão o vagabundo dos filmes antigos de Carlitos. O tipo, em essência, é o mesmo. Ultrapassando de longe os momentos puramente autobiográficos, o filme, penetrando no âmago da situação duvidosa daquele tipo, transforma-se em indagação angustiosa a respeito não só da existência do "artista-vagabundo", como também da própria arte. Presentemente, o "vagabundo" não é mais jovem: ele envelheceu, e o valor estético da sua existência boêmia e inteiramente livre das amarras coletivas, na sua distância da realidade, não o satisfaz mais. São cenas pungentes em que o ator, acostumado a viver no mundo das aparências poéticas e a se fazer de palhaço, sente-se invadido pelo horror em face da sua situação e se entrega à bebida; agora ele não quer mais "aparecer" e "aparentar", mas sim existir – existir "dignamente". E chega a exclamar, desesperado, quase com as palavras de Hegel, que *necessita da verdade*, que anseia por algo substancial.

No entanto, ele sabe perfeitamente que essa busca da verdade e da dignidade o arruina como artista. Existindo em vez de aparentar, ele se alheia do público. Assim, a decadência desse comediante não é uma decadência qualquer. É a automutilação de um artista compenetrado da ambigüidade do seu *status* como artista, de um homem que odeia o teatro com o seu mundo aparente e que sabe, ao mesmo tempo, que sua vida depende dele, teatro, como do sangue nas suas veias. E que aprendeu, com a agudeza de um Kierkegaard, o drama da existência estética. Não é por acaso que Chaplin não nos apresenta somente o balé da *Morte de Colombina*. Revelando a mera aparência de tudo, mostra também o trabalho por trás dos bastidores, a mudança dos apetrechos, a febril agitação dos artistas; e insiste em nos mostrar, numa tomada remota

9. Ver *Luzes da Cidade*, pp. 81-88.

maravilhosa, como a protagonista do balé, morta no leito, se levanta a fim de se preparar para a próxima cena em que ela ressurgirá, imortal.

Entendendo bem o sentido do filme, tão singelo na superfície e tão complexo no fundo, compreende-se que a fita não é simplesmente sentimental e irônica: ela é, também e antes de tudo, um discurso em imagens *sobre* o sentimentalismo e a ironia do artista, uma narração intensa da vida peculiar do homem que se entrega ao mundo estético das aparências.

A filosofia exposta em tiradas retóricas

Talvez a crítica mais fundamental seja aquela que censura Chaplin por ter exposto a sua filosofia de vida através do diálogo e não da imagem e do entrecho. Levanta-se então a pergunta: Quem vive filosofando na fita, Calvero ou Chaplin? Se for o próprio Chaplin, deve-se considerar a pregação filosófica como um defeito, porque Chaplin, se realmente tivesse querido expor uma filosofia, não deveria pregá-la, mas sim transformá-la em ação, movimento e drama. Se for, porém, Calvero quem filosofa, tratar-se-á de um recurso legítimo para caracterizar o protagonista através do seu pensamento.

O debate reduz-se, dessa forma, a verificar até que ponto se pode identificar Calvero ou Chaplin; até que ponto, enfim, se trata de uma obra autobiográfica ou não. É evidente que há aspectos autobiográficos na obra, e o próprio Chaplin não encobre esse fato em nenhum momento do próprio filme. Mas é evidente, também, que não estamos diante de uma autobiografia no sentido rigoroso. Chaplin não fracassou como Calvero – embora a angústia do fracasso talvez o torture: Chaplin, já velho, casou-se de novo e as relações com sua esposa não são apenas platônicas, como as de Calvero com sua jovem amiga. Chaplin não é decadente em nenhum sentido. Não há, portanto, uma identidade literal entre Calvero e Chaplin – e se identidade houver, será apenas no sentido simbólico de que Chaplin, como comediante, se reflete no comediante Calvero. Isto nada mais é do que uma possibilidade, um aspecto, uma faceta, uma manifestação simbólica de Chaplin. Qualquer outra suposição seria sintoma de extrema

196

ingenuidade e desconhecimento total das relações entre o artista e a sua criação. Chaplin simboliza, através de Calvero, as suas angústias e temores, suas alegrias e dúvidas, suas concepções e indagações a respeito do artista e da arte. É aparentando Calvero que Chaplin simboliza o drama do homem cuja existência se resume nas aparências.

Não é, portanto, Chaplin quem professa, através das tiradas de Calvero, uma filosofia otimista de vida e das suas glórias – embora possivelmente alimente idéias semelhantes. É Calvero quem prega essa filosofia e que é caracterizado por ela. Sendo assim, não importaria caso não houvesse concordância entre essa filosofia e o drama da sua vida. Ao contrário: as suas idéias a respeito da vida são aquilo que lhe falta, aquilo por que anseia – devendo-se ainda acrescentar que nem sequer pode ser afirmado, com segurança, que o otimismo ostentado por Calvero corresponda realmente às suas convicções mais íntimas. Trata-se de tiradas pragmáticas, proferidas com o fito de inspirar à jovem bailarina coragem e esperança, de discursos pronunciados com o entusiasmo do ator encantado pela própria voz e pelo próprio *élan*.

Contudo, mentiríamos se disséssemos que a relação entre Chaplin e Calvero, assim como a que existe entre Calvero e os seus discursos, é apenas a do prazer no jogo estético. Há, ao mesmo tempo, identificação e confissão, entrega e desnudamento, porém numa esfera em que nada deve ser entendido ao pé da letra. É nisto que se manifesta a dialética da arte – que ela é, para falarmos com Johannes Pfeiffer, ao mesmo tempo *vôo e gravidade* e *jogo e seriedade*, identificação e distância. Franqueiam-se *as fronteiras inacessíveis do coração* e este, ao mesmo tempo, permanece *intato e incólume. Por quê? Porque o poder purificador da forma eleva a experiência pessoal desde o íntimo até o universal, desde o momento real até o válido* – desde o autobiográfico, através do convencional, até o mito.

Colombina vive!

Outro ponto, de menor importância como crítica, é a afirmação de que seria uma falha o fato de que o decadente comediante, no fim do filme, colhe aplausos delirantes com as mesmas cenas com que antes fracassara, sem que o motivo desse repentino êxito seja explicado e psicologicamente sugerido. Poder-se-ia alegar que o amor da jovem bailarina deu-lhe novo impulso e que a volta à rua, ao povo, onde se encontra sua verdadeira platéia, insuflou nele novo alento e vigor. Há, contudo, causas mais profundas. A ressurreição de Terry, após a sua agonia, exerce grande influência sobre ele. Essa volta à vida – como aliás todo o filme – é parafraseada pelo balé *A Morte da Colombina*, que é apresentado como ensaio e com os bastidores, mostra a ressurreição da amada de Arlequim – ressurreição, porém, que já não é a daquela moça que morreu, mas da eterna Colombina, viva nas flores, nos bosques e nos prados, e que realmente nunca morreu. A própria ressurreição de Terry após a tentativa de suicídio nada é senão uma metáfora da eterna metamorfose, assim como é uma metáfora a decadência e a morte de Calvero.

"Tudo que é perecível é somente um símbolo", disse Goethe no *Fausto*. Colombina morre no palco, mas Terry se levanta entre os bastidores quando a cortina cai, da mesma forma que Calvero morre entre os bastidores enquanto Colombina ressurge quando a cortina se levanta. Calvero reconhece a realidade da aparência frente à aparência da realidade. Reconhece que, através da transparência da arte, se revela o válido; reconhece a mera ilusão da morte, superada pela vida em suas múltiplas transfigurações. Reconhece que a arte é um símbolo do imperecível. Sentindo de novo a dignidade da arte, Calvero se entrega de corpo e alma a ela, a esse jogo sublime do qual descobriu a imensa seriedade. Em última análise, o filme é um hino à grandeza da vida e da morte, e bem interpretado, não há nem mesmo aquela contradição entre as tiradas de Calvero e o sentido íntimo do entrecho.

Uma face em close up

O que se tem admirado nos filmes de Chaplin é o que René Clair chamou a sua "óptica dupla". Com efeito, *Luzes da Ribalta* pode ser visto como um simples melodrama e ser apreciado enquanto tal, graças à sua profunda irradiação emotiva, da mesma forma que pode ser analisado como uma obra de grande complexidade – com o perigo das interpretações pretensiosas que procuram descobrir sistemas filosóficos onde, talvez, somente haja o prazer de narrar uma história comovedora. Mas a obra, uma vez vista sob este aspecto, é indefesa e tem de suportar as mais variadas interpretações a que toda grande criação artística, graças à sua vibração formal, se presta.

Mais do que nos filmes anteriores, Chaplin cuidou, desta vez, da expressão cinematográfica, consciente de que somente através de uma forma extremamente significativa poderia integrar e sugerir o grande volume emocional e espiritual de sua experiência. Antes, ele costumava preferir a câmera em posição convencional e bastante fixa para dar o máximo valor ao trabalho de Carlitos. Qualquer malabarismo virtuoso da câmera poderia desviar a atenção do rosto e do gesto. Neste filme, porém, Chaplin cuidou bastante da movimentação da câmera e, sem cair em excessos, atribui à sua deslocação um grande valor de acentuação, ênfase, usando a sua mobilidade, por vezes, como grifo que suspende o conteúdo da imagem. A iluminação é magistral: mencionamos apenas a cena de Colombina, levantada no seu leito diante da janela do seu "estúdio"; o ensaio de Terry, belíssimo na sua distribuição de luz e sombra; as tomadas de Colombina ressurreta, de grande altura; a cena do banco de jardim, onde o rosto de Terry é banhado pelo suave reflexo da aurora, enquanto o de Calvero se mantém na penumbra; a cena depois do ensaio, com Calvero na escuridão, quando as luzes da ribalta se apagam.

O uso do *closeu up* significativo atinge, neste filme, alturas jamais vistas. Devem ser salientados os dois *close ups* do rosto de Calvero – um, quando face a face consigo mesmo, ele vê o abismo de seu fracasso; despertando, enquanto sonho e realidade ainda se confundem, o comediante não está ainda armado para aparentar, para si mesmo, a comédia cotidiana. O outro *close up* dá-se enquanto ele tira a máscara da maquiagem do rosto, diante do espelho: sente-se um frêmito gelado, a presença de uma realidade última. O impacto de ambas as tomadas é tremendo. Nesse momento, a face de Calvero se confunde com a de Chaplin bem como com a de toda a humanidade

199

na situação-limite da angústia e do desespero. Revela-se o mais recôndito da alma humana, a infinita solidão do homem.

Toda a estrutura de *Limelight*, apesar dos defeitos apontados, é de sólida construção, com os clímax prudentemente distribuídos, notando-se uma intensificação – verdadeiro *acelerando* – nas partes finais. Rica de contrastes evidentes, a fita se nutre, na sua substância estrutural, de fortes tensões que se resolvem harmoniosamente. O sofrimento não é negado, mas superado, e o otimismo final não nega os aspectos trágicos da vida.

Não há dúvida de que o filme é sustentado pelo ator Chaplin, para quem, em última análise, trabalhou o produtor, compositor, argumentista e diretor Chaplin. Só esse ator poderia interpretar Calvero e transformar o melodrama em grande obra de arte. Com a precisão de sua pantomima e a imensa ductibilidade de sua mímica, com a sua magia e sua graça pessoais, ele infunde ao filme poesia, encanto, unidade. Ajuda-o nessa tarefa essa singela e humaníssima Claire Bloom, mais um dos achados de quem, como ninguém, sabe descobrir mulheres que são gente e não estrelas. A relação entre os dois está impregnada de ternura e o filme é, antes de tudo, um dos mais belos poemas à solidariedade e lealdade humanas.

Se o argumento, por si só, é convencional, deve-se dizer o mesmo igualmente da música. Ouvindo-a nos discos, vendidos às dezenas de milhares no Brasil, e aos milhões no mundo inteiro, não se pode negar certa banalidade fácil na linha melódica. No entanto, no filme ela se revela de grande propriedade, criadora poderosa de clima e intensidade emocional.

Poder-se-ia dizer que *Luzes da Ribalta* é um grande filme composto de muitas banalidades. Os maiores poemas nada mais são senão um conjunto de palavras banais que, irmanadas e transfiguradas pelo contexto, tornam-se evocadoras do imperecível.

O Cangaceiro

Vera Cruz. Direção: Lima Barreto.
Elenco: Milton Ribeiro, Alberto Ruschel, Marisa Prado, Vanja Orico, Lima Barreto e outros.

O talentoso cineasta Lima Barreto, de quem já tivemos oportunidade de destacar o excelente *Painel* (sobre o Tiradentes de Portinari)[10], e cujo *Santuário*, documentário de Congonhas do Campo, é igualmente uma obra apreciável, teve afinal a longamente esperada oportunidade de filmar o seu próprio roteiro sobre o cangaço, graças ao apoio da Vera Cruz. O argumento é narrado em poucas palavras: Capitão Galdino, um cangaceiro, ataca com o seu bando uma vila e rapta uma professora. Um dos seus "oficiais", Teodoro, apaixona-se pela professora, foge com ela e é alcançado pelos bandidos que o perseguem (enquanto a professora já está em segurança) e é "justiçado" com requintes de sadismo. No decurso da fita, vê-se um combate entre cangaceiros e um destacamento policial, que é exterminado.

Lima Barreto contou com uma ótima equipe de técnicos, dos quais se devem destacar Chick Fowle e Ronald Taylor (na fotografia) e Oswald Hafenrichter, como editor.

O resultado do árduo esforço de Lima Barreto é bastante lisongeiro, embora não se possa considerar o filme uma grande obra. Pode-se, no caso, falar com a franqueza que se deve a um cineasta sério e de evidente capacidade e talento, em face de uma obra que, certamente, é uma das melhores coisas já realizadas pelo cinema brasileiro. Destacamos como qualidades gerais do filme o conteúdo essencialmente brasileiro e a autenticidade do tratamento. O que há muito se sabia, é comprovado por este filme: o material regional, histórico e social que o Brasil possui para dar assunto a filmes é inesgotável e, até agora, nem arranhado.

Salientamos em seguida a boa fotografia e o excelente enquadramento, beneficiados pela colaboração do pintor Caribé. Nota-se, evidentemente, a influência de Figuerôa e achamos que se trata de uma boa influência, apesar do perigo inerente a uma arte que, às vezes, negligencia o sentido dinâmico da obra cinematográfica em favor da imagem estática. Acentuamos, finalmente, que Lima Barreto conseguiu criar, na figura do Capitão Galdino, um grande personagem (no sentido dramático), um caráter psicologicamente verdadeiro nas suas atitudes e no seu comportamento: chefe de um grupo à

10. Ver pp. 34-35.

margem da lei, representa um tipo autoritário ao extremo, pois como líder de uma "sociedade" essencialmente fraca, devido à sua situação marginal pode disciplinar somente o seu grupo e mantê-lo coeso por meio de uma brutalidade que corresponde perfeitamente à sua mentalidade sádica e perversa. No entanto, o Capitão Galdino, como costumam ser as pessoas desse tipo, é intimamente fraco, instável, e o seu sadismo nada mais é do que o impulso de quem procura aumentar a autoconfiança através da opressão de outras pessoas. Galdino é uma grande figura, magistralmente encarnada por Milton Ribeiro.

O ritmo do filme, no todo razoável, às vezes é claudicante e se ressente, de quando em vez, da falta de vigor necessário. A perseguição do desertor com a sua professora, por exemplo, não é aproveitada nas suas possibilidades cinematográficas.

Ainda menos satisfatório é o roteiro do filme, prejudicado por um argumento essencialmente fraco e pobre. Não diríamos que a falta de ambiência social, de aprofundamento psicológico, seja, necessariamente, uma deficiência. A limitação dos propósitos, a pretensão moderada a esse respeito, talvez sejam até elogiáveis. Mas a história de amor é piegas, fundamentalmente um clichê e não tem grande beleza humana. Nota-se aqui, em demasia, o intuito de corresponder ao que se acredita agradar à massa do público.

Há no filme, contudo, riqueza de tipos – a figura da "cangaceira", muito bem interpretada por Vanja Orico, e a mulher ferreteada; e há riqueza de pormenores que, em parte, compensam a pobreza do argumento: nesse sentido, destacam-se as canções e as danças.

A colaboração da grande escritora Raquel de Queirós não nos parece ter sido particularmente feliz. Os diálogos são em parte forçados e procuram acentuar em demasia, a todo custo, o momento pitoresco e regional, a tal ponto que as figuras falam às vezes como dicionários de regionalismos, com ditos populares selecionados a dedo.

A música é um elemento importante no filme e está adequadamente tratada por Gabriel Migliori. O elenco, além dos elementos acima destacados, que sobressaem, comporta-se corretamente.

O Cangaceiro.

O Rio Sagrado ("The River")

Produção de Kenneth McEldowne. Distribuição: United Artists.
Direção: Jean Renoir.
Protagonistas: Thomas E. Bran, Nora Schwinburne, Esmond
Knight, Patricia Walter, Adrienne Corri, Rahda.

Esta fita, inteiramente rodada na própria Índia, local da narrativa, representa em essência um quadro colorido daquele país, dos seus costumes, das suas belezas e da sua sabedoria. Desenvolve esse tema principal através de episódios em torno de algumas crianças européias que se tornam adolescentes, um soldado norte-americano aleijado na guerra, que naquele ambiente encontra paz de espírito, os conflitos de uma moça mestiça, de pai europeu e mãe hindu, a morte de uma e o nascimento de outra criança.

A fita é, quase que por inteiro, obra de Jean Renoir, pois também o cenário é obra deste grande diretor francês, que se apoiou numa novela de R. Godden – que aliás colaborou na confecção do roteiro. Deve ser creditada a esses dois, portanto, uma atitude das mais raras em filmes desse gênero: o respeito pela cultura alheia, a completa falta de etnocentrismo, tão típico nos expoentes da cultura ocidental. Tal respeito, e mesmo humildade, possibilitou-lhes a profunda identificação e a carinhosa intimidade para com o seu grande objeto – uma das mais elevadas culturas deste planeta, bem diversa da nossa, na qual vivemos enclausurados no orgulho de uma civilização baseada, em demasia, na conquista do poder material por meio de uma técnica evoluída.

Graças ao impacto da cultura oriental, processa-se a cura mental do soldado mutilado e corroído por complexos resultantes da nossa civilização. Isso, bem como também os outros episódios, são narrados com grande sabedoria psicológica. Essencial, porém, é a maestria artística com que o espectador é introduzido, lentamente, nesse mundo estranho. É como se o diretor o tomasse pela mão e o conduzisse suavemente até aquele Rio Sagrado, mostrando-lhe como se vive e se morre, como se dança e se canta, como se brinca e se sofre naquela terra longínqua. A narração desdobra-se em imagens de inenarrável beleza, concatenadas num ritmo que parece imitar o lento fluir do Rio Sagrado – símbolo de uma filosofia que reduz a suas verdadeiras dimensões a pequena e violenta agitação humana, superficial e dispersa nas aparências temporais, integrando-a dentro de ritmos cósmicos eternos, entrevisíveis através da transparência do véu de Maia.

Para nós, no encanto sereno e brando com que as imagens multicores – de extraordinária pureza de composição e enquadramento – se desenrolam em ritmo líquido e musical, reside o maior mérito do filme. Raramente se vê um filme que, através do mero aspecto formal, sugere de imediato, com tanto vigor, uma concepção de vida.

Tem grande importância, no conjunto da bela obra, a música – aliás, autêntica, gravada no próprio local. A sua doçura (a que não faltam acentos dionisíacos), por mais estranha que possa parecer inicialmente aos ouvidos ocidentais, concorre para dar maior fundo e perspectiva às imagens. Ela não só comenta, não só integra o fluxo visual, não só cria a atmosfera: ela participa da própria comunicação da substância do filme. A canção dos canoeiros do Rio ou a das mulheres da Festa de Diwali, a música da dança de Rahda e outros trechos, são de mágica beleza, e o respeito que os realizadores mostram, ao conservarem a autenticidade da parte sonora, é um dos grandes valores do filme, um dos mais perfeitos apresentados neste ano.

Sinhá Moça

Vera Cruz. Distribuição: Columbia Pictures. Produtor: Eduardo Batista Pereira. Diretor: Tom Payne. Co-diretor: Oswaldo Sampaio.

Elenco: Eliane Lage, Ruth de Souza, Anselmo Duarte, Abílio Pereira de Almeida, Maurício Barroso, José Policena, Eugenio Kusnet, Henricão, Marina Freire, Lima Neto, Esther Guimarães, Ricardo Campos, Domingos Terra.

Baseado no romance de Maria Pacheco Fernandes, o filme narra episódios da luta dos abolicionistas contra a aristocracia escravocrata, travada pouco antes da promulgação da Lei Áurea, encarnando os abolicionistas na jovem geração –

Sinhá Moça.

a filha de um fazendeiro e seu namorado – e os escravocratas na velha geração – o fazendeiro e seus dependentes e adeptos.

Seguindo o estilo clássico de obras desse gênero, os realizadores fizeram de Anselmo Duarte uma espécie de Pimpinela Escarlate às avessas, que oficialmente se apresenta como rígido conservador e escravocrata, provocando o ódio de Eliane – a namorada predestinada desde os primórdios da história da civilização –, enquanto subrepticiamente se revela fervoroso abolicionista, que trama contra as "classes conservadoras".

No que se refere ao argumento, portanto, o filme se amolda aos clichês de salão-de-chá das cinco, cheirando fortemente a Delly e Courths-Mahler. Assim mesmo, não faltam méritos ao roteiro e o ambiente histórico e social não chega a ser deformado. De novo, a Vera Cruz merece elogios calorosos por dar preferência a temas tipicamente nacionais e por tratá-los com dignidade e correção.

As melhores qualidades do filme residem no suspense da narração, conduzida com fluência e habilidade; na excelente fotografia de Sturges, a qual se destaca na captação por vezes deslumbrante da paisagem brasileira; na direção geralmente correta dos atores por Tom Payne e no bom desempenho de alguns dos atores, em particular dos elementos negros do elenco. Eliane Lage não nos convenceu integralmente. Anselmo Duarte porta-se com desembaraço e mesmo com uma *nonchalance* às vezes demasiadamente acentuada, mas agrada pela sua presença e simpatia. É certamente um galã *comme il faut*. Ponto alto do elenco é Ruth de Souza, de poderosa expressividade, embora nem sempre bem conduzida pelo diretor, a quem se devem atribuir os exageros na cena da igreja. Magnífico também o ator preto que é açoitado e cujo nome, infelizmente, não pudemos identificar. O resto do *ensemble*, com destaque dos negros, comporta-se adequadamente.

Como momento na história do Cinema Brasileiro, o filme tem valor especial por estabelecer um padrão técnico e artisticamente apreciável para a produção de filmes de grande atrativo para a multidão. Temos aí uma fita brasileira de "linha industrial" que se equipara perfeitamente aos filmes internacionais de categoria média e mesmo boa, e que pode ser vista com agrado por qualquer platéia do mundo. Não se compara, evidentemente, a *O Cangaceiro*, de valor superior, apesar das suas falhas indicadas em nossa crítica. Mas é com filmes do tipo *Sinhá Moça* que uma indústria se consolida e avança, sem desprestigiar os aspectos qualitativos de seus produtos. A obra de arte, a verdadeira obra de arte é, em todos os gêneros, sempre um fenômeno raro.

Rasho-Mon

Filme japonês, produzido pelo estúdio Dai-Ei-Kaisha. Direção: Akira Kurosawa.
Protagonistas: Toshiro Mifune, Machiko Kyo. O roteiro foi escrito pelo próprio diretor, tendo sido extraído de uma novela de Ryunosuke Akutagawa.

Três homens, abrigados no pórtico de um templo em ruínas, durante chuvas torrenciais, comentam um crime terrível ocorrido num bosque. São um sacerdote, um lenhador e um servo.

O crime é o seguinte: um bandido seduziu ou violentou, numa floresta, a esposa de um samurai; este, amarrado pelo bandido, presencia, impotente, o crime. Mais tarde, é encontrado o seu cadáver. Não se sabe se foi morto pelo bandido ou pela própria esposa ou ainda se cometeu suicídio. Os depoimentos da esposa e do bandido diante do tribunal se contradizem; a versão do próprio espírito do morto, através de um *medium*, afasta-se das outras versões. E o lenhador, que perante o tribunal afirmou ter apenas encontrado o cadáver, confessa aos seus dois companheiros, no portal do templo, que testemunhou todo o crime; mas a sua narração contradiz inteiramente o que disseram o bandido, a esposa e o espírito.

O que realmente ocorreu não é revelado. Tudo que o espectador sabe, ele o sabe apenas indiretamente através dos depoimentos dos envolvidos; nem esses depoimentos lhe são apresentados diretamente, mas apenas através da narração de terceiros – do lenhador e do sacerdote, que também compareceram perante o tribunal.

Assim, o fato real permanece em profundo mistério e as afirmações sobre esse fato divergem. O problema da verdade, na medida em que esta possa ser chamada de um juízo corrente sobre um fato, é apresentado, dessa forma, com surpreendente vigor. E ressalta um ceticismo profundo, não só frente à possibilidade de se verificar a verdade – a exatidão de um juízo sobre um fato –, mas também no que diz respeito ao próprio fato; isto é, a própria realidade torna-se duvidosa e confusa, pois nunca temos conhecimento dela a não ser através da nossa própria mente deformadora ou pela mente essencialmente misteriosa dos outros. Não se sabe nem mesmo se o samurai morreu pelo punhal, desaparecido, ou pela espada.

A isso se acrescenta o absoluto mistério que envolve os caracteres dos protagonistas do crime. Deles sabemos apenas na medida em que se refletem na mente de outros, e estes, por sua vez, refletidos na mente de terceiros. O bandido diz que matou o samurai; o espírito do morto afirma que se suicidou; o depoimento da esposa deixa em aberto se ela o matou ou se o marido se suicidou. E o lenhador afirma que o bandido assassinou o samurai, corroborando o depoimento do próprio bandido, porém dando uma versão bem diversa. Daqueles diretamente envolvidos, cada um parece culpar-se a si mesmo, depondo em favor dos outros – o bandido, ao que parece, para realçar o seu valor de lutador; o samurai para destacar a sua honra de homem ultrajado; a mulher exprimindo o seu desespero diante do desprezo do marido. Até que ponto, porém, é correta a narração dos seus depoimentos pela boca do sacerdote e do lenhador e não lhe deformando o sentido? Psicologicamente, o seu procedimento é enigmático e, em essência, nada sabemos nem dos seus caracteres, nem dos seus motivos em depor como depõem.

Desse profundo ceticismo de ordem epistemológica, lógica e psicológica, ressaltam imediatamente conseqüências de ordem moral. Ser ambíguo, vivendo num mundo ambíguo, o homem é um abismo moral. Daí o desespero do sacerdote que *perdeu a fé na humanidade*.

Esta talvez seja a primeira vez, na breve história do cinema, em que estamos diante de um filme no qual um tema eminentemente filosófico é traduzido em termos de uma linguagem tão eminentemente cinematográfica. A narração de um tema abismal resolve-se, essencialmente, através de imagens e tudo o mais se subordina ao ritmo dessas imagens. E que imagens! Que admirável manejo da câmera! Que prudência e que audácia no emprego dos recursos cinematográficos! Que sabedoria no uso de uma cenografia funcional!

Logo de início, o gigantesco portal do templo em ruínas e o dilúvio sugerem, com uma força sem par, através da imagem plástica, o sentido da narração: a ruína material simbolizando a ruína moral e, por assim dizer, o caos lógico; e as massas de água parecem diluir toda a solidez da realidade, tornando tudo fluido, dissolvendo o que é firme e certo, transformando a terra em lama. O bosque selvagem, depois, corresponde às paixões selvagens, ao cipoal intrincado da alma humana. Contra esses ambientes de desolação e opulência vegetativa, ambos caóticos e perturbadores, é lançado o tribunal – nu, sóbrio, severamente estilizado, constituído apenas de um muro branco, com as testemunhas que depõem sentadas no chão, de pernas cruzadas, falando em plano americano ao público do cinema, enquanto as outras testemunhas esperam no fundo, diante do muro. Há uma perfeita alternância dos três planos: o templo, onde se narram os depoimentos; o tribunal, onde é narrado o crime; e o bosque, onde a narração verbal se transforma em imagem. A estilização rigorosa e despojada, geométrica, do tribunal, com o espectador transformado em juiz, lançada contra a confusão e o realismo das forças naturais, não é somente um magnífico contraponto estético, mas transforma o tribunal em palco enxuto, onde prevalece a razão e a severidade da lei, frágil norma a traçar as suas linhas geométricas por entre a vegetação selvagem da vida caótica e irracional.

A perfeição da estrutura geral corresponde à perfeição dos pormenores. Destaquemos apenas alguns momentos. O lenhador percorrendo a floresta e descobrindo o cadáver do samurai; antes da descoberta, evidentemente, não se sabe nada ainda do que o espectador já sabe desde o início: que na floresta se cometeu um crime. Contudo, a câmera já o sabe: o lenhador anda sem grande pressa, calma e vigorosamente; a câmera (ainda inconsciente) focaliza em "panoramas" maravilhosos as copas das árvores com o lusco-fusco do sol atravessando a folhagem alta. Todo o viço e a pujança da nature-

210

za, ainda idílica e sossegada, revelam-se nessas admiráveis composições pictóricas. Mas enquanto o lenhador prossegue calmamente o seu caminho e a câmera, descendo das alturas, o acompanha com panoramas e *travellings*, a folhagem densa de arbustos interpõe-se entre o homem e a objetiva. Os objetos próximos (as folhas) naturalmente parecem passar com uma velocidade muito maior diante da câmera do que os objetos mais remotos. Assim, pelo simples recurso do "panorama", necessário para conservar o lenhador no campo da objetiva, enquanto esta passa rente às folhas dos arbustos, a cena calma e idílica parece transformar-se repentinamente: ela se torna vertiginosa, inquietante; as folhas próximas perdem a nitidez e parecem riscar a tela como uma massa confusa. Concorre ainda mais para o ritmo mais intenso a maior rapidez dos cortes. De súbito, por mera sugestão visual e rítmica (apoiada pela música), a natureza parece assustada e o lenhador, que prossegue *objetivamente* no mesmo ritmo anterior, parece correr, apavorado. Possivelmente, já esteja correndo, contagiado pela angústia do ambiente. Algo terrível paira na atmosfera.

Há, nesta maneira de contar, uma extraordinária sutileza. Objetivamente, o lenhador naturalmente nada sabia do que estava para acontecer, e a natureza, claro, é impassível. Mas ele, o lenhador, narra o que já aconteceu e está na situação do narrador que já conhece o desfecho. Narrando o que já sabe – porém narrando como se não o soubesse (o que costuma ser a técnica dos narradores) –, é, no entanto, incapaz de evitar que aquilo que já sabe se introduza no desenvolvimento da narração. A câmera imita, através de seus recursos próprios, o procedimento do narrador que, pela voz e pelos gestos, anuncia o terrível desfecho antes de o revelar pelas palavras.

Isso, em si, não é um recurso novo: a aceleração do ritmo da montagem e dos movimentos das pessoas dentro dos planos, antes do clímax, é aplicada com certa freqüência. A sutileza, no caso em questão, reside na ignorância impassível do lenhador *narrador* e na angústia da câmera (que representa o lenhador *narrando*). Esta divisão em duas instâncias – a calma do objeto focalizado e a louca movimentação da câmera ao passar encostada à folhagem – é um recurso que pertence inteiramen-

211

te ao cinema e que, de um modo tão feliz e funcional, não foi ainda usado, pelo menos nos filmes que temos visto.

A narração do bandido: tudo começa quando ele, sufocado pelo calor, descansa, sonolento, debaixo de uma árvore, vendo passar pertinho o samurai ao lado de um cavalo que carrega sua esposa, cujo rosto está coberto por um denso véu. O verdadeiro começo de tudo, com todas as terríveis conseqüências, é uma leve brisa na modorra tórrida do bosque. Vê-se a brisa, inicialmente, de um modo indireto, no rosto indolente do bandido, no qual as sombras das folhas começam a se mover. Depois, a brisa levanta um pouco a saia comprida da mulher, deixando entrever um pé; levanta o véu, deixando entrever o rosto. Só muitos segundos mais tarde o bandido se torna consciente do que viu. A imagem sedutora incendeia-lhe, repentinamente, a alma como a explosão do celulóide depois de um período de combustão lenta e invisível. Toda a seqüência é de inenarrável beleza. Como na obra integral o diretor lança mão de contrastes – através da alternância entre a estilização do tribunal e o realismo brutal do bosque e da chuva torrencial –, assim também, nesta seqüência, temos o contraste entre o realismo do comportamento cínico e descarado do bandido, entretido em matar mosquitos, e a incomparável delicadeza lírica com que se anuncia a brisa, causa exterior que desencadeará todo o drama – drama, no entanto, que de algum modo deve ter esperado o momento propício para eclodir, já que os seus motivos mais profundos e íntimos certamente residem nas relações do casal.

O magistral domínio da linguagem indireta produz um dos mais expressivos momentos quando a fisionomia apavorada da mulher, focalizada pela câmera, nos sugere o estado psíquico do seu marido, amarrado, de quem a câmera apenas focaliza a nuca e as costas. Vemos indiretamente, no jogo mímico da mulher (que está acocorada diante do marido amarrado), como num espelho, o tremendo sofrimento do marido que, impotente, assistiu à degradação da esposa, que sucumbiu à paixão máscula do bandido. Só depois de nos ter assim preparado, a câmera descreve, cautelosa e mansamente, um semicírculo e nos aponta o rosto do homem: um esgar de frio desprezo, misto de extremo desespero e de asco mortal.

Rasho-Mon.

A obra, no seu todo, tem grande unidade, sem prejuízo da variedade e riqueza dos pormenores manipulados com maestria, sabor, bom gosto e, muitas vezes, com certo humor. Nota-se no diretor a alegria da criação, a efusiva felicidade de se expressar através da imagem, a expansão de um talento vigoroso que se comunica em termos de compreensão universal e que, assim, através da unidade de uma obra fílmica, contribui para comprovar e fortalecer a unidade humana – que transcende as distâncias geográficas e as diferenças culturais.

A obra de Kurosawa não deixa de ter falhas, pelo menos na aparência. A falha mais grave é o fim otimista do encontro de um bebê abandonado num canto do templo, criancinha que o lenhador se dispõe a adotar. Assim, o sacerdote recupera a sua *fé na humanidade*. Tal fim foi imposto ao roteiro de Kurosawa por motivos comerciais, e não há elogio maior, para a obra, do que o fato de se perceber, imediatamente, a nota dissonante introduzida por esse pedaço que não se integra à unidade orgânica do filme. Compreende-se a imposição comercial, embora ela seja desnecessária. Uma obra de arte, conquanto de conteúdo pessimista, é sempre uma superação. A simples expansão em termos artísticos já ultrapassa esse mesmo pessimismo. E o profundo ceticismo – pode-se mesmo dizer niilismo – da obra não necessita desse fim, externamente imposto, para ser superado. A obra de arte, como tal, representa um valor, uma realidade cheia de sentido, desmentindo pela sua simples presença o niilismo. E se o filme constata a ambigüidade do ser humano, precisamente por constatá-la ele transcende tal ambigüidade e é um ato de libertação e de glorificação do homem.

Uma Aventura na Índia ("Thunder in the East")

Paramount. Produtor: Everett Riskin. Diretor: Charles Vidor. Elenco: Alan Ladd, Deborah Kerr, Charles Boyer, Corinne Calvet.

Um principado hindu, governado por um adepto de Gandhi, é invadido por bandidos montanheses que se aproveitam da filosofia pacifista do chefe político do pequeno reino. Não houvesse a intervenção de Alan Ladd, negociante de armas, bem como a conversão do manso governador (Charles Boyer) às idéias virulentamente guerreiras do americano, e o *end* do filme teria sido menos *happy* do que realmente é.

Apesar de se tratar de um filme tecnicamente bem-feito e de certa qualidade no que se refere à direção, não valeria a pena mencioná-lo se não fosse para justapô-lo a *Rio Sagrado*[11], filme que também se desenrola na Índia. Tudo que aqui foi dito a respeito do filme de Jean Renoir, particularmente com referência à falta de etnocentrismo e à humildade no retratamento de uma outra cultura, está extremamente invertido neste filme.

Canta essa obra – deplorável sob este aspecto – as glórias da cultura ocidental precisamente no que ela tem de menos elevado e de mais condenável. O enredo é construído de tal modo, que o apelo pacífico à não-resistência do chefe hindu se torna ridículo frente ao apelo às armas do americano. Evidentemente, na situação apresentada não há outro remédio senão as armas. Mas a própria glorificação dessa solução, em face do pacifismo, é cínica, assim como é cínica a figura do negociante de armas, cujas idéias destrutivas se impõem necessariamente na situação selecionada a dedo. E tal cinismo não é diminuído pelo fato de que se esboça, nesse caráter de herói infame, certa transformação através do amor (que clichê!) por uma moça cega, amor que afinal lhe dá uma consciência boa (isto é, consciência nenhuma) na hora da matança festiva do final. Durante todo o filme, o público é cuidadosamente preparado para este "supremo momento" final em que, para alívio da platéia, a metralhadora começa a funcionar, provando sinistramente a superioridade da cultura ocidental sobre as concepções "ridículas" do Oriente.

Um dos elementos suportáveis do filme é Deborah Kerr, a moça cega, singularmente bela e humana entre os destroços morais deste filme, muito embora cometa o grave erro de se apaixonar pelo negociante de armas, juntando à sua cegueira física a cegueira mental.

11. Ver pp. 204-205.

2. NO MUNDO DO CINEMA

Reflexões sobre Cinema

O cinema é uma arte?

Ninguém, hoje em dia, negará que a técnica cinematográfica pode ser veículo da arte. Dificilmente poderia ser recusada a qualificação de "obras de arte", no sentido mais preciso do termo, a realizações como *O Encouraçado Potemkin*, *Ladrões de Bicicletas*, *Ivã, o Terrível*, *Luzes da Cidade*, *Luzes da Ribalta*, *Desencanto*, *Um Chapéu Florentino*, *O Silêncio é de Ouro*, *A Dama Fantasma*, *Macbeth*, *Cidadão Kane* e outras.

Tal opinião inclui, evidentemente, um juízo de valor, já que inúmeras outras fitas – a vasta maioria – não são consideradas obras de arte. A simples afirmação de que *a técnica cinematográfica* pode *ser veículo de arte* (não o sendo necessariamente, e em todos os casos), já importa um juízo de valor. Quer dizer, enuncia-se um juízo que não é mera-

217

mente científico – visto que, para as ciências exatas, somente existem juízos com respeito a fatos, relações e processos, sem que a respeito dos mesmos se apresentem apreciações de valor. O único valor que conta na esfera das ciências exatas é a veracidade (ou o contrário) de um juízo. Não se admitem, porém, valorizações relativas aos objetos ou a conceitos desses juízos.

Pode-se citar como exemplo, ainda, o terreno da política (como, aliás, em quase todas as ciências relacionadas com as atividades e relações humanas), no qual se valoriza constantemente, qualificando-se uma obra (ou um homem como Napoleão, ou ainda este ou aquele estadista) como "grande", vista a obra como "menor" ou "melhor", como "artística" ou "relevante", "pior" etc. – chegando-se mesmo a negar a inúmeros produtos, embora afins, o nome de "arte", com o evidente intuito de destacá-los como menos valiosos. Em todos esses casos se aprecia, quer positiva, quer negativamente, o próprio objeto (ou o conteúdo do juízo).

É, com efeito, quase impossível apresentar juízos que não estejam carregados de aprovação ou desaprovação, de estima ou menosprezo, de simpatia ou antipatia, de prazer ou indiferença, quando se fala de determinada obra de arte ou de seus similares. Todos esses termos revelam uma nítida atitude de valorização, seja ela negativa ou positiva. Naturalmente, podem-se proferir, no terreno da arte, também juízos de fatos puramente científicos. "Isso é uma epopéia; é um drama em três atos; é uma sinfonia influenciada por Beethoven; é uma igreja gótica; é um edifício de estilo romano; é um quadro cubista ou impressionista etc". Nota-se porém, de imediato, que tais juízos não satisfazem, da maneira como satisfaz dizer-se que 4 x 7 são 28. Espera-se ainda uma apreciação seguida a esses juízos, deseja-se sentir se o quadro impressionista é uma grande obra de arte, se a igreja gótica é bonita, se·a sinfonia influenciada por Beethoven se aproxima da boa qualidade das sinfonias do grande compositor alemão. Mesmo os autores que se abstêm de "julgar" a obra de arte – comentando-as apenas, ao apresentar somente as suas "impressões pessoais" –, eles valorizam-na pela própria seleção que fazem das obras comentadas bem como pelo fato de publicarem as

218

suas impressões pessoais, às quais, desta forma, atribuem um valor especial.

O que é verdade com respeito a determinada obra de arte, é válido também no tocante à arte em geral. A estética enquanto um sistema de juízos sobre a essência da arte não pode abster-se dos juízos de valor, pois o seu próprio objeto é uma esfera carregada de valores. Decorre daí que a estética não pode apresentar-se como uma ciência no sentido restrito do termo, a não ser em determinadas regiões de suas pesquisas. Na medida em que ela examina o processo psicológico da criação de uma obra de arte ou o processo psicológico da apreciação de uma obra de arte, ela então pode proceder empiricamente, como qualquer psicólogo. Porém, na medida em que analisa a estrutura da obra de arte – resultado da criação e da apreciação –, nesse caso ela invade um terreno que não se decide, na sua íntegra, pela simples análise empírica das obras de arte.

O cinema "é" uma arte

Quem leu a *Negação do Cinema*, de Heraldo Barbuy, decerto ficou surpreendido diante da injustiça dos argumentos do Autor que tantas vezes, pelo espírito ponderado e agudo de suas publicações, mereceu a admiração de quantos as leram.

Todos nós sabemos que o cinema produz em geral filmes sem valor artístico, filmes para "uso". É verdade que 95% dos filmes que aparecem são medíocres e até maus e exercem um efeito verdadeiramente deplorável sobre a massa.

Talvez porém seja oportuno lembrar que, também em matéria de literatura, dá-se o mesmo fenômeno e 95% dos livros de ficção que aparecem em todos os países são péssimos, sem que alguém, por isso, ousasse negar a literatura como arte.

Positivamente, todos os argumentos do A. se dirigem contra o mau cinema, mas não contra o cinema em geral, em si, de modo que a "negação" total do cinema não se justifica.

O argumento de que o cinema se serve duma reprodução mecânica não tem valor, pois também a literatura utiliza meios mecânicos de impressão e difusão, e os livros costumam ser publicados em grandes tiragens, em "série". A técnica é a base material da literatura. Para satisfazer os desejos conservadores do A. seria necessário retroceder até os tempos de Homero, quando o poeta ainda recitava ou cantava os próprios *epos* (ou seja, até os tempos dos trovadores medievais), de acordo com a "capacidade plástica e individual" de suas cordas vocais. Talvez o crítico queira reler um capítulo da *Montanha Mágica*, de Thomas Mann, no qual este escritor, chamado por Munro Jack de o "maior dos nossos tempos", nos mostra a figura principal da obra, Hans Castorp, profunda e intensamente enlevado e extasiado pela "simples reprodução mecânica de notas que são retransmitidas a milhares de discos em massa e em série", o que de modo algum prejudicou a interiorização da música no caso do "singelo" herói de Thomas Mann.

Também a simples passagem da música pela tipografia é uma mecanização da inspiração do compositor, é a tradução e reprodução de um acontecimento dinâmico e psicológico, e como tal único e irreproduzível em sinais convencionais. Mas não há outro meio de fixação. Toda arte depende de fatores materiais, da química e da física, para fixar a expressão duma intuição artística. Um poema não é mais do que umas linhas de letras convencionais em papel branco, feito de celulose, assim como uma sinfonia pode ser nada mais do que umas linha onduladas numa massa apropriada. Mas na consciência do homem que sabe ler e ouvir, nasce de novo a música divina daquela poesia ou o ritmo glorioso daquela sinfonia.

Que é que se pode responder, lendo este trecho:

[...] vemos que os filmes elevados apresentam heróis apaixonados que tudo esquecem pelo seu amor e isto corresponde à verdade pela qual a única finalidade da vida é a sua reprodução, de sorte que o apaixonado que encontrou o seu tipo de correspondência biológica esquece todas as outras coisas [...]?

Que dirá o A., então, sobre *Romeu e Julieta*, de Shakespeare, ou sobre o *Werther*, de Goethe, e sobre toda a grande literatura que gira em torno da paixão e do amor?

Por que o A. acha que o cinema deve ser mais intelectual do que a literatura e o teatro? Não me lembro de ter lido um romance ou de ter assistido a uma peça teatral sobre Kant, Newton, Descartes ou Schopenhauer. Parece que o A. confunde ciência e filosofia com arte. Numa vida como a de Kant ou Newton, não há nada de interessante para a arte, a não ser o sacrifício duma existência pela verdade, a paixão pelas eternas leis – enredo este que foi aproveitado pelo cinema por intermédio de figuras mais expressivas, neste sentido, como Pasteur, Ehrlich etc.

Toda vida verdadeira de Newton está na lei da gravitação, a de Kant no Imperativo Categórico e na *Crítica da Razão Pura*. Será que o A. quer que se filme a lei da gravidade? Ou talvez o passeio cotidiano de Kant pelas ruas de Koenigsberg que, pela pontualidade, servia aos habitantes daquela cidade para regularem os seus relógios?

É verdade que os verdadeiros filósofos são as mais altas expressões do entendimento por se interessarem pelo geral. É verdade que é uma qualidade de gente medíocre o interessar-se apenas pelo particular. É preciso, porém, saber também que a filosofia expressa o geral por conceitos gerais, ao passo que a arte expressa o geral pelo particular, pela imagem individual, sensual, palpável. O homem, na filosofia, é um ser abstrato, com uma definição geral, portador talvez duma missão elevada neste mundo, ou talvez, ao contrário, um ser decaído que conserva uma centelha divina dentro da alma. Na arte, porém, este ser é representado pelo particularíssimo Joãozinho que usa de preferência suspensórios de cor verde. Isto é justamente a função da arte: expressão do geral pelo individual, mostrar no fenômeno insignificante uma idéia geral. Pois a arte não é só expressão de sentimentos, como entende o A.; é também expressão de idéias, como entenderam Platão e Hegel e aquele Schopenhauer. Expressão da idéia por intermédio do particular. Para quem souber ver, "a pequenez das particularidades" contém "as grandes amplidões" – eis o milagre da arte.

Não é possível desfazer-se do cinema pelo fato de ser um *simples movimento de formas*. Cada gênero de arte tem um modo de as expressar e obedece a leis particulares. A música é puro movimento no tempo e não se pode concebê-la como "beleza imóvel". Seria uma violação da dignidade da literatura submetê-la às leis da pintura ou da escultura. A dança, que muitos consideram uma arte do sublime – que será ela senão movimento? Beleza no movimento chama-se graça, e

221

há tanto uma beleza móvel como uma beleza imóvel. O *Je hais le mouvement que déplace les lignes* de Baudelaire, é uma concepção poética das idéias imóveis de Platão que não pode constituir-se numa base estética. Estas idéias imóveis e eternas, cuja intuição Baudelaire nos transmite maravilhosamente, nos aparecem por intermédio das belas formas movimentadas e agitadas deste mundo de fenômenos particulares, como ensina Platão no *Phaidros*.

De outro lado, ao se conceber a essência deste mundo como fundamentalmente movimentada, como fizeram Schopenhauer e Bergson, por exemplo, compreende-se perfeitamente por que o primeiro considerava a música como a suma arte por expressar, no próprio movimento, o movimento da vontade metafísica.

É sabido, finalmente, que toda a arte clássica prefere as formas estáticas, ao passo que toda a arte romântica se realiza por intermédio dum movimento incansável. E isto é natural, pois o classicismo é baseado sobre uma concepção do mundo estática, a idéia da perfeição, ao passo que a essência do romantismo é a saudade, no sentido de "Eros" ilimitado, como símbolo dum estado ou dum sentimento de vida de imperfeição que só um eterno movimento de procura, de esperança e de desespero, de realizações incompletas e fragmentárias satisfaz momentaneamente. Não coloco o cinema no dilema de tais categorias. Apenas quero dizer que o movimento, em si, não é anti-artístico.

Há um ano, talvez, apareceu no "Ópera", de São Paulo, um filme com o título *O Criminoso* ("The Fugitive"), filme este que passou quase despercebido. Esta obra, porém, foi descrita como genial nestas colunas pela pena magistral de Guilherme de Almeida. Quem assistiu a este filme não pode duvidar que o cinema é capaz de produzir arte.

É uma obra prima de câmera, naquelas cenas de ruas noturnas pelas quais o vento frio passa assobiando, carregando farrapos de papel, naquelas passagens no cais do rio, sugerindo cheiro de navios e distâncias sonhadas, nos quadros de quartos e águas furtadas abafados, saturados pela atmosfera pegajosa duma existência miserável, na nudez daquelas caras da plebe nas quais nós lemos a mágoa milenar duma classe que, em conseqüência da desgraça duma existência estreita, tornou-se por sua vez estreita e se esqueceu dos céus e das estrelas.

A fotografia admirável da realidade, porém, não faz dum filme uma obra de arte. Exigimos, repito, da arte que ela torne esta realidade sensual transparente, a fim de que no fundo se acenda uma verdade superior.

Toda verdadeira arte mostra, simbolicamente, a duplicidade, a ambigüidade do mundo e faz com que se entreveja, através dos fenômenos banais, a essência escondida. Neste filme as figuras trágicas, principalmente a do barbeiro que se faz ladrão por acaso e assassino por medo, são símbolos de uma humanidade que se debate nas trevas sombrias de becos tortos, fechada na prisão da existência terrestre, obedecendo a instintos bestiais. Mas através da escuridão desta realidade irrompe a luz dum mundo mais sublime, a centelha de uma amizade estranha, o brilho de um amor desesperado, o esplendor de uma saudade, de uma ânsia que se eleva acima dos limites desta vida. A cena final do filme mostra a fuga do criminoso, a sua morte. O rosto branco do fugitivo, no fundo escuro rembrandtesco, transforma-se no reflexo do mais profundo e maravilhoso sorriso que uma câmera jamais pegou. É como se uma máscara caísse do semblante angustioso do moribundo, como se uma cortina se levantasse e como se, repentinamente, se revelasse a verdadeira, a fulgurante, a imortal essência deste homem e de todas as coisas.

Este filme é uma obra de arte – e há outras, até algumas nas quais nenhum apaixonado encontra nenhum *tipo de correspondência biológica*: por exemplo, *A Longa Viagem de Volta*. Há filmes nos quais o problema é essencialmente psicológico, como aquele extraordinário *A Noite Tudo Encobre*, ou aquele medíocre mas interessante e freudiano, *Alucinação*. Mas se existisse apenas uma única obra cinematográfica que fosse verdadeiramente arte, então nós teríamos que reconhecer que a "Negação do Cinema" é injusta.

E não existe só uma: existem mais.

Influência do cinema

Afirma-se com muita freqüência que existe uma poderosa influência da indústria cultural sobre a vida moderna, particularmente a do cinema. J. P. Mayer, por exemplo, na sua *Sociology of Film*, declara que o cinema exerceria um influxo que,

segundo todas as possibilidades, é ainda mais forte do que o da imprensa e rádio-difusão. A natureza dessa influência é de ordem moral [...] Valores, comportamentos, concepções de vida [...] vêm sendo plasmados evidentemente pelo cinema.

De uma forma geral, no entanto, pode-se supor que tais influências não sejam tão fortes como se costuma afirmar, mormente em se tratando de comportamentos criminosos. Exagera-se muito neste campo, inclusive no que se refere igualmente às histórias em quadrinhos. Há que existir uma forte predisposição para que um ato criminoso apresentado numa fita ou numa história em quadrinhos possa desencadear delitos semelhantes num apreciador. No máximo, é a forma particular do crime que, por vezes, é sugerida pela fita. A tendência criminosa enquanto tal, no entanto, já deve estar pressuposta naquele que aproveita tais sugestões.

Para apreciar o problema corretamente é preciso considerar que não há espectador que assista a um filme de "cabeça vazia": ele o vê sempre como que através de um tecido de valores, normas, concepções, juízos e preconceitos, tecido esse que filtra as suas experiências. Quer isto dizer que ele apreende a fita de forma seletiva, como parceiro mais ou menos ativo no jogo de ação e reação. Tal hipótese é comprovada, por exemplo, pelo curioso fenômeno ocorrido com as fitas americanas feitas para combater o preconceito contra os negros, as quais alcançaram grande êxito precisamente no Sul dos Estados Unidos, onde esse preconceito predomina com particular virulência. Verificou-se que boa parte dos espectadores simplesmente reinterpreta a mensagem dos filmes, ao ponto de lhes inverter o significado. A apreensão dessas fitas foi de tal forma "seletiva" que as massas sulistas não "pegaram" o sentido moral da mensagem.

Isto não exclui, certamente, a possibilidade de se verificar uma série de influências de ordem mais sutil e subreptícia, capazes de modificarem, pouco a pouco, certos costumes e normas de determinada sociedade sob o constante impacto do consumo em massa de fitas de determinada proveniência. Esses efeitos lentos e subreptícios que, de início, não abalam as opiniões conscientes, nem provocam atos ilegais ou anormais, mas que suscitam apenas uma ligeira modificação de hábitos e comportamentos, são evidentes e facilmente comprováveis.

Sabe-se mesmo que essa "pequena" influência do cinema é, principalmente em conseqüência do seu caráter de imagem, bastante grande. Através da fotografia, das revistas ilustradas, da televisão e do cinema, a imagem tornou-se a linguagem do nosso tempo. É óbvio que a comunicação visual apela para camadas mais primitivas da nossa personalidade do que a verbal. Comparada com a palavra, a imagem parece exercer um efeito mais impressivo e, sobretudo, mais imperceptível. Muito mais do que a palavra, é a imagem, sobretudo a da fotografia, que é considerada como reprodução da realidade, mesmo quando, na forma da narração cinematográfica, estabelece conexões apenas fictícias. Por isso, a imagem inspira maior credulidade do que a palavra.

O efeito subreptício do filme é ainda aumentado porque o público se encontra numa sala escurecida, olhando em atitude reclinada e bastante passiva para a tela luminosa. Todas essas circunstâncias favorecem, mesmo entre os consumidores críticos, uma espécie de "entrega hipnótica" e fomentam aquela "participação mística" que transforma os acontecimentos da tela numa "realidade vivida".

Particularmente intensa é, neste sentido, a influência do filme norte-americano, quer pela quantidade do seu consumo, quer pela propaganda que o cerca (em parte através dos periódicos especializados na divulgação de material para os fãs), quer ainda pelo prestígio que favorece a produção do país mais poderoso do mundo ocidental – produção aliás mais adaptada ao gosto das massas juvenis.

É sabido que o cinema suscita em muitos espectadores os chamados "sonhos acordados", divagações e fantasias da mais variada espécie. No livro mencionado de J. P. Mayer, é apresentado o resultado de numerosas pesquisas científicas que confirmam esse fato. *As fitas que via*, diz por exemplo uma estudante, *tornavam-se a fonte principal dos meus sonhos acordados. Depois de ter assistido a uma fita boa ia logo deitar-me, exclusivamente para dar vazão a essas divagações.*

O filme americano, mais do que o de outra origem, é expressão idealizada daquilo que se poderia chamar o "sonho americano"; reproduz as fantasias e os mitos coletivos do povo daquele país. Por sua vez, dando forma e vigor a essas fantasias populares, ele influi poderosamente na elaboração e fixação desse sonho coletivo: êxito material, rendas cada vez maiores e progresso profissional são o conteúdo essencial desse mito. Isso pode parecer mera exterioridade; no entanto, é precisamente através dessas exterioridades que se exprimem concepções fundamentais da sociedade americana e do *american way of life* – isto é, a filosofia do capitalismo burguês, entre cujos valores mais queridos destaca-se o do progresso pelo aperfeiçoamento técnico, dirigido para o fim auto-suficiente do conforto material e da comodidade máxima da vida.

Certamente um belo ideal, mas não necessariamente o ideal de todos os povos. Há países que, seja pela fase diversa do seu desenvolvimento, seja pela sua cultura essencialmente diferente, orientam-se por uma escala de valores bem distanciada da americana. A quase ausência de conforto na Idade Média, por exemplo, não era simplesmente expressão de qualquer incapacidade técnica daquela época, mas sim reflexo de uma atitude espiritual ligada às formas sociais de então. Para essa sociedade, bem ao contrário da nossa sociedade burguesa, os valores *ascéticos* desempenhavam papel tão decisivo que pouca atenção se dava às comodidades quotidianas.

A influência da fita americana enquanto propagadora do *american way of life* se faz de fora para dentro, das exterioridades para a difusão da sua filosofia. É sabido que o filme americano tem um impacto tremendo como "anúncio" comercial. Ele é um verdadeiro caixeiro-viajante da oferta americana de artigos de luxo. Automóveis, geladeiras, máquinas de lavar roupa, novos modelos de rádio e televisão, vitrolas, aparelhos domésticos em geral etc., estão sendo "vendidos" pela fita americana, que desperta o desejo, logo a necessidade e a procura por tais artigos e outros objetos de conforto semelhantes. Certamente uma procura talvez menos intensa também se desenvolveria sem o influxo cinematográfico através dos outros veículos de difusão, num mundo cada vez menor. Mas precisamente a rapidez de um processo que, caso ocorresse por si só, se verificaria sem fricções, no caso em questão pode provocar perturbações sociais. Considerando-se, no nosso caso concreto, que a realidade material brasileira ainda não se encontra a par da realidade americana (que além de tudo é idealizada e exagerada nos filmes), não será ousado supor que o cinema contribui para um fenômeno chamado na sociologia de "anomia": o desacerto entre os objetivos e desejos, de um lado, e de outro as possibilidades para se realizar satisfatoriamente esses desejos – fato que pode se transformar em impulso positivo mas que também pode ser causa de frustrações, dificuldades de adaptação e mesmo de graves tensões.

Amplas regiões do Brasil (e, aliás, também dos Estados Unidos) encontram-se ainda num outro estágio de desenvolvimento, diverso daquele que é refletido nas fitas americanas. Porém, o espírito representado por essas fitas e que é incentivado por elas progride incessantemente. As metrópoles da zona costeira do Brasil, depois as cidades médias da hinterlândia, são os portões de acesso desse espírito, pois nelas encontra condições mais ou menos semelhantes. Entretanto, mesmo nesses centros mais progressistas as fitas provocam facilmente desejos que não correspondem à situação real de largas camadas da população (sem falar das zonas mais atrasadas). A compra de objetos de luxo é altamente contagiosa. O filme certamente contribui para criar o clima em que essa epidemia pode se propagar. Como uma das conseqüências, o negócio de prestações tomou, no Brasil, um impulso tremendo, dando a amplas camadas economicamente mais fracas a possibilidade de satisfazer, até certo ponto, os seus desejos e aspirações artificialmente inflados, através da aquisição de mercadorias de luxo, muitas vezes em detrimento de necessidades essenciais. Dessa forma, o negócio de prestações facilita a adaptação exterior aos sonhos reproduzidos na tela, apesar de as condições reais não estarem em concordância com essa expansão demasiadamente apressada dos hábitos de luxo – fato que, evidentemente, pode resultar em desenvolvimentos críticos e graves atritos.

Os filmes de terror prejudicam as crianças?

Há pouco, um comitê inglês chamou a atenção do público sobre os perigos do cinema para os espectadores juvenis. O médico inglês H. P. Newsholme achou as declarações do comitê demasiadamente suaves. Num dos maiores jornais católicos da Grã-Bretanha (*The Tablet*, 195, 1950, 5741), ele escreveu sobre o "Poder do Cinema", entre outras coisas, o seguinte:

> Estou convencido (e posso prová-lo) de que o filme de terror, mormente de torturas e crueldades, é capaz de influir nas raízes da mente, causando transformações nefastas na alma e no corpo. O relatório do comitê fala de uma "influência profunda", mas poder-se-ia substituir essa expressão pelos termos mais palpáveis de "hipnose" e "sugestão hipnótica". O relatório do comitê aproxima-se dessa tese mencionando "o poder quase hipnótico" do filme, o qual, com a sua perfeição técnica, ameaça seriamente o desenvolvimento das crianças.
>
> Pouco após a publicação do relatório, apareceram no periódico *Picture Post* fotografias infra-vermelhas de crianças, tiradas durante sessões infantis. Vemos aí a prova fotográfica: pequenas figuras se curvando e mesmo se acocorando diante da ameaça da fita, à procura de proteção por trás de qualquer objeto disponível; crianças com as mãos convulsas tapando os olhos, outras fitando a tela com olhares fascinados ou com as fisionomias desfiguradas pelo terror! Que os pais estudem essas fotografias, tirando daí as conclusões que o comitê não apresentou com a necessária clareza.
>
> Pelo que sei – continua o médico – necessitam-se de dois fatores para a hipnose: eliminação das capacidades críticas do espírito e concentração total dos sentidos em determinado objeto ou idéia. A eliminação das capacidades críticas é alcançada pela ilusão de realidade, tão característica nos filmes, e pela sensação de ameaça imposta pelo filme de terror. Simultaneamente, vê-se acrescentado o segundo elemento que favorece a sugestão hipnótica: pela concentração dos sentidos na tela luminosa e nitidamente delineada, efeito esse aumentado pela presença coletiva, na sala escura e quente, de uma massa de espectadores igualmente concentrados.

Até aí temos o médico. Afora a aplicação intressante da fotografia infra-vermelha mencionada no artigo, a opinião do médico inglês merece um pequeno comentário. Numa revista alemã (*Zeitwende*, 1º de janeiro de 1951), outro médico narra o caso de uma moça de dezessete anos que, ao assistir a um filme em torno da violentação de uma garota, teve um desmaio e acabou sofrendo, alguns meses mais tarde, das faculdades mentais (esquizofrenia). É óbvio que uma moça normal não sentiria tais efeitos; deve ter havido, no mínimo, uma forte predisposição que, sob o impacto de qualquer outro choque, produziria conseqüências semelhantes. O mesmo se pode dizer das crianças: crianças normais têm uma certa predileção por assuntos de terror, como está provado pela literatura internacional das histórias da carochinha, em que acontecem coisas tremendas, verdadeiramente apavorantes, e que no entanto são recomendadas por certo número de psicólogos como uma espécie de "depurativo psíquico". O medo que a criança sente, dizem os psicanalistas, não é, em tese, nocivo se a tensão, ao fim, encontra relaxamento no *happy end*. A criança até gosta de sentir medo para se sentir, no fim, libertada (de outro modo, evitariam os filmes violentos). Freud falava de *abreagieren*, isto é, de "descarregar".

O assunto foi amplamente discutido nos Estados Unidos, em conexão com as famosas revistas infantis cheias de desenhos de um realismo brutal e macabro. Há grupos de estudiosos e cientistas que condenam tais publicações, referindo-se a conseqüências perigosas e a casos trágicos ocorridos devido à leitura de tal periodismo. Outros, todavia, consideram os "gibis" úteis, salientando a "descarga depurativa", necessária para crianças que geralmente vivem sob coação e precisam de uma válvula de escape para os seus "instintos de agressão".

Não sabemos se se pode comparar o efeito das histórias da carochinha com o dos filmes e das revistas infantis. Não resta dúvida: os contos tradicionais – nos quais um lobo devora a mocinha, em que as muralhas do palácio real apresentam fileiras de caveiras de fracassados pretendentes à mão da princesa e em que passarinhos comem os olhos de crianças – tais contos, apesar de muitas vezes hediondos, não têm a força sugestiva da imagem. Além disso, estão afastados no tempo pelo *era uma vez* e passam-se em mundos maravilhosos que não se revestem da realidade dos filmes ou dos desenhos. Por outro lado, nenhum filme apresenta cenas tão sádicas como as narradas, muitas vezes, nas histórias tradicionais.

Precisamente por isso, seria necessário um exame sério de todo esse assunto de suma gravidade, por intermédio de cientistas e peritos, a fim de que se possa julgar essa questão com objetividade e isenção de ânimo. O juízo do médico inglês parece apressado, mas por falta de melhores dados deve-se aconselhar os pais a selecionar com certo discernimento os filmes a que seus filhos costumam assistir. Quanto aos exibidores, não podem sempre escolher o que lhes vem por intermédio dos distribuidores e, além disso, sabem tão bem como os próprios psicólogos que as crianças, em geral, preferem justamente os filmes de terror, aventura, luta e violência. Atualmente, é difícil dizer-se se essa preferência provocou a enxurrada de filmes violentos ou se os filmes violentos é que provocaram a preferência. Os psicanalistas afirmam que essa preferência é perfeitamente natural e é da própria natureza infantil (e geralmente também adulta). Muitos sociólogos, ao contrário, afirmam que as causas são sociais e que seria ridículo combater apenas os sintomas sem atacar ao mesmo tempo as causas.

Nesta balbúrdia de opiniões controvertidas, o comentarista abstém-se de julgar o que só pode ser julgado após prolongadas pesquisas e deixa a decisão aos próprios pais, que (às vezes) sabem o que convém aos seus filhos. Pois cada criança reage de modo diverso. Não existem efeitos sobre a mente da criança, mas sim efeitos sobre mentalidades variadas de crianças diferentes, com personalidades, ambientes e predisposições diversas.

Ouvindo e Participando (Reportagens e Considerações)

O filme e o ensino de línguas

O ensino, como se sabe, é apenas uma parcela restrita do terreno amplo da educação. A educação é um processo ininterrupto, que se dirige ao homem inteiro, à sua vida emocional, sentimental e moral, influindo nos seus costumes, comportamentos e hábitos, visando o aperfeiçoamento de todas as faculdades humanas. É um processo que se inicia com o nascimento e que cessa, no fundo, só com a morte, embora geralmente se pense que o homem, com a maioridade, esteja mais ou menos "educado". O último fim da educação é o de adaptar o indivíduo à vida social e cultural do ambiente em que provavelmente passará a sua existência a fim de que, assim integrado, possa viver como elemento útil ao grupo. Meios explícitos e abertos de educação são ordens, punições, sugestões, criação consciente de hábitos através da repetição, proibição de determinados comportamentos e hábitos tidos como nocivos, o exemplo dos educadores e, finalmente, o ensino sistemático de determinadas matérias, ministrado por especialistas, e destinado a transmitir ao estudante noções precisas sobre variadas esferas do saber humano, cuja assimilação exige do aprendiz particularmente participação intelectual. Ao lado disso, é eficientíssimo o "educador secreto", isto é, todo o ambiente familiar, social e cultural, com as influências lentas e imperceptíveis que se fazem notar a partir dos primeiros dias de vida.

Entre os meios de comunicação mais importantes do "educador secreto" contam-se atualmente a imprensa, o rádio e o cinema – educadores tanto negativos como positivos. A imprensa exerce forte influência através da informação e do comentário; o rádio e o cinema, como indústrias de diversão, influem fortemente na formação do gosto popular – para não falarmos dos documentários cinematográficos que são meios explícitos para aumentar o horizonte cultural dos espectadores. O cinema em particular, através da sugestiva apresentação visual, mais intensa geralmente do que a auditiva, atualmente molda em grande escala o comportamento das jovens gerações, as suas concepções do namoro e do amor, a sua maneira de se vestir e muitas vezes as suas ambições, ideais e divagações oníricas, os seus estereótipos de outras nações e mesmo a sua gesticulação, maneira de andar, de se sentar à mesa, de levantar a taça de vinho e de tragar a fumaça do cigarro.

Hollywood, particularmente, mercê do forte impulso de imitação arraigado no homem, tornou-se o educador ou deseducador secreto de inúmeras moças. Aproveitando conscientemente esse seu poder, fez-se muitas vezes propagandista eficiente não só de idéias políticas, mas também do estilo de vida norte-americano e, com isso, um dos mais dinâmicos vendedores de geladeiras, artigos domésticos, aparelhos elétricos de barbear, gravatas pintadas à mão, coca-cola, pijamas surrealistas, aventais e roupa íntima de *naylon* e bugigangas de matéria plástica.

Teria sido estranho, diante da enorme eficiência do cinema sonoro como veículo audiovisual de idéias, atitudes e conteúdos espirituais, que se tivesse deixado de aproveitá-lo como recurso explícito de ensino – da mesma forma como o rádio e o disco, cujas contribuições a serviço da instrução são hoje coisa corriqueira. Frente ao rádio, o cinema tem a vantagem incomparável da apresentação visual, acrescentada à acústica. Vantagem enorme em face do fato de que a memória visual da maioria é muito mais desenvolvida do que a auditiva, devendo-se salientar ainda que uma imagem bem feita esclarece um fenômeno muito melhor do que dezenas de frases abstratas.

No entanto, é preciso confessar que os institutos de ensino – com exceção de alguns países – até hoje não aproveitaram o cinema na medida de suas possibilidades como coadjuvante do professor que, naturalmente, nunca pode ser substituído por qualquer meio de comunicação mecânico. Parece que foi no ensino de línguas – matéria das mais úteis, urgentes e importantes – que se começou a estudar o aproveitamento da imagem móvel acompanhada de som, até se chegar a elaborar um sistema prático que atualmente encontra em numerosos países – e agora também no Brasil – a acolhida entusiástica de autoridades e particulares.

A importância do filme no ensino de línguas é ilustrada por dois fatos, recentemente noticiados na imprensa: as forças de ocupação norte-americanas no Japão exibem filmes de ensino a fim de facilitar a difusão da língua inglesa naquele país, aliás com êxito surpreendente. Semelhante tentativa está sendo realizada no país mais novo do mundo, em Israel, onde o problema lingüístico é de particular premência. Sendo um país novo, cujos imigrantes vêm de 74 países diversos, falando dezenas de línguas diferentes, existe o perigo de surgir uma nova Babel. É urgente, portanto, a necessidade de difundir com a máxima rapidez o conhecimento da língua nacional daquele país, o hebraico, o que recentemente vem sendo feito também com o auxílio de filmes especialmente produzidos. Observam os produtores que não querem transmitir, através dessas fitas de curta metragem, somente a língua hebraica, mas também a atmosfera do país a fim de facilitar a integração dos novos imigrantes. Um francês, argumentam, pode aprender a língua inglesa, mas naturalmente continua francês. Em Israel procura-se transformar ao mesmo tempo em cidadão israelense o judeu alemão, o inglês ou italiano através do ensino fílmico da língua hebraica.

Vê-se a partir daí de quanta importância poderia revestir-se a divulgação da língua portuguesa entre os imigrantes reunidos em quistos (por exemplo: japoneses, alemães etc.), num país de imigração como é o Brasil, se as fitas fossem feitas com bastante habilidade para, ao mesmo tempo, transmitir os valores nacionais – por exemplo, através de canções populares etc. Tais filmes de curta metragem poderiam ser apresentados nos programas comuns em lugar dos jornais nacionais, geralmente bem fraquinhos, em regiões de fortes concentrações estrangeiras.

Diante do interesse da questão, entrevistamos o sr. A. J. Hald Madsen, professor da língua inglesa que está exercendo, no Brasil, uma atividade fecunda na distribuição e aplicação prática de filmes para o ensino da língua inglesa.

Narra-nos o sr. Madsen que, desde 1919, vinha-se estudando a idéia de ensinar línguas por meio de filmes. O inventor real, contudo, é Arne Bornebusch, um sueco que durante a última guerra começou a estudar inglês. Certo dia, ao fazer a barba no banheiro, pronunciou a palavra inglesa *shave* (fazer a barba), vendo no espelho o movimento dos lábios e a imagem de quem passa a lâmina pela espuma. Neste momento, veio-lhe a magnífica idéia de ensinar línguas por meio de filmes.

Expõe-nos o nosso interlocutor que o inglês tem 39 sons diversos. Normalmente, o aluno necessita de cerca de quatro anos para adquirir uma pronúncia aceitável daquela língua. Com o auxílio do método cinematográfico, reduz-se esse espaço de tempo para cerca de 6 a 8 meses.

– De importância, prosseguiu o sr. Madsen, é particularmente a comunicação do significado de um termo através da imagem. Vejamos por exemplo o termo "sala de jantar". Lendo essa palavra num livro, cada aluno pensa numa coisa mais ou menos diferente, e isso se acentua muito mais ainda

233

quando um brasileiro pensa numa sala de jantar brasileira, bastante diversa da sala de jantar inglesa. É evidente que todo povo interpreta determinada noção de maneira diferente. O filme porém mostra uma coisa certa e sobre essa coisa certa se conversa. Todo aluno tem a mesma representação visual, evitando-se assim muitas confusões.

Acresce, continuou o entrevistado, que a noção abstrata, ligada à imagem móvel, se enche de um sentido concreto e se fixa de um modo mais rápido e mais eficiente na memória. Estabelece-se uma associação sólida entre a palavra e o objeto que ela designa.

Um dos momentos que contribui para a eficiência do método é a escuridão da sala. A tela iluminada, cercada pelo *blackout* da sala, exerce forte efeito sugestivo e estimula a máxima concentração dos alunos. Ao repetirem em coro, sob a supervisão do professor, determinadas palavras ou frases, não sentem aquele acanhamento comum; no escurso ninguém enrubesce; a noite, como se sabe, reduz os sentimentos de pudor.

– Os alunos trabalham sob a supervisão de um professor?

– Evidentemente. O professor é indispensável. É ele que apresenta a lição, comentando todos os pontos necessários; só então se faz a projeção de um dos filmes do curso, nos quais um professor-ator, por sua vez, dá uma lição a alunos-atores, conversando com eles sobre determinados assuntos e repetindo lentamente as frases que se ligam a imagens em movimento, relacionadas com o conteúdo das sentenças. Os alunos-atores repetem as frases e os alunos reais, por sua vez, repetem em coro as orações que aparecem, depois das imagens, textualmente na tela, tanto na ortografia comum como numa versão fonética que segue os símbolos oficiais usados internacionalmente. Terminada a projeção, o professor real entra novamente em contato com a classe, fazendo a verificação do aproveitamento individual de cada aluno. Finalmente, se projeta novamente a mesma lição. Como se vê, é um processo perfeito de memorização audiovisual, aproveitando-se portanto os dois sentidos mais importantes do homem – ouvido e visão. Aliás, há também livros especiais, cujas lições acompanham as dos filmes.

– A quantos filmes o aluno tem de assistir?

– Aprende-se com cada filme cerca de 60 palavras novas. Depois de 24 filmes, cada qual em bobinas de quatrocentos pés e que costumam ser desenvolvidos em quarenta lições de cinqüenta minutos cada uma – ou seja, depois de cinco meses – o aluno aplicado tem um acervo de cerca de 1.500 palavras, quase o dobro, portanto, das 850 palavras do chamado inglês básico. Há, naturalmente, cursos adiantados de aperfeiçoamento.

– Existem provas a respeito da eficiência do sistema cinematográfico na aprendizagem de línguas?

– Fizeram-se testes de três meses, com quatro aulas por semana, usando-se duas turmas, uma aprendendo por meio de livros apenas, a outra estudando por meio de livros e filmes. O resultado foi surpreendente. A turma do filme, após três meses, já falava com uma pronúncia regular e mostrou um adiantamento extraordinário em comparação com a outra turma. Particularmente se notava a sua capacidade superior de compreender as frases proferidas por outros e de responder a perguntas.

De resto, acrescenta o professor, o sistema hoje já é internacionalmente usado, particularmente nos exércitos de numerosos países, aliás também aqui, no Brasil, onde o Sr. Ministro da Guerra fez referências extremamente elogiosas a respeito do método cinematográfico.

O repórter, que teve oportunidade de assistir a um filme-lição, só pode confirmar o que o professor lhe disse. Tivesse ele tido oportunidade para aprender o seu inglês por meio de filmes e sua pronúncia hoje seria certamente melhor. Pela primeira vez na sua vida o repórter viu – não só ouviu – como se pronuncia exatamente aquele pesadelo de consoante inglesa – o famoso "th". O desenho esquemático e móvel de uma boca, com a apresentação do movimento dos lábios e da língua, bem como da sua posição em relação aos dentes no momento de se proferir aquele "th", convenceu-o em poucos instantes de que durante toda a sua vida pronunciara aquela consoante de um modo completamente errado. Com efeito, hoje só não aprende línguas quem não quiser!

O cinema ensina línguas

Há muito se conhece o valor educativo do cinema. As grandes vantagens da imagem no terreno da educação em geral decorrem do fato de que, na maioria das pessoas, a memória visual é muito mais desenvolvida do que a memória auditiva. Assim, usam-se há muitos anos, particularmente no ensino de crianças, o desenho e a fotografia. Evidentemente, se a imagem móvel é de grande utilidade para facilitar a instrução e o ensino, esta vantagem se acentua muito mais com o emprego da imagem em movimento, acompanhada do som.

O valor instrutivo do filme tem sido aproveitado em grande escala através de documentários – quer devassando continentes longínquos com preciosas revelações no terreno etnológico, quer pesquisando o mundo microscópico de fenômenos, por exemplo, biológicos, quer apresentando a técnica de grandes cirurgiões, quer captando as maravilhas arquitetônicas de épocas remotas ou a beleza das grandes obras das artes plásticas.

Bem recente, porém, é o uso do cinema no ensino de línguas. Ao que parece, é só a partir da Segunda Guerra Mundial que se elaborou, obedecendo à necessidade de ensinar com a máxima rapidez a língua inglesa a um número considerável de militares, o sistema *English by Film* (*Inglês por Filme*), método hoje difundido em muitos países e, presentemente, acessível também no Brasil através de cursos ministrados no Rio de Janeiro, em São Paulo e Belo Horizonte, devendo-se mencionar que diversos grupos de oficiais do Exército estão seguindo o curso *English by Film*, qualificado pelo sr. Ministro da Guerra como "interessante, prático e eficiente".

Graças à amabilidade da dra. Hedy Kris, uma das professoras da Escola-Cinema instalada em São Paulo, tivemos a oportunidade de assistir a uma das aulas, boa parte das quais é dedicada à exibição de determinada lição fílmica, cujos pontos essenciais são depois elaborados e ampliados pela professora, em conversa com os alunos.

O filme ao qual assistimos apresenta uma conversa entre um professor e duas alunas, com amplo uso da visualização dos assuntos debatidos. As frases distintamente pronunciadas pelo professor e diversas vezes repetidas pelos alunos na tela são, ao mesmo tempo, proferidas pelos alunos na sala, psicologicamente dispostos a produzirem o seu inglês ainda defeituoso com voz alta, graças à escuridão que tudo encobre delicadamente (dizem os entendidos que, na escuridão, mesmo a moça mais pudibunda não enrubesce). Para facilitar ainda mais a memorização áudio-visual, as frases faladas e ilustradas pela imagem móvel são ainda apresentadas em textos acompanhados dos respectivos símbolos fonéticos.

O imenso valor da imagem, no ensino de línguas, tornou-se particularmente patente a este repórter quando se tratava do terrível "th" inglês, cuja pronúncia lhe causara tantos pesadelos quando ainda freqüentava a escola. O gigantesco *close up* da boca do professor na tela (e das boquinhas das suas duas alunas altamente assobiáveis) proporcionou ao repórter uma iluminação repentina: pela primeira vez na sua vida tornou-se-lhe claro onde deve ficar a língua ao se proferir aquele "th"; tal elucidação súbita foi ainda confirmada pelo excelente esquema da boca desenhada em perfil, que mostra o comportamento da língua durante o ato de pronunciar a traiçoeira consoante.

Pois bem: o que o repórter não aprendeu durante uma boa quantidade de anos escolares revelou-se-lhe imediatamente através do filme; eis aí uma boa prova da utilidade do cinema no ensino de línguas.

1º Festival Internacional de Cinema Amador

Seria difícil exagerar os encômios de que o Foto-Cine Clube Bandeirantes se fez merecedor ao organizar, após demorados preparativos e vencendo inúmeras dificuldades, o primeiro Festival Internacional de Cinema Amador na América do Sul, seguindo uma tradição já estabelecida em outras partes do mundo.

Apresentando, nos dias 13 e 14 de outubro de 1950, no grande auditório do Museu de Arte de São Paulo, quinze películas a um público numeroso, proporcionou aos amadores brasileiros, pela primeira vez, a oportunidade de compararem os seus trabalhos com uma seleção de obras, parcialmente premiadas, produzidas em sete outros países (a saber: Argentina, Inglaterra, Estados Unidos, Suíça, França, Uruguai e Cuba), além de duas fitas de amadores brasileiros.

Entre os filmes, aos quais tivemos a oportunidade de assistir (os do primeiro dia), damos preferência aos documentários, gênero que sem dúvida se adapta melhor às possibilidades limitadas do amador, que tem de vencer dificuldades quase intransponíveis para realizar um filme de enredo regular.

Preferimos, portanto, a um filme de enredo demasiadamente ambicioso como *Redención*, de Nelson Cobian (Uruguai), o excelente documentário *Ski en Nahuel Huapi*, de Carlos Barrios Barón (Argentina) – em kodachrome, 16mm –,

237

e o igualmente interessante documentário *Nantucket*, de Russel T. Pansie (Estados Unidos) – em kodachrome, 16mm.

Entre os filmes de enredo, no entanto, de intenção mais documentária e modesta, deixou excelente impressão a fita *The Unexpected*, de Ernest H. Kremer (Estados Unidos) – kodachrome, 16mm – que descreve cenas da vida doméstica e as primeiras semanas da vida de um bebê. Tomadas próximas do pézinho e dos dedinhos da criança, com os seus movimentos ainda sem coordenação, a sua gulodice ao tomar o leite – tudo isso não é só de grande efeito, mas é realmente um objeto digno da exploração do amador, já pelo fato de que os profissionais geralmente não podem perder tempo com tais pormenores "microscópicos".

Em outro plano – plano de pesquisa estética – encontra-se o filme *Estudos*, produzido por Thomas J. Farkas e Luis Andreatini (do Foto-Cine Clube Bandeirante). Trata-se de uma obra experimental, já premiada, cujos realizadores procuram expressar-se pela linguagem puramente cinematográfica da montagem, justapondo, em cortes inteligentes e ritmo perfeito, imagens de grande força sugestiva – rostos, olhos e bocas em planos próximos, flores, a corrente do rio e árvores. É uma tentativa de criar "cinema puro", que como tal merece os aplausos dos amantes da Sétima Arte.

A maior parte das películas foi apresentada com discos de músicas conhecidas, mais ou menos adequadas ao tema do filme. É evidente que só em raríssimos casos o amador pode contar com uma música especialmente composta e, mesmo em tais casos, não é possível conseguir uma sincronização perfeita com discos. O uso de música do "estoque universal" sempre envolve o perigo de desviar a atenção da assistência da imagem, particularmente quando uma melodia conhecida se sobrepõe insistentemente às seqüências visuais.

De outro lado, o filme mudo sem nenhum acompanhamento musical só é suportável quando se trata de realizações vigorosas e, num certo sentido, com intenção de caricatura. Os filmes de René Clair, atualmente apresentados no Clube de Cinema, tiram até parte do seu efeito caricato da absoluta mudez, que transforma as figuras em bonecos que se agitam num mundo passado, diríamos irreal.

Geralmente, porém, a ausência da música em filmes mudos – como se deu no caso de *Redención* – exalta, de uma maneira quase angustiante, o processo mecânico e o fato de que as figuras na tela nada são senão sombras bidimensionais, dotadas, por uma técnica avançada, de movimentos e gestos, a fim de impingi-las ao espectador como seres vivos. Ao se assistir hoje a um filme mudo, sem acompanhamento musical de qualquer espécie, nota-se imediatamente por que, historicamente falando, desde o início procurou-se motivar, vivificar e humanizar a agitação das sombras pelo movimento tridimensional da música, capaz de lhes injetar a vida que lhes parece faltar.

Mas, no tocante a este ponto, as opiniões podem divergir. Está fora de dúvida, porém, que a iniciativa do Foto-Cine Clube Bandeirante, organizador do Festival, pode contar com a gratidão unânime de todos aqueles que se empenham pelo progresso do cinema brasileiro.

Nova era do cinema nacional
(uma palestra com Gustavo Nonnenberg e José Mauro
Vasconcelos)

Ao aparecerem estas linhas (novembro de 1950), a indústria cinematográfica do Brasil terá entrado numa nova era da sua existência, pois já terá sido lançado o filme *Caiçara*, produzido pela Companhia Cinematográfica Vera Cruz, sob a supervisão de Alberto Cavalcanti.

A nova fase começou realmente a 3 de novembro de 1949, quando um grupo de industriais fundou a Empresa, mas somente com a apresentação da sua primeira obra este fato se refletirá e repercutirá no mundo da Sétima Arte.

Mesmo independentemente do valor estético, certamente alto, da primeira produção da Vera Cruz, este acontecimento é de importância transcendental, graças às amplas bases industriais da nova empresa, que garantem uma continuidade perfeita de realizações, capazes de competirem no mercado internacional no que se refere às condições técnicas indispensáveis.

Ninguém ignora que a "décima musa", filha do nosso tempo, é exigente; como nenhuma das suas irmãs, ela só é leal àqueles que, além de amor e dedicação, lhe oferecem um leito de ouro – ou, para falar em termos mais terrestres, que lhe garantam uma sólida infra-estrutura material. Sem essa base, só ocasionalmente pode surgir uma obra de valor, produto de um *flirt* sem duração.

Vale mencionar, portanto, que a "Vera Cruz", interessada em relações duradouras, e visando desde o início uma produção em escala industrial com fins de exportação, adquiriu uma área de 30.000 metros quadrados em São Bernardo do Campo, onde está em franco andamento a construção de amplos estúdios. Adquiriu, além disso, equipamento técnico moderníssimo, tanto no que diz respeito aos aparelhos sonoros e ópticos, como aos acessórios, tais como equipamento de transparência (*back-projection*), truca (máquina especial para produzir efeitos ópticos-fotográficos), *dollies* (dos quais um com braço de guindaste), cabine elétrica de 350 KVA, geradores portáteis etc.

Garantida a base material, a empresa contratou a colaboração de técnicos capazes de manipularem o equipamento, recorrendo, para este fim, largamente a elementos estrangeiros experimentados. Mencionamos Oswald Hafenrichter (editor e montador inglês), Erik Rasmussen (técnico dinamarquês de som e gravação), Howard Randall (técnico americano de som e gravação), Michael Stoll (técnico inglês de microfone), Henry C. Fowle (iluminador inglês), Nigel C. Huke (*camera man* inglês), Jacques Dehenzelins (*camera man* francês), Horace C. Fletcher (técnico inglês de maquilagem). Mas uma técnica perfeita, animada por elementos competentes, é apenas um instrumento adequado na mão de diretores qualificados, que inspirem vida estética à aparelhagem. Ainda aqui, a Vera Cruz confiou importantes posições a estrangeiros – Adolfo Celi, Tom Payne, John Waterhouse (diretores) e Aldo Calvi (cenógrafo).

A responsabilidade pela produção geral está nas mãos de Alberto Cavalcanti, nome que ocupa um lugar de honra em qualquer livro sobre história do cinema.

Visitando os escritórios da Empresa para tirar algumas informações sobre os futuros planos da Vera Cruz, tivemos a sorte de encontrar Gustavo Nonnenberg, que escreveu, em colaboração com Afonso Schmidt, os diálogos de *Caiçara* e elaborou, ou está elaborando, os roteiros de vários outros filmes planejados ou já em vias de realização.

– É evidente, respondeu o sr. Nonnenberg a uma pergunta nossa – que uma empresa do vulto da Vera Cruz precisa de um sólido planejamento das suas atividades. Além do segundo filme *Terra É Sempre Terra*, quase terminado, e que será lançado na última semana de dezembro, aliás com diálogos de Guilherme de Almeida, encontram-se em estado de elaboração as seguintes películas: *Ângela*, com Eliane Lage, Inezita Barroso, Alberto Ruschel, Carlos Vergueiro e Mário Sérgio, com um roteiro feito por mim e Neli Dutra, diálogos de Aníbal Machado e direção de Martim Gonçalves; *Canto do Mar*, versão brasileira do histórico filme *En Rade* (Cavalcanti) e o qual José Mauro de Vasconcelos adaptou para o clima nordestino; *O Escravo da Noite*, filme biográfico de Noel Rosa, que contará com a participação dos maiores intérpretes da música popular brasileira, com roteiro de José Mauro Vasconcelos e direção de Adolfo Celi; *O Irmão das Almas*, adaptação cinematográfica da famosa comédia de Afonso [sic] Pena[1], com roteiro feito por mim e direção de Alberto Cavalcanti; e finalmente *Tiradentes*, um documentário concebido e realizado por Lima Barreto.

– Conforme vejo, dirigirá Cavalcanti só um entre todos esses filmes – a saber, *O Irmão das Almas*?

– Realmente. Cavalcanti é o produtor geral. Mas, é evidente que ele confiou a direção a cineastas de alta competência, com os quais se mantém em constante contato. Uma obra cinematográfica é um trabalho de equipe, resultado de uma íntima colaboração entre todos os elementos. Nada é feito que não tenha a aprovação de Cavalcanti.

– Por que esta preponderância de estrangeiros?

– Adquirimos equipamento moderníssimo e precisávamos de elementos capacitados para manejar este equipamento. Contudo, contamos com grande número de assistentes e ajudantes brasileiros, que aos poucos serão encarregados de funções de maior responsabilidade. Embora qualquer instrução teórica, por meio de academias e clubes de cinema, seja uma excelente coisa, creio que só a própria prática poderá fornecer ao cinema brasileiro especialistas valiosos e capacitados para realizarem as tarefas que os aguardam. Aliás, desde já contamos com numerosos brasileiros em posições destacadas, como sobressai da relação dos filmes planejados ou em estado de realização.

Aproveitamos a chegada de José Mauro de Vasconcelos para perguntar-lhe se a adaptação do roteiro de *En Rade* ("Canto do Mar") tinha sido uma tarefa difícil:

1. O nome correto do autor da peça citada é Martins Pena (nota da org.).

– É questão de prática. O filme *En Rade*, que Cavalcanti dirigiu em França na época do cinema mudo, é considerado hoje uma obra clássica. Não era fácil adaptá-lo à atmosfera do Nordeste brasileiro.

– E os diálogos?

– Quanto aos diálogos, é preciso manter um meio termo entre o linguajar típico daquela região e um português que possa ser entendido sem dificuldade em todo o Brasil. Não se trata propriamente de uma estilização da fala regional, mas de uma cuidadosa seleção do material lingüístico e de uma síntese significativa.

– O diálogo cinematográfico tem qualquer semelhança com o diálogo teatral?

– Nenhuma, creio. É conciso, meramente funcional e tem de adaptar-se rigorosamente ao ritmo das imagens. No teatro, o diálogo é quase tudo. No cinema, a imagem é o meio essencial de expressão. Naturalmente, fazer um bom diálogo cinematográfico requer um bom ouvido; isso é o mais importante.

– Quanto aos atores, intervém Gustavo Nonnenberg, é às vezes necessário fazer dublagem com elementos que saibam imitar corretamente a fala regional. Deixemos, porém, estas particularidades. Esqueci-me de lhe dar uma notícia de primeira mão. O quarto filme não será *O Canto do Mar*, mas outro, com o título *Doutoras*, uma adaptação da comédia de França Júnior, com Tonia Carrero e Paulo Autran...

Infelizmente, os nossos interlocutores estão com pressa e a hora está adiantada.

– Falamos bastante, diz Gustavo Nonnenberg. – As imagens de *Caiçara* lhe contarão o resto.

Contudo, quando for assistir ao primeiro filme da Vera Cruz, o repórter não se esquecerá de prestar atenção especial aos diálogos, escritos por Afonso Schmidt e Gustavo Nonnenberg.

"Recorreremos aos cine-amadores" – declara Cavalcanti

A 7 de fevereiro de 1951, falou na Biblioteca Municipal, a convite do Centro de Estudos Cinematográficos, o grande cineasta Cavalcanti sobre a necessidade de formar no Brasil quadros de cinetécnicos. Em breve palestra esclareceu o numeroso público sobre os seus futuros planos, sobre a sua esperança de poder, com apoio oficial, organizar uma empresa cinematográfica nacional capaz de produzir filmes de valor artístico e econômico, aproveitando o riquíssimo material humano e folclórico do Brasil.

Uma sadia indústria cinematográfica, declarou o conferencista, teria melhores e mais econômicas possibilidades de difundir o nome do Brasil no mundo do que os dispendiosos "centros" de café espalhados em diversas metrópoles – não mencionando a importância material da exportação de fitas. A fim de garantir mercados para a futura indústria cinematográfica seria necessário, particularmente, um acordo de distribuição de fitas com a Argentina e o México.

Na animada discussão que se seguiu, um dos presentes perguntou a Cavalcanti de que modo ele iria selecionar os técnicos para a futura empresa – se haveria possibilidade de eliminar os "filhinhos de papai" e os elementos que contam com pistolões. Cavalcanti respondeu dizendo que a formação dos futuros cineastas se faria através de um estágio na seção de documentários, seção em que os eventuais talentos indubitavelmente se revelariam. A uma nova pergunta, a respeito de como se faria a seleção inicial de admissão, o diretor de *En Rade* replicou que evidentemente recorreria aos cine-amadores interessados em fazer cinema profissional, já que estes elementos, pelo simples fato de se dedicarem nas horas vagas a esta ocupação, demonstram ter entusiasmo pela Sétima Arte e certa prática neste difícil terreno.

A colaboração dos leitores para a seção de cinema

Há um lindo filme, com o título *Flor de Pedra*, em que um artista, escultor de gênio, se retira a uma montanha de cobre para criar a sua obra-prima. Outros artistas – e há hoje muitos deles! – enclausuram-se no que se convencionou chamar de "torre de marfim", onde, isolados do mundo e da vida, elaboram obras esquisitas e herméticas, acessíveis somente a um minúsculo círculo de iniciados.

Evidentemente, os editores de uma revista não são escultores ou poetas e a redação não é uma montanha de cobre ou uma torre de marfim. Um periódico é, bem ao contrário, uma plataforma arejada, exposta a todos os ventos, e o seu maior pecado é o isolamento, já que a sua função essencial é a comunicação, o comércio intenso e extenso de informações, notícias, comentários, enfim, de "artigos" dos mais variados gêneros.

Frente ao comerciante que distribui bens materiais, o intermediário de idéias e informações tem a vantagem de que a sua mercadoria não é suficientemente palpável para que os fregueses possam botar-lha diante do nariz, exclamando furiosos: *Isto não presta!* Esse fato de se tratar de um bem um tanto aéreo, que não envenena o estômago ou revela logo os seus defeitos, se de um lado parece ser vantajoso, representa de outro lado uma grande desvantagem: a dificuldade de oferecer sempre a mercadoria exigida pela maioria dos fregueses, devido à falta de contatos pessoais diretos com os "compradores".

Felizmente, nunca nos sentimos isolados dos nossos leitores, nunca nos encerramos numa montanha de cobre. Temos recebido cartas elogiosas, críticas, reclamações e sugestões. Temos respondido a todas as missivas e comunicações, quer através das colunas da *Iris*, quer pelo correio, ainda que às vezes tenha havido certa demora. Pedimos aos nossos leitores que, também no futuro, queiram honrar-nos com suas sugestões, reclamações, críticas e, se lhes parecer justo, com estímulos. Todas as comunicações sempre encontrarão boa acolhida na nossa redação e esforçar-nos-emos para respondê-las ou atendê-las com a máxima rapidez possível.

Todas as missivas abordando questões gerais relacionadas com assuntos de foto e cinematografia, quer venham de amadores ou de profissionais, cujos problemas sempre nos interessam, quer se trate de quaisquer perguntas ou desejos referentes ao problema dos fotógrafos no interior, quer de reclamações ou sugestões no que diz respeito às nossas várias seções (incluindo a nova seção "Cinema em Casa"), deverão ser dirigidas à Caixa Postal 1704, São Paulo. Também os leitores interessados pelo "Clube de Cinema", que está sendo organizado sob o patrocínio da *Iris*, poderão escrever à caixa postal mencionada.

As cartas referentes à crítica cinematográfica (*"Flash Back"*) podem ser enviadas diretamente ao redator desta seção, à Caixa Postal 7067, São Paulo. Pedimos, todavia, não dirigirem a esta última perguntas relativas ao peso, à idade ou à vida amorosa de determinadas estrelas, como repetidamente tem acontecido, pois não se trata de uma seção para "fãs", mas para leitores interessados nos problemas estéticos da Sétima Arte.

Como a quantidade de cartas ultimamente recebidas aumentou, envolvendo as perguntas e sugestões muitas vezes questões de interesse geral, tencionamos publicar mensalmente a página "Escreve o leitor", dedicada exclusivamente a essa correspondência, na medida em que suscita explicações e respostas de ordem geral. Perguntas peculiares e especiais, que exijam discussão mais minuciosa e extensa, serão atendidas, como na maioria dos casos até agora, por correspondência direta.

Esperamos que esta nova iniciativa encontre entre os nossos leitores tão boa acolhida como encontra qualquer missiva numa redação sempre esforçada por manter um contato vivo e intenso com os círculos aos quais serve, longe das montanhas de cobre e das torres de marfim.

O ano de 1952 – balanço de trabalho e dos resultados

O presente número, o primeiro do ano de 1952, é motivo para nos determos, por um instante, a fim de contemplar, da posição alcançada, o caminho percorrido, até agora, pela Revista *Iris*.

Não foi nunca costume nosso tecer elogios a nós mesmos e o leitor atento certamente terá notado que sempre nos esforçamos para aproveitar as páginas ao nosso dispor publicando informações objetivas e sóbrias ou artigos instrutivos, ao invés de falarmos sobre nós e as nossas realizações. Segundo a nossa opinião, é preferível trabalhar para que a própria obra fale por si mesma.

Recebemos de todas as partes do Brasil missivas de reconhecimento, com expressões efusivas de gratidão, e é elevado o número dos amadores que repetidamente declaram ter aprendido, pela cuidadosa leitura da nossa revista, a fotografar e a filmar. É para nós uma satisfação intensa termos contribuído em virtude da nossa obra, de modo eficiente, para a divulgação da Foto e Cinematografia no Brasil, e a nossa ampla correspondência com o Interior, bem como as numerosas visitas de novos e velhos amigos aos nossos escritórios em São Paulo e no Rio de Janeiro representam para nós valiosa prova de que a nossa atividade é fecunda e encontra repercussão crescente.

A ampla cooperação com o comércio e a indústria fotográficos, cujos expoentes estão perfeitamente cientes da importância do nosso periódico como intermediário entre os produtores e o público, bem como a colaboração com os Foto e Cineclubes existentes, são para nós sintomas seguros de que o nosso rumo está certo. Agora que começam a cicatrizar as feridas deixadas pela Segunda Guerra Mundial, tornam-se também mais freqüentes as indagações do exterior, prova de que também além das fronteiras do Brasil o nome *Iris* se fez conhecido nos círculos interessados.

Todavia, longe estamos de acreditar, embalados pela vaidade e pela doce auto-satisfação, que a nossa revista ainda não necessite de melhoramentos. Sabemos bem, ao contrário, que estamos ainda afastados do alvo por nós visado e que devemos ainda realizar um imenso trabalho a fim de aperfeiçoar a *Iris*, a tal ponto que não fique em condições de inferioridade excessiva frente a publicações correspondentes do exterior.

Contudo, temos de nos adaptar, nas nossas aspirações, às possibilidades existentes. Com efeito, perderíamos o senso de medida se quiséssemos imitar cegamente uma foto-revista estrangeira em toda a sua grandiosa apresentação gráfica e na confecção geral, tudo isso sem possuirmos a base com que tais publicações estrangeiras costumam contar. Ensinou-nos a experiência que não há sabedoria em colocar os alvos demasiadamente alto; pois em nenhum ramo, mais do que no terreno da imprensa e edição de periódicos – particularmente em se tratando de periódicos técnicos – tem validade o provérbio: *Chi va piano, va sano*, ou como tão bem o exprimem os franceses: *Qui trop embrasse mal étreint*.

Quem comparar os primeiros números do nosso periódico com os últimos, não poderá deixar de confirmar que avançamos bastante; e embora as nossas realizações talvez não correspondam aos desejos de alguns críticos, e menos ainda à nossa própria impaciência – que todavia devemos frear –, temos certeza de que, finalmente, apresentaremos, lenta mas seguramente, o que desde o início desejamos apresentar: uma Foto e Cine-Revista digna do Brasil e do progresso deste país.

A fim de atingirmos este fim, necessitamos naturalmente do apoio e da colaboração dos nossos distintos leitores e assi-

246

nantes, aos quais pedimos que nos honrem também no futuro com a sua fidelidade, bem como da cooperação dos nossos amigos da indústria e do comércio, cuja confiança esperamos merecer também no futuro.

Prometemos nunca esmorecer no nosso esforço para melhorar e aperfeiçoar a revista *Iris*.

Festival Internacional de Cinema
I Bienal do Museu de Arte Moderna

Realizou-se, de 10 a 16 de dezembro de 1951, no Cine Royal de São Paulo, o Festival Internacional de Cinema, com a apresentação de "filmes de arte", isto é, documentários sobre a obra de escultores e pintores, bem como sobre grandes monumentos arquitetônicos. Concorreram ao Festival cineastas da França, Bélgica, Índia, Grã-Bretanha, Holanda, Dinamarca, Alemanha, Itália, do Brasil e do Japão, enquanto Suíça e Áustria participaram fora do concurso.

O empreendimento do Museu de Arte Moderna é indubitavelmente de alto mérito. Raramente temos, aqui no Brasil, a oportunidade de assistir a filmes sobre material pictórico, escultural ou arquitetônico, a não ser, de vez em quando em casa de alguns conhecidos que projetam filmes *"substandard"*. Contudo, a aplicação de uma arte à outra é uma experiência fascinante. Deve a câmera, ao fixar obras de arte de pintores ou escultores, somente "reproduzir", ou é tarefa sua também "interpretar"? Deve o cineasta, ao escolher como seu tema a própria arte, apenas documentar e registrar? Ou deve ele, ao contrário, usar a outra arte apenas como material para criar uma nova obra de arte, uma obra de arte fílmica? O resultado final dependerá naturalmente do bom gosto e do senso de medida do realizador, cuja tarefa será, certamente, a de encontrar em cada caso uma solução adequada para apresentar uma obra de arte em termos fílmicos condizentes, sem violentar o material de que deve ser intérprete leal, como o pianista que toca uma sonata ou o *metteur-en-scène* que apresenta, em termos teatrais, a obra literária de um dramaturgo.

Neste sentido, são legítimos todos os recursos do cinema, tais como iluminação, angulação apropriada, seleção de

247

partes de um quadro, *travellings* e a câmera em movimento panorâmico, fusões e superimposições, vários planos e cores destinados a criar um ritmo adequado às obras fílmicas.

Interessante sob este ponto de vista é o filme *Henri Toulouse Lautrec*, mas não nos parece legítimo o uso de uma câmera e cortes "desenfreados" – como se dá nesse caso – com sacrifício da obra do pintor por um valor fílmico, aliás bastante elevado. Interessante também a experiência inglesa *Poet and Painter*, com a conjugação hábil da recitação de poemas e da apresentação de ilustrações, devendo-se destacar a magnífica seqüência da peste.

Tomamos nota de que Carl Theodor Dreyer, o genial diretor de algumas das maiores obras cinematográficas (*A Paixão de Joana D'Arc*, *Dies Irae*), que parecia ter saído de circulação, está trabalhando na sua pátria, a Dinamarca. Dois filmes – *Thorvaldsen* e *The Danish Village Church* – foram feitos sob sua supervisão.

Geralmente, boas as películas da Itália, entre as quais merecem destaque *Esperienza del Cubismo* – única obra com tendência puramente instrutiva – e o lindo documentário *Fontana di Trevi*. Entre as fitas da Alemanha, merecem aplauso o magnífico filme sobre Ernst Barlach e o belo trabalho *Ad Dei Honorem*, ao passo que os realizadores de *Bustelli* – famoso criador de figuras de porcelana – recorreram ao recurso, pouco feliz em tais obras, de movimentar as figuras. Agradou muito também a boa produção da Índia e do Japão. Entre os numerosos filmes estrangeiros, alguns deles de qualidade excelente, fizeram boa figura as duas obras de Lima Barreto, *Painel* e *Santuário*.

Trata-se, tudo em tudo, de uma festa para os olhos, tanto para os adeptos da Sétima Arte, que certamente tirarão muito proveito dessas sessões, como para os apreciadores das artes plásticas e pictóricas, aos quais a objetiva, em muitos aspectos superior ao olho humano, decerto revelou novos ângulos de algumas grandes obras de arte.

Os prêmios

O *Prêmio Internacional* não foi atribuído, pois *não se apresentou nenhuma fita cujas qualidades, em seu conjunto,*

248

justificassem a atribuição do prêmio. Como melhor fita brasileira foi premiada *Painel*, de Lima Barreto. Como melhor diretor, Henri Storck (*Le Monde de Paul Delvaux*, obra internacionalmente famosa). Melhor roteiro: André Chamson (*Le Coeur d'Amour Épris*). Melhor fotógrafo, o *cameraman* de *Ernest Barlach*. Melhor texto de narração: Stanislas Fumet (*Georges Bracque*). Melhor comentário musical: G. Van Parys (*L'Affaire Manet*). Melhor conjunto de filmes: Itália, com oito películas.

Crise na foto e cinematografia?

É com inquietação que amplos círculos do povo brasileiro observam a evolução da situação econômica do Brasil. Como revista especializada, não nos compete falar das condições gerais – problema que não é da nossa alçada. Contudo, embora pareça tratar-se de assunto de pouca relevância, não podemos deixar de deplorar as dificuldades que ameaçam causar embaraço à intensificação e mesmo à manutenção normal das atividades cinematográficas e fotográficas dos profissionais e amadores brasileiros. O fato de que todas as mercadorias relacionadas com a foto e a cinematografia foram entregues ao jogo do chamado "câmbio livre", inevitavelmente ocasionará considerável encarecimento de todos os artigos foto e cinematográficos importados do estrangeiro.

As conseqüências, particularmente para a indústria cinematográfica brasileira, ainda incipiente e, por isso, necessitada de proteção, são facilmente imagináveis, diante da falta crescente de filme virgem. Não é preciso salientar a importância dessa indústria, quer no sentido puramente econômico, quer no sentido cultural e nacional. Sem preconizar um nacionalismo estreito, somos da opinião de que a constante inundação do público brasileiro com filmes estrangeiros, de qualquer proveniência, quando não compensada por uma produção nacional relevante, forçosamente exerce um efeito desnacionalizador, devido à difusão maciça de padrões culturais, valores e normas estranhos que, em muitos casos, não se ajustam ao espírito brasileiro.

É preciso considerar que a alimentação espiritual principal de muitos brasileiros é fornecida pelo cinema, e é mister que se dose essa difusão de modo a deixar margem à divulgação de bons filmes de origem nacional.

É evidente, também, que uma alta dos preços no ramo fotográfico prejudicaria ao extremo inúmeros amadores que laboram nessa atividade, seja ela de ordem mais esportiva, seja de intuito artístico, e que na mesma encontram repouso, estímulo, evasão, prazer estético e espiritual. Sabemos que, no Brasil, muitas pessoas ainda estão longe de apreciar devidamente a importância cultural e científica da fotografia – atividade cujo valor educativo, em outros países, é reconhecido a tal ponto que o ensino fotográfico começa a fazer parte, em grau crescente, das matérias escolares. Dir-se-ia que, se não fosse o caso de se cuidar em facilitar o exercício dessa atividade, pelo menos não se deveria, também, dificultar a vida dos fotógrafos, levando-se em consideração que amplos grupos das classes médias, já tão sacrificadas, se dedicam de preferência a esta arte.

Concurso nacional de cinema amador
XIV aniversário de fundação do Foto-Cine Clube
Bandeirantes

Numeroso e seleto público reuniu-se, a 28 de abril de 1953, no Grande Auditório do Museu de Arte de São Paulo, a fim de assistir às solenidades comemorativas do XIV Aniversário de Fundação do Foto-Cine Clube Bandeirante, ocasião em que foram entregues numerosos prêmios a fotógrafos e cineastas que se distinguiram em vários concursos.

Abriu a sessão solene o dr. Eduardo Salvatore, presidente do Clube, saudando as autoridades civis e militares presentes e esboçando, em linhas rápidas, o caminho percorrido pela associação. Salientou o orador os enormes progressos realizados, nestes quatorze anos, e acentuou, com justas razões, a grande contribuição que o Clube Bandeirante fez, não só para o desenvolvimento cultural e artístico do país, mas também para aumentar cada vez mais o prestígio do Brasil no exterior, graças aos magníficos êxitos obtidos pelos seus sócios em exposições internacionais nos quatro cantos do mundo.

Destacamos entre os prêmios o conquistado pelo próprio clube aniversariante no Concurso Latino-Americano "Alejandro C. Del Conte" (Buenos Aires) – troféu destinado ao clube com o melhor conjunto coletivo de obras dos seus associados; o prêmio de conjunto individual, que coube a Francisco A. Albuquerque; e ainda os vários prêmios conferidos aos srs. German Lorca, Eigiryo Sato, Arnaldo M. Florence, Ademar Manarini e Aldo A. de Souza Lima, Renato Francesconi e José V. E. Yalenti, Apolo Silveira e Gaspar Gasparian.

Seguiu-se a entrega dos prêmios do Concurso Nacional de Cinema Amador, devendo-se destacar o primeiro lugar, conquistado pelo filme *Bolso Vazio*, de A. Venticinque, J. Quintiliano, L. Roggero e M. Bim Raschine. Com o 2º lugar foram distinguidos os srs. Alfredo R. Alves e Plácido Soave (Campinas), para o seu filme *Falsários*. O 1º e 2º prêmios para filmes documentários foram entregues ao sr. Jean Lecocq (São Paulo), pelos seus filmes *Um Paraíso Terrestre* e *Um Domingo Qualquer*.

O 1º prêmio para filmes documentários da categoria profissional coube ao sr. Benedito J. Duarte, para o seu filme *Colecistectomia*, com o qual conquistou, além disso, a Taça "A Gazeta Esportiva" e a "Taça Bandeirante".

Os prêmios do Concurso Nordestino de Cinegrafistas Amadores (Recife), conquistados por associados do Clube Bandeirante, são os seguintes: *Alguns Dias em Bertioga* (1º prêmio – documentário), de Estanislau Szankowsky; *Santa Catalina* (1º prêmio – reportagens), de Klaus M. Carioba; *Campeões do Trampolim* (3º lugar – reportagens), de Antonio S. Victor; *Estudos* (3º lugar – arte), de Thomas J. Farkas; *A Briga* (4º lugar – arte), de César Memolo Jr.

Em seguida foram projetados os três filmes vencedores do IV Concurso Nacional de Cinema Amador.

Bolso Vazio, de A. Venticinque, J. Quintiliano, L. Roggero e M. Bim Raschine (o primeiro segundo o argumentista, diretor e protagonista), é um filme mudo, sem acompanhamento musical, que narra uma passagem da vida de um desempregado, de "bolso vazio". Os realizadores se concentraram unicamente no propósito de apresentar o estado psicológico de um homem desocupado, sem dinheiro, a tal ponto esmagado pelo peso das circunstâncias que nem chega a esboçar um gesto de desespero. Idéia interessante, cuja tradução em imagens surpreende pela qualidade, discreção e inteligência. Os realizadores souberam, tendo como recurso unicamente a imagem (não há textos), criar um clima de opressão soturna e de surda angústia. O lento e monótono passar do tempo é sugerido com felicidade, embora o problema do tempo, essencial neste filme, não esteja completamente resolvido. Souberam também jogar sugestivamente com os objetos, cuja vida é tão fundamental para a linguagem cinematográfica. Não faltam à pequena obra ritmo e tomadas bem compostas. E do todo se desprende uma poesia peculiar, poesia "noturna" que revela, nestes amadores, talento excepcional. Deve-se elogiar igualmente a interpretação discretíssima e correta do único ator.

Um Paraíso Terrestre, em Kodachrome, documentário de Jean Lecocq, é a reportagem cinematográfica de uma viagem a Lucerna, Suíça. O realizador conseguiu transmitir aos espectadores o encantamento que o empolgou durante a sua estada naquele pedaço de terra abençoado. O material fílmico torna-se realmente "sensível" nas suas mãos. Em muitos momentos a cor é de grande beleza e há ângulos interessantes, bem como uma seleção cheia de bom gosto, que revelam fina intuição e cultura estética. Claro que a belíssima paisagem e a arquitetura multissecular facilitaram a tarefa do repórter, e boa parte da beleza do filme decorre do próprio assunto. Sabe-se, porém, que nenhum assunto resiste a um mau cinegrafista, e o sr. Lecocq soube realçar o seu assunto com muita dignidade e arte. Os títulos, infelizmente, não correspondem à qualidade das imagens. São, por vezes, banais, literatura medíocre.

Colecistectomia, documentário de uma operação vesicular, em Kodachrome (categoria profissional) é um filme de Benedito J. Duarte. Poder-se-ia dizer, como naqueles anúncios americanos: o nome garante a qualidade. É realmente uma pequena maravilha este filme. Não falamos do evidente valor documentário e instrutivo que, como leigos na matéria, não podemos apreciar à altura. Para nós, a maravilha está na indiscrição da câmera que se instala, por assim dizer, no próprio corpo da pessoa doente e acompanha, passo a passo, uma intervenção cirúrgica difícil e delicada. Parecerá talvez paradoxal falarmos, diante da seriedade do assunto, da graça e da elegância com que as mãos do cirurgião e dos assistentes executam uma verdadeira dança em torno de um fígado e uma vesícula. Parecerá mais paradoxal ainda se dissermos que Benedito J. Duarte, filmando em Kodachrome órgãos palpitantes de vida, criou verdadeiras naturezas mortas. *Que lindo fígado!*, exclamou uma senhora ao nosso lado.

Os problemas do cinema de curta metragem

Encarregado pela Editora Anhembi Ltda., o cineasta Marcos Marguliés, autor de várias películas documentárias e diretor cinematográfico, realizou estudos meticulosos relativos ao Cinema de Curta Metragem, cujos resultados publicou em ensaio muito bem documentado, na revista *Anhembi*[2].

É evidente que o trabalho se reveste de grande importância, visto ser nas fitas de curta metragem que se costuma materializar boa parte das possibilidades culturais (tomando o termo na sua acepção mais restrita) e dos valores informativos e educativos do cinema.

O trabalho do sr. Marguliés distingue-se pelo rigor das definições e das classificações e pela visão aguda dos problemas econômicos relacionados com o filme de curta metragem. Parece-nos completa a classificação em:

1) fitas de informação (principalmente jornais cinematográficos);
2) fitas científicas e educativas;
3) fitas sobre arte;
4) fitas documentárias;
5) fitas de desenhos e de bonecos animados;
6) fitas de ficção;
7) fitas de publicidade.

Cada um dos itens, depois de definido, é minuciosamente analisado, tanto em escala internacional como nacional, apresentando o autor as razões econômicas que impedem uma pro-

---

2. Marcos Marguliés, "Os Problemas do Cinema de Curta Metragem", separata de *Anhembi*, S. Paulo, nº 28-29, vol. X, ano III, março-abril de 1953.

dução nacional regular e bem sucedida (no sentido financeiro e geralmente também qualitativo neste terreno).

Basta saber que o sistema de pagamento, usado no Brasil, no tocante ao filme de curta metragem, é calculado com base no preço de entrada (taxa de cinco vezes o preço de entrada, em cada sessão em que o filme é projetado), para se entender por que, por exemplo, os jornais cinematográficos brasileiros geralmente dependem da publicidade comercial ou política. Isso explica o triste espetáculo das constantes inaugurações, banquetes em homenagem de ..., reuniões solenes e coisa que o valha.

Fica prejudicado o público, obrigado a assistir a fatos e eventos sem interesse geral, constituídos freqüentemente apenas por assuntos puramente particulares, às vezes anticinematográficos por sua imobilidade, volta e meia até repugnantes por sua insistência publicitária.

Decorre desse sistema de pagamento a extrema dificuldade de se realizarem no Brasil filmes sobre arte e documentários de valor.

Entre os sete itens da classificação, o único termo que nos parece não muito acertado é o de "fitas de ficção", gênero que haveria de abranger principalmente os *shorts* – tipo de curta-metragem explorado particularmente nos Estados Unidos, e fitas infantis. Os primeiros, quando do gênero cômico (por exemplo, as séries de Leon Errol, de Hugh Herbert e dos Três Patetas) são realmente fitas de ficção. Já o mesmo não se dá no caso das fitas esportivas ou mais ou menos documentárias como as de Pete Smith, ou dos *shorts* musicais que não fazem parte do gênero de ficção. No que se refere às fitas infantis, não se integram necessariamente no gênero de ficção, podendo ser do gênero educativo ou dos desenhos.

Para os leitores de *Iris*, é de particular interesse que o autor se refere, neste capítulo, à chamada "produção de amadores":

> Se menciono este tipo de produção é pelo fato de não haver, na verdade, fitas de amadores. A fita é boa ou é ruim, tem ou não tem qualidades artísticas. Se é boa, o seu realizador já *É* cineasta (apesar de não trabalhar profissionalmente na indústria).

(Opinião ao nosso ver discutível quando se trata de cinema, arte que depende em alto grau de condições técnicas nem sempre acessíveis aos amadores. Há também fitas de assunto tipicamente amadorístico: os filmes de família são muitas vezes excelentes na sua concepção e elaboração, mas têm interesse apenas particular.)

Prossegue o Sr. Marguliés:

> Acontece também que as grandes companhias reparam nestas despretensiosas produções e distribuem-nas comercialmente: a *Warner Bros.* distribuiu assim a fita de Maxwell e Hermann Weinberg *The Knife Thrower*, e a *20th Century Fox* a de Harve Foster *Where Love is – God is*, adaptada de Tolstoi.

Fato que não deixa de ser estimulante para os amadores da Sétima Arte, devendo-se acrescentar, porém, que se trata naturalmente de películas de 35mm.

***

A importância deste ensaio, que Rosenfeld ressalta em seu artigo, pode ser medida pela repercussão na imprensa da época e em comentários como o de J. Guinsburg:

Os Problemas do Cinema de Curta Metragem*

"Marcos Marguliés é um jovem cineasta que, radicado no Brasil há alguns anos, vem contribuindo de maneira profícua para o desenvolvimento do cinema nacional. A sua ação não se limita ao campo da realização cinematográfica, mas estende-se, com uma despretensiosa constância, ao da crítica e ao do estudo teórico da Sétima Arte. Sublinhamos este aspecto porque a recém-criada cinematografia brasileira, exatamente devido à etapa em que se encontra, deu margem ao surgimento – ao lado de reais e inegáveis valores – de uma avalanche de aventureiros que, sob o disfarce de 'nacionalistas' *versus* 'técnicos estrangeiros', ocultam a sua ignorância teórica e prática, no tocante à arte que pretendem fundar e representar no Brasil. Daí o espetáculo deprimente que muitas vezes assistimos nas telas e, quase diariamente, nas colu-

---

* Originalmente publicado em *Brasil-Israel*, nº 39, setembro-outubro de 1953.

nas especializadas da imprensa. Abusa-se do direito de ser ridículo e de ludibriar a ingenuidade do público...

"Entretanto, não é este o caso de Marcos Marguliés. Quem viu *O Descobrimento do Brasil*, sabe que o seu diretor é um cineasta capaz e dono de seu metiê e que ele, se tiver as necessárias oportunidades, poderá criar filmes de mérito real. Por outro lado, acompanhando – mesmo como leigos – os trabalhos publicados por Marguliés em diferentes órgãos de imprensa, verifica-se que eles são escritos com conhecimento de causa e sinceridade. Como exemplo, basta citar o excelente ensaio sobre 'Os Problemas do Cinema de Curta Metragem', impresso pela revista *Anhembi*. Conhecendo o rigor dos critérios adotados pela referida revista, poderíamos desde logo dizer que a simples edição em separata do trabalho de Marguliés é um julgamento, por si, do valor do estudo. Mas isto seria invocar o argumento da autoridade, o qual provoca sempre certa suspeita. A verdade é que o artigo em questão ensina mesmo a um leigo, o qual, sem pretender emitir um juízo de validade crítica, pode dar testemunho da força, digamos pedagógica, do ensaio escrito por Marguliés.

" 'Os Problemas do Cinema de Curta Metragem' oferecem um quadro claro da situação e das possibilidades deste setor, infelizmente pouco explorado, do cinema nacional. Durante a leitura do opúsculo, sentimos que o conhecido preconceito de parte do nosso público contra o "jornal" é fruto do menosprezo ou desconhecimento dos reais valores artísticos e educativos que este gênero de filme pode oferecer. E três são as causas principais da situação a que se encontra condenado: primeiro, os interesses comerciais e a falsa apreciação por parte de exibidores e distribuidores que, em geral, impedem que as obras-primas estrangeiras tenham acesso às telas dos cinemas; segundo, as dificuldades sobretudo econômicas e, em parte, técnicas, que não permitem consolidar a produção nacional dos chamados 'jornais', vedando-lhes, assim, o desenvolvimento; e terceiro, a impropriedade da legislação, a inobservância das leis existentes e a ineficiência dos órgãos eventualmente em funcionamento.

"Por outro lado, o estudo de Marguliés permite sacar mais uma conclusão que, embora apenas implícita, é, a nosso ver, de suma importância num país como o nosso, onde tudo está em formação. É que o bom documentário, produzido com equipes à altura (que existem) e contando com uma ampla difusão (o que falta), converter-se-ia em poderosa arma de educação, capaz de contribuir de forma bem mais objetiva do que a ficção de *longa metragem* para a elevação de nosso nível em todos os setores da vida, cultura e arte.

"Desejamos concluir estas rápidas considerações sobre um estudo que não podemos, evidentemente, analisar em seus detalhes. Gostaríamos apenas que ensaios desta ordem continuassem a aparecer e que Marguliés tomasse a si o encargo de realizar um amplo trabalho sobre os problemas específicos do cinema brasileiro, pois cremos que sua contribuição seria de grande utilidade tanto para estudiosos quanto para leigos."

Novidades das Filmotecas e Cinema em Casa

Lumière

Nenhuma pessoa interessada em assuntos cinematográficos pode deixar de ver este filme que reproduz, em cópia excelente, os primeiros filmes dos Irmãos Lumière, apresentados na histórica sessão no subsolo do Grand Café de Paris (28 de dezembro de 1895).

Todos os filmezinhos, cada qual de cerca de um minuto de duração (naturalmente ligados nesta cópia) são feitos à luz natural, visto que naquela época era impossível obter imagens razoáveis à luz artificial. Vêem-se a famosa *Saída da Fábrica* (os operários da Fábrica Lumière em Lyon, saindo após o fim do serviço), a igualmente célebre *Chegada do Trem, Um Jogo de Baralho, A Derrubada de um Muro*, manobra "estratégica" dirigida por um dos Irmãos Lumière em pessoa, e a cena dos dois bebês, rebentos da família Lumière.

Ao assistir-se a estes filmezinhos, não se sente propriamente o mesmo estremecimento que é correto e de bom-tom sentir diante duma pirâmide egípcia ou diante da ruína de um templo grego. A poeira que cobre as películas dos Irmãos Lumière não se acumulou há milênios, mas apenas há meio século. Todavia, tem-se a mesma impressão de origem remota, de início longínquo: emana das pequenas cenas um ar vetusto e extremamente "histórico". Foi assim que começou tudo: como uma curiosidade meio científica, meio divertida, um brinquedo em cujo futuro os Lumières eram os últimos a acreditar. Para o distinto público reunido no subsolo do Grand Café de Paris, tratava-se de um verdadeiro milagre: bastava que um trem entrasse numa estação e uma dúzia de operários saísse de uma fábrica para que quase viessem abaixo as paredes do estabelecimento parisiense. Aquilo se movimentava! Vejam! O trem anda! Ao ver este filme, o espectador é tomado da curiosa sensação de retroceder no tempo e de assistir pela primeira vez ao milagre da reprodução do movimento.

Distribuição: ISNARD, 16mm.

Rêve de Noel (Sonho de Natal): *Filme tcheco de marionetes*

Os filmes tchecos de desenhos e marionetes, que infelizmente não são distribuídos para as sessões públicas, gozam com justa razão de fama internacional. Numa comparação que porventura se fizesse com os filmes americanos deste gênero, feitos por W. Disney e George Pal, o grupo tcheco em torno de Trnka se sairia muito bem e se mostraria em nada inferior aos seus colegas mais ricos.

O pequeno filme *Rêve de Noel*, de K. e B. Ziman, todo feito em torno das evoluções de um boneco de trapos, é de um encanto singular e comprova as possibilidades desta espécie de cinema um tanto negligenciada. A força desta obrazinha, tecnicamente muito bem realizada, reside na graça coreográfica do frágil bonequinho que, no sonho da criança, se anima de uma vida cheia de poesia e de aventuras, ao entrar em contato com coisas tão tremendamente reais como um piano, um ventilador e outros objetos feitos pela mão do homem. Traço particularmente fino e comovente do filme é o fato de que a criança sonha precisamente com as gloriosas façanhas do boneco mais humilde, cuja presença miserável debaixo da cadeira não chegara nem a notar entre os esplêndidos presentes, enquanto vivia, acordada, no mundo duro da realidade diurna.

Distribuição: ISNARD, l6mm.

La Cité

Excelente filme cultural, narrando o crescimento da bimilenar cidade de Paris. Para visualizar as fases iniciais da *Lutetia Romana*, os realizadores recorreram a desenhos e maquetes que dão uma idéia concreta do que foi, na sua origem remota, aquele lugarejo numa pequena ilha do Sena, que hoje se chama "Cidade-Luz" e é o centro espiritual do mundo.

Em seqüências cinematograficamente bem realizadas, o filme conduz o espectador, através dos séculos, até os tempos recentes, apresentando as magníficas realizações arquitetônicas que paulatinamente vão surgindo, enquanto a cidade cresce ritmicamente, transbordando da ilha e alastrando-se, gigantesca, por ambas as margens do rio.

Um filme que dá bem uma idéia das possibilidades incomparáveis do cinema como instrumento de instrução e educação.

Distribuição: ISNARD, 16mm.

Crime em Paris ("Quai des Orfèvres")

Direção: Henry-Georges Clouzot.
Elenco: Louis Jouvet, Simone Renant, Suzy Delair, Bernard Blier.

Esta obra de Clouzot, premiada no Festival de Veneza de 1947, gira em torno de um assassínio, cuja vítima prometera um destacado papel cinematográfico a Jenny Lamour (Suzy Delair). A suspeita da polícia recai sobre esta, cantora assediada pelo mecenas assassinado, sobre o seu marido ciumento e uma amiga de Jenny. Graças à perícia e sagacidade do inspetor Antoine (L. Jouvet), o verdadeiro criminoso é descoberto depois de mil peripécias que mantêm o espectador em constante "suspense".

O argumento, embora inteligente e interessante, não justificaria a fama do filme, não fosse a magnífica direção de Clouzot e o magistral trabalho do elenco, no qual se destacam a saudosa figura de Jouvet, recentemente falecido, S. Delair e B. Blier.

Clouzot conseguiu banhar o *sujet* policial numa atmosfera de autenticidade humana, em que abundam as deliciosas observações psicológicas, para não mencionar o pitoresco ambiente das *chansons* e das *chansonettes*, descrito com um sabor tão opulento e com tamanha vivacidade que a própria tela parece saltitar no ritmo espetacular do filme, salpicando a assistência caseira com o suco da vida parisiense.

No furacão dos ciúmes, paixões, desesperos, risos, vaidades, correrias, canções, surge a grande e inesquecível figura de Louis Jouvet, viga-mestra do filme, deitando *bons-mots* de um humor macabro, dominando, seco, cínico, amargo e terno a agitação epilética em torno dele, representando, no caso das emoções e dos instintos irracionais, a ordem racional, a infalível *raison* francesa.

Um filme que é um manjar opíparo para os sentidos e a mente.

Distribuição: França Filmes do Brasil, 16 mm.

Sombra do Pavor ("Le Corbeau")

Diretor: Henrique Georges Clouzot.
Elenco: Pierre Fresnay, Ginette Leclerc, Pierre Larquey, Hélène Manson etc.

Um dos mais discutidos filmes do famoso diretor francês, cujo enredo gira em torno da tremenda confusão e dissolução moral causada ou revelada, numa pequena cidade francesa, pelas cartas anônimas de um doente mental que, no fim do filme, é assassinado por uma das vítimas.

Os filmes de Clouzot distinguem-se pela inteligência do *sujet* e pela seriedade com que ele sabe tratar os assuntos, em cuja adaptação e cenarização costuma colaborar. Também neste filme soube sugerir as implicações profundas do tema no que se refere aos aspectos morais e psicológicos, revelando com brutalidade a grossa camada de mentira que mantém em funcionamento a engrenagem do convívio social. Assim, as cartas anônimas tornam-se o pivô de uma magistral análise do ambiente de uma pequena cidade e de toda uma sociedade (que, evidentemente, não é só a sociedade francesa). O notável diretor conseguiu visualizar com grande vigor o pânico e a histeria coletivos, brilhando particularmente no estudo sutil e refinado de diversos caracteres e temperamentos. Nota-se certa predileção pelo lado mórbido e "noturno" da alma humana, mas há – o que ocorre raramente em filmes – algumas figuras que se tornam inolvidáveis.

Embora se deva criticar o excesso de diálogos, tão típico para um povo imbuído até à medula de teatro, é evidente que Clouzot conseguiu imprimir ao todo um ritmo cinematográfico de grande fluência e intensidade. Tornou-se clássica a seqüência da fuga da enfermeira, de poderoso impacto mercê das deformações ópticas e sonoras, e deve-se destacar o refinamento com que foi tratada a cena do enterro, também no seu aspecto musical. De grande expressividade é a cena da lâmpada oscilante, como símbolo dos valores morais em desagregação.

Tudo em tudo, um filme sombrio, *noir*, mas não pessimista. O dr. Germain, encarnado pelo excelente Pierre Fresnay, é uma figura que anima a fé no homem. E filmes como este animam a fé nas possibilidades e na dignidade da Sétima Arte.

Distribuição: França Filmes do Brasil, 16 mm.

Anjo Perverso ("Manon")

Diretor: Henri-Georges Clouzot.
Elenco: Cécile Aubry, Michel Auclair, Serge Reggiani, Gabrielle Dorziat etc.

Um dos melhores filmes do famoso realizador de *Sombra de Pavor* e *Crime em Paris*, em que adaptou ao nosso tempo e à tela o clássico romance *Manon Lescaut*, do Abade Prévost. A história do jovem *maquis*, que entre as ruínas de uma igreja se apaixona pela jovem Manon, envolve-se por causa dela em negócios escusos e acaba cometendo um assassínio, fugindo com a amante num navio de emigrantes clandestinos, a caminho da Palestina – essa história é contada num ritmo denso e vigoroso. Qualquer coisa de extraordinário é a parte final: a chegada à Terra Prometida, o idílio no "paraíso" do oasis e o desfecho cruel, a morte de Manon, em meio do deserto, tendo ao lado o amante que, condenado e redimido pela agonia da sua paixão, não abandonará o corpo inerte da amada.

Raramente terá sido realizado no cinema uma obra tão inteligente, de sugestões tão profundas e tão cheia de alusões plurivalentes. O jogo sutil das analogias – o inferno da guerra, a igreja bombardeada com os santos carregando o peso das ruínas, a declaração de amor no confessionário, o crime, a putrefação de uma sociedade, a completa inocência e a completa corrupção de Manon, volúvel e pecaminosa, moça inocente como um animal que não conhece tábuas de valores – tudo isso contraponteado pela "Terra da Promissão", o paraíso com toda a aura bíblica, e finalmente a decomposição sob o sol impiedoso do ermo: eis aí uma concepção que, na sua unidade subjacente, honra sobremaneira a Sétima Arte.

A execução cinematográfica está à altura da concepção. As seqüências finais reúnem de uma maneira única o realismo extremo e um lirismo de beleza solene e grave. Morte e amor se casam, na brancura da areia ondulante, num abraço de horror e doçura. Deve-se salientar o papel importante da música de Paul Misraki para criar o clima e para interpretar e aprofundar a narração visual pelo comentário sonoro.

Clouzot atinge, particularmente nos momentos finais, uma extraordinária expressividade, do mais puro valor cinematográfico, pela montagem paralela e cruzada de cortes falados[3] e visuais que revelam o senso fílmico do diretor.

O desempenho de Cécile Aubry é de uma precisão e espontaneidade magníficas. É digno de nota que Michel Auclair e o resto do elenco, ao lado de tão esplêndida performance, conseguem manter-se vivos e convincentes, sem se tornarem mero fundo para a protagonista, que recentemente conquistou novas glórias no papel de mulher do Barba Azul, no qual aparece de novo como moça ao mesmo tempo pérfida e inocente.

Distribuição: França Filmes do Brasil, 16 mm.

Os Amantes de Verona ("Les Amants de Vérone").

Diretor: André Cayatte; Diálogos: Jacques Prévert.
Elenco: Serge Reggiani, Anouk Aimée, Pierre Brasseur, Marcel Dalio.

Dois jovens se conhecem enquanto trabalham como dublês numa cena de uma adaptação de *Romeu e Julieta* à tela. É amor à primeira vista. Os pais da moça, noiva de um

---

3. Provavelmente o autor se refira a *over lap* (nota da org.).

homem que lhe é indiferente, opõem-se à paixão da filha por um rapaz pobre. E enquanto se continua rodando a obra de Shakespeare, os dois "extras", que nem aparecerão no filme filmado no filme, vivem em pleno século XX a tragédia dos enamorados imortais.

Dificilmente se poderia imaginar que outra equipe, senão uma francesa, tivesse obtido, com tal argumento, um resultado tão arrebatador. Trata-se, evidentemente, de uma idéia cheia de armadilhas para o realizador, devido à extrema complexidade dos problemas estéticos que tiveram de ser solucionados. O tratamento do tema é felicíssimo graças à suma inteligência e ao bom gosto com que Cayatte soube equilibrar os elementos de *páthos*, ironia, paródia e tragédia. A excelente idéia, tipicamente shakespeareana, de se fazer um filme no filme, assim como se faz teatro no teatro em *Hamlet*, essa idéia dá ensejo a um jogo de profundo significado entre arte e realidade, ser e aparência, com a conclusão de que a verdadeira arte é mais real do que a realidade. Os dublês vivem "realmente" a tragédia, enquanto os astros apenas a representam "de verdade". Assim, no filme real os "extras" transformam-se em astros e os astros do filme fictício em "extras". Por entre toda essa complicação, cheia de ironia, surge com tremendo impacto o drama – que drama? Aquele que há séculos aconteceu aos reais amantes de Verona, aquele que Shakespeare apresenta em versos imortais na sua tragédia, aquele que é filmado dentro do filme ou aquele que o filme real nos apresenta? É o drama de sempre, a arte imitando a vida e a vida imitando a arte.

Tudo isso foi realizado com tal verve, com diálogos de tal suculência, em ritmo tenso e com um *aplomb* de corte e câmera, paisagem e elemento humano, gesto e palavra, com tal poesia e beleza fotográficas, senso de atmosfera e graça espiritual, que é impossível não ficar empolgado. Até a teatralidade, tão do gosto francês, dos elementos que rodeiam os dois protagonistas, cabe com perfeição, visto que os dois "amantes de Verona", que vivem em imitação mítica o eterno ritual da morte amorosa, surgem como a única realidade viva e autêntica, em face da qual a nossa realidade cotidiana e pobre, sem paixão e sem loucura, nada é senão um teatro triste e cansado, com gente que desempenha à custa dos gestos os seus papéis.

Les Buveurs du Sang
Distribuição: França Filmes do Brasil, 16 mm.

Filme documentário que leva o espectador em rápida viagem através do Continente Negro, do sul ao norte; a câmera detém-se entre várias tribos para nos apresentar os seus costumes, danças e peculiaridades. Algumas cenas destacam-se pelo interesse etnológico, devendo-se mencionar particularmente uma dança bem apanhada, também no que se refere ao seu acompanhamento musical; a seqüência dos "bebedores de sangue", que mostra a precisão e o cuidado com que os sedentos abrem uma veia dos animais, da qual extraem com suma habilidade o líquido que lhes mata a sede; e as cenas tomadas entre uma tribo de grande beleza física, a qual vive em perfeita paz com verdadeiros enxames de moscas que, sossegadamente, pousam nas cabeças raspadas de homens e mulheres, cobrindo-as qual espesso tapete, sem que assim escolhidos esboçassem qualquer movimento ou reação.

Épave e *Paysage de Silence*

Dois excelentes filmes realizados por meio de câmeras especiais no Mediterrâneo, parcialmente a uma profundidade de mais de sessenta metros. Um dos filmes (*Épave*) mostra as evoluções de um nadador em torno de um navio afundado durante a guerra, enquanto o outro filme narra a excursão de um grupo de mergulhadores que se divertem no estranho mundo dos peixes, pólipos e estrelas-do-mar, deslizando na silenciosa paisagem das profundezas submarinas, que parece mais distante do que a lua.

Nenhum desses mergulhadores modernos emprega os antiquados escafandros, sumamente pesados e dependentes do fornecimento de oxigênio por meio de tubos perigosamente expostos a incidentes imprevisíveis. Eles vestem apenas um calçãozinho e carregam várias bombas de oxigênio, cujo peso é equilibrado pela pressão da água. O rosto é coberto por uma máscara de vidro, enquanto a superfície dos pés é ampliada por uma espécie de barbatana que lhes aumenta o rendimento de propulsão. Assim, totalmente livres de cordas e tubos, independentes de qualquer auxílio da superfície, gozando completa autonomia, esses mergulhadores deslizam graciosamente pelos abismos inóspitos do mar.

Ambos os filmes, particularmente aquele do nadador que examina o navio afundado, têm uma estranha qualidade poética. Lembramo-nos de lendas quase esquecidas de cidades submersas, em que uma vida espectral se agita em palácios de cristal, entre ondinas e corais. Os velhos mitos marítimos despertam; e do homem que flutua como um pássaro desconhecido entre os destroços do navio – penetrando-lhe em vôo silencioso e solene os camarotes abandonados, devassando-lhe os segredos, colhendo talheres, serrando o leme; e que num mágico salto alcança o ponto mais alto do mastro e, em vôo planado, desce para a hélice gigante, coberta de musgo –, desse homem que parece ter nascido de um sonho lírico de Cecília Meireles emana toda uma nova poesia cinematográfica com a qual nenhum realista sonhou. No ermo frio e imenso das águas, resvalando suavemente pelo elemento, livre por inteiro da gravitação, o mergulhador parece flutuar nos espaços do intermúndio, ser misterioso entre os seres misteriosos, na solidão eterna de um universo ainda submerso nas trevas do silêncio.

Versailles

Este filme de Louis Cuny apresenta as belezas arquitetônicas de Versailles, a paisagem, os interiores dos palácios e toda a atmosfera aristocrática duma época já remota e definitivamente engolida pela voragem do tempo.

A tarefa primordial de Cuny foi a de insuflar o sopro da vida naquele passado encerrado na imobilidade tranqüila da sua infinita perfeição arquitetônica, despertando-o do seu sono sereno, sem roubar-lhe a graça e o encanto peculiares daquela época. A câmera, pesquisando o material de todos os ângulos, panoramizando, recuando ou aproximando-se, revela a harmonia dos grandes conjuntos e descobre a formosura dos detalhes. Magníficos *close ups* e *long shots* revezam-se para captar as massas arquitetônicas integradas na paisagem e a intimidade deliciosa do pormenor. O constante movimento da câmera e o corte exato parecem recriar o ritmo daquela época, o qual, repentinamente, se concretiza no minueto dançado por elementos do corpo de baile da Ópera de Paris. A seqüência final, justapondo em cortes cruzados o jogo cristalino dos chafarizes, fontainhas, repuxos e o cascatear sonoro duma música de câmara rococó, é um puro prazer para os olhos e ouvidos.

De igual capacidade de evocação é um segundo filme do mesmo realizador, a saber:

Chateaux de La Loire

Recomendável como aquele aos apreciadores da arte nas suas mais puras manifestações. Jardins, paisagens, palácios e interiores da época de François I sucedem-se num entrosamento de fusões perfeitas. Torres antigas, soberbos portais, esculturas, corredores solenes, quadros, insígnias reais evocam o *temps perdu*, cuja *recherche* Cuny empreende com a sua câmera de incrível agilidade. A arte mais nova põe-se a serviço de artes e épocas vetustas. E deve-se realçar que é espantosa a capacidade da câmera de "conviver" com os séculos longínquos e de infiltrar-se nos segredos da sua alma. Deve-se chamar a atenção para algumas tomadas aéreas de suprema beleza e para a excelente música de Casadessus que acompanha ambos os filmes.

Trata-se de pequenas obras-primas que, além da sua qualidade estética, têm grande valor didático: para o cineasta, que aprende pelo admirável exemplo a técnica do documentário deste gênero; e para o estudioso de arquitetura, para quem estes dois filmes se transformam em inesgotáveis fontes de pesquisa.

No Mundo do Cinema

Última novidade: cinema portátil

Uma firma de eletricidade londrina produziu uma instalação cinematográfica completa de películas sonoras de 35mm que pode ser transportada facilmente em dez pacotes e montada em poucos minutos. Este cinema portátil apresenta todas as qualidades de um cinema permanente. Oferece proteção contra o fogo, fotografias brilhantes e som de excelente qualidade. No desenho da aparelhagem conseguiu-se considerável redução de tamanho graças a um método mais simples de construção. O projetor e o aparelho sonoro pesam somente trinta quilos, e o equipamento completo cerca de 175 quilos.

O equipamento pode ser facilmente transportado num carro pequeno e em dez minutos um operário apenas pode fazer a montagem.

A simplicidade do controle e o emprego de uma projeção incandescente de potência especial permitem a sua manipulação por pessoas sem conhecimentos técnicos. Essa qualidade, aliada às demais vantagens mencionadas, torna o equipamento ideal para a instalação de cinemas com tela grande em colégios, hospitais, grandes fábricas e salões públicos, ainda que não sejam especialmente apropriados para a projeção de películas.

As cabeças trocadas

Fotos, como se afirma por aí, não mentem: reproduzem a realidade dos fatos. As fotos, no entanto, que mostraram a *signorina* Rossellini, aliás Ingrid Bergman, na cama, após a chegada da cegonha, eram forjadas. O pai da criança, vigilante como um cão de guarda e conhecedor do metiê, mantinha tudo que tivesse aspecto de câmera a uma distância considerável do palco dos acontecimentos que abalaram o mundo. Em compensação, tornou-se famosa a modelo Jaqueline Lethbridge que, com um bebê de dez horas de idade nos braços, deitada na cama, posava para os fotógrafos ávidos de sensação, cercada de uma enfermeira, um médico e um cavalheiro distinto. A cabeça da infeliz Jaqueline foi "cortada" e substituída pela cabeça da célebre mãe, enquanto o distinto cavalheiro trocara a sua cabeça com a do Roberto. Só o bebê não era "legítimo". Daí se vê o valor documentário da fotografia.

E falando de cabeças cortadas: sabiam que Georges Méliès foi o primeiro cineasta que se tornou vítima da censura, lá por volta de 1900? Não só lhe interditaram o seu filme *O Caso Dreyfus*; num outro filme, o pioneiro francês cortara a cabeça de um ator por intermédio da guilhotina – um truque perfeito. A polícia achou a cena muito sangrenta e cortou-lhe, não a cabeça mas a cena, que Méliès tinha elaborado com tanto cuidado.

Você sabia que Edison, um dos principais inventores no terreno da cinematografia e inventor do fonógrafo, grande pioneiro na indústria das diversões, é também o inventor da macabra cadeira elétrica?

Você sabia que, ao assistir a um filme, permanece durante metade da sessão em plena escuridão? Nos filmes sonoros do cinema atual, 24 fotogramas riscam, em cada segundo, a tela. Para que seja garantida uma suave transição entre o instantâneo e um próximo, ligeiramente diverso, a tela mantém-se durante a quadragésima oitava parte de um segundo em completa escuridão. Graças à persistência retínica, o pobre público tem a ilusão de passar, às custas do seu rico dinheiro, uma sessão inteira diante de uma fita; mas o fato é que durante metade do tempo está sentado em completa escuridão.

Você sabe definir a diferença exata e essencial entre cinema e teatro? Certa vez rodava-se em Hollywood um filme cuja primeira cena deveria expor ao público, com singeleza, que o protagonista estava cansado da sua esposa. A empresa mandou vir um famoso teatrólogo diretamente da Broadway, a 5.000 dólares por semana. Quinze mil dólares mais tarde, o poeta entregou uma sinopse de vinte páginas. Um diálogo brilhante, uma cena magnífica. O esboço foi entregue ao diretor, que o devolveu ao produtor anexando um papelzinho com a seguinte contraproposta:

1ª tomada: elevador – plano médio. Marido e esposa vestidos para a noite.

Marido de chapéu na cabeça.

2ª tomada: ângulo reverso: abre-se a porta do elevador e entra u'a moça elegante e bonita.

3ª tomada: plano próximo. Marido e mulher. Vê-se a reação do marido ao entrar a moça. Tira o chapéu com elegância. A esposa olha para o chapéu e fixa a fisionomia do marido. Corte.

O famoso faro de Hollywood

A incapacidade de Hollywood de descobrir verdadeiros valores é quase fenomenal. O caso mais conhecido talvez seja o de Greta Garbo. Quando há quase trinta anos Mauritz Stiller, o grande diretor sueco, contratado por Louis B. Mayer (da Metro), por ocasião de uma viagem deste à Europa, exigiu também um contrato para a sua descoberta, então ainda Greta Gustafsson, o magnata acedeu embora achasse a jovem sueca abominável. O pessoal de Hollywood ficou horrorizado ao vê-la; achavam-na muito alta, muito magra, muito angulosa; seus pés pareciam-lhes demasiadamente volumosos, os cabelos demasiadamente lisos, os ombros demasiadamente quadrados. Aquela que deveria tornar-se durante vinte anos a maior estrela do cinema só obteve um papel depois de ingentes esforços do seu protetor Stiller.

A habilidade de não reconhecer verdadeiros valores não abandonou Hollywood até hoje. Prova disso é o caso curioso de Curt Goetz, um dos mais espirituosos autores alemães que, após ter emigrado da Alemanha durante o período nazista, tentou vender os seus argumentos em Hollywood. Durante dez anos batia de porta em porta, amolava os produtores e tornou-se o pesadelo dos estúdios. Completamente em vão. Quase morreu de fome. Finalmente, voltou à Europa e realizou um filme (*Dr. Med. Praetorius*), de êxito sensacional. Pumba! Imediatamente foi "descoberto" pelo diretor hollywoodiano Joseph L. Mankiewicz (*Malvada*), que lhe comprou os direitos desse argumento para fazer de um filme de Goetz um filme de Mankiewicz (*People Will Talk*), igualmente de êxito sensacional.

O mesmo ocorreu com a talentosa atriz alemã Hildegard Knef. Indo, embora com um contrato, a Hollywood, não conseguiu durante vários anos nenhum papel de relevância. Finalmente, voltou decepcionada à Alemanha e fez dois filmes com Willi Forst. Pumba! Êxito sensacional. Imediatamente foi "descoberta" por Hollywood. Agora será estrela num filme com Tyrone Power (coitadinha da Hildegard!). O que prova o finíssimo faro dos super-homens de Hollywood.

A *terra dos limões*

A Califórnia é uma terra abençoada. São famosas as suas frutas, as suas maçãs, as suas laranjas. Frutas deliciosas. Menos conhecido é o fato de que a Califórnia, graças a Hollywood, é a maior exportadora de limões em todo o mundo. Um *lemon* (limão)

é, segundo a gíria de Hollywood, um manuscrito cinematográfico que não dá certo, uma coisa infeliz, espremida, sem suco, que no departamento de cenários anda de mão em mão, de um cérebro ao outro, que a cada vez, novamente, é apresentada às personalidades responsáveis e decisivas e as quais se encontram no chamado *frontoffice*; ali, é declarada infalivelmente monótona, impossível, idiota. Um limão – isto é, um enredo que vem sendo burilado e recusado, burilado/recusado, burilado/recusado, burilado/recusado, burilado/recusado; até que não se encontre mais nenhuma palavra e nenhuma idéia do argumento original (Vicki Baum, *Vida sem Segredo*).

A desgraça é que nós temos de tomar, depois, aquela bebida de muita água e pouco suco que se chama limonada...

Respondendo aos leitores

• Este negócio de se chamar Daguerre simplesmente como o inventor da fotografia é uma das lendas que demonstram a ingenuidade daqueles que aceitam a teoria de que a história é o resultado da capacidade inventiva, política ou militar de alguns "gênios". A invenção da fotografia estava "no ar". O verdadeiro inventor foi Nièpce, mas este, por sua vez, dependeu das pesquisas de Scheele, Ritter, Wedgewood, Davy e Chaussier. É preciso ter em mente que uma invenção, de modo geral, resulta também de circunstâncias sociais. A burguesia em ascensão necessitava de um meio de reprodução relativamente barato (isto é, mecânico) para poder competir com a aristocracia. A idéia do retrato, ressaltando o prestígio do indivíduo, tornou-se uma obsessão burguesa que só a fotografia poderia satisfazer, já que a massa burguesa não pagaria uma fortuna (como os aristocratas) para mandar pintar o seu retrato.

• Apostar sobre assuntos tais como prioridades – quem foi o primeiro a inventar tal ou qual coisa – nunca dá certo. Trata-se de questões suscetíveis de várias interpretações. Dos Irmãos Lumière vale o mesmo que para Daguerre (ver nota acima). Na ocasião, dezenas de técnicos estavam "inventando" a reprodução do movimento e a sua projeção. Bem antes dos Irmãos Lumière já se reproduzia e se projetava o movimento, porém eles, entretanto, foram os felizardos a cujo nome se ligou para sempre, por circunstâncias fortuitas, a invenção – muito embora só tenham inventado um processo mais aperfeiçoado de projeção.

• Orson Welles é demasiadamente "gênio" (como alguns críticos gostam de chamá-lo) para os estúdios de Hollywood. O processo comercial de produção, naquela cidade, não admite as inspirações de uma individualidade marcante. Indubitavelmente um diretor de grande capacidade, Orson Welles, no entanto, provocou entusiasmo um tanto exagerado. Um grande diretor sabe realizar um filme com economia, sem dissipar milhões de dólares. Destino semelhante, aliás, foi o de Erich von Stroheim, que não sabia manter-se dentro de certos limites dos quais depende o funcionamento regular de uma indústria. Tudo isso é deplorável, pois levou à eliminação de dois valores consideráveis; porém é preciso ter em mente que o cinema é, em primeiro lugar, uma indústria e, só muito depois, uma arte.

Animais famosos na tela

Quem assiste hoje a um filme da Metro tem o prazer de ver inicialmente um leão que solta um berro. Nos próprios filmes da Metro só raramente aparecem leões, pois esses infelizes animais são do domínio quase exclusivo de Cecil B. De Mille, que é um dos chefões da Paramount. O leão, como se sabe, não é o único bicho condenado a servir de marca a uma empresa cinematográfica. Temos aí ainda o galo da Pathé. Não é um simples galo. É o galo gaulês. Nos primórdios do cinema, a empresa italiana Cines surpreendeu o mundo, de repente, com filmes espetaculares que apresentavam a marca do "lobo". Já os dinamarqueses, não satisfeitos com semelhante situação, quando fundavam a grande empresa Nordisk-Film, superaram tudo e todos com um esplêndido urso polar.

O galo gaulês da Pathé, aliás, não se deteve nos títulos iniciais, mas invadiu durante certo tempo os próprios filmes. A produção dessa empresa foi, no início deste século, centenas de vezes contratipada, particularmente na América do Norte e era sumamente difícil pegar os ladrões. O honrado Pathé, aliás, fizera no começo da sua carreira coisa semelhante com as cenas animadas de Edison. Portanto, conhece perfeitamente o método. Para evitar que lhe acontecesse o que fizera aos outros, mandou pintar em todas as suas decorações cênicas a marca da sua casa, transformando os seus filmes em verdadeiros galinheiros. Mesmo os mais vetustos castelos feudais não escapavam à fúria galinácea, ostentando nos muros "enegrecidos pelo tempo" o vigoroso animalzinho. Cortinas, tapetes, toalhas, paredes e móveis, em tudo se via a gloriosa marca. Diante desse vivíssimo galo, os amadores de galinhas mortas entregaram os pontos e desistiram do roubo da propriedade alheia.

O cinema e a literatura

Não deixa de ser interessante anotar a opinião de alguns autores famosos a respeito da Sétima Arte.

G. B. SHAW em 1914 chamou o filme um "nivelador moral", polemizando contra a influência nociva dos imperativos comerciais. No entanto, predisse que o cinema teria um efeito mais revolucionário do que a invenção da máquina impressora – opinião que bem pode ser uma das melhores piadas do terrível irlandês.

THOMAS MANN, que dedicou ao cinema várias páginas no seu romance *A Montanha Mágica*, não parece ser um grande amigo da Sétima Arte. No entanto, gosta imensamente de Charles Chaplin, a quem chamou de "palhaço genial". No que se refere ao cinema em geral, este "segundo o meu ponto de vista [...] pouco tem de comum com a arte, [...] especificamente nada com o drama". O autor da tetralogia de *José e seus Irmãos* define o filme como "narrativa em imagens" e reconhece que tem poderosos meios de sugestão psicológica, dominando o detalhe das coisas e dos seres humanos.

PHILLIPPE SOUPPAULT destaca a grande influência do cinema sobre a poesia, o drama e as artes plásticas na França, considerando Chaplin um "poeta supremo".

LUIGI PIRANDELLO em 1919 atacou o cinema sonoro, predizendo que essa inovação estaria cavando o túmulo da nova arte, uma vez que o filme sonoro nada é senão uma imitação mal-feita do palco que induziria o povo a voltar ao teatro para sentir a presença real dos atores (não só os crimes, mas também as profecias não recompensam).

ALDOUS HUXLEY, em 1927, destacou o elemento "fantasia" como essencial ao filme. Ressalta os "desenhos" e as qualidades oníricas de certas obras, que lhes dão um valor supra-realístico. Prediz que tais excelentes qualidades de "surrealismo" persistirão ao lado do realismo no cinema do futuro. No seu romance *Admirável Mundo Novo* profetiza, embora com ironia, o cinema "fatal", não só sonoro e plástico mas também olfativo e tátil, de modo que os fãs, no futuro, cheirarão os perfumes e sentirão os beijos dos respectivos astros e estrelas. Não revela se os fãs sentirão também os socos no queixo dos mocinhos e as numerosas bofetadas que as donzelas costumam distribuir na tela.

O Bioscópio

Uma revista cinematográfica alemã (*Der Neue Film*), reivindicando para a Alemanha a primeira sessão cinematográfica pública na Europa, apresenta uma reprodução do programa do "Wintergarten" (Teatro de Variedades) de Berlim, de sábado, dia 2 de novembro de 1895, em que se anuncia um grande *debut:*

Pela primeira vez!
– DAS BIOSKOP –
A mais engraçada e interessante invenção
dos tempos modernos!

Alguns meses mais tarde foi inaugurado em Berlim, para aproveitar essa "engraçada" invenção, o primeiro cinema permanente, o qual, no entanto, não usou o "Bioskop" dos Irmãos Skladanovsky, mas o aparelho Lumière, prova de que esse era mais perfeito do que aquele.

Sempre a prioridade

Esse negócio das prioridades geralmente não dá muito resultado. Os ingleses, por exemplo, atribuem a prioridade absoluta ao grande William Freese-Greene – e com boas razões. A 15 de novembro de l889 foi publicada, no *Optical Magic Lantern Journal*, uma detalhada notícia sobre as cenas animadas projetadas por esse fotógrafo inglês – seis anos, portanto, antes da data geralmente considerada como hora-zero do cinema (28 de dezembro de 1895, sessão dos Irmãos Lumière em Paris).

Os americanos naturalmente têm um grande trunfo com mestre Edison. Mas este obstinou-se em vender quinetoscópios – cinema para um só espectador – e por isso não projetou os seus filmezinhos, receoso de estragar o rendoso negócio dos quinetoscópios. Assim, foi outro francês, Jean Acmé-Le Roy, quem, mesmo antes dos Lumière, projetou filmes em Nova York (15 de fevereiro de 1894). A 22 de fevereiro já havia anunciado um programa variado:

A Companhia Novelty apresenta
O MARAVILHOSO CINEMATÓGRAFO DE LE ROY
mostrando os esplêndidos e surpreendentes
quadros com movimento de vida!
Uma vez vistos, nunca serão esquecidos!

O curioso é que, apesar de tudo isso, considera-se até hoje a sessão dos Lumière como a primeira de todas e os dois irmãos são tidos como os reais "inventores" do cinema. Certamente deve-se reconhecer que o aparelho dos Lumière era mais perfeito. Mas esse aparelho não é o modelo básico dos que são hoje usados. Mais tarde, foi geralmente adotado o modelo de um inventor americano. Além disso, em questões de prioridade, não é a qualidade que decide.

O motivo da suposição de que caberia aos franceses o primeiro lugar é o simples fato de sua supremacia em prestígio político-cultural em matéria publicitária naquela época. Paris era a "capital do mundo". Qualquer coisa que por lá acontecesse repercutia no mundo inteiro. Esse prestígio passou, atualmente, aos Estados Unidos, graças ao seu tremendo poder material. Se hoje um paraguaio inventar qualquer coisa, e um norte-americano daqui a dois anos inventar coisa semelhante, a prioridade, para todos os efeitos, caberá aos norte-americanos, cujas agências noticiosas imediatamente divulgariam a façanha do patrício no mundo inteiro. O inventor norte-americano ficaria milionário, ao passo que ao paraguaio se ofereceria, no máximo, *um banquete em homenagem ao ilustre compatriota*. De resto, os próprios paraguaios não acreditariam que um patrício pudesse inventar qualquer coisa de valor. A respeito disso, temos cá as nossas experiências.

Quo vadis, Metro?

O êxito da Paramount (Cecil B. De Mille) com o filme *Sansão e Dalila* tirou o sono dos donos da Metro. A marca do Leão não podia, de modo algum, admitir que outra empresa lhe usurpasse o leão – o melhor ator do filme do velho Cecil. Assim, gastaram 6.500.000 dólares e empregaram logo 93 leões (isso sim é que é circo!) para realizar a décima versão de *Quo Vadis* desde que existe cinema sobre a face do planeta. Como se vê, a parte do leão cabe nesta fita aos leões, o que está perfeitamente em ordem, uma vez que se trata da Marca do Leão. Há no filme, além disso, 96 papéis secundários (os protagonistas são os leões) e 30.000 "extras", todos eles em trajes de época. Vê-se que o filme tinha que sair caro. Além dos leões e outros animais, trabalha também Robert Taylor. E além de animais, astros e números, há também um ser humano: Deborah Kerr.

Como se sabe, o filme mostra a ascensão do cristianismo primitivo e a decadência de uma Roma inteiramente entregue ao "circo", ao *big carnival*, há pouco flagelado por Billy Wilder. Será que não se percebe a ironia em tudo isso? A ironia que reside em todo esse enorme aparelho, na dissipação de seis e meio milhões de dólares a fim de montar aquele circo monumental que era um dos sintomas da decadência humana?

Protesto de cineastas

Georges Sadoul, o famoso historiador francês do cinema, fez-se porta-voz, há pouco, de um prostesto dos cineastas e produtores cinematográficos franceses contra a importação esmagadora de filmes estadunidenses à França.

Televisão

A primeira experiência da projeção de transmissões de televisão em cine-teatros foi feita, há pouco, por exibidores norte-americanos por ocasião da luta de box entre Sugar Ray Robinson e Joe Maxim, que se realizou em Nova York. Trinta e nove cinemas, em 25 cidades, projetaram a luta. Os preços de entrada oscilaram entre 2,40 e 3,60 dólares, cerca do dobro do preço comum. Muitos dias antes, as salas tinham a sua lotação esgotada.

Ninguém notou nada...

O famoso filme japonês *Rasho-Mon*, que obteve o primeiro prêmio no Festival de Cannes, foi exibido naquela ocasião sem a primeira parte, que contém os títulos e as seqüências iniciais, bastante importantes. A causa era um pequeno desastre: ao ser enviado o filme, a respectiva bobina tinha sido trocada com uma bobina do filme sueco *Ela Dançou Só Durante um Verão*. Por incrível que pareça, ninguém notou a ausência da primeira parte, e um crítico de Berlim até elogiou os japoneses com entusiasmo por terem mostrado ao Ocidente que os títulos enfadonhos são perfeitamente dispensáveis.

O que admira é que os exibidores perceberam que a bobina do filme sueco não fazia parte do filme japonês.

A raposa e as águias

O filme americano *A Raposa do Deserto*, uma glorificação do general alemão Erwin Rommel, foi atacado, violentamente, não somente na imprensa inglesa, francesa, brasileira e americana mas, o que talvez surpreenda, também na imprensa alemã. A crítica internacional considerou o filme de Hathaway geralmente "bem-feito"; muitos críticos, porém, dirigiram-se contra a sua tendência: a glorificação de um general a serviço do nazismo. O filme, como se sabe, não aborda propriamente as façanhas militares de Rommel, mas o conflito moral do soldado que hesita em rebelar-se contra o comandante supremo – Hitler – ao qual jurara lealdade; e que hesita embora saiba perfeitamente que as ordens do comandante supremo são tolas e irrealizáveis.

Na revista alemã *Quick* (21.9.1952) apareceu um artigo fartamente ilustrado em que o filme sofre veemente crítica. O seu valor de documento – a veracidade dos fatos apresentados – é considerado diminuto; a interpretação de J. Mason é julgada falsa e inexpressiva. O teor principal do artigo, contudo, dirige-se contra a tendência de transformar Rommel em uma lenda. Este tipo de Rommel *não deve tornar-se lenda!* é a legenda de uma das fotografias que acompanham o comentário. Não deve tornar-se lenda

o soldado que se conservou leal a Hitler. Que não tinha e não queria ter um juízo próprio. Que não se incomodava com o que o Partido fazia. Que, embora indignado por ocasião do assassinato (político) do General Schleicher, punha acima de tudo o serviço. Aqueles que hoje glorificam Rommel, prossegue o comentarista, o Rommel do último ano de sua vida, não devem esquecer que, durante anos, existia um Rommel que não deve se tornar lenda. O oficial alemão que, por princípio, não pensa, mas apenas obedece e manda, não deve tornar-se, de novo, o tipo ideal da Wehrmacht.

A atitude crítica da imprensa alemã (muitos outros jornais alemães externaram opiniões semelhantes) não impediu, naturalmente, que o filme se tornasse, na Alemanha, um enorme êxito financeiro. E como nos negócios – da mesma forma como na guerra – o fim justifica os meios (infelizmente), pode-se dizer que a raposa do deserto é digna das águias de Hollywood.

Notas

David O. Selznik projeta realizar um filme com o título *Terminal Station* (Ponto Final), que deverá ser rodado na Itália, sob a direção de Vittorio De Sica. O papel principal será interpretado por Jennifer Jones.

Será interessante verificar se De Sica conseguirá realizar um bom filme apesar de todas essas circunstâncias adversas.

Charles Chaplin, segundo se diz, pretende filmar, no seu próximo filme, a história de um emigrante que chega aos Estados Unidos falando uma língua que ninguém entende.

Eis uma idéia excelente. Temos a certeza de que todos os espectadores do mundo entenderão a língua do filme, exceção, talvez, das autoridades de imigração dos Estados Unidos.

Billy Wilder, o grande diretor de *Farrapo Humano*, *Crepúsculo dos Deuses* e *A Montanha dos Sete Abutres*, realizará no próximo ano, na Grécia, um filme colorido cujo enredo se baseará na lenda de Édipo.

Billy Wilder merece o aplauso de todos os amantes do cinema. Depois de termos assistido a tantos filmes em que o complexo de Édipo tem importância central, desceremos finalmente às próprias fontes: veremos o fundador do famoso complexo.

O Museu de Arte Moderna em Nova York apresentará durante cinco meses filmes de Ernst Lubitsch, diretor de comédias deliciosas, e de Robert Flaherty, cujos documentários dignificam a Sétima Arte.

Bons filmes só mesmo nos museus.

Os amores de Wagner

Um dos colaboradores da revista norte-americana *Musical America*, o qual se assina "Mephisto", falando da *condição moribunda do produto (cinematográfico) doméstico*, refere-se, no entanto, a alguns filmes que inspiram certa esperança. Um desses filmes é uma produção do famoso Stanley Kramer, *The 500 Fingers of Dr. T* (Os 500 Dedos do Dr. T), fita que, de uma forma ao mesmo tempo fantástica e bem humorada, narra as torturas que um menino sofre nas mãos de um professor de piano. O filme apresenta, em grande parte, um sonho do pobre menino durante o qual ele se vê transportado para um castelo maravilhoso, onde o professor força quinhetos meninos a tocar num gigantesco piano de desenho surrealista. Um concerto fantástico é o clímax da fita: instrumentos de percussão são tocados por acrobatas que, pendurados em trapézios, voam ritmicamente de encontro ao seu instrumento, enquanto um outro "músico" atira, ao compasso, as suas flechas contra um gongo.

Menos promissora é a notícia de que William Dieterle – cada vez mais comercializado – filmará a "vida amorosa" de Richard Wagner, usando, aliás, as próprias paisagens da Alemanha como pano de fundo. O grande compositor será interpretado por William Badel.

Imaginem que filme isso poderia dar se Mr. Dieterle realmente reproduzisse a vida e os amores do Príncipe de Bayreuth, escreve Mephisto. Contudo, farejei um odor familiar quando soube que, desde que o nome de Mr. Badel por ora pouco significa para o público americano, Dieterle planeja recorrer aos serviços de três estrelas de Hollywood para os papéis dos amores de Wagner – uma bem linda, outra mais terra a terra e a última uma mulher de grande qualidade espiritual...

Nada sei sobre o valor do nome de Mr. Badel na América. Todavia, não seria possível, afinal de contas, que algumas pessoas conheçam o nome do próprio Wagner? Será que Hollywood nunca deixará de menosprezar o público americano e de malbaratar ao mesmo tempo as suas próprias possibilidades? Tarde demais, talvez, os realizadores de filmes haverão de descobrir que a queda de 20 a 40% nas rendas cinematográficas não se deve exclusivamente à televisão.

Desde há muito tempo estamos afirmando na revista *Iris* que Hollywood, apesar de todas as suas magníficas possibilidades e de seus grandes talentos, decai porque despreza deploravelmente o público – e a si mesma.

O cinema assunto de um Balé

Muitas vezes o balé já tem sido assunto de uma obra cinematográfica. Agora, nos vem de Paris a notícia de que o cinema se tornou assunto de um balé. Um balé chamado "Cinema" alcançou ultimamente grande êxito na capital da França. Trata-se uma evocação dançante da história do cinema, desde o famoso *Jardineiro Malogrado*, até o período de astros e estrelas como Rodolfo Valentino, Max Linder, Charlie Chaplin, Greta Garbo e Marlene Dietrich. Não faltam também figuras e tipos como Tarzan, Mickey Mouse e Pato Donald. Os caracteres são representados por bailarinos em impressionante cenografia e coreografia.

Coisas do cinema

Sir Alexander Korda contratou a bailarina Moira Shearer – a estrela de *Sapatinhos Vermelhos* e *Os Contos de Hoffmann* – para dois filmes ao mesmo tempo coloridos e tridimensionais. A artista receberá 50.000 libras esterlinas para ambos os filmes.

Samuel Goldwyn falou durante uma entrevista coletiva em Londres em favor de Chaplin, deplorando a resolução do grande artista de não voltar a Hollywood. Ao mesmo tempo defendeu-o contra as acusações de favorecer idéias comunistas; dirigindo-se aos ingleses, acrescentou: *A nossa perda será o vosso lucro!*

Goldwyn declarou ainda que não tem o intuito de produzir filmes em relevo. Não acredita que os filmes plásticos possam ser um auxílio para animar o negócio cinematográfico em franca crise. Essa decorre, segundo a opinião daquele produtor, da concorrência da televisão e da baixa qualidade das fitas. O que se deveria fazer, concluiu, é produzir menos e melhor.

Viviane Romance terá de pagar uma multa de quatro milhões de francos. A causa? Segundo o roteiro de um filme em que seria a protagonista, a formosa estrela deveria admitir que o galã lhe cuspisse na cara. Viviane não quis submeter-se a essa exigência do *script*.

O Cangaceiro fez decididamente uma ótima impressão na Europa, representando assim, apesar de não retratar aspectos "ufanistas", uma excelente propaganda indireta em favor do Brasil. Os jornais europeus, que nos chegam atrasados, referem-se com frequência ao filme de Lima Barreto. Assim, já a 30 de abril o jornal especializado *Der Neue Film* ("O Novo Filme", Alemanha) torce pelo filme brasileiro ao abordar o

Festival de Cannes, dizendo que o filme francês *Le Salaire de la Peur* e *O Cangaceiro*, do Brasil,

estão na frente, considerando muitos o brasileiro como o candidato mais destacado ao Grande Prêmio [...] Anuncia o mesmo jornal que Vanja Orico, uma das protagonistas de *O Cangaceiro*, cantará em Berlim canções de índios e negros da sua terra.

Como curiosidade seja mencionado que u'a moça alemã, que deverá defender uma tese de doutoramento sobre o Brasil, dirigiu-nos uma carta, perguntando: *Que vem a ser, afinal de contas, um cangaceiro?*

A crise do cinema americano

Desde 1946 fecharam as portas nos Estados Unidos 5.038 cine-teatros. Atualmente, três teatros por dia continuam encerrando as suas atividades. Supõe-se que mais 5.347 teatros – 29,2% das salas ainda em funcionamento – terão de desistir da luta dentro de um ano, por falta de rentabilidade.

Verificou-se que dentro das cidades com estações de televisão, a freqüência dos cinemas caiu 40%, e nas zonas próximas 20%, ao passo que nas regiões não afetadas pela televisão as rendas, ao contrário, subiram 3,2%. Mas o fato é que, atualmente, 91% de todos os cinemas dos Estados Unidos se encontram em regiões cobertas por uma ou mais estações de televisão.

Cerca de 33% de todos os cine-teatros trabalham, desde 1952, com prejuízo.

De outro lado, é preciso acrescentar que desde 1946 foram inaugurados 851 novos cinemas e mais 2.976 dos chamados *Drive Ins* (cinemas ao ar livre para automobilistas). Incluindo esses "teatros", há atualmente 18.306 cinemas nos Estados Unidos, fazendo parte desse número um total de 3.276 *Drive Ins*. Levando-se em conta todos esses novos cinemas, há atualmente 834 teatros a menos do que em 1945.

Contudo, a população americana gasta hoje 41% menos, em cinema, do que gastava em 1946 (47 dólares por família em 1946, comparados aos 28 dólares atualmente). Em 1946 havia,

281

por pessoa, uma freqüência de 38,4 visitas por ano; hoje, apenas 19. O número total de visitas por semana é, atualmente, de 46 milhões, comparadas aos 84,4 milhões no ano de 1946. Os gastos totais para visitas ao cinema caíram de 1,8 bilhões de dólares (1946) para 1,2 bilhões (1953), segundo cálculos.

Jardim zoológico

O êxito (monetário) da fita sobre o Gal. Rommel, *The Desert Fox* (A Raposa do Deserto), tirou o sono às águias de Hollywood . A 20th Century Fox resolveu, por isso, realizar rapidamente um segundo filme sobre o general nazista. Também desta vez o filme se manterá no terreno da zoologia. Não se tratará mais de uma raposa, mas de ratos. O título será *The Desert Rats* (Os Ratos do Deserto) e a fita focalizará os combates em torno de Tobruk. O protagonista será, de novo, James Mason. O diretor é de primeiríssima ordem: Robert Wise.

O cinema na Bulgária

A Bulgária contou, em 1944, 213 cinemas (sendo 73 nas zonas rurais). Atualmente, há 1.067 cinemas (sendo 610 nas zonas rurais) e 85 cinemas ambulantes. O número dos freqüentadores subiu de 22,3 milhões (1948) para 48 milhões (1951). Nos últimos três meses de 1952, foram apresentados na Bulgária 46 filmes da União Soviética, quatro filmes da DEFA (Alemanha Oriental), dois filmes húngaros, dois poloneses, um tcheco, um eslovaco, um hindú e um coreano.

Chama-se *Mundo Encantado da Fotografia* um filme cultural rodado parcialmente em Agfacolor pelo cineasta alemão Werner Jacobs. O filme traça um esboço histórico do desenvolvimento fotográfico e aborda vários aspectos da ciência, técnica e arte fotográficas.

Numa província austríaca (Styria) foi proibida a projeção de filmes em relevo para jovens. Não porque a aplicação do equipamento plástico à plástica do equipamento feminino pudesse causar danos morais à juventude. Porém por razões sanitárias. As autoridades receiam que os filmes estereoscópicos possam prejudicar a vista.

O complexo de McCarthy

Foi conferido, há pouco, a Edward G. Robinson, o famoso ator que durante muito tempo foi boicotado por Hollywood devido à campanha movida contra ele pelo Comitê de Atividades Anti-Americanas, uma condecoração francesa *pelos seus méritos culturais*.

Ao agradecer numa breve alocução, ele falou enfaticamente de *Liberdade, Fraternidade...*, mas não se lembrou do terceiro item e ficou enguiçado, sem saber como terminar. Finalmente, acrescentou: *e... e... o resto que vocês têm – que nunca falte ao nobre povo francês!*.

Esse pequeno incidente é um achado para os psicanalistas. Quem uma vez foi acusado por McCarthy de um passado comunista, esquecerá para toda a eternidade o suspeito termo "Igualdade", embora faça parte do lema da Revolução Francesa.

O Encouraçado Potemkin no Museu de Arte Moderna de São Paulo

A atividade do Museu de Arte Moderna de São Paulo, no terreno cinematográfico, é digna dos maiores encômios. Através da apresentação de filmes clássicos, de grande importância no desenvolvimento da Sétima Arte, o Museu contribui grandemente para criar uma "mentalidade cinematográfica" nas novas gerações da Capital Bandeirante, proporcionando também aos estudiosos da matéria a possibilidade de darem às suas noções geralmente teóricas da história do filme uma sólida base de conhecimentos reais e concretos. É só preciso mencionar a projeção de uma série de filmes mudos de René Clair e Griffith, ou a apresentação do *Gabinete do Dr. Caligari*, para se avaliar o grande significado dessa atividade que vem sendo realizada sem grande alarde, mas com tenacidade e orientação segura.

Ainda recentemente, foi apresentada em várias sessões a grande obra de S. M. Eisenstein, *O Encouraçado Potemkin*,

O Encouraçado Potemkin.

filme que, ao ser lançado em 1924, deu ao diretor russo imediatamente fama universal. Foi este filme, com efeito, que com mais pureza e intensidade demonstrou aos olhos dos amantes do cinema as imensas possibilidades do filme como uma arte autônoma, dependente apenas dos seus próprios recursos de expressão, os recursos de corte e de montagem.

Muitos dos inúmeros espectadores que conhecem a famosa seqüência da Escadaria de Odessa minuciosamente, através do estudo das fotografias reproduzidas nos volumes das histórias do cinema, tiveram então, pela primeira vez, a oportunidade de ver ao vivo, na tela, em pleno movimento, essa maravilha de corte e ritmo. Não só puderam reconhecer nesta obra a personalidade inconfundível do diretor que iria conceber o *Ivã*: verificaram, ao mesmo tempo, a espantosa força de expressão e comunicação obtida pela sucessão sábia de planos, os quais, sendo cada qual de per si uma obra-prima de composição, coordenam-se e integram o fluxo grandioso das imagens. Aprenderam como se lança a agitação febril da multidão exaltada contra a calma e a imobilidade definitivas de um cadáver; como se combinam linhas verticais, diagonais e horizontais nas dimensões do espaço (simultaneidade) e de tempo (sucessão); como se monta uma perseguição de navios, jogando os rolos de fumaça contra a esteira, o movimento das ondas contra o das máquinas, num ritmo que seria uma sinfonia pura de imagens se essas imagens não visassem narrar, ao mesmo tempo, acontecimentos históricos. Nota-se que Eisenstein utiliza, nesta seqüência – como em outras – com maestria, o recurso da repetição para criar ritmo, bem de acordo com o que disse René Clair em 1924 ao falar de *Coeur Fidèle*, de Jean Epstein:

> Até hoje [...] a repetição moderada de imagens – à semelhança da assonância ou da rima na prosódia – é o único meio estilístico eficiente do filme para criar ritmo.

Diante do *Encouraçado Potemkin*, o espectador não pode deixar de verificar quanto o cinema perdeu no sentido puramente fílmico pela introdução do diálogo (não dos ruídos, que não pesam no movimento e na imagem). A fita de Eisenstein ilustra o que tantas vezes se disse: que a obra fílmica é, antes

285

de tudo, movimento. A grandeza do *Potemkin* resulta de uma síntese rara: sendo uma obra que procura, em primeiro lugar, transmitir u'a mensagem – a mensagem da solidariedade (hoje já decantada, pelo tempo, de qualquer sentido estritamente político) – é, ao mesmo tempo, "um pasto para olhos inteligentes". Devendo-se acrescentar que o "pasto" seria "apenas" belo caso não estivesse em função da mensagem e que a mensagem seria insípida e banal caso não contasse com o impacto emocional da beleza.

A rádio-telefonia em auxílio dos cinegrafistas

Londres (B.N.S.): Uma firma britânica que desde 1947 tem instalado nos maiores aeroportos do mundo os materiais de rádio de último tipo, realizou uma inovação interessantíssima em telecomunicações. Durante a filmagem, na África Oriental, de uma película da M. G. M., *Mogambo* – que apresenta Clark Gable e Ava Gardner –, a firma instalou três estações rádio-telefônicas nas localidades da Basutolândia, onde são filmadas as cenas exteriores.

O primeiro lugar foi perto de Port Kagera, no lado ocidental do Lago Victoria. Uma estação de rádio foi montada em uma tenda com canal de rádio-telefone diretamente ao Hotel New Stanley, em Nairobi, onde se encontrava o controle administrativo do filme.

Outra estação de rádio foi montada em Kazinga Channel, na fronteira de Uganda e do Congo Belga, tendo demonstrado ser de grande valor quando ocorreu um acidente de automóvel com um diretor-assistente, o qual tirou-lhe a vida.

A terceira foi montada na Planície Serengetti, no Quênia, onde foram filmadas cenas adicionais da vida de animais selvagens.

O uso de canais de rádio-telefone na produção de filmes foi de natureza experimental e os produtores ficaram ansiosos pelos resultados. Verificaram mais tarde que foram excelentes.

Doze Homens Irados

O diretor do filme – em que Henry Fonda e Lee J. Cobb desempenham os papéis principais – é Sidney Lumet, marido de Gloria Vanderbilt. Contando 32 anos, elevou-se em cinco anos de diretor-assistente na televisão à posição de um dos diretores cinematográficos mais famosos dos Estados Unidos. Atualmente, roda um filme (*Stage Struck*) estrelado por Susan Strassberg, jovem atriz que se tornou famosa pelo seu desempenho em *O Diário de Anne Frank*, na Broadway.

Sidney é filho de Baruch Lumet, autor de peças teatrais, e começou a sua carreira de ator aos quatro anos, no Teatro Idish de Nova York. A partir de 1947, começou a organizar um dos primeiros *ensembles* teatrais novaiorquinos fora dos limites da Broadway, transformando-se ao mesmo tempo de ator em diretor. Acerca dos problemas técnicos e estéticos de *Twelve Angry Men*, Sidney declarou o seguinte:

O enredo desenrola-se num só lugar – uma sala de juri durante as deliberações. Não há nenhuma linha temática, nenhuma estória com começo, meio e fim. Doze pessoas estranhas encontram-se numa sala a fim de decidirem se outro ser humano deverá viver ou morrer. Nunca se viram antes e provavelmente nunca tornarão a se ver depois de abandonarem aquela sala. Mas, nos noventa minutos em que estão juntas, revelam mutuamente mais do seu íntimo do que poderiam revelar se tivessem sido amigos chegados durante muitos anos.

O problema estético principal foi o de fazer um filme verdadeiramente "fílmico" e movimentado a partir de um enredo essencialmente teatral e inteiramente confinado a uma pequena sala, sem recorrer aos métodos fáceis do *flash back* e de narrativas laterais que permitissem à câmera sair daquela sala do juri, através da introdução de pormenores biográficos dos personagens. Sidney Lumet evitou tais recursos por achar que tais desvios roubariam à fita o tom de absoluta honestidade que a distingue (o material relativo ao filme *Twelve Angry Men* foi fornecido por Herbert G. Luft, da JTA).

Charles Chaplin escreve atualmente um livro sobre a arte de fazer rir. A esse respeito, disse aos amigos: *Muito em breve já não terei motivo para rir, pois nesta primavera de 1957 minha senhora Oana e eu esperamos a sexta criança.* Daqui a três anos, Chaplin terá alcançado a idade bíblica de setenta anos.

Sir Lawrence Olivier, o famoso diretor e ator cinematográfico, e seu colega Otto Preminger fundaram a "Associação de diretores que nunca mais querem rodar fitas com Marilyn Monroe". O número de sócios não é limitado. Os dois diretores não conseguiram domá-la no filme que com ela realizaram.

Marilyn Monroe, que quer dar um filho a Arthur Miller, não recorre a lágrimas artificiais quando deve chorar numa fita. A sua professora, que a acompanha em toda a parte, somente precisa sussurrar-lhe ao ouvido estas palavras: *Lembre-se da folhinha!* – e Marilyn imediatamente se dissolve em lágrimas. Trata-se da famosa folhinha em que, no começo de sua carreira, a famosa estrela apareceu completamente nua, numa foto de que ela atualmente se envergonha mais do que nunca, depois de ter casado com Arthur Miller, dramaturgo judeu de família rigorosamente burguesa e de preceitos morais muito rígidos. Aos numerosos apelidos de Marilyn acrescentou-se, depois do seu casamento, mais um: "A Vênus de Miller".

O filme colossal *Os Dez Mandamentos*, de Cecil B. de Mille, corresponde amplamente às esperanças nele depositadas, e isso não somente por encher uma enormidade de horas para ser apresentado. Um crítico de cinema novaiorquino recomendou aos seus leitores que saíssem do cinema, o mais tardar, depois do quinto mandamento. Um dono de cinema em Las Vegas substituiu o cartaz: *É proibido fumar* por outro com os dizeres: *Não fumarás!*

De Sofia Loren disse Gary Cooper que ela é tão *sexy* que deveria ser proibida até mesmo na rua para jovens com menos de 18 anos!

Uma notícia auspiciosa para os fãs de Vera Clouzot, esposa brasileira do famoso diretor de *Manon* e *Salário do Medo*: depois de ter aparecido, em *Salário do Medo*, de blusa generosamente rarefeita e, em *As Diabólicas*, de camisola assaz transparente, ela desempenhará na sua terceira fita o papel de uma dançarina de *strip tease*, devendo despir-se completamente.

Ernst Lubitsch

Há dez anos faleceu em Hollywood Ernst Lubitsch, um dos grandes nomes da história do cinema e talvez o maior expoente da comédia sofisticada. Ao falarmos de Lubitsch, pensamos geralmente em seu longo período americano e em filmes como *Cluny Brown, Ninotchka, Viúva Alegre* e *Que Espere o Céu!*. Trata-se, com efeito, de obras deliciosas que, no gênero, dificilmente encontram algo que se lhes compare. Ninguém, depois dele, conseguiu imitar o famoso *Lubitsch-touch*, o toque de Lubitsch, aquele seu estilo epigramático, cheio de *pointes* cintilantes e de verve irônica, aquela mistura explosiva de delicadeza e agressividade, *esprit* refinado e chacota zombeteira, sátira sagaz e galhofa ingênua.

Não se deve esquecer, contudo, que Lubitsch foi um dos destacados diretores da "grande época" do cinema alemão mudo. A fama internacional da UFA – empresa que após a Primeira Guerra Mundial deslumbrou o mundo com suas fitas – deve-se em boa parte a ele. Filmes de conteúdo histórico como *Madame Dubarry* (1919), *Anna Boleyn* (1920) e outros deram ao seu nome realce como inovador pioneiro, ao ponto de a crítica internacional não ter hesitado em compará-lo a D. W. Griffith. Graças a essas fitas, tornaram-se famosos artistas como Pola Negri e Emil Jannings.

O que distingue Lubitsch – ao lado da sua apurada sensibilidade para a composição pictórica, a concepção rítmica das grandes cenas de massas humanas movimentadas e a inesgotável riqueza de pormenores sugestivos e surpreendentes – é a sua capacidade extraordinária de dirigir o elemento humano.

Foi com ele que Jeanette MacDonald e Maurice Chevallier talvez tenham atingido os seus maiores êxitos cinematográficos e Marlene Dietrich nunca mais repetiu a sua performance de *Desejo*, filmado sob a direção de Lubitsch. Foi ele também o único diretor a quem foi dado provar, em *Ninotchka*, o grande talento que Greta Garbo possuía como comediante. É conhecido que a estrela sueca trabalhava às mil maravilhas com Lubitsch. Após a sua morte, ela não encontrou mais outro diretor em quem conseguisse depositar toda a sua confiança. O seu desaparecimento precoce das telas deve-se em parte à morte precoce deste diretor inspirado.

Ernst Lubitsch nasceu no ano de 1892, em Berlim, como filho de um comerciante judeu. Durante alguns anos trabalhou no ramo de roupas feitas (roupas femininas), até descobrir a sua vocação para a cena. Em 1911 tornou-se aprendiz de ator, sob a direção genial de Max Reinhardt, desempenhando papéis insignificantes. Nas cenas finais de *Hamlet*, por exemplo, representou um dos elementos que levantavam o cadáver do príncipe da Dinamarca, levando-o para os bastidores. Foi nessa ocasião que o grande diretor teatral descobriu o talento de Lubitsch para a comédia. É que o ator de Hamlet era um peso pesado, ao passo que Lubitsch era então um jovem franzino que se contorcia todo para manter – no lado que lhe cabia – o robusto cadáver em posição razoavelmente dignificada e solene. A tal ponto se desmanchava, durante os ensaios, no seu esforço grotesco de carregador, que Max Reinhardt, quase sufocado de tanta gargalhada, o apontou para papéis cômicos. Logo passou a desempenhar, também em filmes, papéis de comediante. O filme que o tornou conhecido como cômico da tela tinha o título característico de *Palácio de Calçados Pinkus* ("Schuhpalast Pinkus").

Em 1923, já então um dos mais famosos diretores europeus, Lubitsch seguiu o convite de Hollywood, então empenhada em liquidar a concorrência européia pela aquisição dos melhores diretores e atores do velho continente. Lubitsch foi um dos poucos diretores europeus que conseguiram adaptar-se ao sistema de produção americano sem perder a sua personalidade. Baixinho, de cabelos pretos, olhos escuros e vivos, era um homem de grande charme pessoal. Os últimos anos de sua vida, após o seu segundo divórcio, passou-os solitário na sua casa esplêndida, num dos parques mais elegantes de Hollywood. Era um fumador inveterado de charutos, como seu grande colega da outra faculdade, um dos maiores diretores no palco histórico. Quando, no dia 30 de novembro de 1947, o seu mordomo *Herr* Werner, emigrante que antigamente fora banqueiro, entrava na biblioteca do seu patrão, viu primeiramente o charuto no chão e o buraco que queimara no tapete. Ao lado do charuto jazia Ernst Lubitsch.

Coisas da Cinelândia

Cadeiras numeradas

Se não surgir um imprevisto, deverá ser executada, em breve, a lei que impõe aos exibidores de São Paulo a numeração de 20% de suas cadeiras. O protesto dos exibidores de São Paulo parece-nos plenamente justificado, pois haverá inevitavelmente dificuldades e atritos nas salas escuras, além de ser pouco simpática a discriminação de duas categorias de espectadores. A medida só teria sentido se todas as cadeiras tivessem de ser numeradas dentro de um sistema de sessões fechadas, como no teatro. Com o atual sistema de sessões e em vista do costume do público de entrar na sala quando bem lhe convém, podem originar-se cenas caóticas; por exemplo, quando um espectador atrasado com um lugar numerado tiver que ceder a sua cadeira a outro, no início da nova sessão, ou quando um espectador sem lugar numerado ocupar uma cadeira numerada, mas desocupada. Haverá indubitavelmente conflitos e perturbações durante a projeção dos filmes. Parece-nos tratar-se de uma medida que só serve para atrapalhar a vida de todo o mundo.

As reprises

Várias vezes exigiu-se dos exibidores que discriminassem as reprises de filmes antigos como tais. Neste caso, trata-se realmente de uma justa reivindicação do público, que deveria ser protegido por uma medida legal, já que não se pode dele exigir que conheça os títulos de todos os filmes apresentados nos últimos vinte anos.

Ninguém reclama contra as reprises de bons filmes e grande parte do público assiste de bom grado e espontaneamente a um filme que lhe agradou por ocasião do primeiro lançamento. Há filmes antigos, de boa qualidade, a que se assistem duas ou três vezes, de preferência a filmes novos que não valem nada.

Todavia, os exibidores não podem furtar-se à obrigação moral de anunciar que se trata de filmes antigos, já projetados. O espectador que entra de boa fé num cinema, na esperança de assistir a um filme desconhecido e novo, e que em seguida nota que se trata de mercadoria rançosa, consumida já há dez anos, sente-se inevitavelmente explorado, fazendo papel de tolo. Ninguém gosta de passar por tolo. Para não mencionar que a maioria das reprises é de filmes inferiores que não merecem nem uma primeira e muito menos uma segunda exibição.

Sessões condensadas

Certos exibidores paulistanos, como não se arriscam, por enquanto, a aumentar o preço da entrada, inventaram um novo sistema para aumentá-lo indiretamente. Comprimem uma sessão a uma hora e quarenta ou quarenta e cinco minutos, realizando, por meio desse recurso, diariamente, uma sessão a mais do que o número comum (isto é, seis em vez de cinco). Assim, economizam filmes suplementares, de curta metragem, e além disso ganham mais. Método excelente para os exibidores. Resta saber quando começarão a reduzir as sessões a uma hora só. É o método das salsicharias. Não podendo aumentar o preço das salsichas, diminuíram-lhes o tamanho. Deve-se reconhecer, porém, que as salsichas, mesmo em estado *mignon*, têm ainda mais substância do que os filmes apresentados por aí.

Publicidade nos cinemas

Não satisfeitos com os lucros extras, obtidos pela diminuição das sessões, os exibidores introduziram, ultimamente, propaganda comercial nas sessões. A boa publicidade é um comércio de grande importância e indispensável à expansão industrial e comercial. Ela tem a sua aplicação justa através de cartazes, estações de rádio e através da imprensa. Quem não quer um cartaz, olha para o outro lado; quem não quer ouvir publicidade através do rádio, desliga o aparelho ou liga outra estação; quem não quer ler anúncios nos jornais, procura as outras seções. A propaganda no cinema, porém, é feita sob coação; o espectador, que penosamente conquistou uma cadeira, não pode sair. Sim, pode fechar os olhos. Mas ninguém lhe devolve o dinheiro para o tempo perdido. É incorreto forçar alguém a ver o que não foi ver. Essa publicidade, mesmo quando razoavelmente bem-feita – o que geralmente não é o caso, devido ao péssimo colorido – é de tal modo irritante que somente pode prejudicar as empresas que a ela recorrem. Conhecemos pessoas que juraram não comprar os produtos das casas que fizeram publicidade nos cinemas.

Os jornais cinematográficos

Desapareceram os jornais cinematográficos norte-americanos. É verdade que o prejuízo não é grande. Dispensa-se mesmo com certo alívio a grosseira propaganda política feita através de certos jornais cinematográficos estadunidenses. E os jornais ingleses, franceses, espanhóis são geralmente tão bons ou tão maus quanto aqueles. Todavia, o resultado é que os freqüentadores assíduos das salas da Cinelândia, devido à escassez de jornais, assistem agora duas ou três vezes ao mesmo noticiário inglês ou espanhol. Ora, a princesa inglesa (atual rainha) indubitavelmente é mais fotogênica do que o presidente Truman, cujo sorriso é demasiadamente cinematográfico para ser cinematográfico. Mas prefere-se, assim mesmo, ver o sorriso do presidente uma única vez a ver a princesa dez vezes descer de um trem no Canadá. E a verdade seja dita: nos jornais norte-americanos aparece pelo menos de vez em quando uma sereia de Miami, ou mesmo um macaco de qualquer jardim zoológico, o que é uma festa depois de se ter visto tanta cara frankensteiniana de figurões internacionais nos noticiários das mais diversas proveniências.

O motivo do desaparecimento dos jornais norte-americanos é, como se sabe, a imposição da sua troca com jornais nacionais. A idéia em si é excelente e justa. Há, todavia, jornais nacionais exportáveis? Há um ou outro documentário excelente (por exemplo, de Lima Barreto) e há mesmo um ou dois filmes, anualmente, perfeitamente superiores aos filmes médios que nos vêm dos Estados Unidos. Mas jornais? Esses jornais que vemos por aí, com futebol e tudo (pessimamente filmado)? Não poderia haver pior propaganda para o bom nome do Brasil do que esses jornais funestíssimos!

O conto dos exibidores e Os Contos de Hoffmann

Há tempos constatamos, em outra nota nesta mesma seção, o aumento do preço que os cinemas de São Paulo introduziram sorrateiramente, de fininho. O preço é hoje de Cr.$ 12,00 ao invés de Cr.$ 10,00. O cálculo é fácil: a sessão tradicional é de duas horas; no entanto, ultimamente ela passou a ser apenas de 1 hora e 40 minutos na média, o que representa uma diminuição de 20% na duração da sessão, ou então um aumento de 20% no que se refere à entrada. É fácil responder a quem por ventura alegar que esse fenômeno deve ser atribuído à falta de complementos (jornais estrangeiros etc.). Enquanto se trata de diminuir o tempo para ganhar uma sessão a mais por dia, os exibidores não se preocupam. Quando se trata, porém, de aumentar a sessão, com o perigo de perder uma sessão por dia, os exibidores dão o estrilo e pegam da tesoura (por intermédio da distribuidora). Haja vista o caso do filme inglês *Os Contos de Hoffmann*, que no Brasil é apresentado sem o conto de Antonia – uma economia de cerca de 35 minutos. Além disso, parece haver também outros cortes num outro conto que se apresenta totalmente desconexo (ver p. 152).

Consideramos este sistema de apresentar um filme recortado e mutilado, para evitar "perda" de tempo, uma grave imoralidade que fere em cheio os direitos dos realizadores e do público. Com perdão pelo infame trocadilho: Este conto dos *Contos de Hoffmann* está passando da conta.

O tapete mágico

Temos aí um filme da Columbia que é uma excelente paródia aos geralmente péssimos filmes das *Mil e Uma Noites* e abacaxis semelhantes. O redator do *Flash Back* afirma, no entanto, que não se trata de uma paródia, mas sim que tudo é levado a sério pelos realizadores – menos pelo público. Procuramos convencer o distinto confrade explicando-lhe que o herói de tal filme nunca poderia ser barrigudo e andar à maneira de um pato. Nem poderia se apresentar com um penteado tipo jaquetão e usar um calção moderno das praias da Florida. Só poderia tratar-se mesmo de uma hilariante paródia. O nosso colega, no entanto, que é feroz como todos os críticos, negou-se a aceitar tal hipótese. Acha, simplesmente, que é o pior filme que ultimamente conspurcou (o termo é dele) as telas brasileiras, as quais, acrescentou, mereceriam em muitos casos uma boa limpeza química. *Não admira*, disse, *que estejam sujas. Com esses filmes!*

The Third Man

Os ingleses, aliás, não têm sorte aqui, na Capital Bandeirante. Os *Contos de Hoffmann* vieram pela metade. *O Terceiro Homem* nem veio. Decorreu o quarto ano desde que esperamos o *Terceiro Homem*. Já passou em todo mundo com êxito extraordinário. Passou na China. Passou em Honolulu. Passou com grande sucesso entre os esquimós. Passou até em Nova York. Mas nada de aparecer por estas bandas verdejantes às margens do Tietê. O *Tapete Mágico* parece que veio de avião a jato da Terra de Tio Sam. Mas o *Terceiro Homem*, que há anos foi exibido no Rio de Janeiro, é incapaz de vencer a distância entre a Capital Federal e a Capital Bandeirante. A não ser que esteja apodrecendo em qualquer arquivo em torno do Largo Paissandu ou lá pelas ruas em volta da Estação da Sorocabana, à espera de uma semana em que mesmo as reprises estejam faltando.

Coisas do cinema

É deplorável a mania dos realizadores de jornais cinematográficos nacionais de favorecer em demasia, nos seus filmes, o futebol, negligenciando outros esportes, indubitavelmente mais importantes para a educação física da nação. Não que se devesse prejudicar os comentários cinematográficos relativos ao belo esporte inglês – grande paixão das massas, cujo fascínio é perfeitamente compreensível. No entanto, trata-se muito mais de um espetáculo, representado por profissionais exímios, do que propriamente de um esporte na plena acepção da palavra. A maioria do povo participa apenas passiva e não ativamente.

Muito mais importante, enquanto esportes, afiguram-se-nos o atletismo e a natação, exercícios que, praticados em massa, podem contribuir de um modo extraordinário para o desenvolvimento físico de uma nação. Seria desejável que os cinegrafistas de jornais entendessem a responsabilidade da sua função e procurassem fazer propaganda particularmente de atletismo que, além de ser o esporte-base, é também um belíssimo espetáculo, que nos Estados Unidos e na Europa atrai dezenas de milhares de espectadores. Uma corrida de quatrocentos metros ou oitocentos metros ou uma bela competição de salto de altura ou de arremessos de dardo ou disco podem ser espetáculos não só de grande beleza – cinematograficamente muito mais fecundos do que o futebol – mas também de um suspense tremendo, dificilmente atingido por qualquer outro esporte. Para que isso se dê, naturalmente é preciso criar o clima propício, e para isso poderiam contribuir os jornais cinematográficos que exerceriam, dessa forma, uma função realmente educadora.

Afinal de contas, se o Brasil ultimamente cobriu-se de glórias nos campos esportivos, deve-se isso muito mais aos seus atletas – amadores de fibra extraordinária – do que aos futebolistas profissionais, ávidos de "bicos".

Teatro de vanguarda

A televisão, como se vê pelas representações do seu Teatro de Vanguarda, do Canal 3, presta-se perfeitamente a realizações de elevado nível artístico. É interessante verificar que, se o teleteatro de um lado é largamente arte teatral, de outro lado se beneficia amplamente dos recursos e da técnica do cinema. É teatro na medida em que se mantém estritamente dependente das palavras do texto e dos "atos" e "cenas" da peça dramática, além de se tratar de uma performance direta e não de uma reprodução fixada em qualquer material (como o celulóide ou o disco). É cinema na medida em que a teleobjetiva se movimenta, varia de ângulos, recorre com propriedade

296

ao primeiro plano, ao *close up* e recorta o espaço da cena teatral segundo a posição da objetiva, que se desdobra em *travellings* e "panoramas".

Isso nos ocorre depois da excelente representação da peça *Massacre*, de Emmanuel Robles, que teve que convencer forçosamente mesmo os mais recalcitrantes das imensas possibilidades do teleteatro. O ritmo da representação, evidentemente, adaptou-se à palavra. Mas a direção soube introduzir com habilidade a movimentação da objetiva, surpreendendo a grande audiência, dispersa pela cidade de São Paulo, com impressionantes *close ups* dos esplêndidos atores, cujas cabeças pareciam transformar-se em altos relevos esculpidos em bronze. Foi deveras não só um prazer acústico mas, em muitos momentos, um grande prazer plástico. Parecem ainda inevitáveis fortes deformações referentes à perspectiva, as quais aliás não prejudicam o conjunto e, por vezes, têm mesmo efeito artístico. No que se refere à peça, não é preciso destacar o seu grande valor, realçado com dignidade e vigor pela direção e pelo arrebatador *ensemble*.

Jornais cinematográficos norte-americanos

Depois de longa interrupção, apareceram nas telas brasileiras novamente jornais cinematográficos norte-americanos. O reaparecimento desses jornais – geralmente os mais bem- feitos e mais interessantes – certamente será aplaudido por todos os amantes desse gênero. Infelizmente, os primeiros jornais apresentados são prejudicados por um forte teor de propaganda política violenta que supera, em falta de sutilidade, mesmo os jornais espanhóis, longe de serem particularmente discretos. Os jornais cinematográficos deveriam ser principalmente informativos, apresentando fatos e abstendo-se, na medida do possível, de comentários subjetivos e de opiniões, terreno que cabe aos jornais escritos, uma vez que na breve duração de uma seqüência não é possível expor um tópico com os argumentos pró e contra. São preferíveis, de acordo com este ponto de vista, os jornais cinematográficos franceses e ingleses (em particular estes últimos), mais sóbrios, mais objetivos, mais diplomáticos e mais "indiretos". Nenhum país conhece melhor a psicologia da propaganda do que os Estados Unidos. Sabem os seus excelentes propagandistas que a melhor propaganda é a indireta, que apenas se esforça por criar *good will* – boa vontade e respeito de certos produtos, certo estilo de vida, ou certos países – sem apelos demasiadamente diretos e grosseiros que apenas aborrecem por não se ajustarem à psicologia de cada povo e por menosprezarem a capacidade de raciocínio do público geralmente tido como infantil pelos fazedores de filme. A melhor propaganda que os norte-americanos podem fazer – esse conselho vai a título gracioso – é simplesmente através de bons filmes e bons jornais cinematográficos. Foi através de seus magníficos filmes, que de vez em quando surgem – magníficas produções simplesmente sem propaganda explícita – que conseguiram granjear, na medida em que a Sétima Arte se presta para tanto, boa parte da admiração que esse país merece.

Filmagem de danças populares paulistas

Precioso documentário folclórico vem sendo acumulado por cientistas paulistas que, ainda há pouco, filmaram um batuque perto da Capital Bandeirante. A animação no terreiro foi grande e, enquanto Mestre Guerra Peixe anotava os ritmos e notas, o cinegrafista filmava de todos os ângulos as famosas umbigadas e aquilo que os batuqueiros chamam de *granché*, *canerêno* e *grancheno*. As fabulosas mãos do tocador do Tambu, grande mestre na sua arte, foram fixadas em *close ups* e planos americanos.

Tesouros inesgotáveis do folclore brasileiro aguardam o cinegrafista que, transformado em garimpeiro, queira trazê-los à luz da câmera. O Cateretê, a Cana Verde, as Congadas e Marujadas, o Caruru e Fandango, o Jongo e a Dança de São Gonçalo – toda essa riqueza popular deve ser eternizada adequadamente pela arte fílmica antes de que seja tarde demais.

Bibliografia e Revista das Revistas

Kleines Filmlexikon (Pequena Enciclopédia do Filme)

Editada por Charles Reinert (Zurique, 1946), chega-nos da Suíça esta obra útil que, embora muito condensada (424 páginas) e incompleta (falta, por exemplo, um diretor como Billy Wilder, o inteligente realizador de *Crepúsculo dos Deuses* e *Farrapo Humano*, ao passo que Lana Turner ocupa dezoito linhas), substitui vantajosamente obras já um tanto antiquadas, como a de Frank Arnau (*Universal Film-Lexikon*), David Hulfish (*Cyclopedia of Motion Picture Work*) e Reno Paluzzi (*Dizionario del Cinema*).

Extraímos e traduzimos do alemão, a título de exemplo, o artigo sobre Alberto Cavalcanti, supondo contar com o interesse dos nossos leitores:

Cavalcanti, Alberto (A. de Almeida), mestre da escola documentária inglesa. Nascido: 6.2.97, Rio de Janeiro. Descendente de conhecida família brasileira de antiga ascendência italiana, filho de um matemático. Interrompe estudos de Direito depois de greve de estudantes; estuda depois de 1913 arquitetura em Genebra; chega a Paris como cenógrafo cinematográfico, principalmente sob a direção de L'Herbier. Ali se torna um dos líderes da vanguarda; temporariamente ativo na produção de filmes puramente comerciais (para a Paramount)*, fica para aperfeiçoar-se no metiê de direção. Veio juntar-se, por volta de 34, ao grupo cinematográfico de John Grierson, em Londres (até 1940), no G. P. O. De 37 a 39

---

* Ilja Ehrenburg, no seu livro *A Fábrica de Sonhos*, não perdoou a Cavalcanti esta pequena excursão pelo cinema puramente comercial. Escreveu apressadamente: "O diretor Cavalcanti realizou, há pouco, filmes extremamente ousados. Foram apresentados a uma elite em pequenos cinemas. O público, que se manteve confuso em face da obscuridade da sua arte, reagiu com assobios. Cavalcanti não se deixou intimidar: ele é vanguardista, procura novos caminhos, despreza compromissos! Depois assinou um contrato com a Paramount. Em tempo expresso produziu sucessivamente: *Toda a sua Vida, A Meio Caminho do Céu, Ilha Perdida*. Mister Kie pede a Cavalcanti que faça um comentário. Cavalcanti declara sem hesitar: "A poderosa organização que os americanos criaram aqui permite-nos um trabalho rápido, em condições ideais". A crítica de Ehrenburg provou ser um tanto apressada, pois Cavalcanti demonstrou que é um dos raríssimos diretores cinematográficos que não se deixam escravizar pelo cinema puramente comercial.

encontra-se repetidamente na Suiça com vários membros do grupo G. P. O., por incumbência do governo. Desde 1941 ligado aos Estúdios Eagling como *producer*. Realizou depois de 40, para o Instituto Britânico do Filme, uma película de ensino, de teor crítico, *Film and Reality*. É também ativo como autor.

Filmes (como arquiteto e cenógrafo): *Yvette, Le Captaine Fracasse, Le Petit Chaperon Rouge, L'Inhumaine* (23), *Feu, Matthias Pascal* (24).

(Direção): *La Jalousie de Barbouille* (24), *Le Train sans Yeux, Rien que les Heures* (26), *La Petite Lily* (27), *Le Petit Rouge* (também adaptação), *En Rade* (também cenário) (28), *Tour de Chant* (32), *Pett and Pott* (com Grierson) (34), *Night Mail* (Som), *Rainbow Dance* (*producer*), *Coal Face* (Som), *The Saving of Bill Blewitt* (diretor de produção), *We live in Two Worlds* (com B. Priestley, Suiça), *Line to the Tschierva Hut* (37).

Desde então como *producer*: *Roadway* (37), *Big Money* (37-38), *Book Bargain, North Sea* (38), *Spare Time, Men in Danger* (39); o filme colorido *Alice in Switzerland*, iniciado no mesmo ano para a Association des Intérets de Lausanne, não foi concluído depois da irrupção da guerra; *First Days, Squadron 942, Men of the Lightship* (40), *Young Veteran, Yellow Cesar* (41).

(Como chefe de produção): *The Big Blockade* (41), *The Foremen went to France, Went the Day well* (42), *Greek Testament, The Halfway House* (43), *Champagne Charlie* (44).

E a este impressionante rol – que não está completo, pois falta, por exemplo, a sua colaboração num excelente filme como *Na Solidão da Noite* – o incansável cineasta acrescentou recentemente, no Brasil, como produtor, *Caiçara* e *Terra É Sempre Terra*.

Cinema 1950

Editado por Roger Manvell, acaba de sair (setembro de 1950), na conhecida série "Pelican", *The Cinema 1950*, primeiro número de uma publicação anual sobre o cinema internacional, destinada a substituir e continuar a famosa série "Penguin Film Review". Tendo o duplo volume – mais de duzentas páginas –, a nova publicação conta com ensaios mais amplos e profundos, que abrangem todo o campo da Sétima Arte, contendo além disso um índex de títulos de filmes e nomes, excelente bibliografia e uma relação dos filmes de ficção estrangeiros (não ingleses) (EUA, Itália, França, União Soviética, Alemanha, Hungria, Polônia, Israel, Iugoslávia, México), com breves resumos dos enredos.

Para os que deploram a seleção unilateral dos filmes que costumam ser apresentados nas telas brasileiras, são de grande interesse as numerosas ilustrações, reproduzindo cenas de filmes indianos, soviéticos, poloneses, iugoslavos, alemães e, naturalmente, de filmes britânicos, norte-americanos, franceses e italianos.

Seria difícil selecionar, entre as numerosas e excelentes colaborações, aquela que leva a palma. Mencionamos o pequeno ensaio de Anthony Asquith que faz uma espécie de balanço do que já foi alcançado pela *Décima Musa* ("The Tenth Muse takes Stock"). Depois de comentários extremamente interessantes sobre a relação entre o cinema e o público, em comparação com a relação entre o teatro e a música e o público – salientando a rígida identidade da obra em face da reação variada da assistência, chega à conclusão de que o cinema estereoscópico não poderá acrescentar uma nova "dimensão" às duas já conquistadas pelo cinema – imagem e som. Digna de reflexão é uma observação sobre o entrelaçamento entre técnica e arte cinematográfica:

Há outro ponto em que o cinema difere de todas as suas irmãs (as outra nove musas): os seus vestidos sempre têm sido ao menos um número maior do que lhe serve, isto é, o lado científico e mecânico quase sempre se adiantou ao aspecto criador. Quando Richard Wagner compunha o seu *Anel*, mandou construir uma nova família de tubas, porque necessitava de um colorido bronzeo que contrastasse com o grupo de trombones. No que se refere aos filmes, foi o cientista que fez chover inovações técnicas sobre o diretor, não foi este quem as exigiu, por serem essenciais para exprimir uma visão imaginada com paixão.

Numa outra colaboração ("Popular Taste in the Cinema"), Leonard England analisa os fatores que contribuem para o êxito econômico de um filme, mostrando que os inquéritos realizados para esse fim não são concludentes. Por exemplo, os filmes de horror aparecem nos inquéritos como o tipo de menor interesse; mas o mercado acusa, em moeda sonante, a grande atração que essas películas vêm exercendo sobre certas camadas populares. O problema é ainda complicado pelo fato de que o gosto popular não é estático, nem mesmo em relação ao mesmo filme.

Seja como for, as relações dos "dez filmes do ano" (como êxitos econômicos) e dos "dez mais queridos astros" dão uma boa base para examinar o gosto popular. O autor chega à conclusão de que o *glamour* não é fator essencial para a vitória de uma estrela, tampouco a presença de determinados atores para o êxito material do filme. Segundo L. England, o momento mais importante é o enredo, como elemento central do filme.

No que se refere à variação do gosto popular, o autor verifica que, em 1939, o povo aclamou, como os seus atores mais queridos, Deanna Durbin, Mickey Rooney e Shirley Temple, ao passo que em 1946 preferiu James Mason (que precisamente quebrara os dedos de uma pianista em *O Sétimo Véu*) e Margaret Lockwood (que precisamente fora morta em *The Wicked Lady*):

> Essa mudança do sentimental para o sádico está refletida em geral na produção de filmes brutais neste após-guerra, e também pela tendência de explicar e "compreender" generosamente toda maldade segundo princípios psicanalíticos. Pela primeira vez, um vilão conseguiu encabeçar o rol dos mais queridos astros e, pela primeira vez, a tela perdeu a sua mentalidade "preto-branca"; e as estrelinhas infanto-juvenis, "esses amorzinhos", antes tão vitais para as finanças cinematográficas, perderam hoje relativamente a sua importância.

Um tema grave é abordado pelo artigo "Tipos Nacionais, como Hollywood os Apresenta", de Siegfried Kracauer. Em lúcida análise elaborada originalmente para a Unesco, com o fito de examinar as possibilidades de diminuir as tensões internacionais, o conhecido sociólogo demonstra que Hollywood, ao invés de tentar reproduzir objetivamente o tipo característico de outros povos, segue, por motivos econômicos, as tendências políticas e populares predominantes, deformando o caráter de povos estrangeiros e contribuindo para criar estereótipos quase míticos.

Sobre experiências na arte cinematográfica – em oposição ao cinema puramente comercial – escreve Basil Wright ("Experimenting with Film"), chorando os bons tempos passados, quando grupos vanguardistas ainda podiam permitir-se o luxo de se entregar às suas elucubrações cinematográficas, à procura da arte pura e de novos vocabulários. Todavia, por mais desanimador que seja a esse respeito o nosso tempo, não faltariam experiências audazes nem no terreno do filme de ficção, nem nos campos do vanguardismo, do desenho e do documentário. Interessantes são as observações sobre o grupo dos "animadores" – desenhos e semelhantes.

De certo modo, este tipo de filme representa a rebelião contra a fotografia; isto é, considera-se como princípio básico do filme imagens em movimento (e não só movimento dentro do quadro da tela, mas também movimento por justaposição, como na montagem), sendo as imagens não necessariamente fotografias e o meio de fixação não necessariamente a câmera que, quando usada, é mais um recurso conveniente do que um fato essencial.

São os produtores de ao menos alguns tipos de filmes animados aqueles que podem ser considerados os mais próximos de uma atitude puramente "filmológica". Trata-se aqui, realmente, de arte cinematográfica pura. O autor menciona nomes como os de Eggeling, Ruttman, Fischinger, Len Lye e Norman McLaren.

Particularmente importante são as observações a respeito dos filmes sobre "material pictórico" que não depende de animação, mas principalmente da câmera, de super imposições e de cortes adequados.

Algumas das mais interessantes experiências neste gênero são as de Emmer e Gras, que usaram os frescos de Giotto a fim de contar a história de Cristo; e o *Paraíso Terrestre*, de Hieronymus Bosch, a fim de criar uma fantasia cinematográfica que ultrapassa de longe os esforços mais selvagens dos surrealistas; em ambos os casos – mesmo independentemente do impacto fílmico – algo é acrescentado à nossa apreciação e ao nosso entendimento dos pintores, cuja obra é o material das películas.

De modo semelhante, embora não idêntico, Henri Storck ocupou-se com os quadros de Paulo Delvaux e Rubens [...] Tais experimentos fazem surgir problemas básicos da técnica cinematográfica; pois uma lente não é só diversa, mas também superior em comparação ao olho humano, já pelo fato de que ela pode ver de modo totalmente objetivo, além de ver muito mais [...] A câmera fixa as relações espaciais e a forma dos objetos de uma maneira tão isenta de discriminação que ela chega a nos apresentar aspectos do mundo material que se tornaram irreconhecíveis por serem fixados sem a intervenção do cérebro, do qual a reação do nosso nervo óptico depende sempre [...]

O pequeno e superficial resumo de algumas colaborações certamente convencerá os leitores de que *Cinema 1950* continua com vantagem a tradição da *Penguin Film Review*. Era de se esperar, aliás, que um entusiasta e conhecedor de cinema do nível de Roger Manvell iria envidar os maiores esforços para sair-se com uma publicação primorosa. A "décima musa", refletida no espelho de *Cinema 1950*, apresenta-se como uma jovem de pouco mais de cinqüenta anos: formosa, ainda em pleno crescimento, embora já mostrando algumas rugas e alguns cabelos brancos; atraente e cheia de *glamour*, embora sujeita a trabalhos forçados nas galeras dos seus donos.

Home Movies (Hollywood, novembro de 1951)

Esta revista já tradicional, o *Magazine de Hollywood para Filmes Substandard*, deve ser recomendada a todos que são apreciadores do "Cinema em Casa", quer sejam eles amadores "ativos" ou "passivos". Destacamos, no número de novembro, o artigo "Cash with your Camera" ("Ganhe dinheiro com a sua câmera"), no qual se encontram minuciosas recomendações para os donos de cinecâmeras dispostos a se dedicar a uma nova profissão: filmagem de enlaces matrimoniais, aniversários e outras festas familiares. Ao que parece, trata-se de uma profissão já bastante desenvolvida nos Estados Unidos.

Photo-Cinéma (Paris, outubro e novembro de 1951)

A revista apresenta no seu número de outubro uma ligeira apreciação crítica sobre o XXXIX Salão Internacional de Fotografia em Paris, artigo em que o autor fala de uma "grave crise" referente às exposições de fotografias, às quais faltariam vida, interesse e novidade; ao mesmo tempo, chama os organizadores das exposições de "esclerosados", motivo pelo qual os maiores fotógrafos teriam deixado de enviar os seus trabalhos às exibições. (O autor menciona, por exemplo, Cartier-Bresson, que no entanto expôs, ainda há pouco, em Saarbrueck, Sarre). A maior nota pertence, coletivamente, segundo a opinião do autor, aos japoneses. Individualmente, ele salienta particularmente o dr. Steinert – que ainda há pouco exibiu, aqui em São Paulo, na exposição promovida pelo Foto Cine-Clube Bandeirante, quatro excelentes trabalhos, dos quais reproduzimos, no nosso último número (novembro de 1951), *Pintora no Ateliê* ("Malerin in Atelier"). No que se refere ao Brasil, acha que a qualidade dos trabalhos baixou neste ano (1951). Pelo que se pode depreender daí, lemos que o Brasil não nos apresenta nem o Amazonas, nem a floresta virgem, nem os índios e nem mesmo um crocodilo ou um papagaio. Surpreende-nos que o sagaz crítico francês não tenha pedido algumas fotografias de Buenos Aires, capital do Brasil.

No número de novembro da mesma revista, encontramos um interessante artigo sobre a "Tendência Neo-Realista da Fotografia Italiana", acompanhando tendências semelhantes no cinema.

Neo-realismo, define o autor, significa colher do acontecimento, da pessoa, da coisa, a essência vital que em qualquer deles existe; significa pôr em evidência os fatores poéticos desse acontecimento; significa estudo da realidade através dos diversos e imprevisíveis comportamentos do homem na sociedade em que vive; significa, antes de tudo, pesquisa minuciosa da mais íntima essência da alma humana e dos seus mais secretos pensamentos a fim de fazer surgir um dom maravilhoso: o dom da verdade.

3. REFLEXÕES DE UM CINÉFILO

Blow-Up – Visto e Revisto

Ninguém ignora os riscos a que se expõe quem invade a seara alheia. A apreensão da língua das imagens exige experiência e capacidade específicas que não se adquirem e aperfeiçoam sem empenho prolongado. Quem lida sobretudo com a literatura e o teatro corre o perigo de, ao falar de cinema, repisar o lugar-comum por desconhecer o que já foi dito e de apreender de um modo superficial a linguagem, pela deficiente cultura cinético-visual. De outro lado porém, mesmo não possuindo a necessária disciplina do olho, o leigo ingênuo pode eventualmente enriquecer a interpretação, por trazer a contribuição de associações e vivências que lhe vêm da especialidade própria (e mesmo de possíveis preconceitos estéticos) e que, em se tratando de uma obra polivalente como *Blow-Up*, talvez permitam uma ou duas "leituras" plausíveis entre as numerosas leituras possíveis do "texto".

Entre essas associações ressalta a de certa semelhança entre Tchékov e Antonioni no que se refere à temática fundamental do tédio e do solapamento das relações humanas. Se no teatro Tchékov é um dos primeiros a usar o monólogo paralelo – resultado da tentativa frustrada de diálogo – Antonioni sugere frustrações parecidas através de equivalentes visuais diferenciados. Evidentemente, a temática do desencantamento, da fadiga psíquica e espiritual, do conformismo, da resignação e do tédio, essencial à obra madura de Tchékov, reveste-se nos filmes de Antonioni de aspectos mais duros e ásperos. A angústia é menos patente, encoberta por vezes de uma indiferença quase alegre. Afinal, seu mundo já não se situa no pacato ambiente rural da Rússia do século passado, e sim na sociedade metropolitana, impiedosamente competitiva, do século XX. Ao cineasta, ademais, é permitido dar ao mundo dos objetos uma presença muito mais expressiva do que a que cabe no palco. Nenhum teatro poderia comunicar com tanto poder o estado de "estranhamento" total, de dissociação entre a pessoa humana e a realidade, como o conseguiu Antonioni na sequência em que Lídia (em *A Noite*) erra pela paisagem metropolitana, cercada de imensos volumes arquitetônicos, enquanto repentinos ruídos de monstros mecânicos irrompem no silêncio do seu recolhimento (há algo de "beleza hedionda" em tais cenas, algo de sufocamento mas também de estranha libertação de todos os laços e padrões legados pelo passado, dentro da glória de uma realidade furiosa, inteiramente nova). Tampouco o palco poderia exprimir, de um modo tão direto, o desencontro definitivo tal como Antonioni o conseguiu na cena final de *O Eclipse*, pela *ausência* dos protagonistas e pela presença do mundo, mundo cotidiano e indiferente – para não falar das imagens, de tons cinzentos e crepusculares. No teatro, o mundo aparece quase só através da mediação do ser humano. A sua ausência expressiva e o vazio resultante só o cinema pode comunicar de uma forma tão imediata (mas o vazio de Antonioni, ao contrário do de Tchékov, além de ser terrível, talvez sugira possibilidades ilimitadas de expansão e futuro).

Tanto na obra de Tchékov como na de Antonioni, o estado de tédio e desencantamento decorre em ampla medida da falta de uma "idéia central", segundo a expressão do dramaturgo russo. A falta ou a traição dessa idéia (mas na obra de Antonioni se trata talvez de abandono dela) resulta, por sua vez, do desmoronamento de um universo de valores sobre-individuais hierarquizados, capazes de darem continuidade e sentido central à existência. Faltando essa idéia unificadora, a existência tende a fragmentar-se e a se entregar passivamente a momentos isolados. A própria realidade, como totalidade significativa imbuída de valores que solicitem atitudes ativas do homem, se desorganiza e se aniquila. A "paralisia da alma" daí decorrente leva à perda de contato com a realidade atual (no caso de Antonioni, porém, hesita-se em se falar somente em paralisia e dissociação em face da realidade. As situações são mais ambíguas. A falta de unidade, desorganizando a realidade, talvez a torne mais rica e misteriosa).

Em *Blow-Up* essa temática já não se traduz através dos sintomas mais típicos do tédio propriamente dito, mas através do seu aparente contrário, a agitação frenética do fotógrafo protagonista. Este personagem decerto não é concebido em termos apenas negativos. Antonioni, de resto, não moraliza, apenas mostra, muitas vezes até com entusiasmo. Todavia, segundo tudo indica, o fotógrafo foi escolhido mercê da sua profissão exemplar e pela maneira exemplar de como a exerce: profissão exemplar por captar a imagem e aparência da realidade, tal como os periódicos ilustrados a fornecem hoje aos consumidores de realidade em picadinho; e maneira exemplar porque a câmera do jovem, transformada em prolongamento mecânico do seu organismo, o distancia da realidade, ao mesmo tempo em que é posta em funcionamento pela fome insaciável de uma realidade inesgotável.

A fotografia é um fenômeno característico, embora parcial, da fragmentação da pessoa humana e da realidade contemporânea. A especialização, apesar de neutralizar partes do homem, ainda não chega a atingir-lhe a integridade física. Já o telefone e o disco lhe desapropriam a voz, e a fotografia a imagem. Esta não só lha aliena, como a torna reproduzível, transformando-a de certo modo em mercadoria de que muitas vezes os próprios fotógrafos são os consumidores. De tal forma se desenvolveu a "mentalidade fotográfica" que, em muitos casos, já não é a realidade que importa mas sim as imagens e os recortes que dela se tiram e "levam-se para casa" (o protagonista vive quase integralmente num mundo de imagens). Daí o fenômeno do turista que perde a realidade atual porque leva na mala o recorte dela. Em certos casos definha a própria aptidão para ver a realidade, muitas vezes causadora de terríveis decepções quando comparada com a imagem. Boa parte dos turistas, em vez da realidade, vê os futuros *slides* coloridos que, ao voltar, apresentará aos conhecidos. Ocorre mesmo o fenômeno de que certos fatos reais já acontecem em função da futura imagem. O real passa a ser reprodução da reprodução, cópia antecipada da cópia. A própria realidade começa a revestir-se do caráter de mercadoria. Dürrenmatt apreendeu este fenômeno muito bem em *A Visita da Velha Senhora* ao mostrar a repetição de toda uma solenidade pública para que os veículos de comunicação, frustrados por uma falha elétrica, pudessem transmiti-la aos consumidores. Neste mundo cão, terríveis realidades já foram encenadas para o flagrante sensacional.

Dentro desta ordem de idéias – sem dúvida unilaterais, já que apreendem o problema a partir de uma concepção saudosista – ressalta o fenômeno do instantâneo que, além de apresentar recortes espaciais da realidade retira dela, por cima, partículas temporais infinitesimais, seleções sumamente arbitrárias. Ora, a pessoa humana é uma continuidade, é história. Não pode ser fixada através do "flagrante" casual que congela o momento, elimina a duração e fixa o que muitas vezes não está na pessoa, mas sim na fração de segundo. O retrato do grande pintor (de que uma outra foto se aproxima) é coisa diversa: é expressão de um encontro entre o artista e o modelo, podendo resultar daí uma obra capaz de apreender a "existência" de uma pessoa. A obra de arte configura no limitado (no recorte) o ilimitado, no momento a duração. O pintor apreende o modelo como sujeito, à semelhança do ficcionista que vive a personagem "de dentro", ao passo que a objetiva fixa, no instantâneo, o homem como objeto, muitas vezes feito figura de gabinete de cera. O instantâneo comete por vezes um verdadeiro "assassínio visual" ao "fuzilar" pedaços da realidade humana (mas talvez se deva reconhecer que pode ser, em certos casos, estímulo de respostas múltiplas, suscitando amplos ecos imaginários capazes de preencher os vãos deixados por uma série de flagrantes, tal como a pantomima do jogo de tênis, sem bola e raquetas, suscita o complemento acústico no ouvido interior do fotógrafo).

Se tudo isso é sugerido pela profissão e pela maneira de o protagonista exercê-la, Antonioni repete e ressalta o mesmo tema pela própria estrutura fragmentária do "enredo", pelo *blow-up* de 24 horas da vida de um fotógrafo de instantâneos, vida que se desfaz em instantes sem unidade, coerência e continuidade, sem "idéia central", a não ser a de um álbum destinado a reunir uma série de fragmentos (tipo de obra que, tomando em conta o parêntesis acima, pode também ser valorizada de um modo positivo).

O fotógrafo sai de um albergue noturno – onde tirou flagrantes da miséria – e se afasta velozmente no seu Rolls Royce (a ironia da seqüência é patente); sempre num redemoinho de agitação febril, encena com Verushka atitudes violentamente sensuais; reduz o ato mais vital a uma série de poses para *voyeurs*, despidas do contexto humano que as dignificaria; em seguida manipula manequins transformadas em títeres. Na loja de antigüidades – já em si o símbolo da história desintegrada, tornada em bricabraque desconexo – adquire precisamente a hélice, parcela de uma máquina moderníssima, *objet trouvé* deslocado no ambiente (mas talvez se possa falar da "epifania" deste objeto humilde, tal como concebida nos *combine-paintings* de Rauschenberg).

Durante essas atividades, o protagonista parece seguir os impulsos do momento, reagindo um pouco como um bicho a estímulos instantâneos – por exemplo, no restaurante onde pede um prato sem esperá-lo, atraído pela passagem de um transeunte na rua que logo lhe escapa. Enquanto espera a dona do antiquário, tira incessantemente flagrantes – da própria loja, de pombas e, ao fim, do casal no parque, sempre solicitado pelo acaso. Mais tarde chega a ter quase relações com o objeto feminino da sua indiscrição fotográfica, de quem aliás pede poses que a transformam em objeto; mas a entrega da hélice interrompe o precário idílio, interrupção que varia os desencontros com a amante do amigo pintor – que pinta quadros dos quais o próprio pintor ignora o sentido, só posteriormente alguns fragmentos lhe despertam interesse – e acentua as ralas relações, fundamentalmente telefônicas, com sua própria amante.

A magnífica seqüência do *blow-up* dos flagrantes tirados no parque, apesar de serem numerosos, não revela o significado do acontecido. Com paixão, o fotógrafo procura recompor a realidade decomposta, mas a integração não restitui a realidade integral. Ao que tudo indica, aconteceu um crime, as fotografias, afinal, documentam a realidade. Os detalhes ressaltam cada vez mais a aparente realidade encontrada. Mas os fragmentos, por sua vez, se fragmentam, dissolvidos pela granulação magnificada. A realidade escapa e acaba se assemelhando aos quadros sem sentido do amigo pintor (como salienta a sua amante). De qualquer modo, um drama terrível parece ter sido revelado pela câmera. A realidade parece invadir o mundo de imagens desse *voyeur* permanente a quem nem siquer a visão das relações amorosas de seu amigo é poupada. Mas o aparente drama humano – um grande fragmento policial inserido na seqüência de fragmentos – esvai-se-lhe por entre as mãos; seu interesse, muito mais que humano, é o do fotógrafo que anda em busca de imagens para seu álbum e que acredita ter revelado um mistério através de processos fotográficos. Para interrompê-lo (numa vida toda feita de interrupções) e desviá-lo da sua indagação bastam solicitações exteriores, o amigo levando-o para dormir ou as duas mocinhas ávidas por se tornarem imagens e objetos da objetiva famosa. A realidade é substituída pela deliciosa cena cheia de ruídos entre folhas imensas de papel – *tant de bruit pour une omelette* (mas sem dúvida uma omeleta saborosa).

As seqüências finais insistem no tema, refletido ainda no pedaço do violão pelo qual o fotógrafo luta com ardor para logo depois atirá-lo à rua, fragmento inútil, sem sentido. A moldura felliniana das máscaras sublinha mais uma vez o tema, talvez de um modo um tanto redundante – mas quem gostaria de dispensar esta redundância? Uma dança de posse, uma pantomima em torno do vazio – uma realidade sem substância, de imagens, que escapa ao protagonista por entre as mãos, exatamente como o cadáver "revelado" por processos quími-

312

cos, exatamente como o cartaz dos pacifistas engajados (que projeta, de chofre, a realidade do nosso mundo). O vento leva o cartaz colocado no Rolls Royce. O flagrante do pára-quedista na parede, levado pelo vento, o vento no parque, a hélice, redemoinho, agitação, ar vazio – tantas variações de *blow*.

É ingênuo supor que esta elegia da fragmentação seja o resultado de imposições do produtor, preocupado com a filmagem demorada, ao ponto de ter interrompido o diretor enredado no tema das interrupções. Aliás, mesmo se a obra, tal como se apresenta, fosse o resultado da intervenção fragmentadora do produtor que não teria permitido a sua conclusão, isso só patentearia o fato de que a criação fílmica, quando leva o princípio da montagem a sério e o assimila à estrutura, diverge totalmente da concepção orgânica que Aristóteles elaborou para o drama, concepção em que se baseia o teatro tradicional. No drama aristotélico (clássico), nenhuma cena pode ser deslocada, omitida ou acrescentada sem prejudicar a obra total. O todo se constitui à base da idéia central que se cristaliza numa fábula com começo, meio e fim. As partes, cada qual indispensável, são elementos funcionais do todo que, logicamente anterior, se articula pela ordem rigorosa das partes. A idéia central lhes determina a posição exata nesse todo e daí advém o significado de cada parcela. Já na dramaturgia moderna – por exemplo, de Brecht – tende a prevalecer o princípio da montagem. A idéia central (na medida em que existe) não se cristaliza através de uma fábula com começo, meio e fim. Repete-se, variada, em cada cena ou seqüência, é exposta à dialética de situações contraditórias, sem encadeamento causal. Neste processo, a idéia que se desdobra torna-se ambígua, se fragmenta e enriquece.

As estórias de hoje, disse Antonioni a Pierre Billard, bem antes de ter realizado *Blow-Up*, mostrando ser radicalmente anti-aristotélico, não têm começo, meio e fim, nem curva dramática, nem catarse. *Podem ser constituídas de farrapos e fragmentos sem equilíbrio, tal como a vida que vivemos.*

A partir daí, o enunciado da fragmentação refletida na estrutura fragmentada reveste-se de novos aspectos. O fragmento como "forma" é vigorosamente defendido desde os primeiros românticos ao negarem, em face da percepção aguda das novas realidades, a harmoniosa visão clássica que se manifesta na obra fechada (a teoria da "obra aberta" e "fechada", provinda de autores como Wölfflin, Walzel e outros, foi recentemente renovada e enriquecida por Umberto Eco). Só agora se verifica claramente até que ponto se exprime, nesta nova estrutura – além da perda da idéia central constitutiva de uma realidade "explicada", organizada e unívoca, dentro de uma hierarquia de valores – também a busca ou a tentativa de conceber e interpretar a nova realidade, multívoca, simultânea e descontínua, tal como ela se reflete também nas colagens – nas quais, desde o início do século e principalmente desde a fase do dadaísmo, se encontra igualmente desmontada a hierarquia dos valores pelo uso de materiais até agora relegados ao lixo.

A primeira visão do filme exige, portanto, uma revisão. A leitura anterior deve ser complementada por uma segunda que, sem desmentir a primeira, desloca os acentos da valorização saudosista em sentido mais positivo, como já foi sugerido por diversas observações postas entre parêntesis. O fotógrafo, protagonista verdadeiramente exemplar, sobretudo mercê da sua ambigüidade, renasce quase herói na sua angustiosa luta para captar uma realidade que lhe foge e que certamente é irredutível, não só à poética mas sim também à lógica aristotélica.

Os Macacos de Stanley Kubrick

Pode-se discutir sobre o valor do filme *2001*, de Stanley Kubrick. Há quem julgue de mau gosto certos momentos finais da obra, particularmente o monolito nas últimas cenas em que é sugerido o surgir de um ente superior ao *homo sapiens*, como este, no início do filme, supera o símio. É difícil negar, todavia, a audácia da concepção, a inteligência de certas passagens, a sagacidade com que determinados fenômenos atuais são satirizados. A personagem de Hal, o computador, é uma invenção excelente. É, aliás, a única personagem da fita que tem alma e psicologia e reações humanas. A sua desmontagem e conseqüente regressão a fases arcaicas de sua existência, quando,

314

cantando Daisy, revela por assim dizer o seu inconsciente, chegam a ser tão divertidas quanto comoventes.

Embora as últimas partes do filme tenham muito de grandioso, o mal da obra é que o verdadeiro clímax se situe no início. As melhores seqüências são, sem dúvida, as dos símios que se transformam em seres humanos. A pequena horda de primatas, em luta com outra pelo domínio da poça d'água, os seus terrores e alegrias, o seu precário repouso noturno e sua vigília angustiada, de olhos brilhantes, agudos e assustados, os rugidos inarticulados, mas de algum modo já "proferidos" e mais do que meros "sintomas" – tudo isso se reveste de um teor fortemente veraz ou ao menos verossímil. O momento máximo do filme é o da transição do hominídeo a *homo sapiens*, realçado pelo sinal de exclamação de *close ups* de extraordinária força. A cena é preparada pela descoberta estupefata do monolito misterioso, sem dúvida concebido como mensagem cósmica, espécie de centelha de transcendência. Segundo os gregos, todo o conhecimento se inicia com a perplexidade diante das coisas. É pela primeira vez que os primatas, erguendo-se longamente, dirigem o olhar ao alto. A cena central, em seguida, é a invenção do instrumento. O antropóide-mor, acocorado diante do esqueleto de um animal, sabe pegar e segurar um osso pesado firmemente com a mão – que só agora se torna, de fato, mão. Ele se detém, reflete, medita. Não está, no momento, envolvido numa atividade vital; não reage a estímulos exteriores. A iniciativa provém dele mesmo, apenas sugerida pelo objeto. Algo como uma inspiração o induz a *experimentar*, ludicamente, o osso e com a força do seu braço – que só agora se torna de fato braço – vibra golpes violentos contra o esqueleto que se fragmenta, com os pedaços saltando por todos os lados.

Enquanto os destroços se espalham, cortes rápidos interpõem planos breves mostrando animais moribundos caindo e estrebuchando, golpeados pelo osso tornado em arma e instrumento. A câmera lenta e o *close up* acompanham e recortam na tela clara e enorme, contra um pano de fundo branco, em imagens de beleza solene, o movimento majestoso do braço, da mão e do instrumento. Em seguida, o osso é lançado ao alto, ergue-se triunfalmente, girando no ar. E o rodopio do primeiro instrumento se funde, através de um salto temporal de milhões de anos, com a rotação da estação espacial que, depois do prólogo simiesco, dá início ao filme propriamente dito. O enorme salto temporal é justificado. A navegação cósmica é a conseqüência daquele osso. Nesta maravilhosa seqüência Stanley Kubrick conseguiu articular através de imagens – sem comentário verbal algum – um evento extremamente complexo: o nascimento do homem mercê do uso do instrumento.

Pobre de instintos, quase abandonado pela natureza neste particular; deficiente em órgãos especializados, de precário equipamento físico e por isso mal adaptado a qualquer ambiente natural, o homem surge no mundo como um "animal doente", espécie de "diletante da vida" – para usar a expressão de Max Scheler. Assim, a técnica se origina da própria deficiência orgânica do homem. É com o instrumento que o homem supre a falta de órgãos adequados ou aumenta a força daqueles que possui. Inadaptado, portanto, à natureza, o homem viu-se obrigado a adaptar a natureza às suas necessidades e, assim, criar um mundo artificial em que pudesse viver. O homem tinha que ser deficiente para ser eficiente. Não possuindo um equipamento de instintos que comandassem, pela hereditariedade, o seu comportamento adequado, nem automatismos de reações adquiridos logo no início da vida, ele tinha que aprender por tentativas e erros, numa escala inconcebível no mundo animal, e por isso manteve a flexibilidade adaptativa que o distingue como ente em constante devir.

Kubrick sugere, através da atitude do antropóide, enquanto se detém refletindo diante do esqueleto, a sua emancipação do circuito natural de estímulo e reação. Entre o estímulo e a reação surge um pequeno território de dúvidas, um hiato de hesitação, comparação e escolha. Graças a esse hiato o homem conquista um miúdo campo de liberdade, isto é, de uma atuação não determinada por uma causalidade exterior à sua consciência, e sim oriunda dela mesma. É neste território especificamente humano que se origina a ação enquanto não mera reação. O osso torna-se meio para um fim. Surge um nexo teleológico dentro do nexo causal e, com isso, o dom da técnica.

A cena diferencia com agudez extraordinária entre o "retrocesso técnico" – essa espécie de distanciamento do antropóide em face do esqueleto – e a mera aprendizagem prática, freqüente entre animais que sabem encontrar soluções suscitadas por situações concretas. Os símios mais inteligentes aprendem a fazer o uso de objetos. Sabem empregá-los para satisfazer os seus desejos (sem que esses objetos, contudo, se tornem verdadeiramente em meios). Pegam um galho para prolongar o braço e aproximar assim bananas que se encontram fora da jaula. Chegam mesmo a enfiar uma vara em outra, oca, a fim de aumentar ainda mais o alcance do "braço". Trata-se de comportamentos inteligentes, nascidos de um nexo associativo prático, mercê do qual "objetos à mão" são usados para satisfazer certas necessidades. No entanto, nesses casos de emprego de um objeto no contexto de uma situação concreta, não se pode falar de instrumentos ou meios no sentido verdadeiro. Edison não se diferencia de um símio, em essência, pela sua inteligência prática e sim pelo dom de retrocesso ou distanciamento teórico que lhe proporciona um momento de dúvida e hesitação, e é nisso que o antropóide se distingue de todos os outros animais. Kubrick sugere com precisão espantosa por que o osso do seu hominídeo é instrumento, enquanto não o é a vara do símio.

Essa vara é um recurso *ad hoc*, imediato, solicitado pela situação concreta, pelo desejo de comer a banana. O uso da vara nasce, no caso, como reação a um campo vital em que o símio se encontra indissoluvemente inserido. É dentro deste nexo concreto de tensões vitais que ele reage. Integrado neste contexto, ele não consegue colocar-se em face dele e objetivá-lo. É incapaz de interpor entre si e o campo vital aquele hiato, aquela distância que transforma o conjunto de estímulos em situação objetiva. Assim, o animal terá eternamente apenas "ambiente", vivendo colado dentro de um circuito infinito de estímulos e reações sem jamais se encontrar, enquanto sujeito, em face do "mundo" (é possível que o monolito, provocando uma atitude inteiramente nova, quase de contemplação estética ou, de qualquer modo, desligada de interesses vitais imediatos, tenha sido imaginado como desencadeador do processo de humanização).

317

Enquanto destrói o esqueleto, numa atitude lúdica e experimental, o antropóide de Kubrick caça e mata, ao mesmo tempo, animais vivos que lhe servirão de alimento. A situação em que o osso será usado multiplica-se graças aos cortes e aos planos inseridos, que introduzem a imaginação do hominídeo, assim como a dimensão temporal. Os planos brevíssimos interpostos sugerem um ato prometéico de libertação. O ente em transição projeta-se para além do momento em que está esfacelando o esqueleto. O antropóide desdobra-se, objetiva-se a si próprio em situações outras que não a atual – situações em que será caçador. O osso torna-se denominador comum de variegadas possibilidades e pivô de um projeto. Considerando-se que a vara do símio não se constitui como este instrumento determinado – enquanto meio capaz de se destinar a fins variados, numa infinidade de situações diversas – o osso do atropóide kubrickiano, ao contrário, separado do nexo imediato pelos planos imaginários, ultrapassa a pressão dos estímulos atuais e adquire sentido permanente. O objeto constitui-se em instrumento no exato instante em que o primata o leva consigo para usá-lo em situações diversas da atual. Não é o mero uso de objetos que faz o instrumento, mas sua escolha para um emprego possível.

A capacidade de distanciamento da situação imediatamente vivida é idêntica à capacidade de usar símbolos e de representar através deles o mundo, coincidindo, portanto, com o dom da língua (o termo entendido na acepção mais precisa). Os animais, ao que tudo indica, não entendem símbolos; reagem apenas a sinais (se definirmos este termo como um dado sensível ligado diretamente a um fenômeno real de que se torna indicador). O sinal faz parte da situação vital, ao passo que o símbolo apenas representa as coisas[1]. O sinal se compara à vara usada pelo símio. Já o osso do nosso antropóide torna-se símbolo no momento em que passa a representar uma infi-

---

1. Usamos a terminologia de Susanne K. Langer, em *Philosophy in a New Key*, obra baseada na *Filosofia das Formas Simbólicas*, de Ernst Cassirer. Admite-se que a terminologia neste terreno é extremamente controvertida. (O trabalho citado por A. R. foi posteriormente publicado pela Editora Perspectiva, Col. Debates nº 33, 1972)

nidade de situações possíveis de uso. A "língua" das abelhas e dos animais em geral refere-se a um nexo vital ou é expressão, sintoma imediato, de um estado psíquico. Por isso, não se trata de língua no pleno sentido da palavra. Enquanto o nome do dono, funcionando como sinal, anuncia ao cão a (possivelmente suposta) presença dele, o mesmo nome, funcionando como símbolo, refere-se à idéia do dono e só indiretamente a este, que talvez esteja ausente. O cão não entende que se possa falar "sobre" o dono ausente. A idéia (as imagens) interposta, como mostra a seqüência do filme, abre aquele hiato entre o homem e a natureza que permite ao homem conquistar um mundo objetivo para além do ambiente imediato.

O osso se define, portanto, como instrumento – e assim o definem as imagens de Kubrick – porque está referido à idéia de certas situações (como mostram os planos de possíveis animais caindo sob os golpes da arma) e não apenas à situação concreta do esqueleto real. Define-se pelo seu emprego possível numa infinidade de situações, todas elas representadas por este objeto transformado em *universalia*. O instrumento, deste modo, caracteriza o homem como ser capaz de viver no condicional, de arrancar-se do indicativo da atualidade para viver no subjuntivo e na dimensão do tempo.

O ato rebelde do antropóide distingue-se pela conquista de um mundo simbólico graças à negação da vida imediata. Assim também a língua nasceu no momento em que o homem soltou o grito de dor, sem senti-la; e o instrumento nasceu no instante em que o homem guardou o instrumento, sem usá-lo.

Tendo sido captada, através de uma linguagem puramente visual, a transformação do antropóide em ente humano, está plenamente justificado o salto de milhões de anos, com o rodopiar do primeiro instrumento fundindo-se com a rotação da estação espacial. Era desnecessário mostrar fases intermediárias. O fato é que a experimentação daquele osso foi um evento mais importante do que qualquer invenção que se seguiu ou do que qualquer descoberta no campo das energias, incluindo a atômica.

319

Parte II: FOTOGRAFIA

1. ALGUNS ENQUADRAMENTOS

O Nu Artístico É Indecente?

O assunto do nu artístico pode ser encarado segundo dois pontos de vista: o estético, referente à obra de arte como tal, e o psicológico-moral, referente ao efeito que possivelmente possa ser exercido por uma obra de arte dessa espécie.

Que o corpo nu é um assunto de grande interesse estético, dificilmente pode ser posto em dúvida. Isso é testemunhado pelo fato de que os maiores pintores se deixaram inspirar por esse tema, ponto de partida de magníficas obras de arte, algumas criadas por artistas que freqüentemente trabalhavam sob encomenda do Papa. Mencionamos apenas alguns artistas, como por exemplo Ticiano, Rafael, Rubens, Velasquez, Renoir, Manet, Courbet, Declacroix, Ingres, para ilustrar o que é óbvio. Poderíamos nos satisfazer com esse argumento, pois uma vez que consideramos a fotografia uma técnica capaz de ser posta a serviço da arte, não duvidamos que o corpo nu seja assunto legítimo para a câmera, quando manejada por

323

um fotógrafo de intenção artística. Resulta daí que também é legítima uma obra destinada a ensinar na medida do possível os elementos técnicos e estéticos necessários para realizar bons nus artísticos.

Todavia, o que os adversários mais inteligentes dos "nus" censuram não é a qualidade estética de muitas dessas obras: reconhecem com franqueza que se pode tratar de grandes obras de arte. Inspira-lhes dúvida, porém, o possível efeito de tais trabalhos; eles incriminam o "assunto" como sendo indecente ou mesmo obsceno.

Deve-se reconhecer que a arte e os seus sucedâneos industriais exercem efeitos sobre a sociedade e influem no espírito dos apreciadores, embora essa influência seja muitas vezes exagerada e não se conheçam exatamente o modo e o alcance dessa influência. Deve-se reconhecer que, por mais que a obra de arte enquanto tal, como coisa, seja incapaz de *ser* imoral ou indecente – porque no pior dos casos ela apenas *representa* o mal e o indecente, podendo por isso ser apenas bem-feita ou mal feita (da mesma forma como um triângulo pode ser obtuso ou não, mas nunca injusto) – deve-se, contudo, reconhecer que a obra de arte pode conter sugestões que, em determinados casos, são capazes de provocar associações consideradas inconvenientes por muitas pessoas. De modo que o raciocínio de Theodor Schroeder, tendo consagrado sua vida a lutar pela liberdade da palavra – dizendo, por exemplo:

> Não se pode encontrar a obscenidade em nenhum livro, em nenhum quadro; ela nada é senão uma qualidade espiritual daquele que cria ou daquele que aprecia

– mesmo que esse raciocínio esteja correto, ele pouco nos adiantaria. Pois a obra de arte nasce dentro da sociedade e dirige-se a ela. A obra não existe num vácuo: o seu fim é ser "consumida".

Podemos nos abster, neste nexo, de analisar o possível efeito de obras literárias que apresentam atos imorais. O nu artístico não representa nada que se possa considerar "imoral". A única acusação que se poderia dirigir contra ele é, como vimos, a da indecência e, em casos extremos, a de obscenidade. Ora, é evidente que o corpo nu enquanto tal não tem nada de indecente, mesmo na sua existência real, e muito menos quando representado esteticamente. Até o Código Cinematográfico dos Estados Unidos, extremamente puritano, admite a representação do corpo nu de indígenas no seu ambiente natural (conquanto não em ambiente "civilizado"), e mesmo a nossa sociedade admite a presença real do corpo quase nu na praia, embora não em pleno centro da cidade, em dias comuns (não obstante a permita em dias especiais como os carnavalescos). E também não há indecência nenhuma quando o médico estuda o corpo nu de uma pessoa morta ou examina o de uma pessoa viva.

Vemos, conseguintemente, com clareza meridiana que não é o corpo nu, em si, que é indecente ou obsceno, mas determinada situação dentro da qual, seja o corpo nu ou seja qualquer ato, podem tornar-se elementos que "ferem o pudor".

Resulta daí a dificuldade em definir exatamente o que é obsceno, mesmo sem se mencionar a extrema variabilidade das convenções respectivas nas diversas épocas e nas diferentes regiões do globo. Entende-se muito bem porque Ernst e Seagle disseram que não há duas pessoas que concordem no tocante às definições de seis adjetivos: obsceno, libidinoso, lascivo, lúbrico, indecente e chocante. A própria Sociedade das Nações, predecessora da ONU, viu-se embaraçada ao procurar definir o sentido do termo obsceno, e mesmo a grande *Encyclopaedia of Religion and Ethics* inicia o verbete *obscenity* dizendo que "a definição de obscenidade, tanto na língua como na lei, é vaga". Analisando a definição de Craises: "O significado preciso (da obscenidade) é decididamente ambíguo, mas o teste da criminalidade [...] é se a exibição ou coisa tende a depravar", o autor do longo verbete inserido no dicionário mencionado declara que essa definição pouco esclarece, visto que se exige imediatamente uma definição do termo "depravar".

Sem entrar em pormenores demasiadamente complexos, diríamos com Clemente H. Pinho que a *situação* obscena decorre em geral de um abalo dos padrões de valores relativos ao sexo ou à esfera escatológica, portanto de uma dialética entre o Eu, sujeito agente e provocador, e o Outro, o assistente, o Coletivo presente – isto é, o Público (no qual se encarnam aqueles padrões de valores).

325

Ou seja, essa dialética, no caso em questão, esse choque e conflito, esse abalo, somente se produzem quando há, na situação, alguma espécie de *inadequação*. Não é o ato, o termo usado, a coisa ou o símbolo, como tampouco o assunto da obra de arte em si, que são obscenos, mas sim a situação em que o ato, o termo, a coisa ou a maneira segundo a qual o assunto da obra de arte são apresentados, comunicados ou cometidos é que são obscenos. Essa inadequação geralmente decorre ou da intenção específica do agente provocador, que por qualquer motivo visa ofender o pudor ou atentar contra os costumes e convenções relativos ao sexo e à esfera escatológica; ou, de outro lado, da presença de um público (ou ambiente) não correspondente. Assim, determinado termo não fere o pudor quando está encerrado no dicionário; tampouco representa um ultraje aos costumes a sua análise numa Sociedade de Filologia, onde se pressupõe que haja apenas interesse científico tanto por parte daquele que analisa como por parte da audiência. Porém o mesmo termo proferido numa ocasião inoportuna, num ambiente diverso, diante de ouvidos "inadequados", pode representar um grave abalo das convenções.

Esse fenômeno é muito bem ilustrado pelo seguinte exemplo real: uma modelo nua numa escola de arte não sentia pudor diante dos estudantes: sabia que havia uma perfeita adequação entre o Eu (dela) e o Outro (dos estudantes). Porém ao notar que um operário, fazendo consertos no teto de um prédio do outro lado da rua, a observava através da janela aberta, procurou cobrir-se, sentindo nitidamente a inadequação da situação.

Os costumes e convenções – o espírito coletivo da sociedade – introjetados no ego dos indivíduos estabelecem a "censura", no nosso caso chamada de pudor. A rebelião mais ou menos consciente, mais ou menos intencional contra essa censura pode levar, entre vários outros motivos, ao ato indecente. Fato é que, como há poucas pessoas perfeitamente ajustadas, a maioria sofre, em maior ou menor grau, da pressão dos costumes, que se manifestam ao indivíduo como "censura" . De modo que há, na maioria dos indivíduos, uma disposição latente de se rebelarem contra o peso desses valores consagrados pela sociedade. Se a rebelião através de atos reais muitas vezes é sintoma de uma vida psíquica patológica, de uma grave anomalia no ajustamento do indivíduo à sociedade, não se pode dizer o mesmo quando esses atos são atenuados pela expressão verbal (a piada picante em ambiente "apropriado"), pela manifestação literária, pela ilustração ou pela representação na chanchada, farsa ou chalaça no palco. Em todos os povos e em todas as fases históricas encontramos essas manifestações de rebeldia atenuada, a tal ponto que elas se tornaram por sua vez convencionais e padronizadas. A sociedade, ainda que não as aprecie oficialmente, admite essas manifestações de rebeldia, em certa medida, como um escape, uma válvula ou uma descarga, úteis ao ajustamento em face do peso das convenções. A própria convenção, portanto, *malgré lui*, aceita e canaliza o *abalo ligeiro* da convenção através da libertação momentânea, a fim de evitar manifestações mais drásticas. Sabe-se perfeitamente que, nas sociedades demasiadamente puritanas, rigorosas e "totalitárias", costumam surgir muitas vezes graves sintomas de crueldade, sadismo e masoquismo. Decorre de tudo isso a imensa literatura pornográfica em todas as grandes civilizações – vejamos, por exemplo, a farsa popular extremamente obscena (segundo os nossos critérios atuais) da Idade Média, admitida, *nolens volens*, pela Igreja todo-poderosa – e o enorme público que essa literatura ou manifestação teatral (pouco satisfatórias, ao nosso ver) sempre encontraram.

Ao falarmos da pornografia e do obsceno, fazemo-lo para demonstrar que o nu artístico, quando realmente artístico, está longe de se enquadrar nessa esfera ambígua. No nu artístico falta, evidentemente, a intenção inadequada – a de chocar pela rebeldia contra o consagrado, conquanto naturalmente exista a possibilidade de que a imagem, na presença de um público inadequado, provoque uma reação indesejável.

Havendo realmente uma intenção inadequada por parte do autor, isso geralmente se exprime na obra pela inadequação entre forma e conteúdo. Sobressai, aos olhos do apreciador médio e normal, se o assunto é expresso através de categorias estéticas adequadas ou se não o é. O interesse pornográfico do autor se revela, de forma geral, pela completa irrelevância dos recursos artísticos. De outro lado, a intenção artística, mesmo de um autor medíocre, manifesta-se na expressão formal ajustada. Evidentemente, as linhas de demarcação são bastante flutuantes. Já verificamos que o corpo nu, em si, de modo algum é obsceno. Contudo, uma reprodução artisticamente nula pode resultar – por ser inadequada –, apesar do assunto inocente, em qualquer coisa de "indecente". De outro lado, mesmo a representação artística de teor carregadamente sexual (o que não ocorre no simples nu) – quando se trata de uma grande obra de arte – pode proporcionar ao assunto tamanha nobreza, graças ao tratamento formal, que a "matéria" é, por assim dizer, espiritualizada e "devorada" pelo poder da beleza. Afinal de contas, toda criação artística é um processo de decantação e de luta com a "matéria", luta às vezes heróica do artista com o peso do assunto que deve ser dominado pelas categorias estéticas. A alquimia artística é sempre um processo de decantação: o artista limpa o ouro da escória e, na obra acabada, a matéria se apresenta redimida pela beleza.

Há, naturalmente, a questão do público adequado. Se para o puro tudo é puro, para o impuro tudo é impuro. Na Epístola de São Paulo aos Romanos (Cap. XIV, 14) lemos:

> Eu sei, e estou certo no Senhor Jesus, que nenhuma coisa é imunda de si mesma, a não ser para aquele que a tem por imunda; para esse é imunda.

A tal respeito vale citar uma famosa sentença da United District Court, proferida em 1933, a respeito do genial romance de James Joyce, *Ulysses*. Essa obra de tremenda influência sobre a literatura moderna esteve proibida, durante certo tempo, nos países anglo-saxônicos por ter sido considerada indecente; como resultado, naturalmente, ela circulava em milhares de exemplares por meio de edições clandestinas. A mencionada Corte norte-americana liberou a obra para a América admitindo que se tratava de "obra não obscena e não pornográfica por terem sido as intenções do autor puramente artísticas" e por ter sido provado que a novela não tende a "excitar pensamentos voluptuosos em pessoas normais".

Isto quer dizer que a Corte americana considera decisivo o efeito sobre pessoas normais, não se importando com o efeito sobre pessoas anormais. Evidentemente, é muito difícil julgar-se o efeito de uma verdadeira obra de arte. Theodor Schroeder, o autor já citado, censurava com razão os censores, para os quais

não é a qualidade intrínseca do livro que conta, mas a sua influência hipotética sobre uma pessoa hipotética que, num momento problemático do futuro, poderá ler, hipoteticamente, o livro.

A aplicação de tudo isso ao nosso tema é evidente. Estamos certamente todos de acordo com o fato de que, em se tratando de uma obra de arte, a intenção do criador não terá sido maliciosa ou obscena; quer dizer, o tratamento do assunto terá sido em moldes artísticos; o assunto peculiar do corpo nu terá sido escolhido por oferecer ricas possibilidades estéticas. O artista, ao ver um corpo nu, vê linhas, formas, luz e sombra, cores, a tessitura da epiderme humana, o milagre da criação manifestada de um modo perfeito pela beleza do corpo humano. E o apreciador adequado saberá contemplar a obra de um modo correspondente: as suas associações se referirão ao tratamento de luz e sombra, ao enquadramento, à composição; o seu encantamento será essencialmente "sem interesse", para usar o termo de Kant, isto é, no nosso caso, não ocorrerão – ou se ocorrerem só em grau negligenciável – associações lascivas ou "pensamentos voluptuosos"; a sua vontade, para falar com Schopenhauer – no nosso caso o impulso sexual – repousará na apreciação estética. Ele se aprofundará na contemplação da idéia que se exprime na beleza do corpo humano. E a contemplação da beleza artística não pode ser nociva.

Porém há, naturalmente, uma maneira maliciosa de pintar ou fotografar, assim como há uma maneira maliciosa de ver e interpretar. São maneiras inadequadas de criar e apreciar, maneiras "anormais", na expressão da Corte norte-americana acima citada. Condenaremos, por existir essa possibilidade, obras de Rafael, Ticiano, Renoir ou uma belíssima obra como *O Nascimento de Vênus*, de Botticelli?

Pelo fato de existirem trabalhos e apreciadores falsos e maliciosos, é preciso, por isso, que se publiquem obras sobre o nu artístico: para ensinar a reproduzir e a contemplar adequadamente, isto é, esteticamente o corpo humano, a mais bela obra da natureza. A educação estética, tão negligenciada em nosso mundo conturbado, não pode aviltar o homem, ainda que inclua o estudo do corpo nu. Ela o enobrece, ela o enriquece; ela contribui diretamente para a elevação da sua sensibilidade e, indiretamente, para a sua dignificação e humanização.

A Fotografia e as Classes Médias em França durante o Século XIX

Para o amigo da arte fotográfica, o livro de Gisèle Freund, cujo título encabeça estas linhas, é uma valiosa fonte para aprofundar os seus conhecimentos sobre a interrelação entre arte e sociedade em geral e particularmente entre a arte fotográfica e a sociedade francesa no século passado.

Partindo do axioma de que cada período histórico tem os seus próprios meios de expressão, correspondentes aos caracteres políticos, às maneiras de pensar e aos gostos da época, que se manifestam concretamente nas formas artísticas, Gisèle Freund procura pôr em evidência os vínculos que existiam entre a evolução social no século passado e as modas cambiantes da criação fotográfica.

É evidente que tal interrelação se liga de início ao simples fato de que o artista é membro de determinada sociedade e se acha impregnado das suas necessidades e ideologias. Mais de perto, porém, o artista costuma expressar o estilo de vida e a ideologia das classes dominantes, pois é entre elas que encontra a freguesia com o necessário poder aquisitivo.

Decorre daí que cada sociedade produz formas definidas de expressão artística. Quando, durante a época de Louis XVI, a burguesia gozava de prosperidade, ela se comprazia por dar, o mais possível, a seus retratos um caráter principesco, pois o gosto da época estava determinado pelas classes dirigentes, isto é, pela nobreza. Na medida, porém, em que a burguesia se ia elevando e seu poder político se afirmava, a freguesia e com isso o gosto geral se transformava. O tipo ideal já não era a fisionomia principesca, mas o sólido rosto burguês; a espada é substituída pelo guarda-chuva. Aparecem os trabalhos

330

de Ingrès, de contornos precisos que correspondem às tendências realistas da época e ao gosto de uma burguesia convencional, imbuída de dignidade e consciente de seus deveres. Com o progresso mecânico, a invenção por exemplo da litografia em 1805, a arte vai-se democratizando de modo espantoso. E nessa evolução a fotografia iria ocupar um lugar de destaque. Hoje, a vida é de tal modo *impregnada de fotografia* que seria difícil imaginá-la sem esse meio de expressão e comunicação. Ao folhearmos um jornal ou uma revista, ao andarmos de bonde, ao contemplarmos uma vitrina, a nossa mente grava, já inconscientemente, as impressões de inúmeras fotografias. A publicidade, o cinema recorrem a ela e as suas aplicações nas ciências e na indústria são incontáveis.

Assim, mais do que qualquer outro meio, a fotografia está apta para expressar os desejos e as necessidades das camadas sociais dominantes, a fim de reproduzir a sua maneira de apreciar os acontecimentos da vida social. Pois a fotografia, embora estreitamente ligada à natureza, tem uma objetividade fictícia. A lente, esse pretenso olho imparcial, permite todas as deformações possíveis da realidade, visto que o caráter da imagem é determinado cada vez mais pelo modo de ver do operador. Por essa razão, a importância da fotografia, que chega a ser dinâmica sob a forma do filme, não reside somente no fato de ser uma criação, mas sobretudo no mérito de ser um dos meios mais eficientes de desviar as massas das penosas realidades e dos seus problemas.

Dentro deste esquema estético-sociológico, a autora estuda minuciosamente a evolução fotográfica em França, particularmente do retrato, na sua dependência da ascensão da burguesia vitoriosa. Torna-se evidente que a fotografia tinha de ser inventada porque *mandar fazer o seu retrato* era um destes atos simbólicos, pelos quais os indivíduos da classe social em asecensão tornavam visível, para eles mesmos e para os demais, o seu progresso e a sua vitória, classificando-se entre os elementos que gozavam de consideração social. Possuir o seu retrato significava a afirmação pessoal em face dos outros e a tomada de consciência do próprio valor. O retrato tinha sido, durante séculos, privilégio da nobreza. Mas, mesmo antes da Revolução Francesa, o retrato começou a adquirir importância extraordinária nos meios burgueses como um meio de auto-representação social; porém como a classe em ascensão não podia pagar os altos preços exigidos pelos pintores, tornava-se necessária, em grau crescente, uma reprodução mecânica e barata da fisionomia. Adotou-se logo o retrato em miniatura, a preços relativamente baixos. Essa urgente necessidade de auto-representação explica também a moda da silhueta, que durante certa época empolgou as classes médias da Europa. Goethe e seu amigo Lavater ocuparam-se largamente com esse esporte, escrevendo volumosamente sobre a silhueta que se tornou logo o meio de subsistência de profissionais habilidosos, da mesma forma como hoje há desenhistas de caricaturas que, a preços baixos, exercem o seu ofício nas ruas de São Paulo. A silhueta, que por sua vez levou ao nascimento de uma técnica popular na França até 1830 – a técnica do *Fisionotrace* – um aparelho de paralelogramas articulados, capazes de se deslocarem num plano horizontal. Com a ajuda de um estilete conseguia-se reproduzir mecanicamente os contornos de um perfil. A manipulação do aparelho nem sequer exigia habilidade especial.

Vê-se daí que a ascensão da classe burguesa, a necessidade de auto-representação realista e não estilizada de uma nova camada social imbuída do culto da personalidade, mas inicialmente de posses demasiadamente modestas para poder pagar quadros caros de pintores de valor, tornava a invenção da fotografia, por assim dizer, necessária.

> Toda nova invenção está condicionada, de um lado, por uma série de experimentos anteriores e, por outro lado, pelas necessidades da sociedade. Deve-se acrescentar a parte do gênio pessoal e, às vezes, uma feliz coincidência. Assim, a fotografia foi inventada, em 1824, por Nicéphore Niépce. (Daguerre adaptou a nova invenção aos fins práticos.)

A autora esboça, em largos traços, as circunstâncias em que a nova invenção se desenvolveu, as camadas de boêmios entre os quais se recrutavam os primeiros fotógrafos e o estilo do retrato fotográfico condicionado pelas imposições do gosto burguês em função da situação social. Travamos conhecimento com o desenhista, caricaturista, escritor e aeronauta Felix Nadar, o primeiro grande fotógrafo de retratos, que abriu em 1853 um estúdio fotográfico na rua Saint-Lazare, e com Disderi, o primeiro "industrial" do retrato fotográfico, com quem se iniciou a decadência desta arte. Interessantes as observações de pintores como Delacroix e Ingres ou de um poeta como Baudelaire sobre a nova arte e em geral as relações entre os pintores e a fotografia, que logo começou a ameaçar a existência destes últimos, numa época em que fazer o retrato de gente abastada era a principal função do pintor.

Na medida em que aumentava o número de retratos, ia-se reduzindo o seu tamanho; já não tinham de servir como ornamentação nas amplas galerias dos antepassados da nobreza, mas deviam encontrar lugar nas paredes das residências burguesas. Mas o burguês era econômico e contentava-se cada vez mais com a fotografia que, entre outras vantagens, oferecia a de maior exatidão. Por alguns francos, engenhosos profissionais coloriam as cópias de um rosa ou azul irresistível, *completamente* natural. O artista, que vivia do retrato, via diminuir dia a dia os pedidos; a grande culpada era a fotografia e não há nada de estranho no fato de que a maior parte dos artistas [...] dirigissem toda a sua hostilidade contra esta moda que diariamente ganhava terreno.

A obra de Gisèle Freund conclui com um capítulo sobre a decadência do ofício do fotógrafo retratista, fato que ela atribui em parte à aparição do *fotomaton*, depois ao contínuo progresso da técnica e da sua democratização, que produziu a fotografia dos amadores, e finalmente ao alto preço dos fotógrafos de valor artístico, que as transformou em luxo – da mesma forma como transformou-se em luxo o retrato a óleo ao aparecer a fotografia. Parece-nos, no entanto, que o motivo principal é outro: a coletivização exterminou, em grande escala, o culto da personalidade: este projeta-se, agora, sobre determinadas personalidades em foco que representam, simbolicamente, a massa e os seus anseios e sonhos; de qualquer maneira, a classe média perdeu, por motivos vários, o gosto e o costume da auto-representação: não pendura mais os retratos dos membros da família nas paredes da residência. Transferiu-se, de maneira geral, para a carteira, onde aparecem em miniatura as reproduções dos filhinhos e da esposa ou do marido.

O certo, porém, é que o papel histórico "da fotografia reside no fato de que o retrato se democratizou definitivamente. Já não é monopólio das classes reinantes. A fotografia, ao vulgarizá-lo, tornou-o acessível a todas as camadas sociais".

333

Salões de Fotografia

O 9º Salão Internacional de Arte Fotográfica de São Paulo

Querer fixar imagens fugazes, eis não só uma coisa impossível – como se verificou após meticulosas pesquisas alemãs –, mas até o simples desejo de querer fazer tal coisa é uma blasfêmia. O homem foi feito à imagem de Deus e a imagem de Deus não pode ser reproduzida por uma máquina construída por homens. Então, Deus iria abandonar repentinamente as suas eternas máximas, admitindo que um francês em Paris solte uma invenção da espécie mais diabólica?!

(Extraído de um artigo aparecido em 1839 no jornal alemão
Leipziger Anzeiger)

Nunca o desenho dos maiores mestres produziu qualquer coisa de semelhante.

(Jules Janin, Paris, 1938, num artigo sobre fotografia)

A invenção de Daguerre é cem vezes mais perspicaz do que a descoberta tão admirada de Leverier ao verificar a existência do planeta Uranus por meio de cálculos.

(Schopenhauer, 1851)

Promovida pelo Foto-Cine Clube Bandeirante, alcançou a 9ª Exposição de Obras Fotográficas, realizada em setembro (de 1950) na Galeria Prestes Maia, um êxito plenamente justificado pela exibição de certo número de trabalhos que revelam um renovado critério de seleção e pela presença de verdadeiros valores, particularmente entre os participantes brasileiros. Com efeito, deve-se destacar o alto quociente de obras de proveniência brasileira ou nipo-brasileira, que ultrapassam em quantidade a média dos trabalhos. Não resta a menor dúvida: entre as quase trezentas obras havia várias francamente ruins, outras afundadas na mediocridade de um academismo piegas e falta de visão original – e preponderavam aqui os trabalhos estrangeiros; todavia, um bom número de contribuições apresentava-se com as características necessárias para ser qualificadas como arte na mais rigorosa acepção da palavra.

Se falarmos de arte, neste sentido, referimo-nos aos momentos de criação pessoal e inconfundível que entram na feitura da obra; a determinadas leis que distinguem o produto objetivo como artístico; e ao efeito estético sobre o "consumidor" adequado.

Hoje não se discute mais a questão se a fotografia pode ser arte, neste sentido. Reiniciar esta discussão significaria retroceder a uma época em que o jornal inicialmente citado conseguiu condensar tanta burrice em tão poucas palavras. A suposição de que o processo mecânico envolvido na fotografia necessariamente teria de matar os elementos criadores pertence em definitivo aos chavões liquidados. O piano é igualmente um aparelho com um mecanismo rígido sem que impeça, por isso, uma variedade imensa de interpretações expressivas. O mecanismo desloca o impulso criador para outros momentos, mas não o sufoca. Torna-se essencial o ato da escolha do objeto e do instante feliz em que a imagem externa corresponde à visão íntima do artista: o recorte, ângulo, composição, iluminação, gradação de profundidade, grau de nitidez, papel, filtros etc. A liberdade do fotógrafo é suficientemente ampla para que possa imprimir à sua obra a marca da sua personalidade, exprimindo a sua intuição através do objeto livremente composto ou selecionado e tratado segundo os fins estéticos visados. A simples escolha dos objetos revela uma cosmovisão; o tratamento, recorte, ângulo, jogo de luz e sombra resultam em manifestação de uma sensibilidade.

Os três trabalhos de Geraldo de Barros (*Mensagem, Marginal!... Marginal!... e Na Janela*), por exemplo, comunicam-nos imediatamente um artista de sensibilidade marcante que se exprime com perfeição através do "mecanismo" da objetiva.

Nada pode ser mais "subjetivo" do que a objetiva, capaz de deformações intensamente expressivas. Através dela, o artista pode submergir na intimidade das coisas e arrancar-lhes o segredo que o olho humano, viciado por hábitos e por uma visão utilitária, dificilmente consegue descobrir. Precisamente em conseqüência da sua impassibilidade e por não ser dotada de uma consciência, que estabelece relações utilitárias, projetando as suas categorias interessadas sobre o mundo, precisamente por isso a objetiva registra o objeto em toda a sua inocência e plenitude. A nossa consciência seleciona pela atenção interessada e apreende as coisas no seu *Zuhandensein*, no seu "estar-para-as-nossas-mãos" – para usar uma expressão do filósofo Heidegger. A câmera, desapaixonada e não *engagée*, apreende-as no seu *Vorhandensein,* na sua independência do pragmatismo humano, restituindo-lhes a sua pureza de "objetos". Se nos permitirem um raciocínio um tanto audaz: o próprio termo "objeto" já está errado, pois um "objeto" só existe em relação a um "sujeito". Ora, a lente da câmera, a objetiva, não é um sujeito, mas uma coisa entre coisas, e por isso ela apreende o mundo material, ao qual ela pertence, na sua própria intimidade, apresentando as coisas como "sujeitos", dotadas de vida e almas próprias.

Quem achar estas considerações um tanto abstratas, procure lembrar-se dos três garfos paralelos de Tanetaka Okada, dos trabalhos de Kazuo Kawahara (*Espiral, Chafariz* e *Verão*), da *Espiral* de Manuel Pinheiro Rocha (Portugal), dos trabalhos de Masatoki Otsuka (*Reflexo, Espuma* e *Grade Moderna*), da obra denominada *Amarrado*, de Fernando Palmério, dos quadros de Castro Abílio Martins, Alberto Figueira, Raphael Landau, Armando Nascimento Jr., Hércules A. Perna, Astério Rocha, Roberto Yoshida e de muitos outros, para verificar o que acima foi dito. Uma poça d'água (*Reflexo*, de Otsuka), reproduzida por mão de mestre, adquire maior significado do que vários dos oceanos apresentados conforme moldes acadêmicos.

Diante da objetiva neutra, as coisas se revelam em toda a sua beleza de formas e curvas não maculadas pela intervenção e correção pragmática do nosso cérebro; luzes e sombras parecem projetar-se pela primeira vez e as relações espaciais (bem diversas na fotografia do que na realidade visual dos nossos olhos) apresentam-se plenas de uma harmonia e de um ritmo que o nosso sentido óptico já não consegue ver. A câmera restitui aos nossos olhos o dom maravilhoso de ver o mundo pela primeira vez, ainda embebido do mistério original que nós lhe roubamos.

Naturalmente, ao explorar o mundo mágico das coisas, das fisionomias, das paisagens e dos movimentos, a câmera está a serviço do artista que a utiliza como o seu instrumento.

336

Os verdadeiros dramaturgos de todos os tempos escreveram as suas peças para o palco: sem o instrumento teatral a sua obra nada seria senão "literatura"; assim, o fotógrafo seleciona e compõe os seus motivos para a câmera que interpreta as suas intuições. É por meio da objetiva que ele pensa, se expressa e "vê", da mesma forma que o compositor se expressa por meio dos instrumentos da orquestra. É por meio da objetiva que ele redescobre o mundo visual, dotando-o daquela transparência estética que nos deixa entrever a sua vida íntima ou a beleza e harmonia que se desprendem das suas linhas e formas.

Por isso, muito bem diz Gisèle Freund, no seu excelente livro *A Fotografia e as Classes Médias* (Edição em espanhol, Editorial Losada, Buenos Aires) que:

> Nadar foi o primeiro a redescobrir o rosto por meio do aparelho fotográfico. A objetiva submerge na própria intimidade da fisionomia [...]

Essa sensação da redescoberta, nós a tivemos diante de alguns dos retratos da exposição. Lembramos os trabalhos de Fredi S. Kleemann (particularmente *Huis Clos*), de Hector Quesada Zapiola (Argentina) e *Sex Appeal*, de Francisco A. Albuquerque, de quem se distinguem também os trabalhos *Fundição* e *Dramas da Vida*.

Como já foi dito, entre os trabalhos expostos figurava certo número de qualidade sumamente duvidosa, outros de mediocridade consumada, entre os quais alguns produzidos por nomes mais ou menos consagrados. Preponderavam os trabalhos de feitio limpo, revelando conhecimento do ofício e aplicação, sem que mostrassem dons apreciáveis de ordem criadora. Todavia, o visitante da exposição sentiu-se compensado por uma vintena de excelentes obras, entre as quais ainda mencionamos *Esforço* e *Descanso*, de Carlos Comelli, *Composição em Curva* e *Transpondo Quadrados*, de Nelson Kojranski, *Funambule*, de André Léonard (França), *Natural Design*, de Gilberto Lum (excelente do mesmo também *Net and Floaters*), *Nature's Magic Tracery*, de H. T. Morris (Inglaterra), *Portrait of an Artist*, de K. Pazowski (Inglaterra) – trabalho, aliás, já premiado no estrangeiro – *Steps and Stone*, de Irving Schlackman (EE.UU.), *La Cathedrale Engloutie* e *Fuga*, de Eduardo Salvatores e alguns outros.

Os amantes da arte fotográfica congratulam-se com o Foto-Cine Clube Bandeirantes do 9º Salão e pelos extraordinários progressos realizados desde a sua fundação, em 1939.

O 10º Salão Internacional de Arte Fotográfica

O Foto-Cine Clube Bandeirante promoveu, no mês de setembro (de 1951), o 10º Salão Internacional de Arte Fotográfica de São Paulo, na Galeria Prestes Maia, acrescentando mais uma brilhante vitória ao longo rol dos seus êxitos.

Prova expressiva desse êxito, aliás já tradicional, foi o número de trabalhos inscritos, montando a 2.8l8 de todas as proveniências, número do qual foram admitidos 402 trabalhos, depois de uma seleção cuidadosa. E isso sem falar da seção *color*, da qual constaram mais 105 trabalhos escolhidos entre 298 inscritos, não mencionando as obras dos membros do juri, excluídos nos números mencionados.

Participaram da exposição, além de numerosos clubes brasileiros, os seguintes 39 países e territórios: África do Sul, Alemanha, Angola, Argentina, Austrália, Áustria, Bélgica, Canadá, Tchecoslováquia, Chile, China, Costa Rica, Cuba, Dinamarca, Egito, Espanha, Estados Unidos, Finlândia, França, Grécia, Holanda, Hungria, Índia, Inglaterra, Itália, Japão, Luxemburgo, México, Nova Zelândia, Noruega, Portugal, Rumênia, Sarre, Síria, Suécia, Suiça, Turquia, Uruguai e Iugoslávia.

Não é preciso destacar a importância de tais exibições internacionais, como fenômenos culturais de intercâmbio entre o Brasil e o mundo e como arena em que os artistas-fotógrafos brasileiros medem, em pacífica competição, as suas forças com o que de melhor foi produzido no domínio da arte fotográfica internacional. Nesta grande visão de conjunto, os foto-amadores e outros interessados não só tomam conhecimento de algumas individualidades marcantes de outros países – como por exemplo Otto Steinert (Sarre), cujos trabalhos *Malerin im Atelier* (Pintora no Estúdio), *Theaterstudie*, *Pierrot*, *Bild eines jungen Maedchens* (Retrato de uma Jovem), destacam-se pela concepção original; Gisela Buese

(Alemanha), com trabalhos como *Junges Laub* (Folhagem Nova), *Luftballons* (Balões), *Orgelpfeifen* (Flautas de Órgão), ou Nino Galzignan (Itália), com *Atmosfera Veneziana, Picassiana, Studio*, bem como tantos outros – como também do espírito coletivo dos diversos países, das tendências, correntes, pesquisas avançadas e das mútuas influências no que se refere aos assuntos e ao tratamento formal.

Na Áustria, por exemplo, de onde vieram alguns bons trabalhos, parece predominar, ao menos segundo a seleção do juri, um espírito conservador e acadêmico; da Iugoslávia destaca-se, entre outras obras, o magnífico *Furnace's Worker* ("Operário diante de Alto-Forno"), de Slavpo Smoley, vigoroso estudo de movimento; os chineses e japoneses distinguem-se pela sutileza, o bom gosto e a finura da concepção (explêndidos os trabalhos de Hitori Yoshizaki, Japão). Da França veio essa maravilha que é *Texture et Matière*, de Daniel Masclet, trabalho que impressiona em virtude da excelência da iluminação ao mesmo tempo expressiva e equilibrada e em que a objetiva da câmera parece ter-se identificado com a obra de arte escultural de que se faz mensageira, realçando-lhe os valores plásticos e a beleza das linhas. Entre as obras enviadas dos Estados Unidos, sobressai uma esplêndida composição de Lowell Miller (*Blue Crystal*), verdadeiro poema de formas harmoniosas e de linhas nobres.

Nota-se com satisfação que a safra brasileira não fica devendo nada aos trabalhos das mais diversas proveniências. Podese mesmo dizer, com isenção de ânimo, que em variedade, vigor, apuro técnico, seleção, escolha de ângulo, sensibilidade estética, originalidade, pesquisa de linhas, composição, iluminação, recorte cuidadoso, elegância de concepção e expressividade, poucos dos trabalhos estrangeiros se equiparam às melhores produções nacionais. A intensa atividade desenvolvida pelos vários clubes nacionais está dando frutos saborosos. Surgiu uma verdadeira mentalidade fotográfica nos diversos recantos brasileiros, particularmente em São Paulo, fato comprovado pela extraordinária afluência popular às salas de exposição.

Entre tantos excelentes trabalhos brasileiros, é difícil destacar alguns sem cometer injustiças decorrentes de preferências subjetivas e individuais.

Cyro Alves Cardoso (São Paulo) chama a atenção com dois belos trabalhos: *Asas* e *Vendedor de Balões* – estes, aliás, parecem estar na moda, da mesma forma como as poças e a lama –, distinguindo-se também *Trilhos*, de André Carneiro (Atibaia). *O que a Vida me Negou*, de Audálio Dantas (São Paulo), traduz uma idéia original e inteligente em termos fotográficos adequados. M. Laert Dias (São Paulo) obtém ótimos resultados com *Ponte para o Desconhecido* e *Néon na Poça*, trabalho que revela um observador atento.

Belíssima a obra *Batalhão Fantasma*, de Orlando P. Duarte (Rio), e revelando uma aguda sensibilidade mercê do ângulo original surge *Plástica*, de Fernando Gasparian (São Paulo). Trabalho discutido, que desperta a curiosidade dos apreciadores, é *Auto-Retrato em Sombra*, de Margel Giró (São Paulo), de quem se distingue também outra contribuição, *Suavidade*. Uma boa "Composição" é a de Wolfgang Hohenhole-Oehringen (São Paulo), merecendo menção também os trabalhos de: Kazuo Kawahara (São Paulo), *Poema*; Ernesto Koch (Ponta Grossa), *Plumas*; Renato Laranjeira (São Paulo), *Diagonais*; Arnaldo Lempo (São Paulo), *Majestade*; Carlos Ligér (São Paulo), *Folhas*. Agradam sobremaneira os três trabalhos de Bárbara Mors (São Paulo) – *Humanidade*, *Caresse* e *Luz e Sombra*, bem como José Oiticica (Rio), que comparece desta vez com três excelentes obras: *Simbólico*, *O Túnel* e *Trabalho no Asfalto*. Tanetaka Okada (Mirandópolis) comprova, de novo, o seu talento com uma "Composição", e o mesmo vale para Masatoki Otsuka (São Paulo), de quem todos os trabalhos – *Irradiação*, *Suspense*, *In Natura* e *Lamaçal* – revelam um fotógrafo de mão cheia e de grande sensibilidade estética, devendo-se destacar que o seu *Lamaçal*, deste ano, não fica devendo nada ao seu *Reflexo* do ano passado.

Entre os numerosos retratos distingue-se *Preta Velha*, de Fernando Barros Pinto (para não mencionar a bela obra de Francisco A. Albuquerque, que "corre" fora da seleção).

Entre os trabalhos nacionais, deve-se mencionar ainda *Uma Xícara de Café*, de Eigiryo Sato (São Paulo); o magnífico *A Boa Luz*, de Ivo Ferreira da Silva, uma pequena maravilha de composição, recorte e iluminação; *Arames*, de Sadayohi Tamura (Cotia), e as paisagens de Feres Saliba (São Paulo).

E, naturalmente, não podem faltar as ótimas contribuições de Roberto H. Yoshida (São Paulo): *Êxtase* e *Metrópole*.

Entre os trabalhos do juri, fora da seleção, havia bom número de trabalhos excelentes, devendo-se destacar o belo *Tercetto*, de José V. E. Yalenti; *Menina Triste*, de Jacob Polacow; *O Retrato*, já mencionado, de F. Albuquerque; *Estudo com Cordas*, de Eduardo Salvatore, bem como *Reflexos*, de Angelo F. Nuti.

A simples enumeração de alguns dos, ao nosso ver, melhores trabalhos evidencia o rigoroso e acertado critério aplicado pelo juri na seleção da nata entre cerca de trezentos trabalhos inscritos. Pois o apreciador sente-se tentado a enumerar – com várias exceções, naturalmente – quase todas as obras constantes do catálogo.

O Foto-Cine Clube Bandeirante está, portanto, de parabéns pelo explêndido êxito de seu 10º Salão, expressão da sua atividade incansável, da sua capacidade de organização e do apuro estético com que incentiva e dignifica a arte fotográfica.

O XI Salão Internacional de Arte Fotográfica em São Paulo

Já é tradicional a exposição anual de Arte Fotográfica promovida pelo Foto-Cine Clube Bandeirante. A última, a décima primeira, realizou-se, como de costume, na Galeria Prestes Maia, nos fins de setembro e durante a maior parte do mês de outubro (de 1952), atingindo pleno êxito.

Note-se que o número de trabalhos inscritos, neste ano, foi menor do que no ano passado e, de acordo com isso, menor também foi o número de trabalhos admitidos, embora os juízes selecionassem, desta vez, quase 20% (259) dos trabalhos inscritos (1.425) em branco-e-preto, ao passo que no ano passado aceitaram menos do que 15% dos 2.818 trabalhos enviados em preto-e-branco.

Foi menor, também, o número dos países participantes – 28 – em comparação com o ano passado, em que concorreram autores de 39 países.

Se há, portanto, uma redução quantitativa, qualitativamente o XI Salão apresentou-se perfeitamente à altura do antecedente, demonstrando de novo o apurado critério de seleção dos organizadores, cujo mérito na difusão da arte fotográfica, no Brasil, não pode ser suficientemente salientado. Notamos, mesmo em círculos afastados da Arte da Câmera, um vivo interesse pela exposição, devendo-se destacar que o catálogo bem-feito, quando apresentado por nós a amigos, nunca deixou de atraí-los aos salões da Galeria Prestes Maia.

Observaram-se, na exposição, variadas tendências, de modo que ao apreciador atento foi dado colher uma impressão geral das pesquisas estéticas que se realizam, atualmente, nas diversas regiões do globo. Em certos países ou em certos clubes fotográficos predomina o "assunto", uma concepção literária da arte fotográfica, o desejo de "narrar uma história" através da imagem, muitas vezes através do uso de símbolos sugestivos. Outros procuram apanhar e comunicar aquilo que os alemães chamam uma *Stimmung* – a atmosfera imponderável do momento fugidio ou a disposição, por assim dizer, anímica do mundo inanimado; ainda outros, mais formalistas, devotam-se a pesquisas puramente estéticas, à procura de composições abstratas perfeitas, combinações de luzes e sombras, linhas e volumes. Particularmente neste terreno, o resultado tem sido magnífico e sumamente expressivo.

De qualquer modo, todas as tendências parecem-nos legítimas e cada uma tem a sua razão de ser – como também os seus perigos específicos. A tendência literária facilmente descamba para a pieguice e a banalidade; os caçadores de *Stimmung* muitas vezes são vítimas de um sentimentalismo barato; e os "abstracionistas" tendem, freqüentemente, para o clichê fácil, repetindo, pela milésima vez, determinada curva e determinada composição, com ligeiras variantes no que se refere à iluminação, ao ângulo e ao corte. Precisamente a arte "abstrata" é mais difícil do que os outros gêneros, já que ela é a mais suscetível de se tornar terreno do cabotinismo. Ela também convida, facilmente, a assumir certa atitude de leviandade na solução dos problemas, pois o artista que se mantém na esfera puramente abstrata, geométrica, do esteticismo não tem de vencer o peso anestésico do assunto, cuja resistência ao tratamento estético muitas vezes exige uma luta árdua por parte do autor, a fim de submetê-lo às categorias da arte.

Em face da seleção bastante rigorosa feita por parte dos organizadores, é difícil mencionar os nomes e trabalhos que, ao nosso ver, sobressaem. Diante do nível em geral bastante alto dos trabalhos, somente se pode apresentar uma preferência pessoal, conseqüência quase sempre de predileções subjetivas. Impressionaram-nos os trabalhos de Maurício Ruch Almeida (*Negrinho, Além da Rede*) e de Eduardo Ayrosa (*Curvas, Retrato*). Interessante, embora não perfeito, o *Preto e Branco* de Galiano Galiera. De Bohuslav Burian (Tchecoslováquia) agrada em particular *In Fever*. Ótima a contribuição de S. K. Cha (Hong-Kong). *O Passado* e *Totem*, de Oldar Fróes da Cruz, revelam um belo talento, e trabalho particularmente original na sua concepção é a *Convergente*, de Pedro Fonseca, devendo dizer-se o mesmo de *Capela em Interlagos*, de Renato Francesconi. Razoável o trabalho de Jorge Fridman (Argentina) *Antes da Partida*. De Marcel Ciró admiramos *Árvore* e *Lama*, e de um modo particular o belo *Impacto*, de Roberto de Godoy Moreira, excelente na sua concepção e execução, no aproveitamento dos contrastes de branco-e-preto e no corte. De delicada sensibilidade e apuro técnico os três trabalhos de Ann-Marie Gripmann (Suécia), cujo bebê com o delicioso pormenor da bolhazinha nos lábios é encantador, embora se deva acrescentar que em trabalhos de tal gênero é mais o assunto do que propriamente o tratamento fotográfico o que encanta. Annemarie Heinrich, no seu *Retrato de Maria Carmen*, talvez tenha forçado, em demasia, a nota no que se refere à iluminação. A colaboração de Kan Hing-Fook (Hong-Kong) é de nobre pureza e revela a sensibilidade estética tão peculiar às contribuições daquela parte do globo. Excelentes os três trabalhos de Kazuo Kawahara, entre os quais se distingue *Vitrina de Domingo*; revelador de uma câmera vigorosa é *Dança Africana*, de Ed Keffer. Belas as contribuições de Jean Lecocq (*O N 10*), devendo-se destacar *Palmas*, de German Lorca. *Un Jour de Neige*, de M. Desertaux, chama a atenção entre as paisagens, enquanto M. Laert, cujo *Néon na Poça*, no ano passado, revelou um belo talento, também agrada desta vez com *Balcões*, que na sua concepção relembra o *Batalhão Fantasma*, que Orlando P. Duarte expôs no ano passado. Um belo retrato é *Autoctono*, de Elio Rodriguez Marquina (Argentina). James A. Mac Vie (Canadá) brilha especialmente com *Lady of the Lake* e, da mesma forma, Ivan Medar (Iugoslávia) com o *Sirossko*. Bastante literário, mas bem elaborado, *If I am Great Only*, de Peter Michael Michaelis (Alemanha). Lowell Miller (Estados Unidos), de quem já admiramos, na última exposição, o magnífico *Blue Cristal*, distingue-se de novo com as suas belíssimas composições de cristais, equiparando-se-lhe Eigiryo Sato, com as três taças de *Tonalidade*.

A colônia nipo-brasileira contribuiu fartamente com excelentes trabalhos como *Lavadeira*, de Chosaku Nejajima; *New Fantasy* e *Mão*, do talentoso Tanetaka Okada, e *Visão* e *Musa*, de Masatoki Otsuka. *A Tarde de Névoa*, de José Oiticica Filho, dá-nos uma bela *Stimmung* e as contribuições de Ângelo F. Nuti (*De Braços Cruzados* e *Reflexos*, especialmente este último) agradam bastante. Boas as contribuições de Adolf Rossi (Tchecoslováquia) – *Whirl of Snowflakes* e *In the Whirl of Dance* – bem como *Intermezzo*, de Ivo Ferreira da Silva, de quem se vêem também boas fotos abstratas. *Régua e Lápis*, de José Pires da Silva, é uma boa composição e, como expressão de uma bela sensibilidade lírica, um tanto sentimental, devem ser registradas as colaborações de G. Snoeck (Bélgica), com o seu *Sunshine* e *Avard Stemming*. Da Bélgica veio ainda o belo *Watching Wings*, de J. Borrenbergen.

Simplesmente detestável pareceu-nos o *S.O.S.*, de Francisco Sobrinho (México) devendo-se atribuir a presença desse trabalho sem gosto e sem graça a um cochilo do juri. É admirável, em compensação, *Onda*, de Tsuyoshi Takatori, e o mesmo diremos de *Estudo* e *Milhos*, de Sadayoshi Tamura. Magistral, em particular, *Estudo*, no qual o máximo de sobriedade se une ao máximo de sábia elaboração, discreção da iluminação e inteligência do corte, utilizado para dinamizar, pela disposição oblíqua, os objetos inanimados. Digno de nota também, mais pelo assunto do que pela execução, *Casa di Periferia*, de Giuseppe Tarsini (Itália). Salientamos que na Itália está grassando uma epidemia de fotos em *High Key*, muitas vezes de belo efeito; repetida, contudo, com tamanha insistência, a técnica se torna um tanto monótona e revela uma mania transformada em clichê.

De Hong-Kong vieram ainda as contribuições de Daisy Wu, Lay Yat-Fung e Francis Wu, bem como de Pun Yet-Pore, entre as quais há algumas de grande perfeição. Deliciosas e reveladoras de um espírito dotado de ironia sutil e de fino humor as colaborações de Roberto Yoshida (*Consolação* – trabalho que já teve outro título, igualmente espirituoso, e *Salão de Belas Artes*). Roberto Yoshida já brilhou na última exposição com seus trabalhos. *Schlafende Kinder*, de Christine Walter (Alemanha) é um belo trabalho, embora de assunto um tanto batido; bom também o trabalho de Jack Wright (Estados Unidos), *Any Port in a Storm*.

Alguns dos melhores trabalhos encontram-se fora da seleção como contribuições de membros do juri. Mencionamos aqui os trabalhos de Francisco Albuquerque, particularmente os *Sem Título*, os quais realmente dispensam qualquer título. *Boite* e *Naquele Tempo*, de Jacob Polacow, agradam sobremaneira; a *Brise Matinal*, de Eduardo Salvatore, é um poema de grande beleza; digno de nota também *Esforço*, do mesmo autor.

Um dos melhores retratos da exposição foi *Desvario*, de Aldo A. de Souza Lima, e dele impressionou ainda *Negro*. De José V. E. Yalenti, distinguem-se trabalhos perfeitos como *Elevação* e *A Esmo*.

Não tivemos ocasião de ver a seção "Color", certamente uma grande perda para nós, a julgar pelos nomes que constam do catálogo e que prometiam uma festa opípara para os olhos e para o espírito.

Em suma, um novo, um grande êxito para o Foto-Cine Clube Bandeirante, cuja atividade, em extensão e intensidade, só pode ser adequadamente apreciada por quem sabe do grande valor que se deve atribuir à arte fotográfica como fator educacional e incentivo criador em círculos cada vez mais amplos.

Bibliografia e Revista das Revistas

Photo Magazin

Alguns números deste excelente mensário alemão, chegados com certo atraso, convencem a quem os folheia do alto nível técnico e artístico que, seis anos depois da guerra, o movimento fotográfico alemão de novo conseguiu atingir. De feitio gráfico esmerado, rico de colaborações técnicas e estéticas e contendo numerosas reproduções de belos trabalhos fotográficos, o periódico é vivo testemunho da rápida recuperação material e espiritual da Alemanha.

De particular interesse são algumas colaborações dedicadas ao exame da utilidade da prática fotográfica nas escolas. Entre várias informações e notícias relacionadas com este tema, encontramos um relato extenso: *Professor – Alunos – Câmera*, de autoria de Otto Hundsdorfer, professor de um grupo escolar de Munique. Segundo este entusiasta da fotografia, o êxito alcançado com a sua iniciativa, neste terreno, entre alunos de treze a quatorze anos, justifica o ensino regular desta matéria. O professor Hundsdorfer ligou os estudos fotográficos com grande habilidade às matérias normais do plano de ensino; falou, por exemplo, na aula de história sobre Leonardo Da Vinci, a câmera escura e a daguerreotipia, sobre a fotografia na vida moderna, o filme etc. Na aula de alemão, mandou fazer exercícios fotográficos em torno de termos ligados à fotografia, sugerindo composições sobre temas tais como "Minha foto mais querida", "Minha primeira foto bem realizada" etc. Na aula de aritmética, deu tarefas sobre cálculos de focos, tabelas relativas à profundidade de campo e estudou com os seus alunos a relação entre a abertura do diafragma e o tempo de exposição. Na aula de desenho discutiu a diferença entre desenho e fotografia, a composição fotográfica, efeitos de iluminação etc. Em seguida empreendeu com os seus alunos a construção de uma câmera escura, enriquecendo os seus conhecimentos de física, particularmente no terreno da ótica, refração de luz etc., com demonstrações práticas.

Autorizado pelos superiores, ele dedicou toda uma semana inteiramente à fotografia, sugerindo que cada um dos alunos trouxesse de casa tudo quanto encontrasse de material fotográfico – câmeras, filmes, álbuns de fotos, revistas especializadas, material de revelação etc. A participação da classe foi intensa e raramente um professor terá contado com alunos tão entusiasmados.

Decorrida a "Semana fotográfica", instituiu um "Grupo de trabalhos fotográficos" que, no tempo de folga, baseado nos elementos aprendidos, deveria dedicar-se a exercícios práticos. Por meio de angariações, doações e empréstimos do comércio fotográfico, conseguiu-se organizar a participação democrática dos alunos interessados, mesmo os mais pobres. O grupo praticava a fotografia particularmente durante excursões de fim de semana, sob a liderança do esforçado professor, quando então todos os participantes se transportavam por meio de bicicletas aos lugares mais bonitos das redondezas de Munique.

O êxito de toda essa iniciativa é, segundo o professor, extremamente animador. O curso concorre para aumentar os conhecimentos gerais no terreno da física e química, despertando nos alunos, através do exemplo prático, o interesse para tais matérias; dá-lhes noções gerais na esfera da arte, aguçando-lhes a sensibilidade estética, e lhes proporciona uma ocupação proveitosa e de grande valor educativo para as horas de folga. Quando veremos coisa semelhante no Brasil?

Fotografia

Acaba de aparecer o segundo número (janeiro-fevereiro de 1951) da recém fundada revista *Fotografia* (Rio de Janeiro), que se apresenta em excelente feitio gráfico e rica de colaborações valiosas, entre as quais destacamos o trabalho científico de José Oiticica Filho "Sobre o auxílio da fotografia às pesquisas entomológicas", com interessantes ilustrações.

O aparecimento de uma nova revista de elevado nível intelectual, como é o caso de *Fotografia*, que a julgar pelos primeiros dois números vem enriquecer o periodismo especializado já existente no Brasil, é sintoma auspicioso do constante progresso fotográfico neste país.

A necessidade de um vigoroso periodismo brasileiro dedicado à fotografia foi por nós reconhecido há mais de quatro anos (e por outros há mais tempo ainda); todo novo empreendimento neste terreno encontrará o nosso caloroso aplauso. Temos certeza de que os nossos confrades de *Fotografia* concordam com esta atitude. Por isso, supomos tratar-se apenas de um erro de informação, de um cochilo da redação ou de um ímpeto juvenil e revolucionário que, em lugar de destaque do 2º número, leia-se uma afirmação capaz de fazer crer que *Fotografia* é a primeira revista fotográfica a aparecer no Brasil, ou pelo menos a primeira revista "que tratasse de assunto de tal relevância com originalidade e seriedade". Tal afirmação transforma *Fotografia*, após o segundo número, em decano da imprensa fotográfica do Brasil.

Informamos aos nossos estimados confrades do Rio de Janeiro que, há muitos anos, existe em São Paulo o *Boletim do Foto-Cine Clube Bandeirante*, em Porto Alegre o *Boletim dos Fotógrafos Profissionais do Rio Grande do Sul* – revistas sem dúvida sérias, embora não possamos nos responsabilizar pela sua "originalidade", já que não afinamos com o sentido exato do termo na aplicação empregada. Queremos crer que o termo não se refere a qualquer espécie de extravagância ou excentricidade, mas ao caráter próprio da nova revista. Somos os primeiros a reconhecê-lo. Afirmamos, porém, que já existem outras revistas brasileiras igualmente de caráter próprio, que se dedicam há muito tempo e com grande seriedade à fotografia. E esperamos que todas elas, as velhas e a nova, contribuam na medida das suas forças para o desenvolvimento da fotografia no Brasil. Neste sentido, desejamos aos nossos confrades êxito no difícil empreendimento a que se arremeteram.

Leica Fotografie (Frankfort sobre o Meno, Alemanha, julho-agosto de 1951).

Revista de excelente feitio que, no número indicado, traz artigos de grande interesse, tais como "Mestres da Leica" (sobre flagrantes esportivos), "A Leica no Turfe", "Reproduções fotográficas de quadros" etc. Destacamos particularmente o artigo sobre a reprodução fotográfica de quadros – campo dos mais tentadores e difíceis, em que se exigem grande capacidade técnica e sensibilidade estética.

O original nos impõe em alto grau a lei da ação, apelando à nossa vontade de servir lealmente a fim de que, mesmo na sua forma transposta, possa manifestar-se o espírito da obra reproduzida e não o nosso. Por isso, é indispensável realizar a reprodução de uma obra de arte (que parece tão simples) nas mesmas circunstâncias em que foi criada e em que deverá ser apreciada, isto é, à luz do dia. A luz artificial penetra, freqüentemente, no caso de muitas cores, "debaixo da epiderme" do quadro, refletindo-se aí e modificando a estrutura da superfície. Outrossim, sob os raios amarelos e vermelhos, todos os valores das cores se modificam, de tal modo que a gradação em cinzento obtida dificilmente corresponderá aos valores originais à luz do dia. – Essa falha não poderá ser compensada suficientemente nem pelo uso de filtros.

Ansconian (Binghampton, N. Y., USA, setembro-outubro de 1951).

A revista apresenta um interessante artigo sobre a arte do retrato feminino ("Women should be elegant"), do ponto de vista de um profissional. Polemizando contra a procura desesperada de "poses originais" e do "inesperado", recomenda a volta à tradição da elegância:

> Com demasiada freqüência os jovens fotógrafos parecem considerar a nitidez como o principal critério de qualidade. A não ser que consigam reproduzir a epiderme com tamanha exatidão que ela se torne de interesse clínico para um dermatologista, o retrato será condenado como imperfeito. Outros parecem ter a opinião de que um retrato é um fracasso se não for sensacional ou "bizarro", com a retratada prestes a pular do papel à mínima provocação [...] Creio que o retrato de uma senhora deveria ter algo da serenidade e do repouso antigos. Não posso supor que linhas rítmicas e uma composição graciosa estraguem um retrato.

Reconhecendo o valor de fotos dramáticas que chamem a atenção – na publicidade e na propaganda – o autor destaca que o retrato de uma senhora não é uma foto comercial de propaganda; e salienta a imensa importância de acessórios adequados (como flores, móveis de distinção, estátuas, jóias) para dar ao trabalho atmosfera, elegância e um ar de riqueza. A mais elegante senhora, sentada numa cadeira que se encontra há trinta anos no estúdio do fotógrafo, perde o seu encanto e a sua graça devido a um móvel inadequado.

Fotografia (Rio de Janeiro, maio-junho de 1951)

O 4º número dessa nova revista apresenta-se, como os anteriores, em excelente feitio gráfico, com uma série de lindas fotografias. De interesse é um artigo sobre "Maquilagem para Fotografia" (A. Nauerth), bem como outros sobre a

"Aerofotografia no Brasil" e "Microfotografia" (Raul Dolsworth Machado).

Photo-Cinema (Paris, Outubro, 1952)

Em lugar destacado desse número aparece comentário sobre o VII Salão Nacional de Fotografia de Paris, no qual o erudito autor, citando André Gide, Oscar Wilde e Aristóteles, se mostra satisfeito com o novo sistema adotado pelos promotores daquele salão, um compromisso entre a completa liberdade dos autores de enviarem qualquer tipo de trabalho a seu bel-prazer – método que facilmente leva ao caos – e, de outro lado, o dirigismo, a imposição de determinado tema, sistema que, por sua vez, facilmente produz a monotonia e exclui artistas especializados em determinados ramos da fotografia.

O compromisso adotado pelos organizadores e aprovado pelo comentarista consiste no seguinte: o autor tem de escolher o seu próprio assunto, mas tem de fornecer dele quatro variantes – uma espécie de tema musical com variações. Indubitavelmente, trata-se de uma boa idéia. As reproduções de um novo fotógrafo, Tilche, mostram uma solução original. Sob o título "Paralelas" (tema), enviou quatro variações: duas criancinhas na praia, botando as cabeças em dois baldes; duas senhoras de costas, sentadas à margem de uma lagoa; dois passarinhos num fio telegráfico; e duas figuras esculpidas (ao que parece) de focas balançando bolas no focinho.

O comentarista elogia os trabalhos do dr. Steiner, um dos oito ou dez melhores fotógrafos da Europa segundo a opinião do autor, e destaca Garban, Dumas, René-Jacques, Masclet, Jahan e outros. Pede aos fotógrafos mais "charme", ou seja, "magia", e deplora a falta do elemento surpresa, *uma das bases das obras de arte de espírito moderno.*

Photo-Cinema (Paris, Novembro, 1952)

Destaca-se neste número uma magnífica reportagem fotográfica de Georges Strouvé sobre a Expedição Francesa ao Fitzroy, pico dos Andes Argentinos no extremo sul do conti-

350

nente sulamericano. Além das esplêndidas ilustrações, o artigo distingue-se pela exposição das dificuldades fototécnicas com que se defrontou o articulista que, além de exímio fotógrafo, é também valoroso alpinista.

De Paolo Monti encontramos um artigo sobre o já famoso Círculo Fotográfico La Gondola, no qual o autor expõe as tendências do clube fotográfico italiano.

Insistimos particularmente na necessidade de que a fotografia deve recorrer unicamente a meios "fotográficos", excluindo totalmente todos os compromissos que transformem as fotos em uma paródia humilhante de pastéis e águas-fortes... Ainda hoje são numerosos aqueles que não querem compreender que este meio de expressão é absolutamente autônomo e de tal modo amplo que permite as mais sutis abstrações, as mais pessoais interpretações e a mais evidente documentação; é ao mesmo tempo tão flexível que se adapta às mais variadas sensibilidades que tendem à transfiguração do real, essência de todas as artes figurativas, também da fotografia [...] Todas as polêmicas sobre o que se deve e o que não se deve fotografar são para nós inúteis. Pode-se fotografar tudo com a mais ampla liberdade de intenção e técnica: é esse o princípio seguido por nossos membros [...] Objetou-se em algumas revistas estrangeiras que a fotografia italiana foi influenciada pelo cinema neo-realista. Acreditamos que isso seja parcialmente verdadeiro, devendo-se, contudo, observar que tanto a nova fotografia quanto o novo cinema italianos nasceram da mesma preocupação em exprimir uma solidariedade humana que sofreu golpes extremamente rudes devido à guerra. Ao lado dessa nova fotografia italiana, que pesquisa o elemento humano para exprimir os temores e esperanças do tempo atual, existe como sempre outra tendência: a fotografia que se dedica particularmente às pesquisas da forma [...] No nosso clube coexistem ambas as tendências, fundindo-se para criar obras nas quais o estudo da composição não é um fim em si mesmo, mas serve à exaltação do interesse humano do assunto.

A revista contém, como de costume, rico material de leitura, destacando-se uma interessante colaboração de Willy Ronis (do Grupo dos XV) em que descreve minuciosamente *Como fiz esta fotografia* – magistral foto de seu filho enquanto lança um planador.

Photography (Londres, Novembro, 1952)

Numa colaboração com o título *Photo Call*, Angus McBean apresenta algumas ótimas fotos tomadas em Stratford-upon-Avon, a cidade de Shakespeare, por ocasião da apresentação da peça *Tempestade*. A fotografia teatral indubitavelmente é um dos ramos mais difíceis da arte da câmera, e ainda que no caso de MacBean se trate de fotos posadas especialmente – introdução do *décor* e a luz "natural" das cenas, a colocação dos atores nas posições da peça –, tudo isso exige do fotógrafo, para que obtenha uma reprodução fiel e expressiva, uma extraordinária habilidade na distribuição da foto-iluminação (acrescentada à do palco a fim de criar efeitos semelhantes aos presenciados pelo público durante a função "real"), além de uma grande sensibilidade dos ângulos mais adequados, das lentes, da câmera e do material. Por ocasião das tomadas de *Tempestade*, o autor conseguiu realizar a façanha de tirar 58 fotos em três horas, incluindo a troca dos *décors* e dos trajes dos atores. Evidentemente, o fotógrafo assistiu, antes, à apresentação da peça, anotando minuciosamente os momentos selecionados para serem fotografados, marcando os pormenores técnicos e estéticos das futuras tomadas e, também, os versos pronunciados durante as atitudes escolhidas a fim de possibilitar uma rápida identificação dos momentos selecionados. Esse "rol" de tomadas depois foi apresentado ao *regisseur* a fim de ser preparada a seqüência conveniente das tomadas – não necessariamente na ordem da peça, mas numa sucessão que evitasse a repetida troca de *décors* e trajes.

A função da fotografia na reprodução de uma importante apresentação teatral é de valor incomensurável para o estudioso de teatro e para a documentação de futuros trabalhos históricos sobre essa faceta importante da cultura de um povo. Nem é preciso falar do grande interesse puramente fotográfico que reside na reprodução perfeita de cenas teatrais, trabalho que exige do fotógrafo o máximo de conhecimentos, um tremendo traquejo (ao lidar com os atores!) e grandes dons artísticos.

Photo-Magazin (Munique, Setembro, 1952)

Traz um interessante artigo sobre Irving Penn, hoje talvez o maior fotógrafo de modas dos Estados Unidos, criador da moderna foto de modas. Penn distingue-se pela mistura original de fantasia audaz e senso sóbrio de realidade. Nas suas másculas fotos de mulheres elegantes destaca-se não o pormenor, mas a grande linha, ressaltada pela luz fria e clara do dia. Com vigor e economia relaciona planos de preto, cinza e branco, eliminando às vezes as nuances, ou então trabalhando com uma sinfonia de matizes delicados. Penn detesta o vago, difuso. Assim, exprime o realismo do nosso tempo precisamente num ramo de fotografia em que se supõe não haver lugar para a dureza robusta e nítida. Magníficas são também as suas famosas fotos do "homem comum", do "homem da rua". O homem pequeno, nos trabalhos desse grande fotógrafo, torna-se grande. Tem postura e orgulho e parece ter nascido com os seus instrumentos profissionais. As suas fotografias de limpadores de chaminés, bombeiros, carteiros, eletricistas etc. (tipos curiosos fotografados na França, Inglaterra e nos Estados Unidos) têm um inenarrável quê de *humour*, caricatura e, ao mesmo tempo, de profunda simpatia humana. As fotos que ilustram o texto são prova da grande arte de Penn, também e particularmente no terreno do retrato.

Em outra colaboração (dr. Franz Woltereck) é levantada a pergunta se nós sonhamos em preto-e-branco ou colorido. O leitor tem certeza de o saber? Bem, os nossos sonhos são coloridos. O interessante é que, prestando muita "atenção" aos nossos sonhos – tomando nota deles logo depois de despertar – pode-se "educá-los". Pode-se mesmo "aprender" a sonhar. Um pesquisador, depois de se ocupar durante certo tempo com a cor dos seus sonhos, notou que o colorido dos mesmos se tornava cada vez mais esplendoroso e intenso. O autor do artigo sugere aos fotógrafos que se ocupem bastante com seus sonhos (todos nós sonhamos, afirma!). Sabe-se que os surrealistas haurem as suas inspirações da sua vida onírica. Pois bem, os sonhos podem dar sugestões originais e profundas! Quem procura motivos abstratos para seu trabalho e se põe a estudar um pouco os seus sonhos, será ricamente recompensado. Portanto, foto-amadores, sonhem – nem que seja com os anjos, sonhem em tecnicolor e fotografem os seus sonhos! Mas não mostrem as fotos a um psicanalista. Ele seria capaz de descobrir que existem câmeras neuróticas, objetivas que sofrem do complexo de Édipo, emulsões cheias de recalques e reveladores extremamente reveladores! Portanto, cuidado!

Photo-Magazin (Munique, Outubro, 1952)

O olho humano normal está apto a diferenciar, segundo informações publicadas pela excelente revista, nada mais nada menos do que cinco milhões de tonalidades de cor – uma capacidade que o instrumento mais fino não pode atingir. Ressalta, daí, a dificuldade com que deve contar a fotografia colorida e ainda mais a televisão colorida. Vemos à luz do dia 17.000 cores diversas, acrescentando-se ainda cerca de trezentas tonalidades dessas cores. Isso dá, através de uma simples multiplicação, mais de cinco milhões de nuances de cor. Decorre, em parte, daí o aspecto às vezes extremamente "irreal" da fotografia colorida que, em si, deveria ser mais realística do que a fotografia em preto-branco.

Quatro por cento de todos os homens, porém apenas 0,4% de todas as mulheres, não percebem as cores vermelha e verde, bem como cerca de 10% dos homens sofrem de algum tipo de defeito na percepção de cores (em conseqüência de mecanismos de hereditariedade, que aqui não vêm ao caso). Resulta disso tudo que o homem, já em si menos dado a "ver" a cor devido a circunstâncias sociais (moda masculina e feminina), costuma mostrar preferência pela fotografia em preto-e-branco, como em geral pelos valores claro-escuros, devendo-se acrescentar que cerca de 10% não enxergam a série amareloazul. Por isso, os homens deveriam recorrer a auxiliares femininos de visão normal para realizarem fotos coloridas!

No mesmo número da *Photo-Magazin*, são reproduzidas várias magníficas fotos de Norbert Leonard, entre as quais algumas se distinguem pelos originais – por exemplo, a foto de uma modelo num vestido de baile branco, numa praia, ao lado de um escafandrista; ou as pernas bem vivas de u'a moça, suspensas diagonalmente no ar, em frente ao monumento de um general, exemplo de uma dramaticidade gráfica que joga a juventude (das pernas) contra a velhice (do soldado), a atualidade viva do passado contra o passado de pedra, a alegria transbordante contra a disciplina militar. (Não se sabe de que modo as pernas chegaram a essa estranha posição aérea. Possivelmente a dona das pernas esteja sentada em algum aparelho voador de um parque de diversões).

Photographische Korrespondenz (Periódico internacional para fotografia científica e aplicada e o conjunto da técnica de reprodução, Darmstadt e Viena, nº 5, 1952)

Este periódico austro-alemão, extremamente "sisudo" e rigorosamente científico, foi fundado em 1864 e tem, portanto, a notável idade de 88 anos. No número em nossas mãos encontramos, entre outros artigos, um trabalho "Sobre a conexão entre a densidade de uma camada revelada e o número e tamanho dos grãos de prata nela contidos, bem como o modo da sua distribuição na camada". Como se pode ver pelo título, este artigo do professor dr. Adolf Hnatek, da Universidade de Viena, é um trabalho de grande erudição, e isso a tal ponto que não nos aventuramos a reproduzir as complicadas fórmulas matemáticas, de interesse apenas para o pesquisador especializado.

O periódico, dedicado não só aos aspectos científicos e técnicos, mas também aos problemas econômicos da fotografia, é uma notável expressão da seriedade com que se aborda a fotografia nos países germânicos.

Modern Photography (Nova York, dezembro de 1952)

Neste número extremamente rico de colaborações variadas, destaca-se um importante artigo sobre "Ergol, um novo revelador de grão fino". Ergol é um revelador inglês apresentando uma combinação notável de alta velocidade fílmica efetiva e de grão fino. Sempre tem havido necessidade (particularmente para os filmes de 35mm), de um revelador capaz de dar grãos finos sem perda significativa de velocidade fílmica, mas os produtos geralmente oferecidos não provaram estar à altura da respectiva publicidade. Ergol, porém, é um revelador digno de nota e já tem dado resultados excelentes na prática.

Outro artigo é dedicado a esta magnífica artista da câmera que se chama Dorothea Lange – uma das maiores documentaristas que já manejou a máquina fotográfica. As suas fotos de trabalhadores em migração (espécie de cearenses dos Estados Unidos) chamaram de tal modo a atenção das autoridades que se tomaram medidas em prol dessa pobre gente flagelada, as quais sem ela talvez não tivessem sido elaboradas. Há, inscrita na porta do seu laboratório, uma citação de Francis Bacon:

> A contemplação dos objetos como eles são – sem erro e sem confusão, sem substituição e sem impostura – é, em si, uma coisa mais nobre do que toda a colheita das invenções.

As fotos reproduzidas para ilustrar o artigo são qualquer coisa de único, verdadeiros "documentos humanos". *São a feiura e o horrendo realmente os assuntos dos seus trabalhos?*, pergunta o autor, Daniel Dixon.

> Não, os assuntos das suas fotos são o povo ao qual a feiura e o horrendo ocorreu. A sua atenção não se dirige para a miséria, mas para os miseráveis. O seu tema não é a aflição, mas os aflitos.

O Boletim Foto-Cine (nº 76, agosto, São Paulo)

Órgão oficial do Foto-Cine Clube Bandeirante, estampa neste número a primeira parte de um ensaio de Roland Bourigeadu sobre "A contribuição da fotografia ao desenvolvimento da educação, da ciência e da cultura", exposição luminosa da transcendental importância da fotografia na nossa civilização. Um artigo de Daniel Masclet, "Provas para Concurso", apresenta ótimos conselhos para os fotógrafos que queiram participar de concursos. Citamos algumas frases sábias:

> O que conta é, de início, o assunto, em seguida a idéia e, enfim, a maneira de o autor a tratar, a forma pela qual ele se "achega" à sua obra. Outra: Apresentai, se podeis, de uma forma simples as causas extraordinárias e de uma forma extraordinária as coisas simples.

De Aldo A. de Souza Lima é estampada a quarta parte de uma série de artigos: "Apontamentos sobre iluminação", trabalho de grande utilidade, cuja leitura deve ser calorosamente recomendada. O número é enriquecido por reproduções de fotos do XI Salão Internacional de Arte Fotográfica de São Paulo, o qual foi comentado em ensaio anterior[1].

1. Ver pp. 341-345.

Photo-Magazin (Munique, novembro de 1952)

Neste número da revista alemã encontramos uma veemente polêmica do desenhista Rudolf Wolff contra a fotografia abstrata, sob o título "Fotografia abstrata – Uma completa contradição". *Parece-me*, escreve o artista que, aliás, é fotoentusiasta, *que o sentido e o valor da fotografia residem na documentação, na reprodução da realidade e das suas maravilhas, reprodução feita com uma extraordinária exatidão, como ela nunca pode ser atingida pelo lápis ou pelo pincel.* Acha o autor que há, no uso de um aparelhamento altamente desenvolvido para produzir *pseudo-mistérios*, algo de *fundamentalmente errado*. Da nossa parte, embora achemos que o valor da fotografia abstrata reside mais na pesquisa do que no resultado, na efervescência do que na obra final, temos a opinião de que é "fundamentalmente errado" querer prescrever ao fotógrafo o que deva ou não deva fazer. Cada um que faça o que lhe parecer mais conveniente para exprimir a sua personalidade, ainda que, num sentido mais amplo, o perigo da esterilidade e da torre de marfim seja inerente a toda arte abstrata.

Sobre o famoso fotógrafo inglês da revista *Life*, Leonard McCombe, encontramos um artigo de Fritz Neugass. A ascensão de McCombe começou quando, aos dezoito anos, fotografava em Londres os dias sombrios da *Blitz* alemã. Em imagens comoventes, fixou para sempre a face trágica da guerra, como uma grave advertência aos instigadores de novas deflagrações, receosos da irrupção de uma paz real. Ao começar, após os seus anos como repórter de guerra, a estudar e a retratar a verdadeira face da América: viu-se diante de um trabalho mais difícil do que esperava. A predileção dos americanos pela pose fotográfica, acostumados como estão a serem fotografados, dificulta a criação de fotos verdadeiras... Acresce a estandardização dos gestos americanos na vida cotidiana, aquela expressão sorridente, de um sorriso congelado, aquela pose da cabeça retesada, que conhecemos das produções de Hollywood e que tanto contribuem para difundir, no mundo, uma idéia errada da América e dos americanos.

McCombe não é apenas um bom fotógrafo, ele é também um esplêndido diretor de cena que sabe dirigir os seus modelos e criar situações. Com sua Contax, capta os caprichos e sentimentos dos seres humanos; exprime nas suas foto-séries profundas tensões humanas, entremeadas de alta dramaticidade, cenas cheias de atmosfera, cheias de riqueza psicológica. Com efeito, foi ele quem inventou um tipo completamente novo de foto-reportagem: "a novela em imagens". Tornou-se famosa a sua série de 25 fotos (treze páginas da revista *Life*) de uma *career girl*, a vida de uma moça sozinha em Nova York (ocasião em que acompanhou a sua modelo durante muitas semanas a fim de pesquisar todas as suas reações psíquicas); bem como aquela outra série de um "namoro" inventado (*I've seen my Love*), publicada na *Life* em 31 fotos. O estilo de McCombe é singelo, sem artifícios. É um mestre no emprego da luz natural. No seu contrato original com *Life* há uma cláusula proibindo-lhe o uso do *flash*. Geralmente ele trabalha com a Contax e um Sonnar 1:2/50mm, já que esse se aproxima mais do campo visual do olho humano. Raramente usa objetiva grande angular ou a teleobjetiva. McCombe acha

que a fotografia americana parece, em geral, demasiadamente fria, vazia e sem significação. É nítida e produz efeitos de cartaz, mas não tem coração e sentimento (segundo McCombe).

É aqui que ele encontrou a brecha: despertou nos americanos um novo sentimento para a imagem sincera e vivida, indicando novos rumos ao fotojornalismo americano.

Leonard McCombe descreve com a sua câmera a vida da América e mostra aos americanos e ao mundo que esse país proteiforme é distinto do reflexo brilhante de Hollywood. Nas suas fotorreportagens ele revela a verdadeira face da América.

Revista da Sociedade Fluminense de Fotografia (Niterói, nº 19)

Expressão viva do progresso da Sociedade Fluminense de Fotografia, é a revista por ela editada, de belo feitio e conteúdo variado. No número em nossas mãos encontramos diversos artigos com conselhos técnicos, bem como algumas reproduções de fotos interessantes. Destacamos entre outras a colaboração de Aroldo Wall, embora discordemos da opinião de que o cinema possa substituir (adequadamente) a literatura. Isso não quer dizer que ele não venha a substituir realmente, em parte, a literatura. Mas isso seria, evidentemente, um desastre – e dizemos isso embora parte da revista *Iris* seja dedicada ao cinema. O cinema é (ou pode ser, mas geralmente não é) uma arte entre outras, sendo que todas elas têm a sua razão de ser, em especial a "bela literatura" (de que evidentemente se fala aqui).

Um artigo de grande utilidade versa sobre o tema de como "Prevenir e eliminar a formação de mofo (fungos) em filmes fotográficos".

A *Situação dos Fotógrafos Profissionais*

É esse o título de um artigo publicado no *Estado de S. Paulo* na sua edição de 15 de março (de 1952), abordando o projeto de lei apresentado pelo sr. Fernando Ferrari e destinado a regulamentar o exercício da profissão de fotógrafo. Fiel ao nosso lema de evitar rigorosamente discussões políticas, para as quais nos falta toda competência e as quais, de modo algum, se enquadrariam nas colunas do nosso periódico, de teor puramente técnico, desejamos, no entanto, acrescentar algumas observações aos comentários do autor do artigo mencionado, observações que nos parecem ser indispensáveis ao julgamento correto da questão.

Há anos lutam os fotógrafos profissionais pela regulamentação legal da sua profissão, bem como pela criação de escolas profissionais destinadas à formação de jovens fotógrafos competentes. Não conhecemos o texto exato do projeto de lei. Reconhecemos ser possível que esse projeto contenha alguns artigos que pecam pelo excesso e se afiguram incompatíveis com os princípios de uma ordem econômica baseada na livre iniciativa.

Todavia, mesmo uma ordem econômica basicamente livre não exclui que o exercício de determinadas profissões dependa da habilitação correspondente. Parece-nos, por isso, imprópria a expressão do comentarista de *O Estado de S. Paulo*, chamando de "uma espécie de tribunal artístico" uma banca examinadora encarregada de decidir sobre a capacidade profissional dos fotógrafos. O que ao ilustre articulista do conceituado jornal parece "absurdo" no caso dos fotógrafos, não o é, de modo algum, no caso de médicos, arquitetos, contabilistas etc., visto que em todos os casos dessa ordem se verifica simplesmente se o candidato tem os conhecimentos e a capacidade necessários ao exercício de determinada profissão. Identificando, sem hesitação, retratista e fotógrafo profissional, o articulista comete um erro. Permitimo-nos ressaltar o fato de que o retratista profissional representa apenas um grupo entre muitos e que o fotógrafo profissional não é apenas artista, mas também técnico. Evidentemente, é muito mais a capacidade técnica do que o talento artístico o que deve ser desenvolvido em escolas profissionais, e finalmente comprovada através de um exame. Só assim podem ser eliminados dos quadros da profissão os elementos incapazes e inferiores, prejudiciais à coletividade e à classe dos fotógrafos profissionais.

É impossível imaginar a atual vida econômica moderna e a técnica do nosso tempo sem o concurso da fotografia; tanto assim que ela se tornou uma espécie de ciência auxiliar que, por exemplo, na medicina, na indústria, na·pesquisa, no jornalismo, se tornou um fator indispensável. O fotógrafo profissional não é só aquele que produz retratinhos de família ou que, nos jardins, "bate uma chapa" de namorados ou forasteiros de passagem por qualquer cidade. É ele, ao contrário, um técnico como o economista, o guarda-livros, o estatístico; e se, além de tudo isso, ele ainda é artista, não se pode tirar daí a conclusão de que não deve ter profundos conhecimentos técnicos a fim de traduzir os seus dons artísticos em termos reais, dando-lhes uma expressão tecnicamente adequada.

Por isso, se atualmente os fotógrafos profissionais aspiram à proteção legal da sua profissão a fim de preservar a sua classe da invasão de ignorantes e elementos perniciosos, não se pode considerar isso como um objetivo desmedido, "capaz de pôr termo à liberdade individual ou à liberdade de iniciativa, como parece supor o brilhante articulista do *O Estado de S. Paulo*".

Esperamos, portanto, que o bom-senso dos nossos órgãos legislativos apresente uma regulamentação correspondente aos desejos dos fotógrafos profissionais, na medida em que esses mesmos desejos parecem ser justificados e não redundam em prejuízo dos interesses da coletividade.

ÍNDICE REMISSIVO

A

Aconteceu Assim – 69
Acossado – 91
Admirável Mundo Novo – 273
AIMÉE, Anouk – 262
AKUTAGAWA, Ryunosuke – 208
ALBUQUERQUE, Francisco A. –
251, 337, 340, 341, 345
Alemanha Ano Zero – 176, 183-
186
Algemas de Cristal ("The Glass
Menagerie") – 45, 52-53,
175
Alice in Switzerland – 300
ALLEGRET, Marc – 88, 89
ALLEN, Fred – 94
ALMEIDA, Abílio Pereira de – 33,
118, 120, 205
ALMEIDA, Guilherme de – 222

ALMEIDA, Maurício Ruch – 343
Alucinação – 223
ALVES, Alfredo R. – 251
Amante de Lady Chatterley, O
– 67
Amantes de Verona, Os ("Les
Amants de Vérone") – 145,
262-264
Amor de Duas Vidas – 69
ANDERSON, Sherwood – 27
ANDREATINI, Luis – 238
ANDREWS, Dana – 39
Androcles e o Leão ("Androcles
and the Lion") – 176, 186-
187
Anel – 301
Anjo de Pedra – 52, 175
Anjo Perverso ("Manon") – 126,
127, 261-262
Ansconian – 349

361

ANTHEIL, Georg – 91
ANTONIONI – 308, 309, 313
ARBUCKLE, "Fatty" – 95
ARGOSY PICTURES – 56
ARISTÓTELES – 313, 350
ARLETTY – 33
ARMENDARIZ, Pedro – 142-143
ARNAU, Frank – 299
Arroz Amargo ("Riso Amaro") – 41, 53-55
Art Film – 120
Arte e Sociedade – 32
ARTHUR, Mac – 71
Art-Palácio – 113
ASCH, Scholem – 101
ASKERTON, Renée – 77
ASQUITH, Anthony – 301
ASSIS, Machado de – 87
Association des Intérets de Lausanne – 300
Atrás do Sol Nascente – 91
Atualidades Paramount – 62
AUBER, Brigitte – 135, 165
AUBRY, Cécile – 125, 261, 262
AUCLAIR, Michel – 145, 261, 262
AUTRAN, Edmond – 151, 153
AUTRAN, Paulo – 242
Aventura na África, Uma ("The African Queen") – 125, 171-172
Aventura na India, Uma ("Thunder in the East") – 176, 214-215
AYRES, Lew – 41, 42, 113
AYROSA, Eduardo – 343
Azar de um Valente ("When Willie comes marching Home") – 45, 55-56

B

BACALL, Lauren – 65, 67

BACON, Francis – 356
BADEL, William – 279
BAKER, Roy – 99
Balada do Presídio de Reading – 64
BALZAC, Honoré de – 136
Bandido, O – 36, 45, 96-97, 116
Baptiste – 32
BARBOSA, Zilda – 118
BARBUY, Heraldo – 219
BARCELOS, Jaime – 97
BARÓN, Carlos Barrios – 237
Barrandow – 71
BARRAULT, Jean Louis – 31, 32, 130
BARRETO, Lima – 34, 35, 200, 201, 241, 248, 249, 280, 293
BARROS, Geraldo de – 335
BARROSO, Inezita – 241
BARROSO, Maurício – 205
BARRYMORE, Lionel – 65, 107
BARTON, James – 138
BARZMAN, Ben – 104
BASEHART, Richard – 140, 142
BASTIDE, Roger – 32
Batailles des Rails – 121
BAUDELAIRE – 222, 333
BAUM, Ralph – 130
BAUM, Vicki – 270
BECKER, Jacques – 135
BECKER, Pierre-Michel – 161, 163
BEECHAM, Sir Thomas – 151
BEERY, Wallace – 95
BEETHOVEN – 192, 218
BEIDERBECKE, Bix – 66
Beijo da Morte, O – 140
BELL, Marjorie – 13
BENEDEK, Leslo – 176, 179
BENNETT, Compton – 43, 46
BENNETT, Joan – 42, 101, 102
BENNETT, Marjoire – 189

362

BERGMAN, Ingrid – 267
BERGSON, Henri – 95
BERNEIS, Peter – 52
Besta Humana, A ("La Bête Humaine") – 45-46
Big Blockade, The – 300
Big Money – 300
BILLARD, Pierre – 313
BINDER, Sybilla – 88
BITTENCOURT, Margot – 97, 98
BLANKE, Henry – 25
BLEIBTREU, Hedwig – 151
BLIER, Bernard – 259
BLOOM, Claire – 189, 200
Blow-Up – 307-314
BOGART, Humphrey – 171, 172
Boletim dos Fotógrafos Profissionais do Rio Grande do Sul – 348
Boletim Foto-Cine, O – 356
Bolso Vazio – 251
BOND, Ward – 56
BOOK BARGAIN – 300
BORNEBUSCH – 233
BORRENBERGEN, J. – 344
BORSCHE, Dieter – 188
BOSCH, Hieronymus – 35, 303
BOTTICELLI – 329
Boulevard do Crime ("Les Enfants du Paradis") – 25, 31-33
Boulevard du Temple – 32
BOURIGEADU, Roland – 356
BOWMAN, Lee – 89, 91
BOX, Sidney – 43
BOYER, Charles – 214
BRACKETT, Charles – 59
BRAN, Thomas E. – 204
BRANDO, Marlon – 173, 176
BRASSEUR, Pierre – 31, 33, 125, 127, 262
BRECHT, Bertolt – 313
BRENAN, Walter – 79

BRIAN, David – 25
BRIESE, Naenn – 49
Broadway – 53, 268, 287
BROWN, James – 121
BRUCE, Nigel – 189
Brutalidade – 69
BUESE, Gisela – 338
BURIAN, Bohuslav – 343
BURR, Raymond – 168, 170
BUSH, Niven – 41

C

CAGNEY, James – 35, 36
Caiçara – 25, 33-34, 119, 241-242, 300
CAILLAUX, Roger – 191
Cais de Sombras – 32
CALVET, Corinne – 55, 214
CALVI, Aldo – 240
CAMPOS, Ricardo – 205
Canção da Rússia – 123
Cangaceiro, O – 176, 200-202, 208, 280
Canto do Mar, O – 241-242
Caravana de Bravos (" Wagon Master") – 45, 56-59
CARDIFF, Jack – 158
CARDOSO, Cyro Alves – 340
CARETTE – 45
CAREY JR., Harry – 56
CARIBÉ – 201
CARIOBA, Klaus M. – 251
CARLITOS – 81, 82, 85, 191, 195, 199
CARMICHEL, Hoggy – 65, 67
CARNÉ, Marcel – 31, 32
CARNEIRO, André – 340
CARNEIRO, Milton – 167
CARON, Leslie – 164, 165
CARRERO, Tonia – 242
CARTIER-BRESSON – 305

363

Casa da Rua, A 42, – 140
Casarés, Maria – 31, 33
Caso Dreyfus, O – 268
Cassirer, Ernst – 318
Cavalcanti, Alberto – 33, 118, 239, 240, 241, 242, 299
Cayatte, André – 145-146, 262, 263
Celi, Adolfo – 33, 240, 241
César e Cleópatra – 186
Cha, S. K. – 343
Chamberlain, Howard – 133
Chamisso – 82
Champagne Charlie – 300
Chamson, André – 249
Chandler, Jeff – 70
Chapéu Florentino, Um – 217
Chaplin, Charles – 17, 81, 84, 87, 95, 111, 189-198, 272, 278
Chaplin Jr., Charles – 189
Chaplin, Sidney – 189
Chapman, Edward – 99
Chateaux de La Loire – 266
Chaussier – 270
Chavallier, Maurice – 289
Chegada do Trem – 257
Cherril, Virginia – 81
Christ in Concrete (Cristo no Cimento) – 102, 104
Cia. Cinematográfica Maristela – 97
Cia. Cinematográfica Vera Cruz – 33-34, 118, 120, 200-205, 207, 239-240
Cidadão Kane – 217
Cidade Aberta – 36
Cidade da Ilusão ("Die Goldene Stadt") – 176, 187-188
Cidade Nua – 117
Cine Metro – 39
Cine Paratodos – 123
Cine Royal de São Paulo – 247

Cineguild – 88
Cinelândia – 291, 293
Cinema 1950, The – 300, 304
Cinema Oasis – 99
Cinematográfica Maristela – 110
Círculo Fotográfico La Gondola – 351
Ciró, Marcel – 343
Civelli, Mario – 97, 110
Clair, René – 94, 198, 238, 283, 285
Clamor Humano – 177
Claude, Pierre – 115-116
Clément, René – 120, 121
Cleópatra – 111
Clift, Montgomery – 168, 170
Clouzot, Henry-Georges – 259, 260, 261
Clouzot, Vera – 288
Clube das Moças ("Take Care of my Little Girl") – 125, 129-130
Cluny Brown – 289
Coal Face – 300
Cobain, Nelson – 237
Cobb, Lee J. – 286
Cobre, Mario – 156
Codex Cinematográfico – 42
Código Cinematográfico dos Estados Unidos – 325
Colecistectomia – 252
Colleano, Bonar – 102
Columbia – 27, 42, 144, 205, 294
Comelli, Carlos – 337
Comitê de Atividades Anti-Americanas – 92
Commedia dell'Arte – 32
Companhia Keystone – 94
Comprador de Fazendas – 45, 97-98
Condenado – 148
Conflitos de Amor ("La Ronde") – 125, 130-131

364

Consciências Mortas – 36

Contos de Hoffmann, Os ("Tales of Hoffmann") – 125, 151-154, 280, 294

COOPER, Gary – 79, 81, 288

COREY, Wendell – 163

CORRI, Adrienne – 204

Cortiço da Vida ("Tva Trappor Over Garden") – 131-132, 162-163

COTTEN, Joseph – 25, 63, 65, 147, 150

COURBET – 323

COURCEL, Nicole – 135

Covardia – 44

CRAIN, Jeanne – 107, 129

CRAWFORD, Broderick – 27, 31, 144

Crepúsculo dos Deuses ("Sunset Boulevard") – 45, 59-63, 101, 127-128, 278, 299

Crime em Paris ("Quai de Orfèvres") – 259- 261

Criminoso, O ("The Fugitive") – 222

CROMWELL, John – 47, 49

CROSBY, Bing – 94

CRUZ, Oldar Fróes – 343

Cruzadas, As – 111

CUKOR, George – 113, 144

CUNY, Louis – 265-266

CURTIZ, Michel – 65

Cyrano de Bergerac – 177

D

DA VINCI, Leonardo – 346

DAGUERRE – 270, 271, 332, 334

DAHLBECK, Eva – 180

Dai Ei Kaisha – 208

DAILEY, Dan – 55

DALIO, Marcel – 163, 262

Dama Fantasma – 94, 217

DAMONE, Vic – 163

DANTAS, Audálio – 340

DARRIEUX, Danielle – 130, 163

DASSIN, Jules – 116

DAVES, Delmer – 70, 79

DAVIS, Bette – 25, 26

Davy – 270

DAY, Doris – 65, 67

DE LULLO, Giorgio – 136, 137

DE SANTIS, Giuseppe – 53

DE SICA, Vittorio – 36, 38, 44, 167, 277

D'EAUBONNE, Jean – 131

Décima Musa ("The Tenth Muse takes Stock") – 301

DEHENZELINS, Jacques – 240

DELACROIX – 323, 333

DELAIR, Suzy – 259

DELANNOY, Jean – 161

DELFINO, Luiz – 167

DELLY – 207

DELRIO, Mário – 167

DELVAUX, Paulo – 303

DEMAREST, William – 55

Der Angeklagte von Nuernberg (O Acusado de Nuremberg) – 187

Der Herrscher (O Líder) – 187

DEREVSCHIKOVA, Elena – 71

Derrubada de um Muro, A – 257

DESCARTES – 220

Descobrimento do Brasil, O – 256

Desencanto – 148, 217

Desert Fox, The (A Raposa do Deserto) – 282

Desert Rats, The (Os Ratos do Deserto) – 283

DESERTAUX, M. – 343

DEUTSCH, Ernest – 151

Dez Mandamentos, Os – 111, 288

365

Diário de Anne Frank, O – 287
DIAS, M. Laert – 340
DICKENS – 54
Die Reise nach Tilsit (A Viagem de Tilsit) – 187
DIETERLE, William – 279
DIETRICH, Marlene – 280, 289
Direito de Matar, O ("Justice est faite") – 125, 145-147
DISDERI – 332
DIXON, Daniel – 356
DIXON, Jean – 124
DMYTRIK, Edward – 75, 91, 92, 102, 104, 107, 110
DONATO, Pietro di – 102, 104
Dorkay Production – 156
DORZIAT, Gabrielle – 261
DOSTOIÉVSKI – 57
Double Indemnity – 59
DOUGLAS, Kirk – 52-53, 65, 67, 100, 101, 127, 128
DOUGLAS, Paul – 140, 142
Doutor Fausto – 192
DOUGLAS, Susan – 74
Doutoras – 242
DOWLING, Doris – 53, 55
Doze Homens Irados – 286-288
DR. MABUSE – 90
DR. MED. PRAETORIUS – 269
DREISER, Theodor – 169
DREYER, Carl Theodor – 248
DRU, Joanne – 27, 56
DRUZHNIKOV, Vladimir – 71
DUARTE, Anselmo – 205, 207
DUARTE, Benedito J. – 251, 253
DUARTE, Orlando P. – 340, 343
Duelo ao Sol ("Duel in the Sun") – 45, 63-65
DUFY – 164
DUMAS – 350
DUNNOCK, Mildred – 176
DUPONT, A. E. – 138-139
DURBIN, Deanna – 302

DÜRRENMATT – 310
DUTRA, Neli – 241
DUVIVIER, Julien – 165, 166, 167

E

E o Vento Levou... – 64, 108
Eagle Lion Films – 94, 99, 102
EAGLE, S. P. – 171
Eclipse, O – 308
ECO, Umberto – 314
Ecos do Pecado ("Pickup") – 125, 133-135
Édipo – 278
Edison – 268, 272, 274
Editora Anhembi Ltda. – 253
Editorial Losada – 337
Eggeling – 303
EGGER, Inge – 188, 189
EGLEVSKY, André – 189
EHRENBURG, Ilja – 299
Ehrlich – 221
Eichendorff – 82
EISENSTEIN, S. M. – 174, 283, 285
EKLUND, Bengt – 131
Ela Dançou Só Durante Um Verão – 276
Elegia de Enoshima ("Enoshima Elegi") – 125, 158
ELLIOTT, Rosse – 92
EMERSON, Hope – 47, 48
EMMER – 35, 303
En Rade – 241-243, 300
Encouraçado Potemkin, O – 217, 283-286
Encyclopaedia of Religion and Ethics – 325
ENGEL, Samuel G. – 116
ENGLAND, Leonard – 301-302
Épave e Paysage de Silence – 264-265

Epístola de São Paulo aos Romanos (Cap. XIV, 14) – 328
EPSTEIN, Jean – 285
ERROL, Leon – 254
ERSKINE, Chester – 186-187
Escravo da Noite, O – 241
Estado de S. Paulo, O – 359, 360
Estudos – 238
Eterna Ilusão ("Rendez-vous de Juillet") – 125, 135-136
Eugenia Grandet – 125, 136-137
EVANS, Maurice – 186
Evidência Trágica ("The Scarf") – 125, 138-139
Excelsa Filmes – 136
Êxito Fugaz ("Young Man with a Horn") – 45, 65-67
Êxtase – 45, 67-70

F

Fábrica de Sonhos, A – 299
Falsários – 251
FARKAS, Thomas J. – 238, 251
Farrapo Humano – 59, 127, 278, 299
FAULKNER, William – 52
Fausto – 198
Favorita do Barba-Azul, A ("Barbe-Bleue") – 125-127
FELDMAN, Charles K. – 52, 173
FELIX, Maria – 142
FENELON, Moacyr – 167-168
FERNANDES, Maria Pacheco – 207
FERNÁNDEZ, Emílio – 142
FERRARI, Fernando – 359
FERREIRA, Procópio – 97-98
FERRER, Mel – 74
Feu – 300
Fidelity Pictures Production – 92
FIELDS, W. C. – 94

FIGUEIRA, Alberto – 336
FIGUERÔA, Gabriel – 142-143, 201
Filha do Satanaz, A ("Beyond the Forest") – 25-27
Filosofia das Formas Simbólicas – 318
First Days – 300
FISCHINGER – 303
FITZGERALD, Walter – 88
FLAHERTY, Robert – 278
Flama – 167
Flechas de Fogo ("Broken Arrow") – 45, 70-71, 80
FLETCHER, Horace C. – 240
Flor de Pedra – 45, 71-73, 126, 243
FLORENCE, Arnaldo M. – 251
FLYNN, Errol – 46, 121
FONDA, Henry – 124, 286
FONSECA, Pedro – 343
FORD, Henry – 125
FORD, John – 50-51, 55-57
Foremen went to France, The – 300
FORRESTER, C. S. – 172
FORST, Willi – 270
Fort Apache (Sangue de Heróis) – 56
FOSTER, Harve – 255
FOSTER, Norman – 92
Foto-Cine Clube Bandeirantes – 237-239, 250-251, 305, 334, 338, 341, 345, 348, 356
Fotografia – 347-348, 349
Fotografia e as Classes Médias, A – 337
Fountainhead, The – 25
FOWLE, Henry Chick – 119, 201, 240
Fox – 129
França Filme do Brasil – 135, 188, 260, 262, 264
FRANCESCONI, Renato – 251, 343

367

FREED, Arthur – 164
FREESE-GREENE, William – 274
FREIRE, Marina – 205
FRESNAY, Pierre – 260
FREUD – 229
FREUND, Gisèle – 330, 333, 336
FRIDH, Gertrud – 131
FRIDMAN, Jorge – 343
FRIEDHOFER, Hugh – 71
Fronteira do Crime ("Suendige Grenze") – 176, 188-189
Fronteiras Perdidas ("Lost Boundaries") – 45, 74-76
Fugitive, The (No Domínio dos Bárbaros) – 57
FUMET, Stanislas – 249
Fúria – 90, 124
Fúria Cigana ("Singoalla") – 45, 76-77
Fúria Sanguinolenta ("White Heat") – 25, 35-36

G

GABIN, Jean – 45-46, 120
Gabinete do Dr. Caligari – 283
GABLE, Clark – 286
GALIERA, Galiano – 343
GALSWORTHY – 46
GALZIGNAN, Nino – 339
GANDHI – 214
GARANCE – 32
GARBAN – 350
GARBO, Greta – 269, 280, 289
GARDNER, Ava – 156, 157, 286
GARFIELD, John – 43, 44
GARSON, Greer – 46
GASPARIAN, Fernando – 340
GASPARINI, Gaspar – 251
GASSMANN, Vittorio – 53, 55
GÉLIN, Daniel – 135
GENGER, Rod – 102
GERSHWIN – 164, 165

GIDE, André – 350
GILBERT – 139
GIOTTO – 35, 303
GIRÓ, Margel – 340
GISH, Lilian – 65
Glória de Amar, A ("That Forsyte Woman") – 45-47
GODNER, Charles – 102
Goebbels – 114
GOETHE – 198, 220, 332
GOLDWYN, Samuel – 39, 280
GONÇALVES, Martim – 241
GORDINE, Sacha – 130
Gran Café de Paris – 257
Grande Ditador, O – 88
Grande Ilusão, A ("All the King's Men") – 25, 27-31
Grande Parada, A – 64
GRANGER, Farley – 154
GRANGER, Stewart – 88-89
Grapes of Wrath, The (Vinhas da Ira) – 57
GRAS – 35, 303
GRAY, Sally – 91
Greek Testament – 300
GREENE, Graham – 57, 148
GREENE, Max – 117
GREENWOOD, Joan – 99, 100
GRIERSON, John – 299
GRIFFITH, D. W. – 283, 289
GRIPMANN, Ann-Marie – 343
GUARINI, Alfredo – 120
GUFFREY, Burnett – 42
GUIMARÃES, Esther – 205
GUINSBURG, J. – 255
Gunga Din – 170
GUSTAFSSON, Greta – 269
GUTHRIE, Carl – 49

H

HAAS, Hugo – 133-135

HAFENRICHTER, Oswald – 201, 240
HAKIM, M. M. – 45
Halfway House, The – 300
Hallelujah – 114
Hamlet – 263, 290
HAMSUN, Knut – 67, 188
HARLAN, Veit – 187-188
HASS, Hugo – 133
HATHAWAY, Henry – 140, 277
HAUSER, Philo – 102
HAYDEN, Melissa – 189
HAYWARD, Louis – 89, 91
HAYWARD, Susan – 39
HEARST – 127
HECKROTH, Hein – 151, 152, 154
HEGEL – 193, 221
HEIDEGGER – 336
HEINE, Henrique – 156
HEINRICH, Annemarie – 343
HELPMAN, Robert – 151, 153
HEMINGWAY, Ernest – 44, 67, 157
HENDRICKS, Jan – 188
HENRICÃO – 205
Henrique V – 45, 77-79
HEPBURN, Katherine – 171, 172
HERBERT, Hugh – 254
HERMENTIER, Raymond – 165
HERRAND, Marcel – 31, 33, 182
HESSE, Hermann – 84
HING-FOOK, Kan – 343
HITCHCOCK, Alfred – 17, 154-156
HITLER – 114, 184, 277
HKLTON, Richard – 74
HNATEK, Adolf – 355
HOBSON, Valeria – 88, 89
HOERBIGER, Anton – 147
HOERBIGER, Paul – 151
HOFFMANN, E. T. A. – 151, 152, 294
HOHENHOLE-OEHRINGEN, Wolfgang – 340
HOLDEN, William – 59, 60, 63, 144
HOLLIDAY, Judy – 144, 145

Hollywood – 38, 48, 59-69, 88, 92, 101, 109, 114, 133, 138-139, 164, 172, 183, 268-271, 277, 280-283, 289-290, 302, 357-358
Home Movies – 304
Homem de Outubro, O ("The October Man") – 45, 99-100
Horas Intermináveis ("Fourteen Hours") – 125, 140-142
Horizon – 171
Horizonte em Chamas ("Task Force") – 45, 79-81
HOWARD, Trevor – 147, 151
HOWE, James Wong – 122
HUGO, Victor – 54, 128
HULFISH, David – 299
HUNDSDORFER, Otto – 346
HUNTER, Jeffrey – 129
HUNTER, Kim – 173, 176
HUSTON, John – 171-172
HUXLEY, Aldous – 273

I

Ilha Perdida – 299
Informer, The (O Delator) – 57
INGRES – 323, 333
Invencível, O ("The Champion") – 45, 100-101, 177
IRELAND, John – 27, 138-139
Iris – 23-25, 174, 245-246, 254, 359
ISNARD – 258, 259
ITURBI – 66
Ivã, o Terrível – 72, 217

J

JACK, Munro – 220

369

JACOBBI, Ruggero – 110
JACOBS, Werner – 282
JAHAN – 350
JAMES, Harry – 66
JANIN, Jules – 334
JANNINGS, Emil – 138, 289
JAQUE, Christian – 76, 125
Jardineiro Malogrado – 279
JARREL, Stig – 49, 131
JEANSON, Henri – 126, 162
JENKS, Frank – 138
Jogo de Barralho, Um – 257
JOHN, Howard St. – 144
JOHNSON, Ben – 56
JONES, Jennifer – 63, 65, 277
JORGENSEN, Alf – 76
José e seus Irmãos – 272
JOUVET, Louis – 259-260
JOYCE, James – 328
JÚNIOR, Francis – 242

KLOEPFER, Eugen – 187, 188
KNEF, Hildegard – 269
KNIGHT, Esmond – 204
KOCH, Ernesto – 340
KOISHI, E. T. – 158
KOJRANSKI, Nelson – 337
KOPTA, Joseph – 134
KORDA, Alexander – 147, 280
KÓRSAKOV, Rímski – 69
KRACAUER, Siegfried – 302
KRAMER, Stanley – 100, 176, 278
KRASKER, Robert – 150
Krasna – 51
KRASNA, Norman – 50-51
KREMER, Ernest H. – 238
KRIS, Hedy – 236
KUBRICK, Stanley – 314-319
KUGA, Yoshiko – 158
KUROSAWA, Akira – 208, 214
KUSNET, Eugenio – 205
KYO, Machiko – 208

K

KAFKA – 41, 167
KANT – 184, 220-221, 329
KARAS, Anton – 150
KAWAHARA, Kazuo – 336, 340, 343
KAZAN, Elia – 107, 110, 173, 174, 175
KEATON, Buster – 95, 189
KEEFER, Don – 176
KEFFER, Ed – 343
KEITH, Robert – 92, 140
KELLOGG, Virginia – 49
KELLY, Gene – 164, 165
KENNEDEY, Arthur – 52, 53
KERR, Deborah – 214, 215, 275
KESSEL, Adam – 95
KIE, Mister – 299
KIERKEGAARD – 195
KITZMILLER, John – 115
KLEEMANN, Fredi S. – 337

L

La Cité – 259
La Jalousie de Barbouille – 300
La Petit Lily – 300
La Petit Rouge – 300
LAAGE, Barbara – 182-183
LACENAIRE – 32
LADD, Alan – 214
Ladrões de Bicicletas ("Ladri di Biciclette") – 25, 36-39, 43, 107, 217
LAERT, M. – 343
LAGE, Eliane – 33, 205, 207, 241
LAMAR, Heddy – 67, 111
Lanceiros da Índia, Os – 140
LANDAU, Raphael – 336
LANG, Fritz – 17, 89-90, 124
LANGE, Dorothea – 355
LANGER, Susanne K. – 318

370

LANSBURY, Angela – 111
LARA, Claude Autant – 94
LARANJEIRA, Renato – 340
LARQUEY, Pierre – 260
Last Patrol, The (A Patrulha
    Perdida) – 57
LATTUADA, Alberto – 96, 115-116
LAUDUS, Salvador – 118, 120
LAVATER – 332
LAWRENCE, Gertrude – 52, 53
Le Captaine Fracasse – 300
Le Petit Chaperon Rouge – 300
Le Solaire de la Peur – 280
Le Train sans Yeux – 300
LECLERC, Ginette – 260
LECOCQ, Jean – 251, 252, 343
LEDOUX – 45
Leica Fotografie – 348-349
LEIGH, Vivian – 173, 176
LEMAÎTRE – 32
LEMPO, Arnaldo – 340
Lenda de Goesta Berling, A – 76
LÉNIER, Christiane – 165
LÉONARD, André – 337
LEONARD, Norbert – 354
Les Buveurs du Sang – 264
LETHBRIDGE, Jacqueline – 267
LEVANTE, Oscar – 164, 165
LEWIN, Albert – 156
L'Herbier – 299
Life – 357, 358
LIGÉR, Carlos – 340
LIMA, Aldo A. de Souza – 251,
    345, 356
LINDER, Max – 279
LINDFORS, Viveca – 76, 160, 161
LINDGREN, Peter – 49
LINDTBERG, Leopold – 160
Line to the Tschierva Hut – 300
L'Inhumaine – 300
LLOYD, Harold – 95
LLOYD, Norman – 189
LOBATO, Monteiro – 98

Lobo da Estepe – 84
LOCKWOOD, Margaret – 302
London Films – 151
LONDON, Jack – 82
Lonely Crowd, The – 177
Longa Viagem de Volta, A – 223
LORCA, German – 251, 343
LOREN, Sofia – 288
LOUIS XVI – 330
LUBITSCH – 290
LUBITSCH, Ernest – 278, 289
Lugar ao Sol, Um ("A Place in
    the Sun") – 125, 168-171
LUM, Gilberto – 337
LUMET, Sidney – 286, 287
LUMIÈRE – 257
LUMIÈRE, Irmãos – 257, 271, 274
Lux-Art – 53
Lux-Mar – 96, 115
LUZ, Ana – 110
Luzes da Cidade ("City Lights")
    – 45, 81-88, 191, 217
Luzes da Ribalta ("Limelight")
    – 176, 189-200
LYE, Len – 303
LYNN, Betty – 129

M

MACBEAN – 352
MACBETH – 77, 217
MACDONALD, Jeanette – 289
MACHADO, Aníbal – 241
MACHADO, Raul Dolsworth –
    350
MACHATY, Gustav – 67, 70
MACLAREN, Norman – 303
Maclovia – 125, 142-143
MADAME DUBARRY – 289
MADSEN, A. J. Hald – 233
MAGGIORANI, Lamberto – 36, 38
MAGNANI, Anna – 96-97

371

MAHLER, Courths – 207

Mais Forte que o Amor ("Blanche Fury") – 45, 88-89

MALDEN, Karl – 173

Maldição ("The House by the River") – 45, 89-91

MALMSTEN, Birger – 180

Malvada – 269

MANARINI, Ademar – 251

MANET – 323

MANGANO, Silvana – 53, 55

MANKIEWICZ, Joseph L. – 269

MANN, Thomas – 46, 191, 220

MANNHEIMER, Albert – 144

MANVELL, Roger – 300, 304

MARCH, Frederic – 176, 180

Marching Men – 27

Margem da Vida, A ("Caged") – 45, 47-49

MARGULIÉS, Marcos – 253, 255, 256

MARKEN, Jeanne – 31

MARLENE – 167

MARMSTEDT, Lorenz – 76

MARQUINA, Elio Rodriguez – 344

MARTINS, Castro Abílio – 336

MARX – 37

MASCLET, Daniel – 339, 350, 356

MASON, Hélène – 260

MASON, James – 42, 43, 156, 158, 277, 302

Massacre – 297

MASSINE, Leonide – 151, 153

Matar ou Morrer – 177

MATISSE – 164

MATTHIAS PASCAL – 300

MATURE, Victor – 186, 187

MAWBERRY, Allan – 186

MAXIM, Joe – 276

MAXWELL – 255

MAYER, J. P. – 224, 225

MAYER, Louis B. – 269

MAYO, Virginia – 35

MAZURKI, Mike – 116

MC LANE, Barton – 124

McBEAN, Angus – 351

McCAMBRIDGE, Mercedes – 27, 31, 138, 139

McCARTHY – 283

McCOMBE, Leonard – 357, 358

McELDOWNE, Kenneth – 204

MECKER, Ralph – 160

MEDAR, Ivan – 344

Meio Caminho do Céu, A – 299

MEIRELES, Cecília – 265

MÉLIÈS, Georges – 267, 268

MEMOLO JR., César – 251

Men in Danger – 300

Men of the Lightship – 300

Menschen am Sonntag (People on Sunday) – 59

Metropolis – 90

Meu Amor Maior ("My Foolish Heart") – 25, 39-41

MGM (Metro Goldwyn Mayer) – 36, 46, 50, 52, 101, 113, 163, 164, 165, 271, 286

MIASNOKOFF – 72

MICHAELIS, Peter Michael – 344

MICHAELS, Beverly – 133, 135

MIFUNE, Toshiro – 208

MIGLIORI, Gabriel – 202

MIGNONE, Francisco – 34

Mil e Uma Noites – 294

MILESTONE, Lewis – 113, 114, 123

MILLE, Cecil B. de – 17, 59, 60, 63, 111, 113, 271, 275, 288

MILLER, Arhtur – 176, 288

MILLER, Lowell – 339, 344

MILLS, John – 99, 100

MIMASSU, Aiko – 158

MINELLI, Vincent – 101, 164

Miragem Dourada – 69

MIRANDA, Isa – 120, 130

Miseráveis, Os – 128

MISRAKI, Paul – 262
MISTER KIE – 299
MITCHELL, Cameron – 176
Modern Photography – 355-356
Mogambo – 286
MOLANDER, Gustaf – 180
MONROE, Marilyn – 288
Monsieur Verdoux – 88
Montanha dos Sete Abutres, A
   ("Big Carnival" – "Ace in the
   Hole") – 125, 127-128, 278
Montanha Mágica – 220, 272
MONTI, Paolo – 351
MOOREHEAD, Agnes – 47, 140, 142
Mórbido Despeito ("The Hidden
   Room") – 45, 91-92
MOREIRA, Roberto de Godoy – 343
MORINEAU, Antoinette – 110
MORINEAU, Henriette – 97, 98
MORRIS, H. T. – 337
MORS, Bárbara – 340
Morte do Caixeiro-Viajante, A
   – 176-180
Mulher e a Tentação, A ("Eva")
   – 176, 180-181
Mulheres do Paço, As – 67
Mundial Filmes – 180
Mundial Kungafilm – 131
*Mundo Encantado da Fotogra-
   fia* – 282
Museu de Arte de São Paulo –
   237, 247, 250
Museu de Arte Moderna de
   Nova York – 278
My Darling Clementine (Paixão
   dos Fortes) – 57
MYERS, Harry – 81

N

Na Noite do Crime ("Woman on
   the Run") – 92-94

Na Solidão da Noite – 300
Na Solidão do Inferno ("The
   Capture") – 25, 41
Na Teia do Destino ("The Re-
   ckeless Moment") – 25,
   42-43
NADAR, Felix – 332
Narciso Negro (Black Nar-
   cissus) – 152
Nascida Ontem ("Born Yes-
   terday") – 125, 144-145
NASCIMENTO JR., Armando – 336
NATANSON, Jacques – 131
NAUERTH, A. – 349
NAZZARI, Amadeo – 96, 97
NEGRI, Pola – 289
NEGULESCU, Jean – 43, 44, 129,
   130
NEJAJIMA, Chosaku – 344
NERVAL – 191
Neste Mundo e no Outro – 152
NETO, Lima – 205
NEUGASS, Fritz – 357
NEWSHOLME, H. P. – 228
NEWTON – 220-221
NEWTON, Robert – 77, 91, 92,
   186, 187
Nibelungen – 90
NIÈPCE, Nicéphore – 270, 332
Night Mail – 300
NILSSON, Maj Britt – 49, 50
Ninotchka – 59, 289
No Tempo das Diligências – 36
No Tempo do Pastelão ("Down
   Memory Lane") – 45, 94-
   96
Noite Tudo Encobre, A – 223
Noite, A – 308
NONNENBERG, Gustavo – 34,
   239-242
North Sea – 300
NUNES, Vera – 110
NUTI, Angelo F. – 341, 344

373

O

O que a Carne Herda ("Pinky") – 45, 74, 107-110

O'BRIEN, Edmund – 35

OFFENBACH, Jacques – 151, 154

OIL, Standard – 125

OITICICA FILHO, José – 340, 344, 347

OITICICA, José – 340

OKADA, Tanetaka – 336, 340, 344

O'KEEFE, Dennis – 92

OKUBO, Susumo – 158

OLIVIER, Laurence – 18, 77-79, 176, 288

OLSON, Nancy – 59, 63

ONU – 325

Ópera – 113

Ópera de Paris – 266

OPHULS, Max – 42, 130, 131

ORICO, Vanja – 200, 202

ORTIZ, Carlos – 14

Otelo – 32

OTSUKA, Masatoki – 336, 340, 344

P

P...Respeitosa, A ("La P... Respectuese") – 176, 182-183

Pacto Sinistro ("Strangers on a Train") – 125, 154-156

PADOVANI, Lea – 102

PAGÉS, Mário – 168

PAGET, Debra – 70, 140

PAGLIERO, Marcello – 182, 183

Painel – 25, 34-35, 201

Paiol Velho – 118

Paisà – 36

PAL, George – 258

Palácio de Calçados Pinkus ("Schuhpalast Pinkus") – 290

PALMÉRIO, Fernando – 336

PALUZZI, Reno – 299

Pandora ("Pandora and the Flying Dutchman") – 125, 156-158

PANSIE, Russel T. – 238

Papai da Noiva, O ("Father of the Bride") – 45, 101-102

Paraíso Terrestre – 252, 303

Paramount – 59, 60, 111, 113, 127, 168, 214, 271, 299

PARDO, Dita – 145

Paris Film Production – 45

PARKER, Eleanor – 47-48

PARYS, G. Van – 249

PASCAL, Gabriel – 186

Passeio ao Sol, Um – 123

PASTERNACK, Joe – 163

PASTEUR – 221

Pathé Cinema – 31, 271, 272

PATRICK, Nigel – 156

PAYNE, Tom – 118-119, 205, 207, 240

PAZOWSKI, K. – 337

PEARSONS, Beatrice – 74

PECK, Gregory – 63, 65

PEISSON, Eduard – 162

PEIXE, Guerra – 120, 298

PENA, Martins – 241

Penguin Film Review – 304

PENN, Irving – 352, 353

PENN, Robert – 30

PENT, John – 104

People Will Talk – 269

Pequena Enciclopédia do Filme (Kleines Filmlexikon) – 298

PEREIRA, Eduardo Batista – 205

PERNA, Hércules A. – 336

PETERS, Jane – 129

Pett and Pott – 300

PFEIFFER, Johannes – 197

Philosophy in a New Key – 318

374

Photo Magazin – 345-347, 352-355, 357-358

Photo-Cinéma – 304, 350-351

Photographische Korrespondenz – 355

Photography – 351-352

Picadilly – 138

PICKFORD, Mary – 60

PIDGEON, Walter – 46-47

PIERALISI, Alberto – 97

PINHO, Clemente H. – 325

PINTO, Fernando Barros – 340

PIRANDELLO, Luigi – 273

Pirata, O – 165

PLATÃO – 221, 222

POGDANOFF – 72

POGGIO, Carla del – 96, 97, 115, 116

POLACOW, Jacob – 341, 345

POLIVENA, José – 205

POMMER, Erich – 138

PONGETTI, Henrique – 168

Por Ser Mãe ("Fafa Chukiyo") – 125, 158-160

PORTINARI – 34, 35

POWELL, Jane – 163

POWELL, Michael – 151

Power and the Glory, The – 57

POWER, Tyrone – 270

PRADO, Marisa – 118, 120, 200

Preço de uma Vida, O ("Give us this Day") ("Salt in the Devil") – 45, 102-107

PREMINGER, Otto – 288

Presença de Anita – 45, 110-111

PRESLE, Micheline – 43-44

PRESSBURGER, Emeric – 151

PRÉVERT, Jacques – 31, 32, 262

PRÉVOST, Abade – 261

PRICE, William – 121

PTUSHK, Alexander – 71

PUCCINI, G. – 55

Punhado de Bravos, Um ("Objective Burma") – 45, 121-123

Punhos de Campeão – 100

PUTZ, Hans – 160

Pygmalion – 186

Q

Quatro num Jipe – 125, 160-161

Que Espere o Céu! – 289

QUEIRÓS, Raquel de – 202

Quick – 277

QUINTILIANO, J. – 251

R

RAFAEL – 323, 329

RAHDA – 204

Rainbow Dance – 300

Rancor – 75, 91, 107, 110

RANDALL, Howard – 240

RANK, J. Arthur – 88, 91, 99

Raposa do Deserto, A – 276

RASCHINE, M. Bim – 251

Rasho-Mon (No Bosque) – 158, 176, 208-214

RASMUSSEN, Erik – 240

Rebento Selvagem ("Le Garçon Sauvage") – 125, 161-163

Redención – 237, 239

REED, Carol – 147, 148, 150

REGGIANI, Serge – 130, 261, 262

Rei dos Reis, O – 111

Reigen – A Ronda – 130

REINERT, Charles – 299

REINHARDT, Max – 290

REMARQUE, Erich Maria – 114

REMBRANDT – 59

RENANT, Simone – 259

RENÉ-JACQUES – 350

375

RENOIR – 323, 329
RENOIR, Jean – 45, 204, 215
RENOIR, Pierre – 31
Retrato de Mulher – 90
Rève de Noel (Sonho de Natal) – 258
Revista Anhembi – 253, 256
Revista da Sociedade Fluminense de Fotografia – 358-359
RGC-SNEG – 135
RIBEIRO, Milton – 200, 202
Rica, Moça e Bonita ("Rich, Young and Pretty") – 125, 163-164
Rien que les Heures – 300
Rio Escondido – 142
Rio Este – 101
Rio Sagrado, O ("The River") – 176, 204-205, 215
RIO, Mario del – 97
RISKIN, Everett – 214
RKO – 39, 41, 186
Roadway – 300
ROBERTSON, Dale – 129
ROBINSON, Edward – 283
ROBINSON, Madeleine – 161, 163
ROBLES, Emmanuel – 297
ROBSON, Mark – 39, 100
ROBSON, Sugar Ray – 276
ROCHA, Astério – 336
ROCHA, Manuel Pinheiro – 336
ROCHEMONT, Louis de – 74
ROGGERO, L. – 251
Roma – 36
ROMAN, Ruth – 100, 154
ROMANCE, Viviane – 280
Romeu e Julieta – 220, 262
ROMMEL, Erwin – 276, 277
RONIS, Willy – 351
ROONEY, Mickey – 302
ROSA, Noel – 241
ROSSELLINI, Roberto – 183, 185

ROSSEN, Robert – 27
ROSSI, Adolf – 344
ROTHA, Paul – 95
ROUSEVILE, Robert – 151
ROY, Jean Acmé-Le – 274
Rua Chamada Pecado, Uma ("A Streetcar named Desire") – 125, 173, 175-176, 179
Rua, A ("Gatan") – 45, 49-50, 132
RUBENS – 303, 323
RUSCHEL, Alberto – 200, 241
RUTTMAN – 303
RYAN, Kathleen – 102
RYDBERG, Victor – 76

S

SADOUL, Georges – 276
SAHEKI, Kioshi – 158
Saída da Fárica – 257
SALIBA, Feres – 340
SALOU, Louis – 31
SALVATORE, Eduardo – 245, 250, 337, 341
SAMPAIO, Oswaldo – 205
SANDERS, George – 111, 113
Sansão e Dalila ("Samson and Delilah") – 45, 63, 111-113
Santuário – 201
Sapatinhos Vermelhos – 152, 280
SARTRE, Jean P. – 182
SATO, Eijiryo – 251, 340, 344
SCHEELE, Ritter – 270
SCHELER, Max – 316
SCHIMIDT, Afonso – 34
SCHLACKMAN, Irving – 338
SCHLEMIHL – 82
SCHLESINGER, Hugo – 13
SCHMIDT, Afonso – 241, 242
SCHOPENHAUER – 220, 222, 329, 334

SCHROEDER, Theodor – 324, 329
SCHULBERG, Bud – 101
SCHWINBURNE, Nora – 204
Sciucia – 36
Sedução – 69
Seis Destinos – 166
SELZNIK, David O. – 63, 147, 277
Sem Novidade no Fronte ("All Quiet on the Western World") – 45, 113-115
Sem Piedade ("Senza Pietà") – 45, 115-116
SENNETT, Mac – 94, 95
Serenata Prateada – 170
SÉRGIO, Mário – 33, 34, 118, 241
SERNA, Jacques – 125, 127
Sétimo Véu, O ("The Seventh Veil") – 25, 43, 302
SHAKESPEARE, William – 77, 78, 79, 263, 351
SHAW, G. B. – 106, 144, 186, 272
SHEARER, Moira – 151-152, 280
SHERIDAN, Ann – 92
SIDNEY, Silvia – 124
SIGNORET, Simone – 130
Silêncio é de Ouro, O – 217
SILVA, Ivo Ferreira da – 340, 344
SILVA, José Pires da – 344
SILVEIRA, Apolo – 251
SIMMONS, Jean – 186-187
SIMON, Simone – 45, 130-131
SIMON, Sylvia S. – 144
Sinal da Cruz, O – 111
Sinfonia de Paris (An American in Paris") – 125, 164-165
Sinfonia de uma Cidade ("Sous le Ciel de Paris") – 125, 165-167
Sinhá Moça – 176, 205-208
SIODMAK, Robert – 93
SJOBERG, Alf – 50
Ski em Nahuel Huapi – 237
SKLADANOVSKY, Irmãos – 274

SMITH, Howard – 176
SMITH, Pete – 254
SMOLEY, Slavpo – 339
SNOECK, G. – 344
SOAVE, Plácido – 251
Sob a Luz das Estrelas – 148
SOBRINHO, Francisco – 344
Sociedade Fluminense de Fotografia – 358
SÓCRATES – 71
SOEDERBAUM, Christina – 187
SOLDADI, Mario – 136
SOLDATI – 136, 137
Sombra de Pavor – 260-261
Sombras do Mal ("Night in the City") – 45, 116-118
SOUPPAULT, Phillipe – 273
SOUTO, Hélio – 97
SOUZA, Jaime de – 97
SOUZA, Ruth de – 118, 120, 205, 207
Spare Time – 300
Squadron 942 – 300
Stage Struck – 287
Stagecoat (No Tempo das Diligências) – 57
STAIOLA, Enzo – 36, 38
STEINER, Max – 27
STEINERT – 305, 350
STEINERT, Otto – 338
STEMMLE, R. A. – 188-189
STEPANEK, Karel – 102
STERLING, Jan – 127
STEVENS, George – 168, 170
STEVENS, Mark – 121
STEWART, James – 70
STIBERG, Eva – 180
STILLER, Mauritz – 269
STOLL, Michael – 240
STORCK, Henri – 35, 249, 303
STROUVÉ, Georges – 350
STURGES, Preston – 41, 207
SUAREZ, Laura – 167

SULLIVAN, Francis L. – 116
SUMMERVILLE, George – 95
SUMMERVILLE, Slim – 113
SWANSON, Gloria – 59-60, 63
SZANKOWSKY, Estanislau – 251
SZYSKO, Stanislaus – 116

T

Tablet, The – 228
TAKATORI, Tsuyoshi – 344
TALCHI, Vera – 120
TAMURA, Sadayohi – 340, 344
Tapete Mágico, O – 295
TARSINI, Giuseppe – 344
Taugenichts – 82
TAUROG, Norman – 163
TAYLOR, Dan – 101-102
TAYLOR, Elisabeth – 50, 101-102, 168, 170
TAYLOR, Robert – 275
TAYLOR, Ronald – 201
TCHEKOV – 308
TCHERINA, Ludmilla – 151-153
Teatro Brasileiro de Comédia – 52
Teatro de Vanguarda – 296
Teatro Globe – 78
Teatro Idish de Nova York – 287
Tempestade – 351, 352
TEMPLE, Shirley – 302
Tempos Modernos – 88
Terceiro Homem, O ("The Third Man") – 125, 147-151, 295
Terminal Station (Ponto Final) – 277
Terra É Sempre Terra – 45, 118-120, 300
TERRA, Domingos – 205
Tesouro de Serra Madre, O – 172

The Archers – 151
The Saving of Bill Blewitt – 300
Three Good Fathers (O Céu mandou Alguém) – 56-57
TICIANO – 323, 329
TIERNEY, Gene – 116, 118
TILCHE – 350
TISSIER, Valentine – 145
Toda a sua Vida – 299
TODD, Ann – 43
Tortura de um Desejo – 50, 76
TOULOUSE-LAUTREC – 164
Tour de Chant – 300
TOWSEND, Colleen – 55
TRACY, Spencer – 101-102
Tragédia Americana, Uma – 169
Trágico Amanhecer – 32
Três Dias de Amor ("La Mura di Malapaga" – "Au delà des Crilles") – 45, 120-121
13, rue Madelaine – 140
Tudo Azul – 125, 167-168
TUMIATI, Gualtiero – 136-137
TUNG, Mao Tse – 71
TURNER, Lana – 299
TURPIN, Ben – 95
20th Century Fox – 43, 55, 70, 107, 116, 129, 140, 282
Two Cities – 77

U

Última Porta, A – 161
Ulysses – 328
United Artists – 81, 100, 124, 138, 204
Universal Internacional – 77, 92, 113
Universidade de Viena – 355
UTRILLO – 164

V

VALENTINO, Rodolfo – 279
VALLI, Alida – 136-137, 147, 150
VAN JOHNSON – 50
VANDERBILT, Gloria – 287
VASCONCELOS, José Mauro de – 239, 241
VELASQUEZ – 323
VENTICINQUE, A. – 251
Verdade não se Diz, A ("The Great Hangover") – 45, 50-51
VERGUEIRO, Carlos – 33-34, 241
VERSAILLES – 265-266
VICTOR, Antonio S. – 251
VIDOR, Charles – 214
VIDOR, King – 25-26, 63, 65, 114
VIE, James A. Mac – 344
VILLAR, Orlando – 110
VILLARD, Frank – 161, 163
Vingança do Destino ("Under my Skin") – 25, 43-44
Visita da Velha Senhora, A – 310
Visitantes da Noite – 32
Viúva Alegre – 289
Viver em Paz – 36
Vive-se uma Só Vez ("You only live Once") – 45, 124-125
VON KLEIST, Heinrich – 153
VON STROHEIM, Eric – 59, 60, 63

W

WAGNER, Richard – 112, 151, 156, 279, 301
WAKHEVITCH, Georges – 126
WALBROOK, Anton – 130-131
WALD, Jerry – 52, 65

Walk in the Sun, A (Um Passeio ao Sol) – 114
WALKEN, Joseph – 145
WALKEN, Robert – 154
WALL, Aroldo – 358
WALSH, Kay – 99
WALSH, Raoul – 35, 121
WALTER, Christine – 345
WALTER, Patricia – 204
WALZEL – 314
WANAMAKER, Sam – 102
WANGER, Walter – 42, 124
Warner Brothers – 25, 35, 47, 65, 79, 121, 154, 173
WARREN, Robert Penn – 28
WARSHOW, Roberto – 178
WATERHOUSE, John – 240
WATERNS, Ethel – 107
WAXMANN, Franz – 63, 81, 122, 170
WECHSLER, Lazar – 160
WEDGEWOOD – 270
WEINBERG, Hermann – 255
WELLES, Orson – 63, 78, 147, 148
Went the Day Well – 300
WERKER, Alfred L. – 75
WERNER, Gosta – 49-50, 131
Werther – 220
What Makes Sammy Run (Por que Sammy Corre Tanto) – 101
Wicked Lady, The – 302
WIDMARK, Richard – 116, 118
WILCOXON, Henry – 111
WILDE, Oscar – 63, 113, 130, 350
WILDER, Billy – 17, 59, 62, 125, 127-128, 278, 299
WILLIAMS, Harcourt – 77
WILLIAMS, Tennessee – 173, 174, 175
WINTERS, Shelley – 168, 170
WISE, Robert – 100
WOLFF, Rudolf – 357

WÖLFFLIN – 314
WOLHELM, Louis – 113
WOLTERECK, Franz – 353
WRAY, John – 113
WRIGHT, Basil – 303
WRIGHT, Jack – 345
WRIGHT, Teresa – 41, 42
WU, Daisy – 345
WU, Francis – 345
WYATT, Jane – 79, 81, 89, 91
WYMAN, Jane – 52, 53

Y

YADIN, Yosef – 160, 161
YALENTI, José V. E. – 251, 341, 345

YAT-FUNG, Lay – 345
Yellow Cesar – 300
YOSHIDA, Roberto H. – 336, 341, 345
YOSHIZAKI, Hitori – 339
Young Veteran – 300
YOUNG, Alan – 186
YOUNG, Robert – 46, 47

Z

ZANUCK, Darryl F. – 47, 107
ZAPIOLA, Hector Quesada – 337
ZIMAN, B. – 258
ZIMAN, K. – 258
ZOLA, Émile – 45, 46

CINEMA NA PERSPECTIVA

A Significação no Cinema
  Christian Metz (D054)

A Bela Época do Cinema Brasileiro
  Vicente de Paula Araújo (D116)

Linguagem e Cinema
  Christian Metz (D123)

Sétima Arte: Um Culto Moderno
  Ismail Xavier (D142)

Práxis do Cinema
  Noel Burch (D149)

Salões, Circos e Cinemas de São Paulo
  Vicente de Paula Araújo (D163)

Um Jato na Contramão
  Eduardo Peñuela Cañizal (Org.) (D262)

Na Cinelândia Paulistana
  Anatol Rosenfeld (D282)

Humberto Mauro, Cataguases, Cinearte
  Paulo Emílio Salles Gomes (E022)

A Imagem Autônoma
  Evaldo Coutinho (E147)